生物产业高等教育系列教材（丛书主编：刘仲华）

细胞工程

陈智勇　蒋建雄　主编

科学出版社
北京

内 容 简 介

本书系统介绍了细胞工程相关概念、基本原理、核心技术及其应用。本书以细胞工程技术及其实践应用为主线，内容上结合了该领域的最新研究成果，体现了高阶性、创新性和挑战性的有机统一，包括细胞工程简介与基础技术、植物细胞工程、动物细胞工程、生物反应器与细胞疗法 4 部分。本书配套了与纸质教材紧密结合的学习应用案例、视频、动画、教学课件等资源，便于教师教学和学生学习。

本书不仅适合作为高等院校生物工程、生物技术、生物科学、医药及农林等相关专业的本科生和研究生教材，也可作为细胞工程领域科研工作者的参考书。

图书在版编目（CIP）数据

细胞工程 / 陈智勇，蒋建雄主编. -- 北京 ：科学出版社，2024. 11.
ISBN 978-7-03-080098-5

Ⅰ. Q813

中国国家版本馆 CIP 数据核字第 2024KP0168 号

责任编辑：刘 畅 赵萌萌 / 责任校对：严 娜
责任印制：吴兆东 / 封面设计：图阅盛世

科学出版社 出版
北京东黄城根北街 16 号
邮政编码：100717
http:// www.sciencep.com
北京富资园科技发展有限公司印刷
科学出版社发行 各地新华书店经销
*
2024 年 11 月第 一 版 开本：787×1092 1/16
2026 年 1 月第三次印刷 印张：14 3/4
字数：374 000

定价：69.00 元

（如有印装质量问题，我社负责调换）

编 写 人 员

主　编　陈智勇（湖南农业大学）

蒋建雄（江苏大学）

副主编　郭新红（湖南大学）

王　昕（西北农林科技大学）

黄红梅（湖南农业大学）

编　委（按姓氏汉语拼音排序）

陈智勇（湖南农业大学）

郭　佳（沈阳农业大学）

郭新红（湖南大学）

黄红梅（湖南农业大学）

蒋建雄（江苏大学）

马英姿（中南林业科技大学）

王　昕（西北农林科技大学）

王丛鹏（青岛农业大学）

武俊瑞（沈阳农业大学）

杨粤军（湖南师范大学）

银国利（杭州医学院）

周功克（青岛农业大学）

前 言

细胞工程是现代生物技术与生物工程的重要组成部分，是细胞生物学与发育生物学和遗传学的交叉领域。其无论在生命科学基础研究方面还是在生物高科技产业领域，都已取得举世瞩目的成就，并产生了显著的社会效益和经济效益。细胞工程已成为高等院校生物技术、生物工程及相关专业的主修课程，也是农学、医药等相关专业的重要课程。

细胞工程所涉及的主要技术领域有细胞培养、细胞融合、细胞拆合、动物克隆、干细胞、基因组编辑及转基因等诸多方面，其理论知识所涉范围较宽，内容较多，应用十分广泛。近年来，随着互联网的发展，教育信息化和国际化日益凸显，学生的学习方式已悄然发生改变，原有的教学模式受到越来越大的挑战，需要积极探索适应学生学习方式转变的新型教育教学方式方法。慕课（全称为大规模开放在线课程，massive open online course，MOOC）应运而生，同时翻转课堂、混合课堂等新的教学模式逐渐普及。在新的教学模式中，教师角色由讲授者转变为课程电子资源的建设者和提供者，以及教学过程的引导者、启发者，充分体现了“以学生为中心”的学习者主体地位，极大地促进了学生自主学习、主动探索和创新思维能力的培养。为了进一步提高教学效果和质量，必须建设与此相适应的新形态教材，帮助学生尽快适应新的教学方式。本书正是顺应这一发展需要而编写的新形态教材，纸质教材与数字课程一体化设计。纸质教材设置了主干内容、本章小结、复习思考题等内容；数字课程提供了与纸质教材配套的知识拓展、深入学习、应用案例、视频、动画、教学课件、自测题、参考文献等资源。这种教材构架方式，一方面可以帮助学生更好地理解并掌握知识点，另一方面可以帮助学生重构学习方式，引导学生自主学习和探索，给予学生更大的自主选择权。

本书系统介绍了细胞工程相关概念、基本原理、核心技术及其应用，以及该领域的最新研究成果，突出了细胞工程在解决重大理论问题及应用实践方面的特色。各章节由长期在该领域进行教学和研究的学者编写，很好地反映了该领域的教学成果和研究进展。全书分为12章，前两章主要讲述细胞工程简介与基础技术；第三章至第七章主要介绍植物细胞工程；第八章至第十章主要介绍动物细胞工程；第十一章、第十二章介绍生物反应器与细胞疗法。本书各章既相对独立，又相互联系，内容安排相互衔接，既强调系统性和基础性，又紧扣应用实践。通过本书的学习，学生可全面掌握细胞工程的原理和关键技术，并熟悉细胞工程的应用实践，为学生今后的发展打下良好的理论和技术基础。此外，本书按照研究的思路提出科学问题，并采用各种技术手段来求证，再在此基础上提出新的问题，逻辑性强。本书可供高等院校生物技术、生物工程及相关专业的本科生和研究生使用，也可作为科研工作者的参考书。

本书由陈智勇教授（湖南农业大学）、蒋建雄教授（江苏大学）担任主编，郭新红教授（湖南大学）、王昕教授（西北农林科技大学）、黄红梅副教授（湖南农业大学）担任副主编。青岛农业大学的周功克教授和王丛鹏副教授、沈阳农业大学的武俊瑞教授和郭佳老师、中南林业科技大学的马英姿教授、湖南师范大学的杨粤军教授、杭州医学院的银国利副教授参与了教材编写。全书由陈智勇、蒋建雄、黄红梅统稿和定稿。

非常感谢科学出版社对编写工作的关心、帮助和支持，衷心感谢各位编委的辛勤劳动和无私奉献。

由于本书涉及的知识面较广，而且该领域及相关学科发展很快，加上编者水平有限，书中难免存在不足，敬请各位读者不吝赐教，随时指正。

陈智勇

2024年5月

目　　录

第一篇 细胞工程简介与基础技术

第一章　细胞工程简介

细胞工程（cell engineering）是现代生物工程的重要组成部分之一，是以细胞生物学、遗传学、分子生物学、生物化学、微生物学和发育生物学等基本理论及工程学原理为基础，按照预定目标，有计划地改造生物遗传物质或大规模培养生物细胞、组织，甚至个体，以达到改良品种、快速繁殖生物个体、获得生物产品和治疗疾病等目的，为人类及其生存环境服务。细胞工程与发酵工程、酶工程、基因工程、蛋白质工程和代谢工程共同组成了现代生物工程学科体系，代表着现代生物工程最新的发展前沿。

第一节　细胞工程研究内容

一、细胞工程理论基石

细胞工程是在细胞、组织及个体不同层次的操作，其理论基石即细胞全能性理论及细胞分化与脱分化理论。

多细胞生物普遍是由单个全能细胞受精卵发育而来。20 世纪初，德国生理学家首次揭示结构和功能特化了的细胞保留着恢复到未分化状态的能力，其具有重新生成完整生物体的发育潜能，并将这种能力称为细胞全能性（cell totipotency），即个体或组织、器官中已经分化的细胞在适宜的培养条件下具有再生成完整个体的遗传潜力（genetic potential）。事实证明，对于植物细胞，即使是发育成熟和高度分化的体细胞，仍具有发育成完整植株的能力，并且这种能力广泛应用于植物细胞工程的实践中。与植物细胞相比，动物体细胞全能性的实现还很困难。对于动物细胞，特别是高等动物细胞，随着胚胎的发育，细胞逐渐丧失了发育成为完整个体的能力，仅具有分化成为多种细胞类型及构建组织的潜能，甚至有些细胞株系高度分化，成为不能再脱分化的体细胞。对于动物体细胞的细胞核而言，其仍然具有全能性，前提是要将动物体细胞的细胞核转移到去核的卵母细胞中，才能重新发育成为完整个体。早期利用两栖动物进行实验证明，将蛙的上皮细胞的细胞核植入去核的卵子中，仍然可以发育成为蝌蚪甚至青蛙，这一实验证明了细胞核具有全能性。动物细胞核的全能性也是多莉羊产生的理论基础。

细胞分化是生物发育的基础与核心，也是细胞生物学、发育生物学和遗传学的重要交汇点。现代分子生物学证据表明，细胞分化是基因选择性表达各自特有的专一性蛋白质，从而导致生物形态、结构和功能上的差异。在个体发育过程中，由一种相同类型的细胞经过分裂后逐渐在形态、结构和功能上形成稳定性差异，从而产生不同细胞类型和群体的过程称为细胞分化。多细胞有机体是由多种不同类型的细胞组成的，而这些细胞是由一个受精卵经过细胞分裂和分化而来。分化的植物细胞要实现全能性，必须经过脱分化过程。一个经过分裂和分化后高度成熟的细胞再转化为分生状态，并形成未分化的细胞团或愈伤组织的现象称为脱分化。细胞脱分化是植物细胞工程实践的重要理论依据，植物细胞在一定条件下经过脱分化可形成愈伤组织和胚状体，愈伤组织和胚状体又可通过细胞分化成为完整的植株。应用这一细胞工程理论，可以大规模快速繁殖植物个体。此外，经过脱分化的植物细胞还可以用于大规模培养生产具有重要应用价值的次级代谢产物。

一般认为，动物细胞很难进行脱分化。但是，有学者发现小鼠气管上皮中分化的分泌细胞有去分化（脱分化）成为干细胞的能力。研究表明，定型细胞向干细胞的“去分化”，对于高等脊椎动物在不同器官中及在受伤情形下的再生能力可能具有更为普遍的贡献。近年来，还有越来越多的证据表明，微 RNA（miRNA）基因参与调节干细胞的自我更新和多能性。

二、细胞工程关键技术

（一）细胞培养技术

细胞培养技术是细胞工程应用的最基本技术，是指将离体的细胞置于人工配制的培养基中，并在一定培养条件下进行培养。

1. 植物细胞培养技术 自 20 世纪初开始，植物细胞培养技术取得了巨大进展。利用机械法、酶法或化学法完成植物单细胞分离后，可以进行悬浮培养、看护培养、平板培养和微室培养等。

2. 动物细胞培养技术 获得动物分散细胞后，通常以贴壁培养、悬浮培养和固定化培养等方法进行离体培养。

（二）细胞融合技术

两个细胞相互接触后，细胞膜发生分子重排，细胞合并，染色体等遗传物质重组的过程称为细胞融合。细胞融合可以分为生物个体自然状态下发生的自发融合及人工操作的人工诱导融合。大多数情况下，细胞融合指的是人工诱导融合。动物细胞、植物细胞的融合过程和原理相似。不同之处在于具有细胞壁的植物细胞需要去除细胞壁后才能进行细胞融合。

人工诱导融合过程的主要步骤包括：①根据操作需要，选择适合的亲本细胞；②原生质体制备，植物细胞和微生物细胞具有细胞壁，阻碍细胞融合的发生，因此必须去掉细胞壁制成原生质体才能进行下一步的细胞融合，而动物细胞没有这种障碍；③细胞融合诱导，将两亲本细胞（或原生质体）悬液按适当比例混合，采用化学、物理或生物方法促进融合；④杂合细胞筛选，将诱导融合的细胞悬液移到特定的筛选培养基中，只有杂合细胞能够生长，而未融合或自融合的细胞均不能生长，从而获得具有双亲遗传特性的杂合细胞。

（三）细胞拆合技术

细胞拆合是实现动物克隆的理论与技术基础。细胞拆合是指将不同来源的胞质体与核体进行重组而得到重组细胞的过程。胞质体是指除去细胞核后由质膜（细胞膜）包裹的无核细胞。核体是与细胞质分离得到的细胞核，带有少量细胞质并且由质膜包裹。细胞拆合技术是随着核-质关系的研究而逐步发展起来的细胞工程技术。细胞拆合方式一般包括以下几种：一是胞质体与核体重新组合形成重组细胞；二是微细胞与完整细胞重组形成微细胞异核体，其中，微细胞是指一条或几条染色体和少量细胞质，由完整质膜包裹而成的核质体；三是胞质体与完整细胞重组形成胞质杂种。

（四）动物体细胞克隆技术

20 世纪 90 年代，利用幼胚细胞核克隆哺乳动物的技术已经成熟，其中，最让世界瞩目的是威尔·穆特（Wilmut）博士于 1997 年 2 月在 *Nature* 杂志上宣布用成年绵羊乳腺细胞的细胞核克隆出绵羊“多莉”。

动物体细胞克隆技术基于细胞的全能性原理，即通过移除动物卵细胞的细胞核，将其他体细胞的细胞核移入去核的卵细胞中，再通过物理、化学或生物学方法诱导细胞融合，使其离体发育成胚胎；最后，将胚胎移植到代孕母体的子宫内，经过妊娠过程，产生与供体细胞遗传信息完全相同的克隆动物。

动物体细胞克隆技术有以下几个优点：①遗传信息的一致性，动物体细胞克隆技术能够确保克隆动物与供体动物在遗传信息上完全一致，为科学研究提供了重要的实验材料；②高效性，通过体外培养和胚胎移植技术，动物体细胞克隆技术能够在短时间内产生大量遗传信息相同的克隆动物，提高了实验效率。动物体细胞克隆技术也存在一定的潜在风险，如胚胎发育异常、克隆动物出现健康问题等，需要在实践中不断完善和优化技术操作。

（五）基因组编辑技术

基因组编辑技术是一种能够精确编辑生物体基因序列的先进技术。它利用特定的核酸酶系统，如 CRISPR/Cas9、转录激活因子样效应物核酸酶（TALEN）等，对 DNA 进行定点切割、插入或替换，从而在基因层面实现对生物体遗传信息的精确调控。

在进行基因组编辑实验时，需要遵循严格的操作流程和安全措施。以 CRISPR/Cas9 技术为例，首先需要设计并合成具有特定靶向性的小向导 RNA（sgRNA），然后将其与 Cas9 蛋白结合形成复合物，通过转染等方式导入目标细胞。在实验过程中，需注意保持操作的无菌环境，防止细胞污染；同时，需对编辑后的细胞进行严格的筛选和验证，确保编辑效果的准确性和特异性。此外，还需注意遵守伦理道德规范和法律法规要求，确保实验过程的合法性和道德性。

（六）转基因技术

1953 年，沃森（Watson）与克里克（Crick）提出 DNA 双螺旋结构模型，开启了分子生物学时代，使遗传的研究深入分子层次。人们清楚地了解了遗传信息的构成和传递的途径。1974 年，科恩（Cohen）将具有抗青霉素基因的金黄色葡萄球菌质粒和大肠杆菌的质粒组装成杂合质粒，转入大肠杆菌体内，使大肠杆菌获得了对青霉素的抗药性，首次证实外源基因在大肠杆菌体内同样也得到表达。同年，他剪切了非洲爪蟾的一段 DNA 与大肠杆菌的质粒拼接，拼接后的质粒转入大肠杆菌后，非洲爪蟾的 DNA 在大肠杆菌中进行了转录，由此开启了转基因技术应用的新篇章。

转基因技术（transgenic technology）是通过人工方式将外源基因整合到生物体基因组内，

并使该转基因生物能稳定地将此基因传给后代的技术。

转基因技术的建立打破了不同物种在亿万年中形成的天然屏障，预示着任何不同种类生物的基因都能重组到一起。标志着人类确实可以根据自己的意愿、目的，定向地改造生物的遗传特性，甚至创造新的生命类型。

转基因技术虽然属于基因工程范畴，但是作为一门支撑技术与细胞工程结合已经广泛运用在动植物遗传改良、生物医药等众多领域。

（七）干细胞技术

干细胞技术是指通过利用、改造和增殖干细胞，形成相应的有功能的细胞和组织，以修复或替换受损组织或器官的先进技术。

干细胞（stem cell，SC）是一类具有自我复制能力（self-replication）的全能或多潜能细胞，在细胞发育过程中处于较原始阶段。在一定条件下，它可以分化成多种功能细胞，具有再生各种组织器官的潜在功能。根据干细胞所处的发育阶段分为胚胎干细胞（embryonic stem cell，ESC）和成体干细胞（adult stem cell）。根据干细胞的发育潜能可分为三类：全能干细胞（totipotent stem cell）、多能干细胞（pluripotent stem cell，也称亚全能干细胞）和单能干细胞（unipotent stem cell）。此外，诱导多能干细胞（iPSC）也是近年来的研究热点，它们是通过将成体细胞进行基因重编程而获得的，具有类似胚胎干细胞的分化潜能。

干细胞技术的核心在于对干细胞的获取、培养和分化。首先，通过特定的技术手段从生物体内获取干细胞；其次，在体外提供适宜的生长环境，让干细胞不断增殖；最后，通过调控干细胞的分化过程，使其分化为所需的目标细胞。

第二节　细胞工程发展历史及应用范围

细胞工程的发展涉及细胞生物学、遗传学的最新理论，还涉及动物学、植物学、动物生理学、植物生理学、微生物生理学、植物栽培学、生物化学、免疫学、胚胎学、发育生物学、遗传育种学、动物繁殖学、动物及植物病理学、解剖学等生命科学相关学科的理论知识。这些理论在各学科的发展中相互依赖、相互促进，由此也不断扩展了细胞工程的应用范围。

一、细胞工程发展历史

细胞工程的建立和发展，与细胞的发现和细胞学说的建立息息相关。16 世纪末，第一台显微镜被研制出来。1665 年，英国学者胡克（R. Hooke）用显微镜观察软木薄片，第一次观察了植物细胞的构造，并首次借用拉丁文 *cellar*（小室）来描述他所看到的类似蜂巢状的结构。

此后不久，荷兰学者范 • 列文虎克（A. van Leeuwenhoek）用改良的显微镜观察了许多动植物活细胞和原生动物，并于 1674 年在观察鱼的红细胞时描述了细胞核的结构。随着显微技术的发展，在此之后的 170 多年历史中，更多的学者对动植物的微观结构进行了广泛的研究。

随着对细胞的认识不断加深，人们逐渐对这些知识进行科学的概括，并上升到具有普遍指导意义的理论高度。1838 年，德国植物学家施莱登（M. J. Schleiden）指出，细胞是构成植物体的基本单位。1839 年，德国动物学家施万（T. Schwann）指出，动植物都是细胞的组合物。同年，施万和施莱登两人共同提出著名的“细胞学说”，即一切动植物都是由细胞组成，细胞是生物体的基本结构单位。细胞学说的建立，奠定了细胞生物学的基础，细胞工程也随之发展起来，其间经历了探索、诞生和蓬勃发展三个时期。

（一）探索期

细胞工程的历史可以追溯到 19 世纪。1885 年，卢克斯（Roux）发现鸡的神经元（神经细胞）在生理盐水中可以存活，并且第一次使用了“组织培养”一词。植物细胞组织培养的尝试要晚于动物细胞组织培养。1902 年，德国植物学家哈伯兰特（Haberlandt）首次提出“植物细胞全能性”的概念，认为植物细胞有再生出完整植株的潜能，并上升到了理论高度，为植物细胞工程的建立和发展提供了理论和应用依据。1904 年，汉宁（Hanning）在加有无机盐和有机成分的培养基中培养萝卜和辣根幼胚，首次成功培育成了组织培养小苗，这个植物细胞离体培养的成功案例验证了植物细胞的全能性。随后，美国的罗宾斯（Robbins）、德国的科特（Kotte）、中国的李继桐和德国的莱巴赫（Laibach）都成功获得了离体组织培养小苗，为植物细胞工程的建立和发展奠定了基础。1934 年，美国科学家怀特（White）建立了第一个番茄根无性系，并于 1937 年首次发现和应用了 B 族维生素和烟酸。1937～1938 年，荷兰植物学家温特（Went）发现了生长素（吲哚乙酸，IAA）、腺嘌呤等植物激素类物质，极大地促进了植物细胞工程的发展。同时，由于离体培养了黑杨、胡萝卜组织且使细胞成功增殖，并建立了植物组织培养的综合培养基，法国科学家高特里特（Gautherete）、诺比考特（Nobecourt）、怀特和温特一起成了植物组织培养的奠基人。

1907 年，美国的哈里森（Harrison）从蝌蚪的脊索中分离出神经组织，把其放在青蛙凝固的淋巴液中培养，蝌蚪神经组织存活了几周，并且从神经细胞中长出了神经纤维。由于首创动物组织体外培养法，哈里森也因此被认为是动物组织培养的创始人。然而，要维持细胞在体外的长期生存和增殖，必须解决营养和污染问题。1910 年，法国学者卡雷尔（Carrel）把外科手术的无菌操作概念和方法引入组织培养，将鸡胚心肌组织培养在鸡胚提取液的混合物中，采用更新培养基和传代措施，将鸡胚心肌组织培养了长达 34 年之久。1923 年，卡雷尔设计了为动物组织培养提供无菌环境的卡式培养瓶。1940 年，厄尔（Earle）首创了用单个动物细胞进行克隆培养的方法，建立了无限传代的小鼠结缔组织 L 细胞系。

随着动植物细胞组织离体培养的系列研究及离体培养技术的建立，细胞工程逐渐从探索期发展到诞生期。

（二）诞生期

在细胞工程诞生期，动植物细胞组织培养技术进一步成熟。

在植物细胞离体培养获得成功之后，1956 年，鲁坦（Routin）和尼科尔（Nicholl）首次申报了利用植物细胞培养技术生产天然产物的专利。1959 年，图莱克（Tulecke）和尼科尔首次将微生物培养用的发酵工艺应用到高等植物细胞的悬浮培养，创建了利用生物反应器大规模培养植物细胞生产次级代谢产物的雏形。

1958 年，斯图尔德（Steward）等将悬浮培养的胡萝卜根韧皮组织细胞培养形成体细胞胚，并发育成完整植株，该实验充分验证了植物细胞全能性理论，是植物组织培养的一次重大突破。1960 年，兰花等植物的无性繁殖获得成功，开辟了利用植物组织培养快速繁殖植物的新途径。同年，科金（Cocking）应用真菌纤维素酶酶解的方法成功制备出大量的番茄根部和烟草叶片细胞的原生质体，为植物细胞融合提供了原料保证。1966 年，印度学者古哈（Guha）和马赫·什瓦菲（Maheshwafi）在培养毛叶曼陀罗的花药时，首次获得了由花药中的花粉粒发育而来的单倍体植株。随后的 20 世纪 70 年代初期，华裔科学家高国楠发现聚乙二醇可以促进植物原生质体融合，为植物细胞融合奠定了技术基础。

在动物细胞工程方面，1954 年，美国微生物学家索尔克（Salk）利用原代培养的猴肾细胞制备的脊髓灰质炎疫苗首次进入工业化规模生产。1959 年，斯瓦鲁普（Swarup）利用低温处理三棘刺鱼获得了三倍体，并饲养至性成熟。1959 年，美籍华人科学家张明觉首次获得了第一个体外受精动物——试管兔。1962 年，卡普斯蒂克（Capstick）等成功进行了仓鼠肾细胞悬浮培养，为动物细胞大规模培养提供了技术平台。1958 年，日本科学家冈田善雄发现，灭活的仙台病毒在适当条件下可以诱导艾氏腹水瘤细胞融合。1965 年，哈里斯（Harris）和沃特金斯（Watkins）进一步证实了这一发现，并且融合的细胞在适合条件下可以存活下来，为动物细胞融合技术的发展奠定了坚实基础。

1965 年，德诺贝提斯（Derobetis）将其编著的《普通生物学》改为《细胞生物学》，这是细胞生物学诞生的里程碑。

动植物组织培养、细胞融合技术的不断完善，在细胞核移植、动物克隆、多倍体育种、体外受精等方面的尝试，以及理论科学“细胞生物学”的诞生，最终推动了细胞工程这门新兴学科在 20 世纪 70 年代前后形成。

（三）蓬勃发展期

20 世纪 70 年代，随着细胞生物学、发育生物学、生物化学、分子生物学、遗传学等学科的迅速发展，细胞工程进入了蓬勃发展阶段，相应技术手段不断完善，并且得到了产业化应用。

在植物细胞工程领域，1972 年，美国科学家卡尔森（Carlson）等用 $NaNO_3$ 作为融合诱导剂进行烟草原生质体融合，获得了世界上第一个体细胞杂种植株。1973 年，古谷（Furuya）等通过培养人参细胞大规模培养生产人参皂苷，开创了植物活性物质生产的新途径。1974 年，Zeazen 发现了农杆菌 Ti 质粒，建立了植物转基因体系，转基因植物相继问世。

在动物细胞工程领域，我国科学家童第周于 1973 年进行了金鱼和鳑鲏间的细胞核移植，并得到了种间杂种鱼。1975 年，科勒（Kohler）和米尔斯坦（Milstein）成功获得能分泌抗体的体外大量繁殖的杂交细胞，从而建立了小鼠淋巴细胞杂交瘤技术。1977 年，英国爱德华兹（Edwards）采用胚胎工程技术成功培养出世界首例试管婴儿。1981 年，埃文斯（M. J. Evans）和科夫曼（Kofman）成功地分离到小鼠胚胎干细胞。1983 年，帕尔米特（Palmiter）和布林斯特（Brinster）将大鼠生长素基因转入小鼠，培育出生长快的超级小鼠。1984 年，丹麦科学家维拉德森（Villadsen）成功利用胚胎细胞克隆出一只绵羊，这只绵羊是首次证实的通过核移植技术克隆的哺乳动物。1987 年，美国国家科学基金会提出组织工程概念。细胞疗法、组织修复和人造组织器官已经成为当今生物与医学结合的热点领域。1997 年，英国利用成年动物体细胞克隆出绵羊“多莉”，证明了高等动物体细胞核的全能性，随后，科学家成功获得了小鼠、牛、猪等体细胞克隆动物后代。1998 年，美国科学家成功分离并建立了人的胚胎干细胞系，极大地促进了干细胞的研究和发展。日本科学家山中伸弥（Shinya Yamanaka）

于 2006 年首次将小鼠成纤维细胞诱变为与胚胎干细胞类似的诱导多能干细胞。

二、细胞工程应用范围

（一）细胞工程与其他生物工程技术的关系

细胞生物学是细胞工程的重要理论基础，此外，发育生物学、遗传学、分子生物学等生命科学理论也为细胞工程提供理论支撑。这些学科的不断发展是细胞工程技术建立和发展的前提。

细胞工程的发展也在一定程度上依赖于其他技术，如微生物工程的培养技术、生物化学工程的生物反应器及分离纯化技术、代谢工程的代谢调控技术、基因工程的基因操作技术。反之，细胞工程为基因工程、微生物工程、生物化学工程及代谢工程产业化提供了充足的经过遗传改良和性状稳定的微生物、动植物细胞原料。

可见，细胞工程技术是现代生物工程技术各领域连接的桥梁和纽带，与其他生物工程技术是密切联系、不可分割的有机整体（图 1-1）。

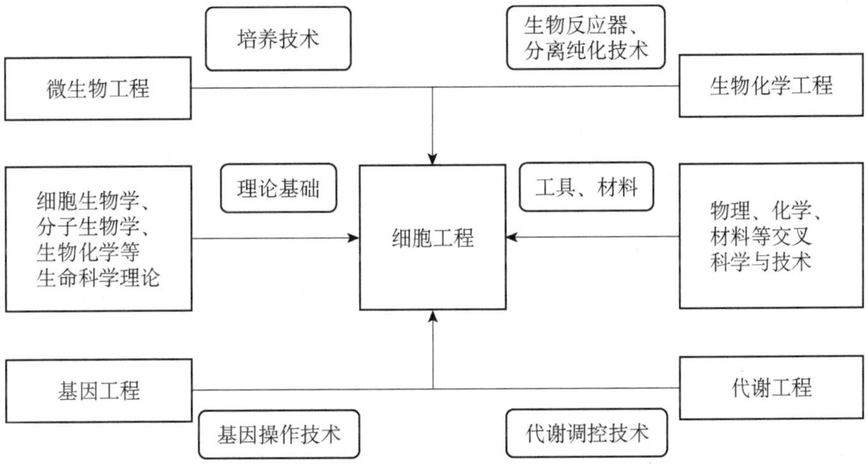

图 1-1 细胞工程与其他学科、技术的关系（李志勇，2008）

（二）细胞工程的应用领域

蓬勃发展的细胞工程技术，在丰富了生物学科基础理论的同时，还在实际应用中表现出了巨大价值，显示出无穷魅力。

1. 优良动植物快速繁殖 通过细胞工程技术繁殖自然界现有的优良动植物是细胞工程的一个重要研究内容，主要技术包括试管植物、人工种子、试管动物、克隆动物等。在此基础上，新的技术手段层出不穷，如在动物繁殖领域有人工授精、胚胎移植、基因编辑、胚胎分割等。在植物繁殖领域，可以将优良植物的茎尖、腋芽、叶片、鳞片等器官、组织和细胞进行离体培养，在短期内可以获得大量遗传性一致的植物。目前，通过以上技术手段，实现了一些有价值的苗木、花卉、药材和濒危植物的快速、大量繁殖，以及大熊猫、东北虎等濒危灭绝动物的繁殖与保护。

2. 品种改良与新品种培育 通过细胞工程技术对现有生物的遗传性状进行改良是创造新品种的有效途径，对现有细胞进行改造及创造新细胞也是研究细胞核、细胞质、细胞器功能的重要手段。

具体的细胞工程育种技术包括胚胎水平的胚胎嵌合，细胞水平上的原生质体诱变、细胞融合技术、雌（雄）核发育，细胞器水平上的细胞重组，染色体水平上的多倍体、单倍体育种，以及分子水平的基因编辑等。

3. 细胞工程生物制品 动植物细胞或组织培养、转基因动植物生物反应器等细胞工程手段是生产生物制品的有效方法。该生产过程不仅不受气候、环境等限制，还可以结合代谢工程技术调控积累产物。这些生物制品有疫苗、诊断试剂、治疗药物、单克隆抗体、激素、干扰素、生长因子等生物活性物质，还有蛋白质、氨基酸、糖三大类食品和饲料工业产品。近年来，通过微生物或酶转化生物质为乙醇、生物柴油等生物质能源或生物基产品也成为研究热点。

4. 干细胞与组织工程 随着生命科学的飞速发展，目前干细胞、组织工程已经成为21世纪生命科学研究的焦点和前沿领域。组织工程研究涉及种子细胞、生物支架材料及组织构建等众多研究方向。干细胞研究则有望解决组织工程研究中的种子细胞来源问题，可能成为组织工程研究中的理想种子细胞。

干细胞技术在再生医学和临床治疗方面取得了显著的成果。在神经退行性疾病治疗方面，干细胞治疗能够改善帕金森病、阿尔茨海默病等患者的症状和生活质量；在心血管疾病治疗方面，干细胞能够分化为心肌细胞，修复受损的心脏组织。此外，干细胞还在骨折修复、器官移植等领域展现出巨大的应用潜力。

在植物研究领域，韩国学者李恩庆（Eun-Kyong Lee）从植物的形成层中分离得到形成层干细胞，并培养这类干细胞进行相应的次级代谢产物生产，与传统的脱分化植物细胞培养相比，形成层干细胞培养表现出明显的生长快、产量高等优势。

组织工程是近年来正在兴起的一门新兴学科。1984年，沃尔特（Wolter）首先提出“组织工程”（tissue engineering）一词，美国国家科学基金会于1987年确定“组织工程”一词，开辟了组织工程学研究的新纪元。组织工程研究的核心是建立由细胞和生物材料构成的三维空间复合体。这一三维的空间结构为细胞提供了获取营养、气体交换、排泄废物和生长代谢的场所，也是形成新的具有形态和功能的组织、器官的物质基础。组织工程是应用生命科学和工程学的原理与技术，在正确认识哺乳动物的正常及病理两种状态下细胞、组织和器官结构与功能关系的基础上，研究、开发用于修复、维护、促进人体各种组织或器官损伤后的功能和形态生物替代物的科学。在心血管学领域，组织工程技术可以构建人工血管、心脏瓣膜等，为心血管疾病患者带来了福音。

小 结

细胞工程是现代生物技术的重要组成部分之一，是在细胞水平研究、开发和利用各类细胞的一门综合性科学技术。高等生物的细胞工程根据其研究对象可分为动物细胞工程、植物细胞工程。细胞工程对于细胞的研究可以分为分子水平、染色体水平、细胞器水平、细胞水平、胚胎水平等不同研究层次。细胞工程基本原理包括细胞全能性理论、细胞分化与脱分化理论等。细胞工程关键技术包括细胞培养技术、细胞融合技术、细胞拆合技术、干细胞技术等。细胞工程主要内容涉及培养和操作细胞、组织乃至个体，以达到改良品种、快速繁殖生物个体、生产生物制品和治疗疾病等目的，从而为人类及其生存环境服务。

复习思考题

1. 简述细胞工程的主要内容及其主要应用领域。
2. 列举细胞工程发展过程中的重大事件。

第二章　细胞工程基础技术

细胞工程是一门综合性的科学技术，包括了一系列的基础技术和核心技术。细胞工程基础技术是构成细胞工程技术体系的重要部分，是核心技术发展的源头和基础支撑，对于推动细胞工程学科及其应用产业的发展具有至关重要的作用。因此，在学习细胞工程核心技术之前，掌握细胞工程的基础技术是必不可少的环节。本章将介绍细胞工程实验室基本条件、无菌技术、细胞观察技术、细胞及细胞器分离技术、细胞保存与复苏技术等内容，为后续细胞工程核心技术的学习奠定基础。

第一节　实验室基本条件

实验室设计是由实验室的功能所决定的，应根据功能进行规划和布局。同时，要考虑使用过程中的有序性和便捷性，尽可能地合理布局，避免增加日后工作的负担或引起混乱。通常按照实验程序设计成一连排实验室，避免不必要的烦琐，且达到实验安全的要求。实验室是实验开展的场地，实验室配置的仪器设备也是实验开展必备的条件。细胞工程实验室设置必须满足细胞工程实验的基本要求，主要包括：①满足无菌要求，能够隔离或尽量减少微生物对培养物的影响；②能够安全地进行实验操作，能够安全有效地管理实验室废弃物，以防止生物样本对操作者和环境的污染；③能够安全与便利地进行灭菌操作；④能够对实验材料进行培养、观察鉴定等分析。因此，细胞工程实验室的房屋可规划为准备室、无菌操作室、培养室、分析室等，并在各室配备相应的设备和器材。

一、实验室基本组成

（一）准备室

准备室按照其功能分为洗涤区、配制区和灭菌区等，可以进行培养瓶和实验材料的清洗、实验药品溶液和培养基的配制、培养基和培养器皿等物品的灭菌、污染物处理和试管苗移栽等操作。如果场地充裕，可以再单独设置灭菌室，会更加安全。

准备室根据功能划分应配备相应的洗涤设备、配制设备和灭菌设备。例如，洗涤设备配备洗涤水槽、落水架、干燥箱、柜子、超声波清洗器等，配制设备配备冰箱、天平、微波炉、pH 计、培养基分装器、药品柜、器械柜、抽气泵、电炉、各种规格的培养瓶和用具、培养皿、移液管、烧杯、量筒、容量瓶、储藏瓶等，灭菌设备配备高压灭菌锅、排风灭火设备、细菌过滤设备、干热消毒柜等。

（二）无菌操作室

无菌操作室（图 2-1）的功能是提供一个无菌的环境，用于将培养物接种到人工培养基中。无菌操作室的空间宜大不宜小，要精致布局，精细管理。无菌操作室要求实验室的门窗数量尽量少，以减少与外界空气的对流，降低污染的概率，且要保持干爽清洁无尘。无菌操作室可以设置缓冲准备区（更换衣帽、拖鞋、洗手等）和接种区（培养材料的无菌操作）。无菌操作室大小要适当，且其顶部不宜过高（不超过 2.5m），以保证紫外线灭菌充分有效；室内墙壁光滑，以免积累灰尘，无死角以便清洁和消毒。超净工作台不应靠墙壁，利于风机工作，便于清洁工作台。其他桌子等台面要用光滑压塑材料作表面，漆成白色或灰色以利于实验操作的观察。无菌操作室尽量少摆放不必要的物品和设备等，以降低培养物的污染率，提高接种工作效率等。

无菌操作室配置的设备有接种箱或超净工作台、接种工具灭菌器、空调、载物台，同时配备一些耗材，包括手术剪、解剖刀、解剖针、镊子、酒精灯、广口瓶、纱布、器械支架、医用小推车等。

彩图

图 2-1　无菌操作室

（三）培养室

离体生物组织或细胞的生长需要恒定的温度、湿度和光照，培养室的功能是提供适宜环境，以适合培养物生长（图 2-2）。为了采光充足、清洁、干燥、通风散热及降低尘埃和微生物污染的机会，培养室应设置在高楼层，且要能够保温隔热，要具有通风透气的窗户和排风扇，配有辅助照明的日光灯。培养室的温度为设定值的±(0.1～1)℃，相对湿度为设定值的±(1～2)%。

培养室室内应备有制冷设备、加热设备、控光设备、固定式培养架、旋转式培养架、光照培养箱、人工气候箱、摇床等。

彩图

图 2-2 培养室

（四）分析室

分析室的功能是为离体培养材料的生物学分析提供场所，也可与细胞实验室、生化实验室、分子生物学实验室共享，因此分析室可以根据具体情况而定。

分析室内需备有高倍显微镜、倒置显微镜、相差显微镜、解剖镜、恒温箱、切片机、烤片台、恒温水浴、滴瓶、染色缸、载玻片、盖玻片，以及 PCR 仪、离心机、电泳槽等。

二、实验用品及主要设备

（一）仪器设备

1. 无菌操作设备 主要有超净工作台、红外灭菌器、过滤灭菌器、高压蒸汽灭菌器、干热灭菌箱等。

高压蒸汽灭菌器（图 2-3）的工作原理是在密闭且耐压的容器内，产生的水蒸气可以超过一个标准大气压①，即达到 100℃以上的温度，从而通过高温起到灭菌的作用。干热灭菌箱的工作原理也是通过高温达到杀菌的作用。

过滤灭菌器的工作原理是采用微孔滤膜，孔径一般为 0.45μm 或 0.22μm，细菌和真菌不能通过微孔滤膜，所以能够除去溶液中的微生物。过滤灭菌器主要用于动物血清、植物激素、抗生素、活性蛋白质等热稳定性差的物质的灭菌。根据过滤的溶液体积大小，可以采用注射器式或抽滤瓶式的过滤灭菌器。抽滤瓶式的过滤灭菌器在使用前应进行高压蒸汽灭菌。

① 1 个标准大气压=1.013×10^5Pa。

彩图

图2-3　高压蒸汽灭菌器

超净工作台是由操作箱体、鼓风机和过滤器为主构成的（图 2-4），外在的空气经过鼓风机驱动进入操作箱体，再经过内置的高效过滤器，将空气中的尘埃颗粒和生物颗粒除去，排除工作区原来的空气，使超净工作台面上方的空气得到净化，并结合紫外杀菌使工作台内达到无菌条件。无菌操作在超净工作台面上进行。空气流过超净工作台的方式有直流式、侧流式、外流式。超净工作台使用前先开启内紫外灯照射 10～30min，然后打开鼓风机工作 10～15min，以排出紫外灯产生的臭氧，净化超净工作台空间的空气；超净工作台的平均风速要适宜，保持在 0.32～0.48m/s，以利于保持其净化度；开始工作前，要用 70%乙醇将台面和台内四周擦拭干净，以进一步提高超净工作台的无菌度，平时维护时定期用紫外灯照射超净工作台或更换超净工作台的滤网。

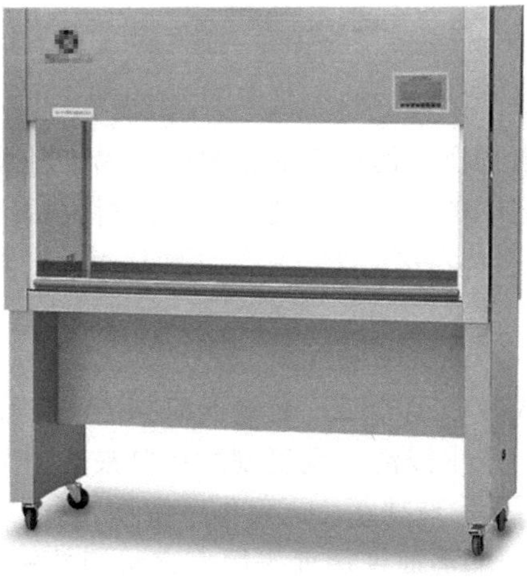

彩图

图 2-4　超净工作台

2. 培养设备 主要有培养架、CO_2培养箱、光照培养箱、人工气候箱、空调机、温度控制器、增湿和去湿机、摇床或旋转床、日光灯等，可为细胞和组织的生长提供稳定的温度、适宜的湿度和光照等条件。

CO_2培养箱是由CO_2钢瓶和培养箱体构成，是动物细胞/组织体外培养的一种特殊装置，其培养箱体模拟形成一个类似生物体内的生长环境，具有稳定的温度（37℃）、稳定的CO_2水平（5%）、恒定的培养基酸碱度（pH为7.2～7.4）、较高的相对饱和湿度（95%）。其中CO_2的浓度（5%）通过CO_2浓度传感器控制。CO_2浓度传感器检测箱体内CO_2浓度，将检测结果传递给控制电路及电磁阀等控制器件。如果箱内CO_2浓度偏低，则电磁阀打开，钢瓶中的CO_2进入箱体内，直到CO_2浓度达到所设置浓度时，电磁阀关闭，箱内CO_2来源切断，达到稳定状态。

3. 观察与分析设备 主要有双筒实体显微镜、光学显微镜、电子显微镜、倒置显微镜、组织切片机、组织染色设备、流式细胞仪、显微操作仪、细胞融合仪、PCR仪等。

4. 常规设备 电子天平、冰箱、离心机、蒸馏水发生器、超纯水仪等设备。

（二）耗材

1. 接种工具 各式镊子、接种针、解剖针、医用手术刀、各式剪刀及止血钳。

2. 培养工具 卡式培养瓶、培养皿、培养管、微量细胞培养板等。

3. 移液工具 移液器、移液管、离心管、吸管、滴管。

4. 配液工具 烧杯、量筒、漏斗、注射器、试剂瓶。

第二节 无菌技术

无菌技术是防止组织培养物被微生物污染的技术。细胞工程中的无菌技术是指对实验人员、实验环境、实验工具和材料进行清洗、消毒和灭菌等无菌控制处理，使得实验中无污染物或者污染物的数量可以忽略不计，以保证实验结果的准确性和可靠性。无菌技术包括洗涤技术、灭菌技术和污染防控技术。

一、培养用品清洗

离体培养中，细胞对有害物质和污染物非常敏感，为了减少或防止培养器皿上的残留化学物质或污染物影响细胞与组织的培养，在使用前必须对其进行严格的清洗，而且清洗也可以提高后期灭菌的效果。

（一）玻璃制品清洗

细胞培养过程中会用到大量玻璃器皿，玻璃器皿的清洗工作是必不可少的。新买的玻璃器皿的清洗包括以下步骤：自来水浸泡、反复刷洗和自来水冲洗。清洗后的玻璃器皿最终达到的要求是玻璃壁上干净透明无水珠挂壁，无可见残留物。

1. 自来水浸泡 新的玻璃器皿使用前先用自来水简单刷洗，然后浸泡在5%盐酸溶液中；用过的玻璃器皿如果沾有大量蛋白质和油脂，可先浸入清水中，软化和溶解附着物，以免附着物干燥后不易刷洗掉。用过的玻璃器皿如果附着物不多，可直接在流水下清洗。

2. 反复刷洗　将浸泡后的玻璃器皿放入水中，并加入洗涤剂，用软毛刷反复刷洗，软毛刷可防止破坏器皿表面的光洁度，将刷洗过的玻璃器皿用水冲洗。

3. 自来水冲洗　残留的洗涤剂或者酸溶液，均会直接影响细胞的培养，所以刷洗和浸酸后的器皿必须用水充分冲洗，每件器皿要反复注水–倒空冲洗 15 次以上，再用蒸馏水冲洗 2～3 次，自然晾干或烘干后收藏备用。

（二）塑料制品清洗

细胞培养实验中，现多购置无毒无菌化的塑料制品，且为一次性使用制品。塑料制品质地柔软，容易被利器划出痕迹，耐腐蚀，但不耐热。清洗时，先浸泡在自来水中或 0.5mol/L NaOH 溶液中过夜，后用自来水流水冲洗，用纱布擦洗，再用流水冲洗 15～20 遍，蒸馏水冲洗 3 次，晾干备用。

（三）金属制品清洗

金属制品使用后，立即用自来水清洗掉附着物，并用 75%乙醇浸泡 15min，然后用自来水和蒸馏水冲洗干净，烘干备用，以免生锈等。

二、物品与材料灭菌

细胞培养中，培养物经常被细菌、真菌、病毒和支原体等微生物污染，从而导致培养失败。微生物的来源包括操作空间的不洁净、培养器皿和培养基的灭菌不彻底、操作过程的不规范等方面。因此，细胞培养中严格无菌进行每个步骤，才能防止污染。

（一）灭菌方法

1. 物理灭菌法

1）紫外线消毒：紫外线作为一种低能量的电磁辐射，能够破坏微生物的核酸及蛋白质等而使微生物灭活，同时紫外线产生的臭氧也可杀死微生物。紫外线可杀死多种微生物，其中细菌对紫外线最敏感，其次为芽孢，真菌孢子抵抗紫外线的能力最强。紫外线不仅对皮肤、眼睛具有伤害作用，而且对培养细胞与试剂等也产生不良影响，且臭氧会污染空气，因此，不要让操作者或培养的细胞暴露在紫外线下，禁止开着紫外灯进行实验操作。

2）高温湿热灭菌：即高压蒸汽灭菌，在高压蒸汽灭菌器的不同压力下，蒸汽所达到的温度不同。该方法使用最广泛、最高效。秸秆类、营养土、布类、玻璃器皿、金属器皿、某些培养液等物品均可以用该方法灭菌，不同物品所需的有效灭菌压力和时间不同。高温湿热灭菌对微生物有良好的穿透力，能造成蛋白质直接变性凝固而使微生物死亡。灭菌结束后，应立即从高压蒸汽灭菌器中取出物品冷却备用，某些固体物品应立即放到 60～70℃烤箱内烘干再贮存备用，否则，潮湿的物品表面容易被微生物污染。

3）高温干热灭菌：该方法主要用于金属器皿、玻璃器皿及不能与蒸汽接触物品（如粉剂、油剂）的灭菌。其原理是将灭菌箱通电后加热到 160℃以上，保持 90～120min，杀死物品表面的真菌、细菌和芽孢，达到灭菌目的。灭菌结束后，为了防止温度骤变而使箱内的玻璃器皿破裂，应关掉开关使物品逐渐冷却后再打开灭菌箱，切忌立即打开。灭菌时摆放的物品间要有空隙，物品不要靠近加热装置。

4）高温灼烧灭菌：是指在超净工作台面上进行无菌操作时，将金属器皿及玻璃器皿口缘置于酒精灯的火焰上进行灼烧灭菌。

5）高温红外灭菌：红外线热能能够达到900℃的高温，可对接种工具进行瞬时灭菌。一般保持在500℃高温，对接种工具灭菌10s即可达到灭菌的效果。红外灭菌器的优点是使用方便、操作简单、对环境无污染、无明火、不怕风、使用安全，可代替酒精灯的灼烧灭菌法。

6）过滤除菌：是在微孔薄膜上过滤液体或气体，使大于孔径的细菌等微生物颗粒阻留在膜上，从而达到除菌的目的。在体外培养时，过滤除菌大多用于遇热容易变性而失效的试剂或培养液的灭菌。

2. 化学灭菌法 采用化学试剂对物品进行熏蒸灭菌、喷雾灭菌、浸泡灭菌和涂擦灭菌，最常用的化学试剂是高锰酸钾、甲醛、氯化汞（升汞）、乙醇、次氯酸钠。75%的乙醇溶液可对器械、皮肤、操作台表面进行擦拭和浸泡灭菌。次氯酸钠的使用浓度是1%～2%，氯化汞的一般使用浓度是0.1%。近年来，甲醛、氯化汞等化学物质的使用被禁止或管控。

3. 抗生素灭菌法 抗生素也被用作预防微生物污染的重要物质。在培养过程中一般将抗生素添加到培养液中，用该培养液培养容易污染的植物材料。抗生素也可以用于植物材料接种前的灭菌。常用的抗生素有链霉素、青霉素、卡那霉素等，应根据污染的微生物种类不同而选择合适的抗生素。

（二）实验材料的灭菌

1. 植物材料的灭菌 植物材料在进行无菌培养之前，要用化学试剂浸泡，以达到杀灭微生物的目的，其灭菌步骤如下。

第一步，清洗外植体。对于取自地上部分的幼茎、幼叶和花蕾，可以不用清洗，而取自地下部分的根、茎等材料，先用自来水清洗，洗掉材料表面的尘土和部分菌体，如有需要，再浸泡在低浓度的洗涤剂溶液中，用软刷轻轻刷洗外植体的表面，然后用自来水冲洗，除去肥皂液和污物。这样处理可除去外植体表面90%的微生物。

第二步，75%乙醇灭菌。将上述清洗好的外植体放入75%乙醇中浸泡，灭菌时间应严格控制在10～30s。对于一些特殊材料，可以采用75%酒精棉球擦拭灭菌。

第三步，0.1%氯化汞灭菌。将上述用乙醇灭过菌的外植体，浸泡在0.1%氯化汞溶液中灭菌，灭菌时间的长短依照材料的带菌情况而定，通常地上部分材料，灭菌10min左右，地下部分材料灭菌15～20min。灭菌过程中应间或搅动，以使植物材料与灭菌剂有良好的接触。有时在氯化汞中加入几滴吐温-80，可以降低表面张力，提高杀菌效力。

第四步，无菌水漂洗。由于灭菌剂对植物细胞也有伤害作用，因此经过灭菌剂浸泡的外植体，必须要用无菌水冲洗，彻底除去残留的化学物质，以免外植体受到明显的伤害。一般每次冲洗的无菌水用量以淹没外植体为宜，并不断摇动，无菌水漂洗5次以上，基本可以消除残留的化学物质的伤害。外植体经此灭菌程序后，污染率一般在10%以内，有时可达5%以下。此灭菌程序具有一定的通用性。

2. 动物材料的灭菌 动物细胞培养中，动物材料一般取自动物体内的组织，其操作步骤是：对动物体表进行乙醇消毒，然后在超净工作台或无菌手术台上取出目的组织，经过无菌缓冲液洗涤后用于培养。

（三）培养基的灭菌

植物细胞培养基一般采用高压蒸汽灭菌法，将培养基装入灭菌器中，设定灭菌条件为121℃保持15～30min，经过一定时间的高温高压处理，培养基中的微生物完全被杀灭。植物培养基中一些不耐热成分（激素等）一般采用过滤灭菌器灭菌后，再添加到已灭菌好的培养基中即可。

动物细胞培养基一般含有大量生物活性物质，如蛋白质、生长因子、血清等，因此通常使用过滤灭菌器进行过滤灭菌。

（四）实验室空间的灭菌

实验过程中会产生或带来污染物，进而充满实验室空间，因此需要定期对实验室空间进行灭菌。灭菌前，应该撤走实验室的所有生物材料和人员，以确保安全。

实验室空间安装紫外灯，采用紫外线照射法对房间进行灭菌。紫外线照射法简单高效。紫外线照射灭菌时，我们要选择合适的辐射强度和照射剂量，紫外灯同被照射物的距离和照射时间要适合。一般离地面2m的30W紫外灯可照射9m^{2}房间，每天照射2～3h，其间可间隔30min。灯管离地面大于2m就要延长照射时间，2.5m距离下照射效果较差。紫外灯照射超净工作台的距离不应超过1.5m，照射时间30min为宜。

实验室空间如果污染很严重，灭菌也可以使用化学试剂熏蒸法。该方法是将化学药剂加热蒸发、氧化，使其变为气体状态扩散到空气中，以杀死空气中和物体表面的微生物。这种方法简便，只需要把消毒的空间关闭紧密即可。常用的熏蒸剂是甲醛，熏蒸时，房间内不得有生物材料存在，房间关闭紧密，按5～8mL/m^{3}用量，将甲醛置于广口容器中挥发，熏蒸时间一般为6～12h。甲醛属于剧毒药品，仅在某些特殊情况使用，通常情况下不建议使用。也可加热冰醋酸用于熏蒸实验室空间，但灭菌效果不如甲醛。

（五）其他物品的灭菌

细胞培养实验中，接种工具在酒精灯上高温灼烧灭菌或在红外灭菌器中高温灭菌，显微镜采用紫外灯照射灭菌，一些玻璃器皿采用高温湿热灭菌或者高温干热灭菌。

实验室内其他的物体表面可用75%的乙醇涂擦、喷雾灭菌，如超净工作台台面、桌面、墙面、双手等，也可使用1%～2%的次氯酸钠溶液，但是一定要注意防范乙醇起火。

三、污染鉴定与控制

细胞培养实验中，尽管前期进行了严格的清洗、灭菌和无菌处理等操作，但是仍旧不能完全杜绝污染的产生。因此，工作人员需要经常监测培养过程中的污染情况，并及时处理污染样品，以控制污染的发生和发展。

（一）污染的类型

1. 细菌污染　在接种后1～2d时，可以看到培养基上出现细菌污染。细菌在固体培养基上形成混浊的水渍状菌落，而在培养材料周围出现黏液状物或发酵状的泡沫，若在液体培养基中，则培养液颜色变黄、变混浊，即为细菌污染。在组织培养中，污染植物材料的细菌类型有白色葡萄球菌、大肠杆菌、假单胞菌、芽孢杆菌等。以芽孢杆菌污染最严重、最普遍，因为芽孢杆菌对紫外线和灭菌剂具有一定程度的抗性，能忍受一定程度的高温高压。常规的高温灭菌、紫外线灭菌并不能完全抑制芽孢杆菌的污染。

2. 真菌污染 在接种后3～8d时，可以看到培养基上出现真菌污染，其主要是霉菌污染。污染初期，真菌在固体培养基污染部位产生绒毛状菌丝，或者在液体培养基中形成絮状漂浮物，后期在培养基中，形成黑色、黄色、绿色、白色的粉末状或颗粒状物，即真菌孢子。真菌孢子可以散落或飘浮在整个培养瓶的空气中，此时一般已不能挽救植物材料。

3. 支原体污染 动物细胞培养液通常采用过滤除菌，过滤除菌不能去除支原体，因为支原体可以通过细菌滤器。支原体一般吸附于细胞表面，使得细胞生长减缓，部分细胞变圆，从培养瓶瓶壁脱落，造成细胞生长异常或衰亡，而培养液并不发生混浊。因而肉眼无法分辨支原体污染，用普通光学显微镜也无法观察到支原体，这是一种隐蔽性的污染。

通过培养观察法、荧光染色观察法、电镜观察法、相差显微镜观察法可以观察鉴定到支原体污染。

1）培养观察法：先采用肉汤培养基培养，观察有无雾状沉淀，再用琼脂培养基做分离培养，37℃培养3d观察有无“荷包蛋”菌落出现。

2）荧光染色观察法：采用荧光染料Hoechst 33258处理支原体，染料与DNA特异地结合使其着色，然后用荧光显微镜观察。支原体在荧光显微镜下呈现为绿色小点，散在于细胞周围或附于细胞表面。

3）电镜观察法：支原体在电镜下，呈现无细胞壁的3层结构，细胞中央有电子密度大的密集颗粒或丝状中心囊。

4）相差显微镜观察法：可见支原体呈暗紫色小点，位于细胞外或细胞之间。

4. 病毒污染 病毒会影响动物细胞的生长。由于病毒大小以纳米计算，因此它也可以通过细菌滤器，无法过滤除去。可以通过细胞观察、电子显微镜、免疫学和PCR等方法检测动物细胞是否被病毒污染。在通过动物细胞培养生产疫苗、干扰素等生物制品时，要特别注意细胞生长是否受到病毒污染。

5. 细胞交叉污染 当同时培养多种细胞时，操作过程中所用器皿或药品的混杂可引起细胞交叉污染。细胞交叉污染后，原来的细胞生长受到抑制，细胞的生长特性、形态特征可发生变化，最终导致细胞死亡。这些变化不容易觉察到，通常采用细胞形态观察、细胞核型分析、细胞标记物检测等方法方可确定污染与否。

（二）污染处理与控制

污染的控制主要在于预防，预防措施应该贯穿于整个细胞培养过程中。物品的清洗和灭菌、培养基的灭菌、规范无菌操作技术等都是必须采取的措施。同时，向培养基中加入青霉素或链霉素可预防细菌污染。对于真菌污染，可以加入抗真菌的化学试剂预防污染。而支原体污染可用四环素或羟基喹啉衍生物进行预防。在培养过程中定期进行污染监测，一旦发生了污染之后，要及时处理，以免扩大污染面积。同时，要注意多保存备份细胞材料，以便污染后可以复苏使用。

第三节 细胞观察技术

一、细胞计数与活力分析

（一）细胞计数技术

在细胞培养过程中，细胞计数是常用的基础操作技术。对细胞系进行操作（如转染、细胞融合技术、冷冻保存和传代培养等）前，有必要对细胞密度进行定量测定。因为细胞培养结果受接种细胞的密度影响。如果细胞密度过高，实验还没结束细胞就会出现接触抑制，影响细胞状态，蛋白质的表达也会受到影响；但如果密度过低，最后收集到的样品过少，检测不到，我们要花额外的时间等待细胞长到合适的密度。使用适当密度的细胞并使其保持最佳生长，使细胞培养的程序标准化，这反过来也使结果具有更好的再现性，所以细胞计数是非常重要的基础技术。

细胞密度通常用血细胞计数板法进行计算，得出每毫升细胞悬浮液中的细胞数量。0.1%结晶紫溶液（生理盐水配制）能够对死、活细胞均染色，采用该染料染色细胞，可以测出细胞总数。通过胰蛋白酶消化单层细胞，或直接吸取悬浮生长的细胞，然后将细胞加入血细胞计数板中，在显微镜下观察并计算细胞个数，最后通过特定公式换算得到细胞的浓度、个数及密度等指标。

（二）细胞活力分析

总细胞中活细胞所占的百分比叫作细胞活力。细胞分离过程对细胞是有损伤作用的，为了有一个明确的活细胞接种密度，需要检测分离细胞活力。在细胞培养过程中，也有一些细胞死亡，因此也需要了解培养细胞活力，或检查复苏后的细胞活力，以此作为评价细胞冻存和复苏效果的指标。细胞活力检测的方法有 ATP 发光法、台盼蓝染色法、荧光素二乙酸酯染色法、MTT 比色法。

1）ATP 发光法是通过检测细胞内 ATP 含量来评价细胞活力的方法。常见的 ATP 发光法是利用外源萤火虫荧光素/荧光素酶与细胞内的 ATP 发生氧化反应而产生光子，通过监测光度来检测 ATP 含量，从而分析细胞活力与增殖数量。

2）台盼蓝染色法。台盼蓝染料是一种重要的染色剂，可以将死组织或死细胞染成蓝色，而具有完整细胞膜的活细胞或组织却不着色。由于活细胞能够对通过膜的化合物进行高度选择，因此台盼蓝不被活细胞吸收。然而，死细胞对化合物没有选择性，因而台盼蓝可以穿过死细胞的膜进入细胞内，使细胞在显微镜下显示为独特的蓝色。

3）荧光素二乙酸酯染色法。在所有现有的荧光染料中，二乙酸荧光素（FDA）及其衍生物（如 CFSE）非荧光分子，其扩散到细胞中并被细胞内非特异性酯酶水解成荧光产物而产生荧光。在具有完整细胞膜和酯酶活性的细胞中才能产生和积累荧光产物，细胞分裂，荧光产物被平均分配到子细胞中。进一步可用流式细胞仪分析细胞分裂增殖的情况，还可以通过细胞完整性对活、死细胞分别进行标记。

4）MTT（甲基噻唑基四唑）比色法。MTT 是一种生化标记物，活细胞中线粒体脱氢酶能够还原 MTT，生成不溶于水的蓝紫色结晶甲臜（formazan），并沉积在细胞中，用二甲基亚砜（DMSO）溶解细胞中的甲臜，溶液颜色的深浅与所含的甲臜量成正比。用酶标仪在 570nm 波长下测定吸光度值（OD），计算出甲臜含量，算出脱氢酶的活性，用以评估细胞的代谢活力大小。而死细胞无法将 MTT 还原为甲臜。MTT 比色法目前大多用于检测培养细胞的生长和增殖、新药筛选、细胞毒性试验、肿瘤细胞敏感性试验等，MTT 价格低廉。

二、细胞固定与染色观察

（一）细胞固定技术

固定是将从生物体取下的新鲜组织，立即投入化学药品溶液中（固定剂），通过化学药品的作用，使细胞保持原有形态和结构，以便于后续的观察、鉴定和分析。细胞固定常用的固定剂有以下几种。

1）Carnoy 固定液配方。冰醋酸 10mL，无水乙醇 60mL，氯仿 30mL。Carnoy 固定液能固定细胞质和细胞核，尤其适宜于染色体观察和研究等，常用于糖原及尼氏体的固定。由于冰醋酸能溶解红细胞并可防止细胞由乙醇引起的过度收缩，对固定有血的标本和显示 DNA、RNA 效果很好。缺点是每次固定后固定液内有大量的红细胞碎片和细胞脱落，必须及时过滤，否则容易造成污染。另外，氯仿具有挥发性和毒性，大量接触与吸入对肝、肾及中枢神经有一定的伤害。

2）冰醋酸/甲醇。其浓度比 1∶3，该配方用于一般的植物组织和细胞的固定，有极强的渗透力，如根尖、花药压片及子房石蜡切片等。该配方需要现配现用。

3）FAA 固定液（福尔马林-冰醋酸-乙醇）。其组成为福尔马林（38%甲醛）5mL，冰醋酸 5mL，70%乙醇 90mL。该固定液适用于一般根、茎、叶、花药、子房的组织切片。

（二）细胞染色技术

1. 吉姆萨染色法 细胞用吉姆萨染液染色后，细胞核呈紫红色或蓝紫色，细胞质呈粉红色，细胞在光学显微镜下呈现清晰的细胞及染色体图像。吉姆萨染色法可用于血液、骨髓细胞学检查，是最常用的染色方法之一。

2. 苏木精-伊红染色法 又称 HE 染色法，H 是苏木素 hematoxylin，E 是伊红 eosin。苏木精染液为碱性，主要使固定处理后的细胞（死细胞）中的核酸着蓝紫色；伊红为酸性染料，主要使细胞质和细胞外基质中的成分着红色，细胞经过 HE 染色后，染色透明度好，核酸与细胞质对比鲜明，染色后不易褪色可长期保存。该方法可以用于鉴别细胞凋亡、正常细胞和细胞坏死。经过 HE 染色后，在普通光学显微镜下，凋亡细胞表现为细胞核固缩碎裂、呈蓝黑色、细胞质呈淡红色，正常细胞核呈均匀淡蓝色或蓝色，坏死细胞的细胞核呈很淡的蓝色或蓝色消失。

3. 福尔根染色法 福尔根染色法是由发明者 Feulgen 于 1924 年开创的，其可以使细胞中 DNA 呈现紫红色，可作为研究 DNA 的一种方法。该染色法的原理是：DNA 经酸（1mol/L HCl）水解，形成游离的醛基，这些醛基在原位与席夫试剂（无色品红亚硫酸溶液）反应，形成醌基（一种紫红色的化合物），因而细胞中 DNA 呈紫红色阳性反应。所以，凡有 DNA 的部位，会呈现紫红色阳性反应，这可以作为定性研究 DNA 的一种简便方法。对照组预先用热三氯乙酸或 DNA 酶处理，抽提去除细胞中的 DNA 而得到阴性反应，从而证明了 Feulgen 反应的专一性，但必须严格控制盐酸水解的时间和温度，以减少假阳性，可以非特异性染色作对照实验。

4. 考马斯亮蓝染色法　该方法适用于细胞骨架、细胞微丝的染色，其操作步骤简便易行，清晰度稍差，可以采取措施提高清晰度。

5. 免疫荧光法　免疫荧光法是根据抗原抗体特异性结合的特点，将已知的抗原或抗体标记上荧光基团，再用这种荧光抗体（或抗原）作为探针处理细胞或组织。将样品放在荧光显微镜下，以显示细胞或组织内的相应抗原（或抗体），确定抗原或抗体的性质和定位，并可利用流式细胞仪测定抗原（或抗体）含量。

三、细胞凋亡的检测方法

细胞培养是一个细胞不断增殖、衰老、死亡的过程。进行细胞凋亡的检测可以为评价细胞培养效果和研究细胞生理生化活动提供依据。

（一）凋亡细胞的形态检测法

1. 光学显微镜观察　对细胞凋亡的初步观察可采用光学显微镜。将细胞进行涂片或组织石蜡切片，然后进行 HE 染色或吉姆萨染色，在高倍物镜下观察凋亡细胞的形态改变，作为细胞凋亡评价指标之一。同时结合血细胞计数板，对凋亡细胞进行计数。

凋亡细胞在显微镜下呈现为细胞体积缩小，细胞质致密，因而被嗜酸性染料染色很深，核染色质致密而染色较深，形成致密质块或碎裂块（即凋亡小体）。在石蜡组织切片中看到凋亡细胞与周围细胞分离，常以分散单细胞存在，不引起炎症反应。光学显微镜观察简便易行，但对细胞密集的组织中改变不明显的细胞判断较困难，具有较强的主观性，重复性差。

2. 倒置显微镜观察　倒置显微镜是活体无损观察细胞的最佳设备，所以特用于细胞培养过程中对细胞凋亡进行动态观察，观察细胞形态的变化。凋亡细胞首先与培养基质分离，收缩变圆或拉长、出泡，呈现钉状突起，持续数小时后细胞膜破裂，核浓缩和碎裂，细胞溶解，细胞凋亡。

3. 透射电镜观察　透射电镜观察到的细胞是立体的，所以能够很准确地鉴定细胞是否凋亡。观察到以下特征时可确认细胞发生凋亡：①细胞体积变小，细胞核缩小；②染色质边缘化、凝集；③核碎片与细胞质内的部分细胞器混合；④被细胞膜包裹形成凋亡小体。

（二）凋亡细胞的生化检测法

细胞凋亡早期，细胞膜外表面的磷脂酰丝氨酸（PS）残基暴露，标志着细胞开始凋亡。可以在有 Ca^{2+}的情况下，采用磷脂结合蛋白，如 annexin V 与 PS 高度亲和，从而在凋亡早期鉴定到凋亡细胞。但是由于 annexin V 不具有细胞渗透性，只能与凋亡细胞结合，不易检测到，因此 annexin V 用荧光素——异硫氰酸荧光素（FITC）标记（与其结合），可以用流式细胞仪或荧光显微镜进行检测与观察。

鉴于 annexin V 无法区分坏死细胞（中晚期凋亡细胞）和早期凋亡细胞，需要采取另一种染料。碘化丙啶（propidium iodide，PI）是一种核酸染料，不能透过活细胞的细胞膜，却可以透过凋亡中晚期细胞和死细胞的细胞膜，使细胞核染红；而早期凋亡细胞和活细胞的细胞膜仍然完整，PI 无法进入。因此，将 PI 与 annexin V 联合染色细胞，即可将处于不同凋亡时期的细胞区分开。活细胞呈现为 annexin V^-/PI^-，早期凋亡细胞呈现为 annexin V^+/PI^-，中晚期凋亡细胞和坏死细胞同时被 annexin V 和 PI 结合染色呈现双阳性为 annexin V^+/PI^+。

（三）凋亡细胞的分子检测法

细胞凋亡的标志包括细胞皱缩、细胞膜起泡、细胞核凝结和 DNA 断裂形成大小不一的 DNA 片段，因此，电泳方法可用于检测细胞凋亡。该方法通过荧光检测嵌入低熔点琼脂糖的细胞中释放出来的 DNA 的完整性来测量 DNA 损伤。电泳时，凋亡细胞的 DNA 碎片会产生一个特有的“彗星”（comet）形尾巴或者梯形电泳图谱，因为小的 DNA 碎片在凝胶中的迁移速度比完整的基因组 DNA 更快。细胞 DNA 尾巴的长度与细胞凋亡的程度有关。

细胞凋亡时，有一些促进或抑制细胞凋亡的生化物质产生，如凋亡蛋白酶激活因子 1（Apaf-1）、细胞凋亡蛋白家族及凋亡相关因子等。通过检测这些生化物质或其基因，可以判断细胞凋亡的发生。

四、染色体分析

染色体具有贮存和传递 DNA、调控基因活动的作用，是遗传信息的载体。研究染色体的形态、结构，尤其是带型，是基因定位与基因图谱研究的基础工作，为细胞遗传分类、物种间亲缘关系和多倍体育种的研究提供了重要依据。染色体分析也可以为常规细胞遗传学诊断和干细胞移植效果评价提供依据。

（一）染色体分析的原理

细胞中的染色体大部分是以染色质的形态存在，只有进入细胞分裂时期染色质浓缩才成为染色体的形态。细胞有丝分裂中期，染色体排列在赤道面上，这时是最便于观察的。以分裂中期的染色体为分析对象，根据着丝点位置、长短臂比例、染色体的长度、染色体的数量等结构特征对染色体进行分析，并进行排序和编号等。根据上述的染色体结构和数目分析判断染色体的变异情况。

（二）染色体制片的步骤

1. 细胞选取 将体外培养的细胞放置于倒置显微镜下观察，如有较多分裂相的细胞（传代后 24h，圆形发亮的细胞）时，加入含有 0.3μg/mL 秋水仙碱溶液的培养液中，培养处理 3h。

2. 细胞消化 用胰蛋白酶消化秋水仙碱处理后的细胞，然后过滤，取滤液进行离心，收集沉淀于离心管底部的细胞。

3. 低渗处理 向离心管中加入低渗透压溶液处理细胞，使细胞膜涨破，释放染色体，使染色体分散。

4. 细胞固定化 采用乙酸或甲醇等细胞固定液固定染色体，制备染色体装片。

5. 染色及观察 用染色液染色装片上的标本，以用于观察。

（三）染色体观察和分析技术

染色体分析技术主要包括染色体核型分析、染色体荧光原位杂交、染色体基因芯片检测及染色体高通量测序等。

1. 染色体核型分析　是利用显微镜观察一个体细胞内的全部染色体并拍照后，按其大小、形态特征排列起来构成核型图，分析待检细胞是否存在染色体数目或形态结构异常的检测技术。该技术由于依赖人工检测，受限于分析人员的经验和主观判断。

2. 染色体荧光原位杂交　是一种将DNA在染色体上的位置显示出来的检测手段。它是利用核酸分子单链之间的碱基互补原则，将带有放射性或非放射性的标记外源核酸（即探针）与染色体杂交，即探针与DNA杂交结合，经一定的检测手段将待测核酸在染色体上的位置显示出来。该技术的3个关键步骤是：染色体装片的制作，特异性探针的筛选，探针标记物的选择。

3. 染色体基因芯片检测　又称染色体微阵列分析（CMA）技术、分子核型分析，是将数十万个碱基序列探针固定在芯片上，将从血液、羊水、绒毛等组织细胞里提取的DNA，经荧光标记后与固定在基质上的高密度DNA探针特异性杂交，通过对荧光信号进行扫描，分析待测样本拷贝数变异及基因型，可检测包括染色体非整倍体、大片段缺失/重复等多种染色体畸变，同时可检出传统核型分析无法识别的微小结构异常（微缺失/重复、额外标记染色体等）、单亲二倍体、杂合性缺失、嵌合体等信息，分辨率较核型分析提高了近1000倍。CMA技术与染色体核型分析结合，能够大大提高患者诊断效率。

4. 染色体高通量测序　又称染色体拷贝数变异测序（copy number variation sequencing，CNV-seq），指采用高通量测序技术对全部染色体内部进行“扫描”，低深度地检测全基因组拷贝数的变异技术。该技术的测序深度可以最小检测到10kb的微缺失及微重复，具有高分辨力、高敏感性和高准确性的优点。

第四节　细胞及细胞器分离技术

一、细胞分离

根据细胞的形状、大小和密度差异，可以通过差速离心法或者密度梯度离心法将目标细胞从混合细胞群中分离出来。

（一）不同种类细胞的分离

对于大小差异较大的细胞，如血液中的红细胞和白细胞，可以采用差速离心法进行分离。该离心方法的操作是在密度均一的介质中由低速到高速逐级离心，以分离不同大小的细胞。

对于密度差异较小的细胞，如分离淋巴细胞和单核细胞，采用密度梯度离心法分离。该离心方法的操作是：先将离心介质倒入离心管内，介质形成一连续或不连续的密度梯度，将细胞悬液置于介质的顶部，通过离心力场的作用使细胞分离。

（二）单个细胞的分离

在细胞融合后的杂种细胞筛选、细胞株筛选和细胞克隆培养中，经常会需要分离单个细胞。单细胞分离的方法有极限稀释分离法、显微操作法、流式细胞仪分离法、免疫磁珠分离法、激光捕获显微切割分离法、新型高通量单细胞分离技术、微流控技术等。

1）极限稀释分离法。将细胞悬液经过连续稀释后，取稀释后的悬液制备成小液滴在显微镜下观察，选取其中只含一个细胞的液滴，以获得单个细胞。

2）显微操作法。在显微镜下用毛细管或显微针、钩、环等工具分离挑取单个细胞。

3）流式细胞仪分离法。利用细胞表面特异性标记物能够与荧光染料或荧光标记的抗体结合，将细胞悬液进行染色或者标记处理，再经过流式细胞仪进行高通量检测和分离分选，实现对不同细胞或细胞亚群的分离，如分离肿瘤细胞、干细胞和免疫细胞亚群等。流式分选技术虽然能够实现单细胞的高通量分离，但必须使用具有分离能力的流式细胞仪、稳定的荧光标记物和荧光染色剂，而且必须配制一定数量的细胞悬浮物，不适合于微量样品。

4）免疫磁珠分离法。利用磁性珠子表面特异性标记物能够与目标细胞结合的特点，通过磁力作用将目标细胞从混合细胞群中分离出来。该方法结合了流式细胞术和磁性分离法，可以实现对特定细胞亚群的高效分离和纯化，广泛应用于细胞治疗和生物药物研发等领域。

5）激光捕获显微切割分离法。该技术是一项能够将大多数实体组织标本中的单细胞或细胞间质分离出来的新技术。将目标细胞所在的组织置于显微镜下观察，用肉眼辨认出目标细胞所在的组织位置，然后实验人员在显示器上画线，将要切割的含有目标细胞的那一部分组织画出来，再操纵显微镜，沿着这个画线的路径，用激光切割，取出目标组织。激光捕获显微切割（LCM）系统还可以对活体组织进行解剖，这样就可以将活的细胞取出用于培养和分析。LCM 与免疫组化法相结合，为固体样品在单细胞层面上的分析提供了强有力的工具。近年来，利用 LCM 技术对单细胞进行分析，包括单细胞逆转录聚合酶链反应（RT-PCR）、法医学中的短链重复分析、蛋白质印迹法、质谱分析等。但这种方法要求有一个小型的激光切割平台，而且操作比较复杂。

6）新型高通量单细胞分离技术。主要有微孔芯片技术及微流控技术。微孔芯片技术是先制作一个微孔阵列，微孔的孔径稍大于细胞直径，再通过重力、流体、电场等方式使细胞悬液中的单细胞分离进入微孔中的技术。目前隶属于 Takara Bio 的 WaferGen 生物系统公司于 2014 年推出了 ICELL8^{TM} Single-Cell System，通过 MultiSample NanoDispenser（MSND）能够准确地对 ICELL8 芯片上搭载的 5184 个微孔进行分注。成像阶段可以得到各个微孔的图像，结合专用软件 CellSelect 自动选择单细胞进行后续的实验。

7）微流控技术。是指将微升、毫升级别的细胞悬液精确操控后，细胞通过微米级别的流道，利用重力离心、流体力学、电场力等来捕获单细胞，实现细胞分离。微流控技术还可以将多种操作单元结合在一起，集细胞捕获、细胞培养、细胞裂解及后续的检测分析等多功能于一体，实现高通量、自动化、集成化的特点。

二、细胞器分离

各细胞器间的密度差异较大，可以采用差速离心法分离细胞器。在差速离心中细胞器沉降的顺序依次为：细胞核、线粒体、溶酶体与过氧化物酶体、内质网与高尔基体，最后为核蛋白体。但是，通过差速离心法仅能实现细胞器的初步分离，可再通过密度梯度离心法对细胞器进行分离纯化。各种细胞器在大小和密度上相互重叠，导致某些慢沉降颗粒和快沉降颗粒裹挟在一起，所以一般重复 2～3 次离心，分离效果会更好。

第五节　细胞保存与复苏技术

一、细胞保存

细胞培养中，为了让细胞的功能和活性不受明显的影响，可被研究，实验人员往往需要通过一些处理方式将良好状态的细胞保存起来，以备后期可以使用。

（一）细胞常温保存法

悬浮培养的细胞，通过每隔 1～2 周更换培养液进行传代培养，一般用于植物细胞和微生物细胞的保存，其步骤如下：①弃液，弃去细胞瓶中旧的培养液；②清洗，用磷酸盐缓冲液（PBS）清洗细胞 1～2 次；③加液，添加新鲜的含血清培养基；④培养，放入二氧化碳培养箱中培养。

（二）细胞低温冷冻保存法

如果要进行长期保存，一般采用低温冷冻保存法。常用的冻存液包括含有 10%～20% DMSO（二甲基亚砜）的细胞保存液。DMSO 能够快速穿透细胞膜进入细胞中，以延缓温度下降，减少细胞内冰晶的形成，从而起到保护细胞的作用。DMSO 溶于培养基时，将释放大量热量，所以细胞冻存液需提前配制，冷却后再使用，不能直接将 DMSO 加入含有细胞的培养基中，避免烫伤细胞。添加 DMSO 后要尽快进入冷冻阶段，避免损伤细胞。冻存的密度不能太低，推荐密度为 3×10^6～5×10^6 个/mL。

由于甘油、DMSO 等对保存细胞有一定的毒性，有研究者采用天然两性离子甜菜碱作为动物细胞，特别是红细胞的新型高效冻存保护剂。甜菜碱无细胞毒性，能够避免甘油保护剂易导致溶血的问题。也可以加入生物相容性高分子，如海藻糖、聚乙烯吡咯烷酮（PVP）和聚乙二醇（PEG）等作为辅助剂，提高微生物菌种的冻存效率。

低温保存：将细胞培养物冷冻保存在−80℃或更低温度下的低温冰箱中。低温保存是最常见最简便的细胞保存方法之一。

超低温保存：也叫液氮保存，将细胞先冰冻在含有保护剂的冻存液中，然后再冷冻保存在液氮中，保存温度为−196℃，通常使用特殊的液氮保存管，是一种非常理想的长期保存方法，其保存步骤如下。

1）为现有细胞系做细胞储备，需要对代数相对靠前的细胞进行扩增培养和细胞冻存。

2）准备细胞冻存液，置于 2～8℃下备用。观察待冻存的细胞，密度达到 80%～90%，将贴壁/悬浮细胞分别按照传代方法收集。

3）使用血细胞计数板对细胞密度进行大致估算后，计算出冻存溶液的体积，从而保证单支冻存细胞有足够的细胞量用于复苏。

4）800～1000r/min 下离心 5～10min，无菌条件下小心弃去培养基，不要搅动细胞沉淀。

5）用合适体积的预冷后冻存液重新混悬细胞沉淀，分装至冻存管中，做好标记后进行梯度降温至液氮环境中保存，入库。

二、细胞复苏

（一）细胞复苏步骤

1）先准备好37℃水浴锅，然后将细胞保存冷冻管从液氮中取出，迅速投入水浴锅中使其融化，要尽快（约1min）移出37℃水浴，以免水浴时间延长导致细胞死亡率增加。一般细胞死亡率为20%～25%。

2）迅速用酒精棉球擦拭冷冻管外部杀菌消毒，然后放置在冰浴上。

3）小心开启瓶盖，把细胞转入含有4mL培养基的培养瓶中，然后把培养瓶移至培养箱，36～38℃培养1h，让细胞贴壁。

4）细胞贴壁后，小心移弃培养基，主要是去掉DMSO（悬浮生长细胞要通过离心沉淀除去DMSO）、死细胞及其碎片，加5mL新鲜培养基，36～38℃下培养。

5）细胞培养24h后，更换新鲜培养基，继续培养直到形成单层，便可以传代。

6）详细记录复苏细胞的名称、数量、复苏时间、存放部位等。

（二）细胞冻存、复苏的原则

细胞冻存原则为"慢冻"，即让细胞在缓慢降温的条件下逐渐冷冻。对于大多数细胞，最佳冷冻速率在每分钟1℃。

当细胞快速冷冻时，水和离子往往会留在细胞中，细胞内冰晶的形成会撕裂和刺穿细胞膜。相反，如果细胞冷冻太过缓慢，则细胞外的水会在细胞内冰形成之前结冰。这允许水通过渗透作用逸出，但增加了可能有毒的细胞内溶质的浓度。

细胞复苏的原则为快速融化，必须将冻存在−196℃液氮中的细胞快速融化至37℃，使细胞外的冰晶迅速融化，避免冰晶缓慢融化时进入细胞形成再结晶，对细胞造成损害。

小　结

细胞工程基础技术讲述了细胞工程实验室基本条件、无菌技术、细胞观察技术、细胞及细胞器分离技术、细胞保存与复苏技术。其中无菌技术是重要的基础技术，包括洗涤技术、灭菌技术和污染防控技术，只有尽可能地从多个环节规范操作，才能达到无菌培养的要求。细胞观察技术、细胞保存与复苏技术作为细胞工程研究中的必备技术，能够保障细胞工程研究的顺利开展和提高细胞工程研究的效率。

复习思考题

1. 细胞工程实验室的功能分区有哪些？必备的仪器设备有哪些？
2. 简述无菌技术的概念及无菌技术由哪几部分技术构成。
3. 简述灭菌方法的类型。

第二篇 植物细胞工程

第三章　植物组织与器官培养技术

第一节　植物组织培养技术

植物组织培养（plant tissue culture）简称组培，是一种无性繁殖技术，是基于植物细胞具有全能性（totipotency）理论，在无菌和人工控制的环境条件下，将植物的离体器官、组织、细胞或原生质体接种于人工配制的培养基上，使其细胞分裂、增殖、分化、发育，直至形成完整植株或生产具有经济价值的其他产品的过程。植物组织培养是在无菌条件下对植物器官、组织或细胞进行培养，使其生长分化形成完整植株，故其技术性要求很高，并需配备实验室、仪器设备、器皿和器械。实验室包括准备室、无菌操作室、培养室和温室，仪器设备应配有无菌操作设备、培养设备、药品储存柜、试剂配制设备及观察分析设备等。组织培养工作的操作包括各种玻璃器皿的洗涤和灭菌、培养基配制和灭菌、无菌室消毒及接种操作、培养物培养等。

一、植物组织培养的原理

植物组织培养技术是快速、大量繁殖植物的有力工具（George et al.，2022），能够使植物繁殖不受环境、季节等外界条件的限制，具有繁殖迅速、保持母本性状、培养周期短的优点，在植物离体快繁、无病毒苗木生产、新品种培育、种质资源离体保存等方面应用广泛。植物组织培养技术也可以为转基因和基因组编辑技术提供重要的技术支持（Kharel et al.，2022）。

（一）植物细胞的全能性

要成功实现细胞全能性必须满足以下两个条件：一是要把某些细胞从植物体其余部分的抑制性影响下解脱出来，即必须使这部分细胞处于离体的条件下；二是要给予它们适当的刺激，即给予一定的营养物质，并使它们受到一定激素的作用。一个已分化的细胞要表现它的全能性，必须经历脱分化和再分化两个过程。在大多数情况下，脱分化是细胞全能性表达的前提，再分化是细胞全能性表达的最终体现。植物组织和细胞培养的目的就是人为设计培养基和创造培养条件来促使植物组织和细胞完成脱分化和再分化，进而实现全能性的表达。

根据细胞类型不同，其全能性表现从强到弱依次为：营养生长中心＞形成层＞薄壁细胞＞

厚壁细胞（木质化细胞）＞特化细胞（筛管、导管细胞）；根据细胞所处组织的不同，其全能性表现从强到弱依次为：顶端分生组织＞居间分生组织＞侧生分生组织＞薄壁组织（基本组织）＞厚角组织＞输导组织＞厚壁组织。

（二）决定作用与形态发生感受态

细胞分化（cell differentiation）是指导致细胞形成不同结构、引起细胞功能改变或潜在发育方式改变的过程，可以在细胞水平、组织水平或器官水平上表现出来，如细胞分化、组织分化、花芽和腋芽及茎根等器官分化。细胞分化是组织分化和器官分化的基础，是离体培养再分化和植株再生得以实现的基础。

细胞分化是发育生物学的一个核心问题，它是基因选择性活化或阻遏的结果。所以，分化也是相同基因型的细胞由于基因选择性表达所反映的各种不同的表现型。一个成熟已分化的细胞中，通常仅有5%～10%的基因处于活化状态。所以细胞分化的基本问题就是一个具有全能性的细胞是通过什么方式使大部分遗传信息不再表达，而仅有小部分特定基因活化，最终使细胞表现出所执行的特定功能。目前，这个问题还没有得到清楚阐明，但利用离体培养技术已揭示了细胞分化的某些规律和机制，主要表现在：①细胞分化基本上分为形态结构分化及生理生化分化两类，形态结构分化之前往往先出现生理生化分化，因为不同基因活化的结果往往表现为合成不同的酶或蛋白质分子。②发育中的植物不存在部分基因组永久关闭的情况，即不同组织的细胞保持潜在的“全能性”，只要条件合适，这种全能性即可表现出来。③在完整植株中，细胞发育的途径一旦被“决定”，通常不易改变，但离体培养可以通过脱分化而丧失这种“决定”。④极性与分化关系密切，极性是植物分化的一个基本现象，它通常是指在植物的器官、组织甚至单个细胞中，在不同轴向上存在的某种形态结构和生理生化上的梯度差异。极性一旦建立，常难以逆转。例如，茎切段再生芽，往往只能在形态学上端（远基端）分化形成；根切段形成芽，则发生在近基端。⑤生理隔离（physiological isolation）或机械隔离（mechanical isolation）在细胞分化中的促进作用。Steward等在胡萝卜细胞培养形成胚状体的研究中，特别强调了悬浮培养中单个细胞的生理隔离是胚胎发生的前提条件。但以后的研究发现，细胞培养中胚状体并非由游离的单个细胞直接形成，这使问题变得复杂化。但在柑橘未受精胚珠的珠心组织（nucellus tissue）形成的胚性愈伤组织（embryonic callus）中观察到，形成胚状体的原始细胞被十分厚的壁所包围，无胞间连丝。在龙眼胚性愈伤组织的胚状体发生中，也观察到早期原胚（proembryo）细胞壁加厚的现象。⑥细胞分裂对细胞分化具有重要作用。特定环境下进行的细胞分裂可以导致特定的细胞分化，由不等分裂（unequal division）形成的分化细胞说明了细胞质在细胞分化中的作用。在细胞分化中，核质之间、不同组织和器官之间存在着错综复杂的相互关系。⑦植物生长调节剂（或植物激素）在细胞分化中有明显的调节作用。它与细胞分化的一些过程如细胞生长和分裂等密切相关。在对根和芽分化的研究中发现，根或芽的分化取决于生长素与细胞分裂素类的比值，即比值高时促进生根，低时促进茎芽分化，相等时倾向于无结构方式生长，这就是著名的控制器官分化的激素模式。⑧细胞核染色体和DNA的变化对细胞分化的作用。在细胞分化中，最常见的是染色体多次复制而细胞不分裂所形成的核内多倍性（endopolyploidy）和多线染色体（polytene chromosome）。例如，菜豆属（*Phaseolus*）的几种植物的胚柄细胞（suspensor cell）形成多线染色体，推测与胚胎发育中的运输与代谢有关；落地生根（*Bryophyllum pinnatum*）中发现染色体核内复制与叶片肉质化有关。DNA的差异复制在一些生物的发育与分化中也起着重要作用。例如，在洋葱根尖中观察到正处于分化阶段的后生木质部细胞的核糖体 RNA 基因大量增加。

（三）植物离体分化再生途径

1. 脱分化与再分化　离体培养的外植体细胞要实现其全能性，首先要经历脱分化过程使其恢复分生状态，然后进行再分化。

（1）脱分化　脱分化也称去分化，是指离体培养条件下生长的细胞、组织或器官经过细胞分裂或不分裂逐渐失去原来结构和功能而恢复为分生状态，形成无组织结构的细胞团或愈伤组织，或成为具未分化细胞特性的细胞的过程。大多数离体培养物的细胞脱分化无须经过细胞分裂，而只是本身细胞恢复分生状态，即可再分化。自然情况下，植物正在生长的部位如果受到虫伤、病伤、机械伤等，局部的细胞会因受到创伤刺激、内源生长素进行调控而启动脱分化，恢复分生能力，形成愈伤组织，从而对受伤组织起到保护作用。

（2）再分化　离体培养的植物细胞和组织可以由脱分化状态重新进行分化，形成另一种或几种类型的细胞、组织、器官，甚至形成完整植株，这个过程（现象）称为再分化。

1）细胞水平的再分化。首先可见的是细胞壁变厚、假导管（tracheid）细胞的形成及酶水平的变化和明显的机能分化，从而形成各种类型的细胞。

2）组织水平的再分化。愈伤组织在高水平生长素条件作用下，最常见的是维管组织（vascular tissue）的分化。松散的愈伤组织（loose callus）内含有大量拟分生组织（meristemoid）或瘤状结构（nodular structure）。致密的愈伤组织（compact callus）内组织分化很少，大多由高度空泡化（vacuolization）的细胞组成。

3）器官水平的分化。又称为器官发生，再分化的组织可形成各种器官，如根、茎或芽、叶、花及多种变态的器官（如鳞茎、球茎、块茎等）。

4）植株再生。根和茎（包括其变态器官）或芽器官的发生可使植株重建。在离体培养中，通过根、芽发生而形成再生植株的方式大致有 3 种：①芽产生后，芽的基部长根形成小植株；②先形成根，根上再出芽；③愈伤组织的不同部位分别形成芽和根，然后形成维管组织把两者结合起来形成一个植株。一般来说，离体培养中先形成芽后，其基部很容易形成根，而培养物若先形成根，则往往抑制芽的形成。产生的根、芽一般为不定根（adventitious root）、不定芽。

2. 影响细胞脱分化和再分化的因素　植物离体培养中，细胞脱分化与外植体本身及环境条件有关，影响的因素主要包括以下几方面。

（1）损伤　切割损伤的刺激，使外植体细胞展现应激性，导致细胞内发生了呼吸活性、气体交换率、代谢物含量等一系列生理生化变化，对细胞脱分化也产生了重要影响，促使细胞增殖。这是生命的一种自我调节机制。

（2）生长调节剂　主要是生长素类起作用，其中 2, 4-D 是启动细胞分裂的重要激素，它能活化一部分受阻遏的基因，转录 mRNA，合成蛋白质和酶，从而使细胞代谢开始活化。因此，进入脱分化过程诱导愈伤组织时常加入生长素类，但同时配合使用细胞分裂素则效果更好。

（3）光照　弱光下切取外植体，进行暗培养，有利于细胞脱分化。

（4）外植体材料　外植体本身的各类细胞对培养条件的刺激有不同的敏感性；不同种类的材料在不同的生理年龄和不同的季节其脱分化难易程度都有所区别，一般情况下，双子叶植物比单子叶植物及裸子植物容易。

理论上讲，各种植物体的活细胞都具有全能性，在离体培养条件下均可经过再分化形成各种类型的细胞、组织、器官及再生植株。但实际上，目前还不能让所有植物的所有活细胞都再生植株。主要原因是：①不同植物种类再分化的能力差异很大；②某些植物的植株再生条件还没有完全掌握。影响细胞再分化的因素与影响脱分化的因素基本一样。

二、植物组织培养程序

（一）培养基的选择与制备

培养基是决定植物组织培养成败的关键因素之一，因此了解培养基的构成并筛选合适的培养基是极其重要的。

1. 培养基的选择　培养基分为固体培养基和液体培养基，二者的区别在于是否加入琼脂等凝固剂。培养基的构成要素通常为水、无机盐类、有机营养成分、植物生长调节物质、天然有机物质、pH、凝固剂和其他添加物。

迄今为止，基本培养基配方有很多种，如 MS（Murashige and Skoog）、WPM（woody plant medium）、White、DKW（Driver and Kuniyuki McGranahan）、B_5 培养基等。根据培养基的成分和浓度，可以把它们分为以下 4 种基本类型。

1）含盐量较高的 MS 培养基。主要特点是无机盐浓度高，特别是硝酸盐、钾离子和铵离子含量丰富；元素平衡较好，缓冲性能好；微量元素和有机成分齐全且较丰富，是目前使用最广的培养基。与 MS 培养基类似的还有 LS 培养基、BL 培养基、ER 培养基等。

2）硝酸钾含量较高的培养基。其特点是培养基的盐类浓度较高，铵态氮含量较低，但盐酸硫胺素和硝酸钾含量较高，如 B_5 培养基、N_6 培养基、SH 培养基等。

3）中等无机盐含量的培养基。特点是大量元素含量约为 MS 培养基的一半，微量元素种类少，但含量较高，维生素种类较多，如 Nitsch 培养基（1969 年）、Miller 培养基（1963 年）和 H 培养基（Bourgin and Nitsch，1967）等。

4）低无机盐含量的培养基，特点是无机盐含量非常低，为 MS 培养基的 1/4 左右，有机成分也很低。

培养基是否适合所培养的植物，可以通过试验进行筛选。必要时应该对培养基的成分进行调整，以此来获得良好的培养效果。

2. 培养基的制备　配制培养基时，为了减少工作量和误差的出现，最方便的方法是预先配制好不同组分的培养基母液，通常母液的浓度是培养基浓度的 10 倍、100 倍或更高。一般来讲，有机营养成分、大量元素、微量元素、铁盐和钙盐可以分别配成单独的母液。配制好的母液，在瓶上应注明母液号、配制倍数、日期。发现母液有霉菌或沉淀变质时，应弃之并重新配制。现在许多生物公司直接生产了干粉型培养基，极大地方便了培养基的储运和制备使用。

（1）*植物生长调节剂母液的配制*　配制植物生长调节剂母液时，有 mg/L 和 mol/L 两种浓度单位可供选择。物质的量浓度直接代表着每升溶液中的分子数量，这使得不同生长调节剂之间具有可比性。此外，国际性刊物中，物质的量浓度也是通用单位。植物生长调节剂母液通常为 1～10mmol/L，这样的浓度既便于计算也可避免冷藏时形成结晶。由于多数生长调节物质难溶于水，因此配法各不相同。一般 2, 4-D、IAA、IBA、GA_3 和 ZT 可先用少量 95% 乙醇溶解，再用水定容，摇匀后储于试剂瓶中，贴上标签；NAA 可溶于热水或少量 95%乙醇中，再加水定容至一定体积；KT 和 6-BA 应先溶于少量 1mol/L 的 HCl 中，再加水定容；植物生长调节剂母液可以在 2～4℃冰箱中保存。

（2）培养基的配制　培养基配制的具体步骤如下：称取琼脂（7～10g/L），将其放入适量蒸馏水中，并加热使其完全溶解。①取出母液按顺序放好，将有机营养物质母液溶解待用。将洁净的各种玻璃器皿如量筒、烧杯、移液管、移液枪和玻璃棒等放在指定位置。②取一只烧杯，放入 1/3 左右（配制培养基总量的 1/3 左右）蒸馏水，将母液按顺序加入，并不断搅拌。③加入植物生长调节剂和蔗糖，待糖溶解后，用蒸馏水补充由于蒸发而损失的水分定容。④调整 pH，用预先配好的氢氧化钠或稀盐酸进行 pH 调整。⑤将培养基分装到培养器皿中，封瓶口。⑥灭菌，用高压蒸汽灭菌锅灭菌（121℃，15～20min）或过滤除菌。灭菌后待高压锅压力下降为零时，打开灭菌锅，取出培养瓶，平放凝固后待用。

（3）灭菌与保存

1）高压蒸汽灭菌。将需灭菌物品放在高压蒸汽灭菌锅内，通过高温高压进行灭菌。不同厂家的高压蒸汽灭菌锅均有各自的使用要求，可以参照使用说明书进行操作。使用高压蒸汽灭菌锅时，应注意以下几点：①使用前应添加足够的水量；②锅内气压太高（超过 1.5 个标准大气压，1 标准大气压=1.01×10^5Pa）会引起部分有机物质分解；③灭菌后在气压表归零之前不要打开锅盖，以免发生危险和培养基外溅的现象；④橡胶等有机物品会因高温高压而变形；⑤高压蒸汽灭菌锅有一个自动排气的小孔，不要使其堵塞，否则会因气压升高而引起危险。

配制好的培养基带有各种杂菌，可以在分装后或直接盛装在较大容器内进行灭菌，灭菌方法与器具的高压蒸汽灭菌基本相同，但灭菌时间与需要灭菌的培养基量密切相关。已分装好的培养基灭菌结束后，将其取出平放至凝固即可。未分装的培养基灭菌后，应在无菌条件下再分装到无菌培养器皿内。

2）过滤除菌。培养基中含有高温下易分解或变性的物质如生长调节物质、酶等时，可采用过滤除菌。首先将沙芯玻璃漏斗等器具用干热灭菌法或高压蒸汽灭菌法灭菌，然后在无菌条件下进行培养基的除菌操作，除菌后的培养基分装也需在超净工作台上进行。与高压蒸汽灭菌方法相比，过滤除菌操作烦琐，且效果不如高压蒸汽灭菌，但是可以确保有机添加物不被破坏。为了兼顾灭菌效果和有机物成分不被破坏，也可采用部分除菌法，即将高温下易被破坏的有机成分配成水溶液，过滤除菌后放在超净工作台上待用，将培养基中其他成分高压蒸汽灭菌，将二者在超净工作台上混合后分装，操作过程中所需器具都是无菌的。

（二）外植体选择与培养

植物组织培养常用的外植体有以下几种。①茎尖。茎尖是植物组织培养中最常用的外植体之一。这是因为茎尖不仅生长速度快，繁殖率高，不容易产生遗传变异，而且茎尖培养是获得无病毒苗株的有效途径。在以繁殖为目的茎尖培养中，茎尖大小可以自由选择。在以脱病毒为目的时，应在体视显微镜下，切取小于 0.4mm 的茎尖进行培养，脱病毒效果较好。②新梢的节间部。大部分果树和花卉等植物，新梢的节间部是组织培养的较好材料。新梢节间部不仅灭菌容易，生长快，而且脱分化和再分化能力较强。③叶和叶柄。叶和叶柄取材容易，新出的叶片杂菌较少，实验操作方便，也是植物组织培养中常用的材料。尤其是近年在植物的遗传转化中，以叶为试材的报道很多。④鳞叶。水仙（*Narcissus tazetta*）、百合

（*Lilium brownii*）、葱（*Allium fistulosum*）、蒜（*Allium sativum*）、风信子（*Hyacinthus orientalis*）等鳞茎（bulb）类常以鳞叶为外植体。⑤其他。种子、根、块茎、块根、花、花粉等也可以作为植物组织培养的外植体。

1. 外植体选取的原则

（1）再生能力强　不同的体细胞分化程度不同，其脱分化难易程度会因其分化程度而异。一般而言，分化程度越高的细胞，脱分化越难，因此，在外植体的选择上，应尽量选择未分化或分化程度较轻的组织作为外植体使用。

（2）遗传稳定性好　无论是大量繁殖还是遗传转化，保持原物种的优良性状是植物组织培养的基本要求。因此，在选择外植体时，应选取变异较少的材料作为外植体使用。同时，进行组织培养的过程中，也应减少组织的变异。

（3）来源丰富　为了建立一个高效而稳定的植物组织离体培养体系，往往需要反复实验，并要求实验结果具有可重复性。因此，就需要外植体材料丰富并容易得到。

（4）灭菌容易　选择外植体时，应尽量选择带杂菌少的组织，减少培养中的杂菌污染。一般地上组织比地下组织灭菌容易，一年生组织比多年生组织灭菌容易，幼嫩的组织比老龄和受伤的组织灭菌容易，储存的组织比新鲜的组织灭菌容易。

2. 外植体的离体培养

（1）外植体灭菌的一般过程　获得无菌外植体是植物组织培养成功的必要前提。取自田间或温室的外植体材料，常常带有大量的细菌和霉菌，因此通过一定的化学药剂消除外植体表面上的杂菌是植物组织培养的一个重要环节。

1）外植体前处理。将从田间取回的材料用自来水冲洗 10min，洗去泥土等污垢，剪去残伤部分，再用自来水冲洗数次，剪成小段放入烧杯中。

2）灭菌剂配制。将次氯酸钠等灭菌剂从冰箱内取出，在无菌的超净工作台上配制成所需浓度（烧杯等器具和水均预先经过高温高压灭菌）。为了使灭菌剂湿润整个组织，还需要在药液中加入数滴（浓度小于 0.1%）表面活性剂——吐温（Tween）−20 或吐温 −80。

3）外植体表面灭菌。把经过前处理的材料浸入 70%乙醇中，进行表面消毒。取出后立即放入次氯酸钠（或其他灭菌剂）中灭菌。几分钟后取出，放入无菌水中冲洗 3～5 次。然后将材料放到装有湿滤纸的无菌培养皿中进行适当切割分离，接入装有培养基的培养瓶中。操作中所用的镊子、解剖刀、培养皿和培养皿中的滤纸，均需经过高温高压灭菌。镊子、剪刀等器具在使用时，还要随时在酒精灯上高温灭菌。

（2）影响外植体生长和分化的因素　培养条件是调控外植体生长和分化的外界条件。植物组织培养时，大的环境条件，如温度、光照、湿度等是被严格控制的，而培养基成分和 pH 等的变化是通过培养基的更新来控制的，培养物的气体环境是通过瓶内与外界相通保证的。

1）温度。温度是影响外植体生长和分化的重要条件。大多数情况下，由于一个培养室内培养着许多种植物，培养室内的温度一般被设定在（25±2）℃。然而，由于植物在自然界中长期进化，不同的植物对环境温度的要求各异。生长在高寒地区的植物，其最适生长温度较低，而生长在热带地区的植物，则对环境温度相对要求较高，如马铃薯（*Solanum tuberosum*）在 20℃情况下培养效果较好，菠萝（*Ananas comosus*）在 28～30℃情况下培养效果较好。因此，在条件允许的情况下，可以根据不同植物对环境温度的要求来设定培养室温度。一般培养室的温度，最高不高于35℃，最低不低于15℃。

2）光照。植物组织培养中，常用的光照强度为3000～4000lx。大多数植物在有光的情况下生长和分化较好，如天竺葵（*Pelargonium hortorum*）愈伤组织诱导不定芽时，以每天15～16h光照效果较好。而另一些植物如欧芹（*Petroselinum crispum*）的组织培养中，其器官形成则不需要光。有些植物，光的存在有时会抑制根的形成，这时可以在培养基中加入活性炭，以提高根的形成率。另外，原生质体培养初期，往往需要在黑暗中。

光质（light quality）对细胞分裂和器官分化也有很大影响。烟草髓部（medulla）组织的培养中，白光和蓝光对不定芽的分化有促进作用，绿光、红光和近红外线等有阻碍作用；马铃薯试管苗培养中，红光下试管苗叶片数多，蓝光对试管薯的结薯数量及结薯期提前有明显促进作用，但对试管苗株高有明显抑制作用。因此，壮苗培养阶段采用红光，试管薯诱导阶段采用蓝光处理，利于提高试管薯产量（姜丽丽等，2018）。杨树（*Populus* sp.）组织培养中，红光有促进愈伤组织生长的作用，蓝光则有阻碍作用。

光周期也是影响外植体分化的条件之一。在进行葡萄茎段培养时，对日照敏感的品种，只有在短日照（short-day）条件下才可能形成根，而对日照长度不敏感的品种，在任何条件下培养均可以形成根。钻天杨（*P. pyramidalis*）在每天16h光照下最有利于不定芽的形成。一般情况下，培养室的光周期被设定为16h光照、8h黑暗。

3）湿度。培养瓶内的相对湿度在培养初期接近100%，之后随着培养时间的推移，水分会逐渐逸失，相对湿度也会有所下降。因此，在培养容器封口材料选择上应十分注意，所选择的封口材料至少要保证在一个月内培养瓶内有充足水分来满足外植体的需要。如果培养容器内水分散失过多，培养基渗透压会升高，将阻碍培养物的生长和分化。反之，封口材料过于密闭，影响气体交流，也会导致有害气体难以散去，影响培养物的生长和分化。植物组织培养室内的相对湿度常年保持在30%左右为宜。

4）培养基成分和pH。生长调节剂是植物组织培养的关键因素。将外植体接种在含有适宜生长调节剂的培养基上，就能够直接或者间接（通过愈伤组织）生成芽、叶、胚。在组织培养中，植物对激素的响应不仅是外源施加激素的作用，内源激素也会对植物的再生产生更为重要的影响。研究表明，当外源施加激素持续刺激时，植物内源激素的产生会发生变化，继而影响植株的再生。随着培养物的生长和分化，培养基内所含的营养物质（如糖、维生素和无机营养成分）及植物生长调节剂等均会被逐渐吸收而减少，培养物的生长速度也随之逐渐降低，乃至停止生长和分化。与此同时，培养基pH也会有所变化，尤其当大量的金属离子被吸收后，pH会随之降低，影响培养物的生长发育。为解决这一问题，最好每月更新一次培养基，也可以在培养容器容量允许的情况下，增加培养基数量，并尽量选用营养元素能被平衡吸收的培养基。

5）培养物的气体环境。氧气是植物组织呼吸活动所必需的。在用固体培养基培养时，接种时不要把培养物全部埋入培养基中，以避免氧气不足，须注意瓶内与外界保持通气状态。使用液体培养基进行培养时，采用振荡等方法，确保氧气供应。刚刚切割后的外植体会产生乙烯，造成材料的老化，影响生长和分化。另外，培养物产生的二氧化碳浓度过高时，也会阻碍培养物的生长和分化。因此，培养时应注意瓶内的通气状况，如使用棉塞或通气好的封口膜封口。

（三）试管苗炼苗与移栽

通过组织培养获得的苗称为试管苗或组培苗。

1. 试管苗的特点

1）试管苗的生态环境为高温且恒温、高湿、弱光、无菌。

2）试管苗与常规苗相比其生长细弱，茎、叶表面角质层不发达；茎、叶虽呈绿色，但叶绿体的光合作用较差；叶片气孔数较少，活性差；根的吸收功能弱。

2. 炼苗与移栽

（1）栽培基质的类型

1）有机基质：泥炭、炭化稻壳、花生壳、椰糠、木屑等。

2）无机基质：炉渣、河沙、蛭石、珍珠岩等。

基质在使用前需消毒，以防污染，主要的消毒方式有蒸汽消毒、微波消毒和药剂消毒（常用药剂有40%甲醛、高锰酸钾等）。

（2）炼苗　炼苗有利于提高试管苗移栽后的成活率。一般是将盛有生根状态良好的试管苗（具体3～4条根，根长1～2cm）的组培瓶从培养室移入半遮阴的自然光条件下锻炼2～3d，在自然光下恢复植物体内叶绿体的光合能力和健壮度。之后打开瓶口，可加入少量水，逐渐降低瓶内温度，与周围自然环境相似，炼苗时间一般为1～2周。

（3）移栽

1）常规移栽法。将炼苗后试管苗根上黏附的培养基清洗干净，然后将试管苗移栽到栽培基质中去，当植株长出2～3片新叶时即可移入田间或盆钵中。

2）直接移栽法。直接将炼苗后的试管苗移栽到盆钵中。

3）嫁接移栽法。取生长良好的同一植物的实生苗或幼苗作砧木，用组培苗作接穗进行嫁接。

3. 幼苗管理

1）水分管理使试管苗的水分供需平衡，同时保持基质适当的通气性。

2）消毒剂和营养液混合使用防止菌类滋生。

3）保持适宜的生根温度，逐渐加强光照。

三、植物营养器官培养

（一）离体根培养

离体根培养是指以植物的根切段为外植体进行离体培养的技术。离体根培养是研究根系生理代谢、器官分化及形态建成的实验体系。对于只能在根系中或主要在根系中合成的药物、微量活性物质及次生代谢产物，离体根培养为其工厂化生产提供了重要途径。目前离体根培养多见于草本植物（herbaceous plant），而木本植物（woody plant）相对较少。

1. 培养方法

（1）离体根的培养　材料一般来自无菌种子发芽产生的幼根或植株根系经消毒处理后的切段。离体根培养方式有3种类型：①固体培养法，将根尖或根段平放在固体培养基上；②液体培养法，将根段接种在液体培养基中，置摇床上振荡培养；③固–液双层培养法，将根段的形态学上方插入固体培养基中，根段的形态学下方浸在液体培养基中，根尖部生长而不分枝。

（2）根无性系建立和植株再生　外植体根段（根尖）在适宜的培养条件下，以两种方式进行增殖和分化，以建成根的无性繁殖系。①直接增殖产生根。由于根尖本身具有旺盛的分裂能力，在适宜的条件下，根尖迅速分裂生长，并发育出侧根，侧根生长7～10d后，即可切取新生的根尖进行扩大培养，如此反复，就可获得从单个根尖衍生而来的离体根无性系。这种根的增殖方式可用来进行根系生理生化和代谢方面的实验研究，也可直接用于有效活性物质的生产。②植株再生形成。离体培养的根段或根尖在适宜的培养基中先诱导形成愈伤组织，将愈伤组织转移至分化培养基中，再分化形成根、芽器官或胚状体，进而发育成为完整的再生植株。例如，胡萝卜根的培养。

2. 影响离体根培养的因素

（1）基本培养基　较低的盐浓度有利于根的生长和增殖，因此，离体根培养所用的培养基多为无机盐浓度较低的White、N_6培养基，大量元素减半的1/2MS培养基也常被采用。离体根培养对氮源的需求以硝态氮的效果最好，加入各种氨基酸的水解酪蛋白能促进离体根的生长。碳源以蔗糖的效果最佳，一般使用浓度为1%～3%。维生素B_1和维生素B_6对根的生长非常重要，缺少它们根的生长受阻，加入则可促进根加倍生长，一般使用浓度为0.1%～1.0%。此外，微量元素铁、硫、锰、硼等也有利于根的发生和生长。

（2）生长调节物质　生长素对离体根的生长效果最为明显。一般情况下，加入适量的生长素能促进根的生长，但不同植物种类对生长素的需求不一致。例如，吲哚乙酸（IAA）抑制番茄（*Solanum lycopersicum*）、樱桃（*Cerasus pseudocerasus*）等植物根的生长，但促进玉米（*Zea mays*）、黑麦（*Secale cereale*）等根的生长，且生长素对黑麦根的生长是必需的。除生长素外，赤霉素和激动素对根系生长也具有重要作用。赤霉素能加速愈伤组织老化，而激动素则增加愈伤组织活性，阻止老化。

（3）植物材料　不同种类、同一植物不同部位和不同年龄对离体根的增殖都有影响，一般情况下，木本植物比草本植物生根难，老龄树比幼年树难，乔木比灌木难。

（4）光照和温度　一般认为，黑暗有利于根的发生和生长。但也有不同报道，如光能促进小麦（*Triticum aestivum*）离体根的离子吸收，而毛白杨（*P. tomentosa*）的离体根发生与光照无明显相关性，说明不同植物种类离体根培养对光照的需求是不一致的。实践中多采用遮阴或在弱光下进行根离体培养。生根所需的温度一般为16～28℃，以25～27℃为宜。

（5）pH　根发生和生长所需的pH一般为5～6，适宜的pH范围因培养材料和培养基组成而异。水稻（*Oryza sativa*）根离体培养，在一定范围内（pH 3.3～5.8），随pH的升高，根生长加速；番茄根培养铁源为螯合铁时，pH为7.2的条件下根仍能正常生长，但如果用$FeCl_3$或$FeSO_4$作铁源，pH＞5.2，根的生长就受到抑制，可能是培养基中可溶性铁源不足引起的，因为在中性条件下，Fe^{3+}易形成沉淀。

（二）叶培养

植物叶培养是指以植物的叶器官为外植体进行离体培养的技术。叶器官包括叶原基、叶柄、叶鞘（leaf sheath）、叶片（blade）、叶肉（mesophyll）和子叶。由于叶片是植物进行光合作用的重要器官，又是某些植物的繁殖器官，离体叶培养除用于扩大繁殖外，还是研究形态建成、光合作用、叶绿素形成及遗传转化的良好实验体系。

1. 培养方法

（1）外植体接种　从生长健壮且无病虫害的植株上选取叶片，充分洗涤，常规灭菌。

在无菌条件下切割成 1cm×1cm 左右的小块或薄片（如叶柄、子叶）接种。叶片接种时一般叶背朝下平放在培养基上，也有植物叶背朝上平放效果好于叶背朝下的，如小粒咖啡（*Coffea arabica*）。

（2）培养条件　常用的培养基有 MS、B_5、White 和 N_6 等培养基。蔗糖浓度以 3%左右为宜，附加椰子汁等有机物可增强培养效果。离体叶培养一般需在光下进行，光照强度为 1500～3000lx，光照时间为 10～12h/d。培养温度在 25℃左右为宜。

（3）增殖方式　叶器官接种后，在适宜的培养条件下可获得不定芽或胚状体、愈伤组织和成熟叶（由叶原基发育而成）。其中大多数外植体以前两种方式增殖并形成再生植株，如虎眼万年青（*Ornithogalum caudatum*）和烟草（*Nicotiana tabacum*）等可以从叶片伤口处直接形成不定芽；枣（*Ziziphus jujuba*）叶片直接再生不定芽且再生率达 97.3%；落花生（*Arachis hypogaea*）幼叶可产生体细胞胚。多数植物叶片离体培养时可形成愈伤组织，进而再分化形成不定芽或胚状体。

2. 影响离体叶培养的因素

（1）植物生长调节物质　植物生长调节物质的种类、浓度是影响叶器官离体培养的重要因素。叶较茎段难培养，常需多种激素配合使用。例如，杏（*Prunus armeniaca*）叶片培养时，使用 1/2MS 培养基，附加噻苯隆（TDZ）和 $AgNO_3$，可经过胚状体途径得到再生植株；ZT 与 2, 4-D 的组合可诱导愈伤组织产生；KT 与 NAA 的组合可从愈伤组织中诱导不定芽的产生；烟草叶片培养时，KT/NAA 的值为 20 时，诱导形成大量不定芽；随 KT/NAA 值的降低，芽分化率下降，而愈伤组织生长量逐渐增大。

（2）植物材料　除植物种类、品种基因型差异造成叶培养效果有较大差异外，叶龄、叶脉的有无及叶片损伤程度等也都影响培养效果。切口处和叶脉处常形成愈伤组织，如蝴蝶兰（*Phalaenopsis amabilis*）叶片经横切处理，类原球茎诱导率较对照提高 3～4 倍，诱导时间也缩短近 10d。所以，叶培养时一般要求带叶脉，接种时可人为划伤叶片，增加创口，促进愈伤组织和不定芽的形成。需强调的是，尽管植物不同部位对培养条件的响应不一致，但有些植物具有“条件化效应”(conditioning effect)，即从离体培养的植株上取得的外植体已具有了被促进的形态发生能力，如厚叶莲花掌（*Haworthia cymbiformis*）的叶外植体在离体培养中不能再生出植株，而花茎切段则可再生出植株，若用这种再生植株的叶片作外植体时，75%的叶片可以形成再生植株。

（三）茎段培养

植物茎段培养是指对带有一个以上定芽（normal bud）或不定芽的外植体（包括块茎、球茎、鳞茎在内的幼茎切段）进行离体培养的技术。茎段培养的主要目的是进行植物的离体快速繁殖、茎细胞分裂潜力和全能性的理论研究、诱导突变体的育种实践。由于茎段培养材料来源广泛，可以通过“芽生芽”的方式增殖，繁殖系数高，繁殖速度快，获得的苗木变异小、性状均一，因而广泛应用于良种和珍贵植物的保存和繁殖。目前，通过茎段培养进行苗木的试管繁殖技术已在生产上得到广泛应用。

1. 培养方法

（1）外植体接种　选取植物的幼嫩茎段或鳞茎、块茎等，常规灭菌后，在无菌条件下，将茎段切成 0.5～1.0cm 的带芽切段，接种到培养基上；鳞茎则切取带小段鳞片的底盘，再切开底盘，使每块底盘上都带有腋芽，然后接种到培养基上。

（2）培养条件　多采用固体培养法，即将茎段形态学下端扦插到培养基中。茎段培养常用的培养基为MS培养基，附加2%～4%蔗糖。培养温度一般在25℃左右，但因植物种类的不同有一定差异，有时也采用较低、较高的温度或给予适当的昼夜温差等处理。大多数植物的茎段培养需在光下进行，光照强度为3000～5000lx，光照周期为16h/d或24h连续光照。块茎类植物（如马铃薯）和鳞茎类植物（如百合）的茎段培养中，如果目的在于诱导小块茎或小鳞茎的分化和增殖，则需要暗培养。

（3）增殖　带芽茎段在一定营养条件下，经过培养可获得单苗、丛生苗、完整植株及愈伤组织。通过控制植物激素的种类和用量，大多数植物的带芽茎段会形成单芽苗、丛生苗或完整植株。这些单芽苗、丛生苗多是从外植体的顶芽或腋芽直接萌发而来的，不经愈伤组织途径，获得的芽苗变异小，性状均一稳定。因此，若是用于良种快繁，该增殖途径是十分有利的。离体茎段在一定的培养基和培养条件下也可脱分化形成愈伤组织，进而再分化生成不定芽或体细胞胚，最终获得再生植株，这种增殖方式虽然增殖速度快，但变异率高，不利于良种快繁。

2. 影响离体茎培养的因素

（1）植物生长调节物质　茎段能否进行芽增殖，生长素与细胞分裂素的比值至关重要。若茎段培养的目的是进行芽增殖，则培养基中需加入适量细胞分裂素，不加或少加生长素；若培养的目的是诱导愈伤组织形成，则培养基中需加入适量生长素，不加或少加细胞分裂素。

（2）植物材料　由于枝条上芽所着生的位置不同，其生长势和发育程度不同，离体培养效果也有较大差异。一般而言，茎的基部比顶部切段、侧芽比顶芽成活率低，所以应优先利用顶部和茎上部的带腋芽茎切段培养。植物的芽有休眠期和生长期之分，生长期取材比休眠期取材培养效果好，特别以旺盛生长期取材效果最佳。此外，幼年茎干较成年树容易成活，一年生植物营养生长早期取材较营养生长后期取材容易培养。

四、植物愈伤组织培养

植物愈伤组织培养（callus culture）是指在离体条件下诱导植物外植体产生一团无序生长的薄壁细胞，并对其继代培养（subculture）的技术。愈伤组织可用于研究植物脱分化和再分化、生长发育、遗传变异、次生代谢产物生产等，还可作为悬浮培养的细胞和原生质体的来源。

（一）愈伤组织的概念与特点

愈伤组织是指原植物体的局部受到创伤刺激后，在伤口表面新生的组织，具有细胞再生、分化和修复受损组织的能力，由活的薄壁细胞组成，可起源于植物体任何器官内各种组织的活细胞，其有以下几个特点。

1）细胞可再生。愈伤组织中的细胞能够通过增殖和分化来填补损伤部位。

2）细胞分裂活跃。愈伤组织中的细胞呈现出增殖活跃的状态，以促进伤口的愈合。

3）胚胎发育和分化。愈伤组织中的细胞可能重新启动胚胎发育过程，表现出多能性和分化潜能。

4）分泌细胞壁物质。愈伤组织细胞可能会分泌细胞壁物质来重建受损的细胞壁结构。

（二）愈伤组织的培养过程

1. 愈伤组织的形成 高等植物几乎所有的器官和组织都能诱导形成愈伤组织。在适宜的培养基、外源激素和培养条件下，外植体脱离母体的遗传和生理制约，内部发生一系列生理生化变化，如呼吸加强、蛋白质和核酸合成代谢活跃等，细胞开始分裂，随后迅速分裂，从而形成一团无序并具旺盛分裂能力的薄壁细胞，即外植体经脱分化形成了愈伤组织。

2. 形成条件 愈伤组织形成需要具备两个条件，即离体和合适的外源激素。一个完整的生物体是一个有机整体，形态和机能都是协调统一的，每一个器官、组织、细胞都是在与周围的成员互相协调和制约之中发挥本身应有的作用。在培养条件中最关键的是激素，没有外源激素的作用，外植体不能形成愈伤组织。诱导愈伤组织常用的激素有2, 4-D、NAA、IAA、KT和6-BA。

3. 形成过程 外植体细胞在外源激素的诱导下，经过脱分化形成愈伤组织，其过程一般可分化为启动期（诱导期）、分裂期和分化期（或形成期）。

（1）*启动期* 外植体刚从植株体分离下来时，细胞一般都处于静止状态，在启动期进行细胞分离的准备，该时期外植体细胞的特点是：①呼吸作用加强，耗氧量明显增加；②核酸的合成代谢增加并大多形成多聚核糖体；③RNA和蛋白质的量迅速增加。

（2）*分裂期* 诱导期后，外植体细胞开始迅速分裂，使细胞数目大量增加。由于此时期细胞的分裂速度远大于生长速度，因而细胞体积变小。当细胞体积最小，核和核仁最大，RNA含量最高时，标志着细胞分裂进入高峰期。从外部形态来看，外植体形成层细胞迅速分裂。分裂期愈伤组织的共同特征是细胞分裂快，结构疏松，缺少组织结构，可维持其不分化的状态。

（3）*分化期* 经启动期和分裂期后，外植体形成无序结构的愈伤组织，这些细胞的大小、形态、液泡化程度、细胞质（胞质）含量、细胞壁特性等通常具有很大的差异。进入分化期，进一步发生一系列的生理和形态变化，其细胞特点是形态大小保持相对稳定，体积不再减小，成为愈伤组织生长的中心。

4. 愈伤组织的继代培养和分化 愈伤组织在适宜的条件下生长迅速，使原培养基营养耗竭，有毒代谢物积累，导致愈伤组织停止生长、老化。及时将其转移到新鲜培养基上继代培养，愈伤组织则可以无限制地进行分裂，维持其不分化的状态。如果将愈伤组织转入有利于分化的培养基中，愈伤组织就可能发生分化。首先一部分细胞分裂逐渐减慢，直至停止，内部深处或表层局部区域细胞开始分裂，形成由分生组织组成的瘤状结构，即生长中心，接着分化出管胞状细胞，再分化产生芽和根，成为完整植株。愈伤组织的形态发生有器官发生型和体细胞胚发生型两种类型。在愈伤组织培养中，通过器官发生型产生再生植株有以下4种基本方式：①愈伤组织仅有芽或根器官的分别形成。②先分化芽，等芽伸长后其幼茎基部长根，形成完整的小植株。③先分化根，再在根上产生不定芽而形成完整植株。④在愈伤组织的不同部位分别形成芽和根，然后二者的维管组织互相连接，成为具有统一的轴状结构的小植株。体细胞胚发生型有两种方式：①从培养中的器官、组织、细胞和原生质体直接分化成胚，中间不经过愈伤组织阶段。②外植体先愈伤化，然后由愈伤组织细胞分化成胚。

（三）影响愈伤组织培养的因素

1. 外植体 外植体的选择对愈伤组织诱导的成功与否非常重要。不同植物种被诱导的难易程度大不相同，同一种植物的不同部位，其分化程度越高，脱分化越困难，所需的时间可能就越长，需要的培养基及培养条件也就越苛刻。一般应选择幼嫩组织、弱光下生长的组织、富含营养但碳水化合物较少的组织，如幼嫩的马铃薯块茎，萝卜（*Raphanus sativus*）、地瓜（*Pachyrhizus erosus*）、胡萝卜的幼嫩贮藏根。此外，成熟种子在无菌条件下萌发产生的幼嫩植株的各个部分，包括子叶、幼芽、幼根、胚轴等都是较好的材料。

2. 培养基　很多培养基都能诱导出愈伤组织，但不同类型的材料对培养基的反应不同。就培养基的形态而言，在诱导形成愈伤组织的第一阶段，应使用固体培养基；第二阶段为细胞和胚状体的增殖，可以使用液体和固体培养基；第三阶段由胚状体发育成可移植的完整植株，使用固定培养基。此外，培养基中较高的无机盐浓度和适当的糖浓度并配以合适的激素，会更适宜愈伤组织的生长。不仅可以提高愈伤组织的诱导率及愈伤组织的质量，而且可以控制植株的再生途径，从而提高植株再生的频率。

3. 植物生长调节物质　外植体能否被诱导产生愈伤组织，关键是培养基中的激素。在适宜激素浓度的培养基上培养，愈伤组织生长良好，如果浓度过低，愈伤组织生长缓慢；浓度过高，则抑制愈伤组织生长。

4. 培养条件　一定的光照对芽的形成、根的发生、枝的分化和胚状体的形成有促进作用。温度对愈伤组织诱导和生长的影响也很大。一般在 22～25℃的恒温条件下培养都可以较好地形成芽和根。

第二节　植物胚胎培养技术

植物胚胎培养是指对植物的胚、子房、胚珠和胚乳进行离体培养，使其发育成完整植株的技术。植物胚胎培养包括幼胚培养（immature embryo culture）、成熟胚培养（mature embryo culture）、胚珠培养（ovule culture）、子房培养（ovary culture）、胚乳培养（endosperm culture）和植物离体受精等内容。目前，胚胎培养除应用于育种工作外，还广泛地被用来研究胚胎发育过程中的生理代谢变化及有关影响胚发育的内外因素等问题。

一、胚培养

（一）胚培养类型

胚培养指在无菌条件下将胚从胚珠或种子中分离出来，置于培养基上进行离体培养的方法。胚培养可分为幼胚培养和成熟胚培养。幼胚培养则指胚龄处于早期原胚、球形胚、心形胚、鱼雷形胚的培养。成熟胚培养一般指子叶期至发育成熟的胚培养，其培养较易成功。

离体培养中，这两类胚的成苗途径和所需营养条件有些差异。成熟胚生长不依赖胚乳的储藏营养，只要提供合适的生长条件及打破休眠，它就可在比较简单的含大量元素的无机盐和糖的培养基上萌发生长，形成幼苗。另外，成熟胚培养技术也要求不严，将受精后的果实或种子（带种皮）用药剂进行表面消毒，剥取种胚接种于培养基上，在人工控制条件下，即可发育成完整植株。幼胚指的是尚未成熟即处于发育早期的胚，它较成熟胚难培养，要求的技术和条件也较高。幼胚培养时，常以 3 种方式生长。①继续进行正常的胚胎发育，维持胚性生长。②迅速萌发为幼苗，不能维持胚性生长。这种情况称为早熟萌发（precocious germination）。早熟萌发形成的幼苗往往畸形瘦弱，甚至死亡。③脱分化形成愈伤组织。许多情况下，幼胚在离体培养中首先发生细胞增殖，形成愈伤组织。由幼胚形成的愈伤组织大多为胚性愈伤组织，很容易分化形成体细胞胚及植株。通过幼胚培养获得的这种胚性愈伤组织也是很好的遗传转化受体和分离原生质体的来源。幼胚对营养的需求较成熟胚复杂，以保证离体幼胚能沿着胚胎发生的途径发育。另外，在远缘杂交中，可通过培养远缘杂交后的幼胚来产生杂种植株。胚培养研究最多的是荠菜（*Capsella bursapastoris*）和大麦（*Hordeum vulgare*），此外在曼陀罗属（*Datura*）、柑橘属（*Citrus*）和菜豆属中也进行了大量工作。

（二）胚胎的分离及培养

1. 材料的选择 由于植物类型及实验目的不同，幼胚培养对材料的要求也不一样。作为一般的实验或示范，可选用大粒种子，如豆科（Fabaceae）和十字花科（Cruciferae）植物，便于操作。若希望培养材料的胚发育时期具有一致性，应选择开花和结实习性有规律的植物，如荠菜具有总状花序（raceme），各个胚珠处于不同的发育时期，一般沿花序轴由上而下，胚龄逐渐增加。每个蒴果含 20～25 个胚珠，且基本处于同一发育时期。若希望培养某一发育时期的胚，则需要了解该植物授粉后的天数与胚胎发育的相应关系，大多数幼胚培养成功的实例证明，适宜于幼胚培养的胚发育时期多为球形期至鱼雷形期，而在形成球形胚之前的原胚阶段，剥离和培养都比较困难。

2. 幼胚的分离及培养 进行幼胚培养时，需要把胚从周围的组织中剥离出来。大多数植物的幼胚剥离要借助体视显微镜。另外，幼胚是一种半透明、高黏稠状组织，在剥离过程中极易失水干缩，因此，在剥离时一定要注意保湿，且操作要迅速。有关胚发育的细胞学和生理生化研究表明，胚柄积极参与幼胚的发育，特别是球形期以前的幼胚。因此，幼胚培养需要带胚柄一同剥取。

幼胚的分离培养操作过程具体如下：取回大田或温室里授粉受精后的植物子房，用 70%乙醇表面消毒几秒钟，再用 2%次氯酸钠灭菌 10～30min，无菌水冲洗 3～4 次，即可用于胚的分离和培养。灭菌后的材料在无菌条件下切开子房壁，用镊子取出胚珠，剥离珠被，取出完整的幼胚，并接种于培养基上进行培养。由于植物的种类及发育时期的不同，幼胚分离的技术和难度也不一样。例如，分离不同发育时期的荠菜幼胚时，需将消毒后的果实切开胎座（placenta）区域，用镊子将外壁的两半撑开，露出胚珠。鱼雷形胚或更幼小的胚都局限在纵向剖开的半个胚珠之中。剥取这种未成熟胚时，从胎座上取下一个胚珠，用锋利刀片将其切成两半，并将带胚的一半细心剔除胚珠组织，即可将带胚柄的整个胚取出。单子叶植物的幼胚分离以大麦研究较多，一般在体视显微镜下剔除颖片（glume），即可分离幼胚。

就营养需要来说，可以把胚胎发育过程分为两个时期，一为异养期（heterotrophy period），即幼胚由胚乳及周围的组织提供养分；二为自养期（autotrophy period），此时的胚已能在基本的无机盐和蔗糖培养基上生长。胚由异养转入自养是其发育的关键时期，这个时期出现的早晚因物种而异。Raghavan（1966）在对不同发育时期的荠菜进行离体胚培养时发现，胚在球形期以前属异养，只有到心形期才转入自养。这两个时期之内，培养中的胚对外源营养的要求也会随胚龄的增加而逐渐趋向简单。

有些情况下，幼胚在发育的极早时期易发生凋亡，很难培养成功，但利用胚乳看护培养，则可显著提高幼胚的成活率。因为植物正常的生长发育中，胚是由紧紧包围它的胚乳组织供给营养的。例如，进行大麦未成熟胚离体培养时，如果在其周围培养基上存在来自同一物种的离体胚乳，则对胚的生长有明显促进作用。有时异种胚乳对胚的生长比同种的更为合适，如进行谷类胚乳看护培养时，把大麦的胚移植到小麦胚乳上，其生长好于在大麦胚乳上。

3. 成熟胚培养 成熟胚是自养的，培养时只需极简单的培养基，即含无机盐和糖的培养基。有时附加一些其他化合物如氨基酸类等。它的主要目的是研究胚发育过程的形态建成、生长调节物质的作用，以及胚与胚乳相互关系和营养要求等。具体做法是将受精后的成熟或未成熟种子或果实用70%乙醇表面消毒几秒钟，再用2%次氯酸钠消毒10～30min，无菌水反复冲洗。在无菌操作台上剥取胚接种在培养基上。

二、胚乳培养

胚乳培养是指将胚乳组织从母体上分离出来，通过离体培养，使其发育成完整植株的技术。胚乳是独特的组织，它的功能是为胚发育和种子萌发提供营养。在裸子植物中，胚乳是由雌配子体（female gametophyte）发育而成，是单倍体。被子植物的胚乳是双受精的产物，是三倍体，并且是一种均质薄壁组织。不同属植物中，胚乳存在的时间长短不一致，有些植物，如蓖麻（*Ricinus communis*）和禾谷类植物等，可一直保留到种子成熟，成为储藏组织。而另一些植物，如豆科和葫芦科（Cucurbitaceae）植物，胚在发育过程中可把胚乳完全消耗掉，因此这些植物的成熟种子是没有胚乳的。

（一）胚乳的培养过程

1. 外植体的制备 对于有较大胚乳组织的种子，如大戟科（Euphorbiaceae）和檀香科（Santalaceae）的植物，可将种子直接进行表面消毒，无菌条件下除去种皮即可进行培养；对于胚乳被一些黏性物质层包裹的种子，如桑寄生科（Loranthaceae）的植物，可先将整个种子作表面消毒，无菌条件下剥开种皮，去掉黏性物质，取出胚乳组织进行培养；对于有果实的种子，如槲寄生（*Viscum coloratum*）植物，将整个果实进行表面消毒，无菌条件下切开幼果，取出种子，小心分离出胚乳组织进行培养。

2. 愈伤组织诱导及形态建成

（1）愈伤组织诱导 胚乳培养中，除少数寄生或半寄生植物可直接从胚乳中分化出器官外，大多数被子植物的胚乳，无论是未成熟或成熟的，都需首先经历愈伤组织阶段才能分化出植株。胚乳接种到培养基上6～7d后，其体积膨大，然后胚乳的表面细胞或内层细胞分裂，形成原始细胞团。此时，往往在切口处形成乳白色的隆突，成为愈伤组织。多数植物的初生愈伤组织为白色致密型，少数如枸杞（*Lycium chinense*）为白色或淡黄色松散型，或绿色致密型，如猕猴桃（*Actinidia chinensis*）。

（2）形态建成 胚乳愈伤组织诱导器官的形成，也可通过器官发生和胚胎发生两种途径来实现。最早通过器官发生途径诱导器官形成的植物是大戟科的巴豆（*Croton tiglium*）和麻疯树（*Jatropha curcas*），将这两种植物的胚乳愈伤组织转移到分化培养基上，前者分化出根，后者分化出三倍体的根和芽。将印楝（*Azadirachta indica*）胚乳愈伤组织在MS+5μmol/L NAA+2μmol/L 6-BA+500mg/L CH培养基上继代培养8周，有绿点出现；而将此愈伤组织在MS+5μmol/L 6-BA培养基上继代培养5周，有许多芽的分化。

柑橘是最早发现的胚乳愈伤组织通过胚胎发生途径获得再生植株的植物。柚（*Citrus*

maxima）的胚乳愈伤组织转到 MT+1mg/L GA_3 培养基上，可分化出球形胚状体，之后在无机盐加倍和 GA_3 含量逐步提高的培养基上，胚状体可进一步发育形成再生植株。通过胚胎发生途径获得再生植株的植物还有檀香（*Santalum album*）、橙（*Citrus sinensis*）、桃（*Prunus persica*）、枣、核桃（*Juglans regia*）和猕猴桃等。

（3）三倍体后代的特征

1）形态特征。由于被子植物的胚乳是三倍体，因此，通过胚乳培养可得到三倍体植株，产生无籽果实，或由其加倍产生六倍体植株。无籽果实食用方便，多倍体植株又具有粗壮、叶片大而肥厚、叶色浓、花大或重瓣、果实大、结实率低的特征。这些变异性状可直接被利用或作为育种材料，尤其在花卉和药用植物新品种选育方面往往有重要的利用价值。

2）再生植株倍性。胚乳愈伤组织及再生植株的染色体数常常发生变化。例如，苹果（*Malus pumila*）（$2n$=34）胚乳植株染色体数的分布范围是 29～56 条，但多数是 37～56 条，三倍体细胞只占 2%～3%；大麦胚乳植株染色体数目从 1 倍到 4 倍都有，另外还有许多具有 6、8、11、12 和 13 条染色体的非整倍体细胞；六倍体罗田甜柿（*Diospyros kaki*）胚乳培养只产生 12 倍体植株。枸杞、玉米和桃等的胚乳植株的染色体数也不稳定，同一植株往往是不同倍性细胞的嵌合体。可见，染色体倍性的混乱现象，在胚乳培养中是相当普遍的。但有些植物的胚乳培养如核桃、檀香、橙和柚等，其倍性却表现出相对的稳定性，这些植物的胚乳细胞往往也能长期保持器官分化的能力。染色体变异对于以获得三倍体植株为目的的胚乳培养来讲是不利的，但是，胚乳培养可能比其他类型的培养具有更广泛的变异性，从而为植物育种和遗传研究提供了更广泛的材料，在理论研究和实践应用中均具有重要意义。

（二）影响胚乳培养的主要因素

1. 培养基与培养条件 胚乳培养中，常用的基本培养基有 White、LS、MS、MT 等，其中以 MS 使用最多。此外，为了促进愈伤组织的产生和增殖，培养基中还添加一些有机物，如水解酪蛋白和酵母提取物等。在小麦、变叶木（*Codiaeum variegatum*）和葡萄（*Vitis vinifera*）胚乳培养中，添加一定量的椰子汁，对愈伤组织诱导和生长是必需的。植物激素对胚乳愈伤组织的诱导和生长也起着十分重要的作用。对多数植物来说，在没有任何外源激素的培养基中不能或很少能诱导胚乳愈伤组织的产生。在培养基中同时加入细胞分裂素和生长素，其诱导愈伤组织正常生长的效果显著优于使用单一的生长素或细胞分裂素。当然，不同植物对激素种类的要求也是不一样的。大麦胚乳只有在 2, 4-D 的培养基上才能产生愈伤组织；猕猴桃中，ZT 效果最好；无论是单一的激素或是生长素和细胞分裂素的配合，枣的胚乳培养都能有效诱导胚乳愈伤组织的形成；欧芹（*Petroselinum crispum*）胚乳则能在无激素的培养基上产生愈伤组织。

胚乳培养中，蔗糖浓度一般为 3%～5%，但在小黑麦（*Triticale rimpau*）杂种胚乳培养中，8%的蔗糖浓度有利于愈伤组织的形成。杜仲（*Eucommia ulmoides*）胚乳愈伤组织培养时，培养基中添加甘露醇和山梨醇等不但阻碍分化，而且还会导致愈伤组织生长不良；浓度为 4%～6%的 PEG-4000 或 4%～5%的 PEG-6000 最有利于不定芽的分化，分化概率均高于 50%，最高可达 70%～80%，且同一块愈伤组织上出现 1 个以上茎芽分化。

胚乳愈伤组织生长的适宜温度为 25℃左右，对光照和培养基 pH 的要求则因物种不同而异。例如，玉米胚乳适合于暗培养；蓖麻胚乳则在 1500lx 的连续光照下生长较好；其他物种的胚乳培养多数是在 10～12h/d 光照条件下进行的。对 pH 的要求一般为 4.6～6.3，但巴婆果

（*Asimina triloba*）适宜的 pH 为 4.0，而玉米胚乳愈伤组织在 pH 为 7 时生长最好。

2. 胚在胚乳培养中的作用　胚乳培养中，通常有带胚培养和不带胚培养两种方式。带胚培养胚乳比不带胚的胚乳组织容易形成愈伤组织。当愈伤组织形成后，除去胚并不影响胚乳组织的增殖。胚对胚乳培养的影响，与胚乳的生理状态或胚乳的年龄有关。处于旺盛生长期的未成熟胚乳，在诱导培养基上无胚存在时，可形成愈伤组织，这种现象在大麦、柚、橙、苹果、猕猴桃等未成熟胚乳的培养中被证实。对成熟的胚乳，特别是干种子的胚乳进行培养时，由于其生理活动十分微弱，在诱导其脱分化前，必须借助于原位胚的萌发使其活化。胚对胚乳组织的增殖作用，有人认为是某种“胚性因子”在起作用，如蓖麻胚乳组织中，培养之前先用不同浓度的 GA_3 或 IAA 处理，发现用 1～2mg/L GA_3 浸泡 36h 的胚乳组织，在无胚的情况下，可形成愈伤组织并分化出绿色芽体，故认为这种“胚性因子”可能就是赤霉素。

3. 胚乳发生类型和发育程度　被子植物胚乳的发生方式分为核型（精核与极核受精后，只以核的分裂方式增殖）、细胞型（精核与极核受精后，以细胞分裂的方式增殖）和沼生目型（精核与极核受精后，以核分裂和细胞分裂两种方式混生增殖），其中核型胚乳占 61%。胚乳发生类型直接影响胚乳愈伤组织的产生和诱导频率的高低。

胚乳的发育时期可分为早期、旺盛生长期和成熟期。核型胚乳游离核时期（早期）胚乳培养很难成功。处于旺盛生长的胚乳，在离体条件下最容易诱导产生愈伤组织，如葡萄、苹果和桃的胚乳，此时愈伤组织的诱导率可达 90%～95%。因此，胚乳培养中，旺盛生长期是取材的最适时期。禾本科植物胚乳培养的最适时期是：水稻授粉后 4～7d，黑麦草为 7～10d，玉米和小麦为 8～12d，大麦为 10～20d。一般情况下，接近成熟和完全成熟的胚乳，愈伤组织的诱导率很低，如种子发育后期的苹果胚乳，愈伤组织诱导率只有 2%～5%，授粉后 12d 的玉米和小麦，不能产生愈伤组织。许多无胚乳种子，如苹果、梨、杏等，必须在胚乳组织解体前取材培养。

三、胚珠和子房培养

（一）胚珠和子房培养过程

1. 胚珠培养　胚珠培养（ovule culture）是将未受精或受精后的胚珠从母株上分离出来，在人工控制的条件下，进行离体培养，使其生长发育形成幼苗的技术。胚珠是种子植物的大孢子囊，是孕育雌配子体的场所，也是种子的前身。幼胚培养中，要取出心形期或比其更早期的胚进行培养，对培养技术的要求高，分离也更困难，而分离胚珠则较容易。未受精胚珠培养可为离体受精提供雌配子体，也可诱发大孢子发育成单倍体植株用于育种。而受精后胚珠培养对研究合子及早期原胚的离体培养过程、种子的发育机制等有意义。

2. 子房培养　子房培养（ovary culture）是指将子房从母体上分离下来，置于培养基上，使其进一步发育成幼苗的技术。子房是雌蕊基部膨大的部分，由子房壁、胎座、胚珠组成。在进行胚珠培养时，常常因为分离胚珠困难而改用子房培养。其意义在于：①使未受精胚囊中的单倍性细胞（卵细胞、助细胞、反足细胞）诱导发育成单倍体植株；②获得杂种植株；③为试管授精提供基础。根据培养的子房是否授粉，可将子房培养分为授粉子房培养和未授粉子房培养。

（1）外植体制备　子房培养的方法与胚珠培养相似。若培养未受精的子房，一般选用开花前 1～5d 大田种植植株的子房；若培养受精后的子房，应根据培养目的，选择授粉后不同天数的子房作为试材。子房培养与相同胚龄胚培养比较，难度大大降低。单子叶植物的幼龄子房包裹在颖壳里，而颖花又严密包裹在叶鞘里，子房无菌，因此只要在幼穗表面用 70%乙醇擦拭，即可在无菌条件下剥取子房直接接种。双子叶植物的花蕾可以用饱和漂白粉溶液灭菌 15min，无菌水冲洗后备用。对其他子房裸露的植物则应按照常规表面消毒程序，进行严格消毒。之后在无菌条件下，除去花萼、花冠或颖壳，将子房接种于合适的培养基上进行培养。子房培养的成功与否与植物的基因型存在密切关系，如同是 F_1 未授粉子房培养，水稻不同杂交组合的后代诱导频率相差好几倍；大麦中，诱导频率高的品种可达 9.15%，而低的只有 2.38%，有的甚至不能诱导产生单倍体。

（2）培养条件　用于子房培养的培养基有 MS、White、B_5、N_6、Nitsch 等。培养基成分对子房的生长发育有很大的影响，如在一种含有无机盐和蔗糖的简单培养基上，培养屈曲花（*Iberis amara*）授粉后 1d 的离体子房，子房生长良好，但形成的胚比自然条件下的小；在培养基中添加 B 族维生素后，可获得正常大小的果实；若再添加 IAA，则形成的果实比自然条件下的还大。

子房存在两种细胞，即性细胞和体细胞，它们在离体培养过程中都可产生胚状体或愈伤组织，进一步发育成植株。来源于性细胞的再生植株是大孢子母细胞减数分裂的大孢子发育而来，因此是单倍体。而来源于体细胞的再生植株是由珠被和子房壁表皮二倍体组织产生的，则属二倍体。若想通过子房培养从大孢子产生单倍体植株，就必须控制不同倍性组织中的细胞分裂，为大孢子的细胞分裂创造良好条件。若培养子房中的合子，则可通过胚状体或愈伤组织再分化途径，产生二倍体植株。

（二）影响胚珠和子房培养的主要因素

1. 影响胚珠培养的因素

（1）材料的选择和灭菌　培养受精胚珠，可根据培养的要求，由大田或温室取回授粉时间合适的子房。培养未受精胚珠，则应在授粉前适当时间摘取子房。利用 70%乙醇表面消毒 30s，5%次氯酸钠溶液灭菌 10min，无菌水冲洗 4～5 次，无菌条件下剥离。用解剖刀沿纵轴切开子房，取出一个个胚珠，或者将带有胎座部分的胚珠一起取下接种。

（2）培养基　培养基多为 White、Nitsch、MS、N_6 等，而 Nitsch 使用更普遍，禾本科作物以 N_6 培养基较常用。培养授粉后不久的胚珠，要求附加椰子汁、酵母提取物、水解酪蛋白等，同时还可添加一些氨基酸，如亮氨酸、组氨酸、精氨酸等。离体胚珠发育中，培养基的渗透压起重要作用，特别是对幼嫩的胚珠更是如此。例如，矮牵牛（*Petunia hybrida*）授粉后 7d，胚珠处于球形胚期，将其剥离置于蔗糖浓度为 4%～10%的培养基上，即可发育为成熟的种子。若胚珠内含有合子和少数胚乳核，适宜的蔗糖浓度为 5%～6%，而刚受精后的胚珠应为 8%。

（3）胎座和子房　胚珠授粉后的天数及是否带有胎座组织或部分子房组织，对培养的胚珠发育有显著的影响。罂粟（*Papaver somniferum*）授粉后第 6 天的胚珠，从胎座上切下，置于添加维生素的 Nitsch 培养基上培养，它所经历的发育过程与正常的胚珠大体相同，培养第 20 天的胚珠比自然条件下生长的胚珠大，并可形成成熟的种子，继续培养就会发芽形成幼苗。对带有胎座或子房的胚珠进行培养时，所需培养基较简单，而且受精后的胚珠也容易发育成种子。由此可以推测，胎座或子房的某些组织在胚珠发育初期起着重要的作用。所以，进行单个胚珠培养不能成功时，可考虑连胎座或子房一起进行培养。

（4）胚发育时期的影响　胚发育时期对胚珠培养成功与否有很大影响。一般来说，合子和早期原胚期的胚珠较难剖取和培养，对培养基成分也要求严格，但虞美人（*Papaver rhoeas*）也有合子期胚珠培养成功的报道。罂粟授粉后2～4d的胚珠，培养时所要求的培养基较复杂，在Nitsch培养基上即使附加酵母提取物、水解酪蛋白、细胞分裂素、生长素等，也不能促进胚珠的发育。培养授粉后5d的离体胚珠，可获得有活力的种子。培养发育到球形胚期或更成熟胚期的胚珠，较容易获得种子或植株，对培养基的要求也不高，许多植物在含无机盐、蔗糖和维生素的培养基上即能获得成功，而附加水解酪蛋白和椰子汁等，可促进其生长发育。

未授粉胚珠培养时，胚囊发育各时期均可诱导培养，以接近成熟时期的胚囊更易成功，即以八核胚囊为佳。由于胚囊的分离和观察都非常麻烦，因此在实际工作中常用开花的其他习性或形态指标与胚囊发育的相关性来确定取材时期。

2. 影响子房培养的因素

（1）材料选择　未授粉子房培养在不同植物及同一植物不同品种之间诱导产生单倍体植株的频率有明显差异，与植物基因型密切联系。此外，不同胚囊发育时期对诱导频率也起着关键作用。

（2）花被组织　花被（perianth）不是仅仅充作性器官的保护结构，在果实和胚胎的发育中也起重要的作用，如禾本科植物保留颖片或稃片有利于胚发育，双子叶植物的花萼或花冠也有同样作用。

（3）生长调节物质　子房培养的目的不同，要求子房的发育途径也不一样，可通过控制培养基及激素条件来调节子房的发育方向。受精后的子房通过离体培养，可形成果实，并得到成熟的种子，这种培养方式所要求的培养基较简单，常用的培养基有N_6、MS、BN等。然而，要想诱导子房中的性细胞和体细胞形成胚状体或愈伤组织并分化成植株，则对培养基的成分有一定的要求。例如，水稻不加外源激素子房不膨大，也不产生愈伤组织，当加入微量的生长素时，可明显促进子房膨大，并产生愈伤组织；大麦子房培养中，加入0.5mg/L 2, 4-D、1mg/L NAA和1mg/L KT，可诱导其产生胚状体，并进一步形成单倍体植株。有些禾本科植物，在有IAA的培养基上，可诱导胚产生根，在含有IAA和6-BA的培养基上可产生幼苗。而莳萝（*Anethum graveolens*）子房培养中，加入水解酪蛋白和酵母提取物，可诱导产生多胚。

四、植物离体受精

在一些远缘杂交中常遇到受精前或合子期前障碍，使受精作用不能正常进行，如花粉在柱头上不能萌发、花粉生长受抑而不能进入胚珠（原因是花柱太长或花粉管生长缓慢）、花粉管在花柱中破裂等。在另外一些远缘杂交中，受精虽然能正常进行，但胚和胚乳之间的不亲和性或胚乳发育不良，使杂种不能发育成熟，属于受精后障碍。受精后障碍而导致的远缘杂交失败，可采用胚培养、子房培养或胚珠培养予以克服。植物离体受精可消除柱头和花柱的障碍，让花粉直接与胚珠接触，从而实现受精并使种子得到发育和成熟。

（一）离体授粉的类型

离体授粉是指将未授粉的胚珠或子房从母体上分离下来，进行无菌培养，并以一定的方式授以无菌花粉，使其实现受精的技术，又称为离体受精或试管授精。根据无菌花粉授到离体雌蕊的位置，可将离体授粉分为3种方式，即离体柱头授粉、离体子房授粉和离体胚珠授粉。进行离体授粉时，从花粉萌发到受精成种子，以及种子萌发和幼苗形成的整个过程，一般均是在试管内完成。

1. 离体柱头授粉 离体柱头授粉是指通过雌蕊的离体培养，使无菌花粉授于柱头上得到含有可育种子和果实的技术。离体柱头授粉的方法通常是在花药尚未开裂时切取母本花蕾，消毒后，无菌条件下剥去花瓣和雄蕊，保留萼片，将整个雌蕊接种于培养基中，当天或第二天在其柱头上授以无菌花粉。

2. 离体子房授粉 离体子房授粉是指用无菌花粉对离体培养的子房进行授粉，使其发育成为成熟种子的技术，又称子房内授粉。该技术是克服受精前障碍的有效途径，取即将开花的花蕾，经过表面消毒，剥离花萼和花瓣，去掉柱头和花柱，在试管中将异种无菌花粉授到子房顶端的切口处，或将异种无菌花粉引入子房内，从而实现受精过程。花粉引入子房的方法有两种。①直接引入法。用锋利刀片在子房壁或子房顶端上开一切口，把花粉从切口处送进子房。②注射法。用100mg/L的硼酸将花粉粒配制成悬浮液，每滴悬浮液含100～300个花粉粒。在子房两侧彼此对应的位置上钻2个小孔，用注射器由1个小孔向子房内注入花粉悬浮液，子房内的空气则由另一个小孔排出。悬浮液要注满子房腔，直到开始由另一小孔中流出为止。注射完毕后，将两个小孔用凡士林封闭。

3. 离体胚珠授粉 离体胚珠授粉是指离体培养未受精的胚珠，并在胚珠上授粉，最终在试管内结出正常种子的技术。离体胚珠授粉，既可以将胎座上切下的单个胚珠（裸露胚珠）接种在培养基上，然后撒播花粉于胚珠表面，实现受精，也可以将带有完整胎座或部分胎座的胚珠接种在培养基上，并撒播花粉进行受精。例如，罂粟的未授粉的胚珠培养于Nitsch培养基上，撒上花粉粒，15min内花粉萌发，花粉管生长迅速。2h内就在胚珠的外表布满了花粉管，并使许多胚珠中发生受精。利用此法，也成功地进行了甘蓝×大白菜的种间杂交（梁丹等，2009）。

离体胚珠授粉方法主要有以下几种。①哺育法。在胚珠表面蘸满利于花粉萌发的培养基后接种，然后撒播花粉，可解决胚珠成活率与花粉萌发、花粉管伸长所需培养基不同的矛盾。②接近法。将花粉预先撒于培养基上培养使其萌发或不萌发，然后接种胚珠（甚至子房）培养。例如，柏艾梅等（2018）将离体芸薹属（*Brassica*）胚珠在培养基中（含0.01%氯化钙、0.01%硼酸、6%蔗糖和4%琼脂）浸一下，接种于Nitsch培养基上（含5%蔗糖），然后将无菌花粉撒于胚珠上，或者将花粉先撒在适于萌发的培养基（0.01%氯化钙、0.01%酸、2%蔗糖和10%琼脂）上，再将胚珠（或子房）在0.1%氯化钙溶液中浸片刻后接种到有花粉的培养基上，24～28h后，花粉管进入胚珠后，再将其移入Nitsch培养基上（含2%蔗糖）培养。

（二）离体授粉的方法

1. 材料的选择 进行离体授粉实验时，最好选用子房较大并有多个胚珠的植物，如茄科（Solanaceae）、罂粟科（Papaveraceae）、石竹科（Caryophyllaceae）植物等。这些植物的胎座上着生着成百个胚珠。由于数量大，分离过程中会有许多胚珠完好无损，授粉后容易进一步发育，且其花粉也易于在胚珠上萌发，花粉管能大量在胚珠和胎座上生长。

单子叶植物中，最先获得成功的是玉米的离体子房授粉，后来离体胚珠授粉也获得成功。剥除玉米子房壁获取裸露胚珠时，易造成胚珠损伤，因此可用刀片将未授粉玉米果穗上的 1/3 子房上部切除，使胚珠外露。这种方法操作简便，在技术熟练的情况下不易伤害胚珠，而且能在短时间内得到大量正常发育的玉米胚珠。

不论离体柱头授粉还是胚珠授粉，多保留母体花器官组织有利于离体授粉的成功。例如，在小麦离体柱头授粉中，保留颖片有利于籽粒发育；在水稻试管授精中，用尚未开花的稻穗作温汤去雄（45℃，5min）后，将父本花药塞入母本的颖花中，然后将带有一段枝梗的颖花直插在培养基上，使花颖的基部和培养基接触。实验表明，带枝梗的颖花受精率高。

2. 离体授粉的程序　离体授粉的一般程序是：①确定开花、花药开裂、授粉、花粉管进入胚珠和受精的时间；②去雄后将花蕾套袋隔离；③制备无菌子房或胚珠；④制备无菌花粉；⑤胚珠（或子房）的试管内授粉。为了避免非实验要求的授粉，用作母本的花蕾必须在开花前去雄并套袋。开花后 1～2d 将花蕾取下，带回实验室进行无菌培养。首先将花萼和花瓣去掉，在 70%乙醇中漂洗数秒钟后，再用适当的灭菌剂表面消毒，最后用无菌水冲洗 3～4 次，去掉柱头和花柱，剥去子房壁，使胚珠暴露出来。接种时，可将长着胚珠的整个胎座进行培养，或把胎座切成数块，每块带有若干个胚珠，之后再进行离体授粉。在离体柱头授粉时，需对雌蕊进行仔细的表面消毒，但不能使消毒液触及柱头，以免影响花粉在柱头上萌发和生长。单子叶植物的每一朵花为一个子房（胚珠），玉米可用授粉前子房（由于子房有若干层苞叶保护，不必进行表面消毒），可将果穗切成小块，每块带有 2 行共 4～10 个子房，可获得大量无菌胚珠用来进行离体授粉。

为了在无菌条件下采集花粉，需要把尚未开裂的花药从花蕾中取出，置于无菌培养皿中直到花药开裂。若从已开放的花中摘取花药，应将花药进行表面消毒，然后将其置于无菌培养皿中直到开裂。将散出的花粉在无菌条件下授到培养的胚珠、胎座、子房、柱头上或其周围。如果胚珠表面有水分，则常抑制胚珠上花粉管的生长，因此胚珠接种后，在培养基表面如果出现水层，则应用无菌滤纸吸干，然后再进行授粉。把花粉授在胚珠或胎座上的效果，比撒在胚珠周围的培养基上效果好。

离体授粉成功的标志是授粉后能由胚珠或子房形成有活力的种子。一般来讲，授粉后胚珠（或子房）可以在适宜其生长的培养基上培养，培养条件也无特殊要求。光照强度一般为 1000lx，光照时间为 10～12h/d。受精后的胚，有的可发育成种子，如烟草、矮牵牛、康乃馨等；有的是胚原位萌发，即授粉 5 周后，子房上可直接长出植株。

（三）影响离体授粉和受精后结实的主要因素

离体授粉获得成功的例子仍十分有限，这限制了这项技术的广泛应用。其影响因素主要有以下几方面。

1. 外植体

（1）柱头和花柱　柱头是某些植物受精前的障碍，要克服这种障碍，必须去除柱头和花柱。但叶树茂（1978）在烟草试验中发现，保留柱头和花柱，试管授精良好，平均有 80% 的子房能结种子。去掉部分柱头，对产生种子影响不大，但全部去掉柱头和花柱，子房结实率则较低。

（2）胎座　试管授精中，子房或胚珠上带有胎座，有利于离体受精的成功。至今试管授精成功的大部分例子，都是采用带胎座的子房或胚珠材料。多胚珠子房的离体受精也易成功。

（3）生理状态　胚珠或子房的生理状态对授粉后的结实率有明显影响。开花后 1～2d 剥离的胚珠比开花当天就剥离的胚珠结实率高。玉米果穗进行离体授粉的适宜时期是抽丝后

3～4d，烟草授粉后剥离的未受精胚珠比未授粉雌蕊上剥离的胚珠，离体授粉的结实率高，这是因为花粉在柱头上萌发或花粉管穿越花柱会影响子房内代谢活动，刺激子房中蛋白质的合成。因此，在离体授粉中，可以把剥离胚珠的时间选择在雌蕊授粉后和花粉管进入子房之前，以增加离体授粉成功的机会。

2. 培养基 受精的胚珠能否发育为成熟的并含有一个有生活力胚的种子，关键是培养基。常用于离体授粉的培养基为Nitsch、White、MS等。$CaCl_2$对离体授粉有很大影响，如先将离体甘蓝胚珠在1%$CaCl_2$溶液中蘸一下，然后立即用花粉进行授粉，再把授粉的胚珠转到Nitsch培养基上，可获得具有萌发力的种子。若不用$CaCl_2$处理，则不能形成种子，可见Ca^{2+}具有刺激花粉萌发和花粉管生长的作用。培养基中蔗糖的浓度一般为4%～5%，而玉米适合的蔗糖浓度为7%。常用的有机附加物是水解酪蛋白、椰子汁、酵母提取液等，烟草胎座授粉后加入这些附加物和少量的细胞分裂素、生长素能显著提高子房的结籽数。

培养基最重要的作用在于促进受精胚珠的正常发育。因此，进行离体授粉试验之前，先要对准备用作母本植物的幼龄胚珠（含有合子或几个细胞的原胚）所需的最适基本培养基、激素及其他附加物的组成有所了解，这有助于增加离体授粉成功的概率。

3. 培养条件 离体授粉中，培养物一般都是在黑暗或光照较弱的条件下培养的。谈晓林等（2010）认为离体授粉培养的温度条件一般为22～26℃，水仙属（*Narcissus*）植物中，15℃的培养条件比25℃的条件更能显著增加子房的结籽数，而罂粟则需较高的温度条件。

第三节 人工种子制备技术

人工种子（artificial seed）又称合成种子、人造种子或体细胞胚种子，是指植物离体培养中产生的胚状体或不定芽包裹在含有养分和保护功能的人工胚乳和人工种皮中所形成的能发芽出苗的颗粒体。人工种子包括：①裸露的或休眠的、经过或未经过干燥处理的繁殖体；②用聚环氧乙烷等多聚体包裹的繁殖体；③用水凝胶包裹的繁殖体；④液胶包埋的、用流质播种法播种的体细胞胚。

一、人工种子的制备方法

人工种子的制备主要包括胚状体的诱导与同步化、包裹制作与发芽试验。用海藻酸钠包裹体细胞胚制作人工种子的系统是由Redenbaugh等建立起来的，其制作流程如下：目标植物和外植体的选取→胚状体的诱导→胚类似物的诱导（最好在发酵罐中进行）→胚状体的同步化和分选→人工胚乳的制备→人工种子的包埋→人工种子贮藏技术→人工种子发芽试验。

（一）目标植物和外植体的选取

不同植物种类、不同外植体类型，其体细胞胚的诱导难易有别，并直接影响人工种子的应用前景。在植物种类上，单子叶植物比双子叶植物体细胞更容易诱导体细胞胚。同一植物的不同品种之间体细胞胚的诱导率也有较大差异，而幼嫩、生理状态活跃的材料比较容易培养。在外植体类型，如茎尖、茎段、叶片、子叶、下胚轴、花瓣等的选取上，因植物种类不同诱导产生胚状体有难有易，如茄子的叶和子叶更容易产生，而番茄下胚轴更易产生胚状体。即使同一外植体部位不同，诱导产生胚状体的潜力也各异，茄子中下胚轴末端比中间更具有成胚能力。

（二）胚状体及胚类似物的诱导

1. 胚状体的诱导　胚状体包括体细胞胚和性细胞胚（如花粉胚状体等），但性细胞胚具有诱导技术繁杂、遗传分离或单倍体不育等缺点，目前人工种子广泛使用的是体细胞胚。作为制作人工种子的核心，胚状体质量的好坏影响人工种子将来能否萌发和转化成正常的植株。高质量胚状体应满足以下要求：①播种后能马上发芽出苗；②胚根与胚芽几乎同时生长；③下胚轴无膨大，无愈伤组织化；④同步化程度较高或经分选后能达到大小基本一致，以使包裹制作的人工种子发芽生长整齐；⑤生命力强，如本身含的养分较足并在不良环境中存活力强；⑥发芽后幼苗形态与生长基本正常。

植物体细胞胚发生是一个普遍现象，能否产生高质量的体细胞胚是制作人工种子的关键。目前，尚未建立与完善所有的植物胚状体诱导培养技术。在已建立体细胞胚诱导技术的200多种植物中，多数胚状体质量不好，能成功制作人工种子的作物仅包括苜蓿（*Medicago sativa*）、鸭茅（*Dactylis glomerata*）、狼尾草（*Pennisetum alopecuroides*）等数十种。有些植物组织培养中观察到胚状体的发生，但不能继续发育成植株；有的胚状体根系发育不良；有的胚状体早期发育正常，但到后期停止发育，组织学切片可见到胚状体的胚轴部分某些细胞死亡；某些细胞却生长活跃，产生许多类似于次生胚状体的结构。Drew（1979）在胡萝卜中发现，由同一叶柄愈伤组织得到的两个细胞株系在加活性炭的培养基中都得到了胚状体，但只有一个细胞株系的胚状体可以发育成植株，另一个却不能。张凯（2022）在葡萄体细胞胚再生体系研究中发现生长素的去除是诱导体细胞胚发生的关键，而活性炭对去除外源生长素的效果非常明显。总结前人的研究表明，影响体细胞胚发生的主要因素包括遗传基因型、培养基与培养条件及激素。

（1）遗传基因型　体细胞胚的产生在不同类型的植物间具有明显差异。在已成功获得体细胞胚的植物中，以自然条件下容易产生无融合生殖胚的植物为多，且培养条件相对较为简单，如咖啡属植物、芸香科（Rutaceae）植物等。即使是同类植物的不同基因型，在体细胞胚诱导的难易、形成时间及单个外植体产生体细胞胚的数量上也存在明显差异。马铃薯18个不同基因型品种的体细胞胚形成能力的比较研究显示，有7个品种的体细胞胚发生率为100%，而频率最低的则只有10%。

（2）培养基与培养条件　影响体细胞胚发生的培养基与培养条件主要有氮源、碳源、无机盐、光周期等。氮源被认为是胚胎发生的重要因素，氮的类型与用量不但影响胚状体的发生，而且对胚胎发生的同步化也有作用。体细胞胚的产生要求培养基中含有一定浓度的还原态氮，如甘氨酸、氯化铵等在诱导体细胞胚的发生中很有效，而硝态氮效果则不太明显。

碳源在组织培养中起到维持外植体的渗透压和提供体细胞胚发育能源的作用，它对体细胞胚的诱导转换成苗有一定作用。例如，在黄连（*Coptis chinensis*）体细胞胚的转换试验中，曾用1.5%的果糖、葡萄糖、蔗糖、麦芽糖等进行试验，结果表明，经过滤灭菌后，蔗糖及果糖的效果最好，体细胞胚转换率达80%以上。但经高压灭菌后，蔗糖、葡萄糖和果糖的效应均有所降低，只有麦芽糖的效应增高了，麦芽糖可能是一种催熟因子，能诱导停滞在前期的体胚进一步发育成熟。所以，通常采用麦芽糖作为碳源制作人工种子。

光暗条件对体细胞胚的发生也有一定影响，因植物种类而异，如烟草和可可（*Theobroma cacao*）体细胞胚发生要求高强度光照，而胡萝卜和咖啡的体细胞胚发生则要求全黑暗条件，高强度的白光、蓝光抑制胡萝卜悬浮细胞的体胚发生和体胚生长。

此外，一些研究还发现，待球形胚形成后，如果降低培养基的无机盐浓度，也可显著促进体细胞胚的进一步发育。

（3）激素　2, 4-D是应用最广泛的生长素，对体细胞胚的发生具有诱导作用，它的使用浓度随植物品种及基因型不同而不同。例如，在胡萝卜、白车轴草（*Trifolium repens*）及苜蓿（*Medicago sativa*）悬浮细胞诱导体细胞胚产生的体系中，体细胞胚发生一般经过两个阶段，第一阶段是在较高2, 4-D浓度下，外植体细胞的脱分化、愈伤组织的诱导及胚性细胞及细胞团的形成；第二阶段则是在降低2, 4-D浓度下产生早期胚胎，待球形胚形成后，除去生长素促进体细胞胚的继续发育。研究表明，胚性愈伤组织形成后，必须及时转入降低或去除2, 4-D的培养基中，否则胚性细胞不能进入体细胞胚胎发育。而对另一些植物的研究表明，人参（*Panax ginseng*）、西洋参（*Panax quinquefolius*）、刺五加（*Eleutherococcus senticosus*）等无须降低或去除2, 4-D也可产生大量体细胞胚。同时，有些植物如水稻、玉米等的花药培养，在不添加任何激素的条件下，也能形成体细胞胚。这可能与各种植物本身内源激素的不同有关。此外，一定浓度范围的激动素（KT）对体细胞胚的发生也具有诱导作用，GA和乙烯抑制胚胎发生，ABA则对有些植物胚发生起诱导作用，对另一些植物则表现为抑制作用。噻重氮苯基脲（TDZ）最初作为棉花落叶剂用于生产，随后发现它具有生长素和细胞分裂素的双重功能，因此，TDZ被广泛用于体细胞胚的诱导，一般微量的TDZ就能促进体细胞胚的发生。

2. 胚类似物的诱导　以体细胞胚为包裹材料的人工种子要求高质量的体细胞胚能够大量同步发生，而目前只有少数植物能够建立这样的体细胞胚发生系统，如胡萝卜、苜蓿、龙眼（*Dimocarpus longan*）、烟草、芹菜（*Apium graveolens*）、陆地棉（*Gossypium hirsutum*）等，许多经济作物还需要进一步提高胚的质量。为此，人们积极探讨用体细胞胚以外的胚类似物来生产人工种子，胚类似物或非体细胞胚是指芽、短枝、愈伤组织、花粉胚、块茎、球茎等繁殖体。人工种子技术的真正意义体现在那些有较高经济价值的作物。若从经济角度考虑，无性繁殖或多年生植物首先具有人工种子的应用潜力，但是这类植物却一般难以得到高质量的体细胞胚，这使得大多数重要经济植物和珍稀濒危植物的人工种子技术应用大大受到限制。另外，体细胞胚存在无性系变异、幼苗期较长及苗转化率较低等缺点。

相对于体细胞胚人工种子来说，非体细胞胚人工种子有以下优点：①几乎所有粮食作物、经济作物、园艺作物在离体条件下都能以不定芽、原球茎、茎段等方式进行增殖；②诱导植物体细胞胚胎发生难度很大，而以非体细胞胚为包裹材料降低了人工种子制作的难度；③体细胞胚诱导一般需要对外植体进行脱分化与再分化，这个过程中体细胞克隆存在高频率的变异，而通过微芽的方式能把变异的风险降到最低。

按其来源与特性把制作人工种子的非体细胞胚分为三类：第一类是球茎、原球茎等天然单极性繁殖体（natural unipolar propagule，NUP）；第二类是微切段（micro-cutting，MC）带顶芽或腋芽的茎节段、不定芽；第三类是处于分化状态的繁殖体（differentiating propagule，DP）如拟分生组织、细团、原基等。

天然单极性繁殖体贮藏有较多的营养物质，本身具有较强的繁殖能力；制成的人工种子一般不需添加植物生长激素就具有很高的发芽率。例如，铁皮石斛（*Dendrobium officinale*）

原球茎制成的人工种子发芽率达 80%（张凤等，2018）。

目前非体细胞胚人工种子主要集中在微切段。1998 年，冉景盛用含 0.2%多菌灵的海藻酸钠包裹日本珊瑚树（*Viburnum awabuki*）腋芽，制作成的人工种子在有菌的蛭石上萌发率达 67.75%。虽然微切段繁殖体在无菌培养基上具有较高的发芽率，但由于其没有根或根原基，如果把人工种子播于不添加营养物质和激素的无菌水或其他基质中，发芽率一般都非常低。在包裹前对微切段进行预培养，将大大提高其发芽率。例如，Piccioni 研究发现，苹果砧木茎节段腋芽在含 24.6μmol/L IBA 和 15g/L 蔗糖的培养基上预先暗处理 24h，制成的人工种子在无菌水中培养 30d 的成苗率高达 90%；而未经处理的只有 10%能长成小苗。

在园艺植物上，香蕉（*Musa nana*）用茎尖、姜（*Zingiber officinale*）用枝芽、大花蕙兰（*Cymbidium hybridum*）用原球茎、甘薯（*Dioscorea esculenta*）及蕹菜（*Ipomoea aquatica*）用腋芽、百合用小鳞茎、紫花苞舌兰（*Spathoglottis plicata*）用种子、微型薯用不定芽均成功制作了非体细胞胚人工种子。

3. 胚状体的同步化和分选　植物体细胞分裂和分化往往是不同步的，以致体细胞胚的产生也不同步，常常在同一外植体上可以观察到不同发育时期的大小各异的胚状体。胚状体大小对人工种子发芽速度和整齐度有很大的影响，因此用于包埋的胚状体须经同步化或制种前的分选。胚状体的同步化是指促使所有培养的细胞或发育中的细胞团块进入同一个分裂时期。只有同步化了细胞才可能成批地产出成熟胚胎。目前同步化处理或分选的方法主要有以下几种。

（1）抑制剂法　抑制剂法是在细胞培养初期加入细胞分裂抑制剂，如 5-氨基尿嘧啶等。一旦除去抑制剂，细胞即可同步分裂。

（2）低温法　低温法即低温处理抑制细胞分裂，再恢复正常温度可使细胞分裂同步化。

（3）渗透压法　不同发育时期的胚，对渗透压要求不同。一般同种植物越幼嫩的胚要求渗透压越高。因此，渗透压法是用一定渗透压使胚发育停留在某一阶段，然后再使其同步发育。

（4）通气法　在细胞分裂达到高峰前，有乙烯合成高峰。通气法是在培养基中通入乙烯或氮气（1～2 次/d，每次 3～4s）控制细胞同步分裂。

（5）分离过筛法　分离过筛法是用不同孔径的尼龙网将不同发育时期的胚状体分离开来的方法，或采用密度梯度离心法来选择不同发育时期的胚。目前，大规模胚状体诱导都采用了发酵罐法，用分离过筛法同步处理，有效地保证了发芽的整齐度。

（三）人工种子的包埋

人工种皮是人工种子中胚状体或胚类似物以外部分的统称。也有文献把包裹胚的营养基质称为人工胚乳，外膜称为人工种皮。从形态学来说，外膜相当于天然种子的种皮部分。目前已直接在有菌条件下发芽的几种人工种子都没有使用外膜。用作人工胚乳及人工种皮的理想包埋材料应具备下列特性：①无毒、无害，有生物相容性，能支持胚状体；②有一定的透气性、保水性，既不造成人工种子在贮藏保存过程中丧失生活力，又能保证其将来正常萌发生长；③有一定的强度，能维持胶囊的完整性，以便于人工种子贮藏、运输和播种；④可容纳和传递胚胎发育所需的营养物质、生长及发育的控制剂及为延长贮藏寿命而添加的防腐剂、杀菌剂等。

1. 人工胚乳的制备　制作人工胚乳实质上是筛选出适合该胚状体萌发和生长发育的培

养基配方，最后将筛选出的培养基添加到包埋介质中。人工胚乳主要包括无机盐、碳水化合物（糖和淀粉）、蛋白质等成分。不同植物、不同的繁殖体对培养基的要求不同，MS、N_6、B_5和SH培养基等都曾被用作人工种子包被的基本培养基，其中以MS培养基最为常用。

糖类既可以作为体细胞胚或胚类似物生长的碳源，又可以改变包被体系中的渗透势，防止营养成分外泄，还能在人工种子低温贮藏过程中起保护作用。目前用于人工胚乳中的糖类主要有蔗糖、麦芽糖、果糖和淀粉等，其中蔗糖最为广泛，促进人工种子转化成苗的效果也相对较好。

培养基中各种生长调节剂是建立培养体系的关键，其中起主要作用的有细胞分裂素和生长素两类。常用的细胞分裂素有6-BA和KT，生长素有IAA、IBA、NAA、2, 4-D等。不同作物中细胞分裂素与生长素配合的种类和浓度有所不同。例如，在百合茎尖分生组织培养时以MS+6-BA 0.5～1.0mg/L+NAA 0.5mg/L效果最佳，而无籽西瓜茎尖快速繁殖时，MS+6-BA 0.50mg/L+IAA1.0mg/L时芽增殖数增多，发育正常而稳定。在人工胚乳中添加激素虽可提高人工种子的萌发率，却会降低幼苗对环境的适应性。人工胚乳应根据各种不同植物的要求和特点有目的地选择配制。

此外，还可以在人工胚乳中增加一些金属离子、杀菌剂、防腐剂、农药、抗生素、除草剂等，人为地影响和控制植物的发育与抗逆性。

2. 人工种子的包埋方法 人工种子的包埋方法主要有干燥包埋法、液胶包埋法和水凝胶法。

（1）*干燥包埋法* 最早是聚氧乙烯干燥包埋法，即将胚状体置于23℃、相对湿度（70±5）%的黑暗条件下逐渐干燥，然后用聚氧乙烯包裹这种胚状体，经水合后仍能发芽，如胡萝卜人工种子的包埋。

（2）*液胶包埋法* 液胶包埋法是指胚状体不经干燥包埋，直接与流体胶混合后播入土中。例如，将胡萝卜胚状体与流体胶混合后播入土中，成活率很低，胚因干燥而死亡。

（3）*水凝胶法* 水凝胶法是最常用的一种方法，即用褐藻酸钠等水溶性凝胶经与Ca^{2+}（$CaCl_2$）进行离子交换后凝固用以包埋单个胚状体。种子硬度由凝胶浓度与络合物离子交换时间决定，如胡萝卜、苜蓿等人工种子。

二、人工种子的贮藏与萌发

由于农业生产的季节性限制，人工种子需要贮藏一段时间，但人工种子往往含水量大，种球易失水干缩，且种皮内糖分易引起胚腐烂，贮藏难度较大。据观察，胡萝卜胚状体置于无糖分的培养基上可存活两年。不包裹的胚状体在贮藏过程操作时易受损伤，但包裹的胚状体贮藏后成苗率明显降低，降低速度比不包裹的快，因而有必要研究人工种子贮藏。

（一）人工种子贮藏技术

目前人工种子贮藏技术有低温贮藏技术、干燥贮藏技术、超低温贮藏技术、液体石蜡贮藏技术等及上述技术的组合。干燥贮藏技术和低温贮藏技术组合是目前应用最多的，也是目前人工种子贮藏研究的主要热点之一。人工种子贮藏技术很大程度上依赖于包埋技术，不同包埋材料的贮藏方法也不同。

1. 低温贮藏技术 低温贮藏是指在不伤害植物繁殖体的前提下，通过降低温度来降低繁殖体的呼吸作用，使其进入休眠状态。常用的温度为4℃。在此温度下体细胞胚人工种子可以贮藏1～2个月。例如，茶枝柑（*Citrus reticulata*）的人工种子，贮藏1个月仍具很高的成苗率。兰考泡桐（*Paulownia elongata*）的人工种子在贮藏30d或60d后体细胞胚的存活率分别是67.8%和53.5%，萌发率分别是43.2%和32.4%。

非体细胞胚人工种子可以在4℃下贮藏更长的时间。马铃薯芽尖在MS培养基上培养2d后，用海藻酸钠包埋，贮藏270d、360d和390d后在MS培养基上的萌发率分别是100%、70.8%和25%。但由于人工种子没有像自然种子一样在贮藏前进入休眠状态，因此随着低温贮藏时间的延长，包埋体系内的含氧量降低，人工种子萌发率会下降。

2. 液体石蜡贮藏技术 液体石蜡作为经济、无毒、稳定的液体物质，常被用来贮藏细菌、真菌和植物愈伤组织。人们把人工种子放在液体石蜡中，保存时间可达6个月以上。刘凡等（1991）研究胡萝卜人工种子的结果表明，人工种子在液体石蜡中短时间保存（1个月）能正常生长，但随着时间延长（至79d），人工种子苗的生长则明显比对照组差，并发现液体石蜡对幼苗的呼吸和光合作用有一定的阻碍作用。所以，在常温下液体石蜡不能通过抑制发芽来贮藏人工种子，干燥后的人工种子，在2℃的液体石蜡中，2个月后只有2%萌发，说明用液体石蜡来贮藏人工种子并不能达到较好的效果。

3. 超低温贮藏技术 随着超低温贮藏技术在种质资源保存方面的发展，其在人工种子保存方面的应用也日渐成熟。超低温一般是指−80℃以下的低温，如超低温冰箱（−150～−80℃）、液氮（−196℃）等。在此温度下，植物活细胞内的物质代谢和生命活动几乎完全停止。所以，植物繁殖体在超低温过程中不会引起遗传性状的改变，也不会丢失形态发生的潜能。目前应用于人工种子超低温贮藏的方法主要是预培养–干燥法，即人工种子经一定的预处理，并进行干燥，然后浸入液氮保存。

4. 干燥贮藏技术 干燥能增强人工种子幼苗的活力，有助于保持贮藏期间细胞结构及膜系统和提高酶的活性，使其具有更好的耐贮性。已有研究发现，在高湿度下缓慢干燥，人工种子具有较高的发芽率和成苗率。据研究，用聚氧乙烯（2.5%）干燥包埋法制作的胡萝卜人工种子，在4℃黑暗条件下可存放16d，低温加ABA处理，存活率提高了20%～85%。

（二）人工种子发芽试验

包裹好的人工种子含水量大，易萌芽，通常要对它在无菌条件下和有菌条件下进行发芽试验，把包裹好的人工种子接于MS或1/2MS培养基中为无菌条件。有菌条件常用蛭石和砂1∶1混合，开放条件下，把人工种子接种于其中，培养条件均为（25±1）℃，光照10h/d，光源强度为1500lx，蛭石与砂要保持一定的湿度，防止人工种子水分很快丧失而使种球变硬变小，影响种子萌发。定时观察、统计发芽的粒数并计算发芽率。有的人工种子能发芽但不一定能发育成植株，实验中常把胚根或胚芽伸出人工种皮2mm以上称为发芽，而把胚芽、胚根都伸出种皮并长于5mm称为成苗。

一般来说，在人工种皮内补充添加剂有利于人工种子在有菌条件下萌芽，防腐可以提高人工种子的萌发率。薛建平等（2005）在半夏人工种子制作基质中加入1%多菌灵、0.2%次氯酸钠及0.1%壳聚糖，其萌发率提高到了80%。

综上所述，虽然人工种子的研制经历了十几年时间，取得了很大进展，但是至今仍有一些关键技术尚未攻克，还处于实验室研究阶段。例如，人工种皮的性能尚不尽如人意，还未找到一种符合多数物种需要的人工胚乳，如何让胚状体处于健康的休眠状态，怎样做到使人工种子既能延长贮藏时间又不明显降低其萌发率等问题尚未解决。因此，人工种皮的缺陷、有菌条件下发芽率低、贮藏难、生产成本高、制作流程复杂等问题，都限制了人工种子的推广。随着人工种子研究的日益开展及制作工艺日臻完善，人工种子作为一项新的生物技术必将广泛应用于作物育种和良种的快速繁殖，并实现工厂化生产。

第四节 脱毒种苗生产技术

植物病毒病是指由病毒和类似病毒的微生物如类病毒、植原体、螺原体及类细菌等引起的一类作物病害。病毒和类似病毒侵入植物体后，导致植物生活力降低、适应性减退、抗逆性减弱、产量下降、品质变劣甚至死亡等，给农业生产造成巨大损失。在自然条件下，病毒一旦侵入植物体内就很难根除。培育和栽培无病毒种苗是防治作物病毒病的根本措施。栽培无病毒种苗不仅会增强作物的适应能力和抗逆能力，提高作物的产量和品质，而且脱毒种苗的应用还能消减生化农药的使用，对生态环境的保护、健康农产品的生产和农业的可持续发展也具有十分重要的意义。植物脱毒（virus elimination）是指通过各种物理、化学或者生物学的方法将植物体内的有害病毒及类似病毒去除而获得无病毒植株的过程。通过脱毒处理而不再含有已知的特定病毒的种苗称为脱毒种苗或无毒种苗（virus-free plant or seedling）。植物脱毒方法包括物理、化学和生物学方法，其中茎尖培养脱毒法因效果最理想而得到广泛应用。

一、植物脱毒方法

（一）茎尖培养脱毒法

1. 茎尖培养脱毒法的原理 茎尖培养也称分生组织培养或生长点培养，其原理是1934年White提出的“植物体内病毒梯度分布学说”，即植物病毒在植物体内的分布是不均匀的，在茎尖中呈梯度分布。受侵染的植株中，茎的顶端分生组织无毒或含毒量极低，较老组织的含毒量随着与茎的顶端分生组织的距离加大而增加。自组织培养技术发展以来，有关茎尖等顶端分生组织不带毒即存在一个特殊的免毒区的现象已通过电子显微镜和荧光抗体技术得到了证实。Hollings（1964）切取不同大小（0.1～1.0mm）茎尖，提取汁液接种证实了康乃馨（*Dianthus caryophyllus*）斑驳病毒在康乃馨茎尖中呈梯度分布。植物体内出现免毒区可能是植物顶端分生组织的胞间连丝（plasmodesmata）不发达，病毒不能通过胞间连丝到达顶端分生组织所致。分子生物学的研究表明，这可能与DNA合成和RNA干扰有关。

2. 茎尖培养脱毒法的基本程序 茎尖培养脱毒法一般包括以下几个程序：培养基的选择和制备，待脱毒材料的消毒，茎尖的剥离、接种和培养，诱导芽分化和小植株的增殖，诱导生根和移栽。茎尖培养脱毒法的基本程序与常规的组织培养相同。茎尖培养成败的关键在于寻找适合的培养基，尤其是分化、增殖和生根3个步骤均需要特殊的培养基。在茎尖培养中最常使用的是MS培养基，但各步骤中所需要的植物生长调节剂种类、用量及配比各不相同，需要根据所培养的植物种类或品种（类型）而做适当调整。

为了提高茎尖培养的成活率和脱毒效果，往往要与热处理方法结合使用。例如，康乃馨茎尖大于 1.0mm 时很难脱除斑驳病毒，而将康乃馨用 40℃处理 6～8 周后切取 1.0mm 的茎尖培养则可将病毒完全脱除。杜易静等（2024）在阳光玫瑰脱毒中，38℃/光照 8h+32℃/黑暗 8h 变温处理效果最佳，证明热处理方式影响试管苗的存活率和脱毒效果。热处理与茎尖培养结合是脱毒实践中经常采用的方法。另外，二次茎尖培养脱毒的方法也有应用，即在一次茎尖培养脱毒的基础上，利用一次脱毒的试管苗进行二次茎尖培养脱毒。

（二）微体嫁接脱毒法

1. 微体嫁接脱毒法原理　微体嫁接（micro-graft）是组织培养与嫁接技术相结合而获得无病毒种苗的一种方法。微体嫁接脱毒是在无菌条件下，将切取的茎尖嫁接到试管中培养的砧木苗上，待其愈合发育为完整植株而达到脱毒的效果。这种技术首先用于柑橘属不同种的脱毒试验中，现已成为柑橘无病毒良种培育的常规方法，以后将逐渐应用于其他多种植物的脱毒。

2. 微体嫁接脱毒法的操作步骤　微体嫁接脱毒法主要包括 3 个步骤。①砧木种子低温层积处理后灭菌，接种在 MS 固体培养基上，25℃暗培养 15d，使其发芽。②将发芽的上胚轴切下（带 2 片子叶），插入带滤纸桥（滤纸桥中间有孔，使上胚轴通过小孔而固定）的试管中，试管中放 MS 液体培养基，适于茎尖（接穗）生长。③接穗为 0.2mm 大小的茎尖分生组织，采用劈接法（cleft-graft）将接穗插入两片子叶中间组织。接穗在砧木的哺育下生长发育。

微体嫁接脱毒法的关键在于以下几点。①剥离技术。一般取小于 0.2mm 的茎尖嫁接可以脱除多数病毒。②培养基。须考虑砧木和接穗对营养组成的不同要求方能得到良好效果。③接穗取材时间。不同季节接穗嫁接成活率不同，一般是春季取材较易成活，苹果 4～6 月取材嫁接成活率较高，10 月到次年 3 月前取材成活率低。

（三）其他脱毒法

1. 花器官离体培养脱毒法　通过植物各种器官或组织诱导产生愈伤组织，然后再从愈伤组织诱导形成芽和根从而形成完整植株，可以获得无毒苗。虽然利用愈伤组织获得无毒苗有产生劣变的危险，但许多园艺植物如马铃薯、蒜（*Allium sativum*）、水仙等都是通过此方法获得无毒苗的。草莓（*Fragaria*× *ananassa*）无毒植株是在花药培养获得单倍体植株的研究过程中发现的。花椰菜（*Brassica oleracea* var. *botrytis*）花器分生组织培养可以脱除芜菁花叶病毒和花椰菜花叶病毒。

通过花器官离体培养诱导愈伤组织途径脱毒可能是因为病毒在植物体内不同器官或组织中分布不均而存在无病毒的细胞群落，这些无病毒细胞群落在离体培养中形成无病毒的愈伤组织或有些愈伤组织细胞中的病毒浓度低，病毒粒子在愈伤组织的增殖过程中逐渐丢失，或继代培养的愈伤组织产生抗性变异等。

2. 珠心胚培养脱毒法　柑橘、芒果（*Mangifera indica*）等多胚植物的珠心细胞很容易形成珠心胚。由于珠心细胞与维管束系统无直接联系，而病毒通常是通过维管束的韧皮组织传递的，因此，珠心组织往往是不带病毒的，通过珠心胚培养可以获得无病毒植株。

3. 超低温处理脱毒法　超低温处理脱毒法是基于超低温保存对细胞选择性破坏的原理，结合组织培养达到脱毒的目的。含有病毒的植物组织顶端细胞的液泡较大，液泡中含有的水分较多，在超低温过程中易形成冰晶致死，而分生组织细胞含水分较少，抗冻性强，不易被冻死，这样超低温处理后的植物组织经离体培养和植株再生可能获得无病毒苗。Helliot等（2002）采用超低温处理脱毒法成功去除黄瓜花叶病毒和香蕉条斑病毒。武媛丽等（2020）认为，以超低温处理脱毒结合蔗茎综合脱毒的方法有可能彻底脱除甘蔗所携带的较为顽固、难以完全脱除的病原物。

二、脱毒苗的鉴定

通过不同途径脱毒处理所获得的材料必须经过严格的病毒检测和农艺性状鉴定及应用，其中被证明确实是无病毒存在且农艺性状优良的株系才能作为无病毒种源在生产上应用。

（一）病毒检测

常用的病毒检测方法有生物学检测、血清学检测和分子生物学检测等。此外，利用电子显微镜直接观察植物病毒及类似病原体形态也有一定参考价值。

1. 直接观察法 脱毒苗在试管或田间生长时，其叶色浓绿，均匀一致，长势好，而带毒株则长势弱，叶片表现褪绿条斑、扭曲、植株矮化（蒜）、花叶或明脉、脉坏死、卷叶、植株束顶、矮缩（马铃薯）、花叶褪绿斑点（甘薯、香石竹）等。症状诊断时要注意区分病毒病症状与植物的生理性障碍、机械损伤、虫害及药害等表现的差异。

2. 生物学检测 生物学检测主要是指示植物检测，是最早应用于植物病毒检测的方法。对某种或某几种病毒及类似病原物具敏感反应并表现明显症状的植物称为指示植物（indicator plant）。常用的指示植物有木本和草本两类。

可作病毒检测的草本指示植物有藜科的昆诺藜（*Chenopodium quinoa*）、苋色藜（*C. amaranticolar*）和墙生藜（*C. murale*），豆科的菜豆（*Phaseolus vulgaris*），茄科的心叶烟（*Nicotiana cordifolia*）、普通烟（*N. tabacum*）和克利夫兰烟（*N. clevelandii*），苋科的千日红（*Gomphrena globosa*）和尾穗苋（*Amaranthus caudatus*）及葫芦科的黄瓜（*Cucumis sativus*）等，其中应用最多的是昆诺藜和苋色藜等藜科植物。昆诺藜多用于检测线状病毒，苋色藜多用于检测多面体病毒。木本植物种类较多，所感染的病毒各异，因此，鉴定和检测病毒的指示植物也各不相同。经过试验和筛选，目前国际上各类植物病毒都有一套通用的木本指示植物。

侵染指示植物的方法有摩擦接种和介体接种，其中摩擦接种多用。摩擦接种操作步骤如下：①于受检植株上取一定量叶片，自来水洗涤除去表面杂质，滤纸吸去残留水分，用剪刀剪成适当大小的样品块置研钵中，加入一定容积（m/V）的缓冲液（0.1mol/L 磷酸钠），研碎材料；②在指示植物叶片上撒上少许金刚砂，将受检植物的叶片汁液轻轻涂于其上，适当用力摩擦，使叶片表面细胞受到侵染，但又不损伤叶片，约 5min 后用水轻轻洗去接种叶片上残余汁液；③接种过的指示植物置于温室或防虫网罩内，株间及与其他植物间隔一定距离。指示植物显症时间一般为 6～8d 或更长，取决于病毒性质、接种量、指示植物及环境条件等。

生物学检测在植物病毒检测中具有观察的直观性、结果的可靠性和反映病毒生物学的准确性等特点，是病毒检测的传统方法，目前仍在广泛应用。

3. 血清学检测 植物病毒是由核酸和蛋白质组成的核蛋白（抗原 antigen），当用抗原注射动物后，动物体内便产生一种免疫球蛋白（immunoglobulin，Ig），称为抗体（antibody）。抗体主要存在于血清中，故称含有抗体的血清为抗血清（antiserum）。不同的病毒刺激动物所产生的抗体均有各自的特异性。因此，根据已知的抗体与未知的抗原能否特异结合形成抗原–

抗体复合物（血清反应）的情况便可判断病毒的有无。

血清学检测是以蛋白质为基础的检测方法，包括双向琼脂扩散法、酶联免疫吸附分析、直接组织斑免疫测定法（immunological detection of direct tissue blotting，IDDTB）、免疫胶体金检测（immune colloidal gold assay）。血清学检测利用抗原和抗体的体外结合产生特异性沉淀（试管沉淀、微量沉淀、凝胶扩散），应用荧光素、酶标记（荧光抗体、酶联免疫吸附）或在电子显微镜下直接观察抗原和抗体结合（免疫电镜）等方法来提高反应的灵敏度。血清学检测的技术关键在于有高效价抗血清、高效率试验体系及高精密度结果判定仪器。血清学检测植物病毒具有快速、灵敏和操作简便等特点，是植物病毒检测中最为常用和有效的手段之一。

虽然血清学检测能较好地解决病毒生物学鉴定中的问题，但特异性抗血清的获得、病毒含量低和植物中干扰物质的存在等问题依然较难解决，而且那些没有外壳蛋白的病原性核糖核酸如类病毒还无法用血清学检测。近几年来发展的一些分子生物学检测方法如双链核糖核酸（double-stranded RNA，dsRNA）分析、核酸杂交（nucleic acid hybridization）技术和聚合酶链反应（polymerase chain reaction，PCR）等在灵敏度、特异性和检测速度等方面都与已普遍采用的血清学检测相当，并可克服血清学检测的不足。

（二）农艺性状鉴定及应用

通过脱毒处理获得的无病毒材料，尤其是通过热处理和愈伤组织诱导获得的无病毒材料有可能产生变异。因此，获得无病毒材料后，必须在隔离的条件下对其农艺性状进行鉴定，确保无病毒苗的经济性状与原亲本的性状一致。脱毒苗农艺性状的鉴定主要是在田间以原亲本为对照，选择与亲本相同优良选择的单株，淘汰非亲本选择的劣株，同时发现不同于亲本的优良变异株，再通过单株选择或集团选择获得无病毒原种。

无病毒原种种苗的推广在发展良种的新区进行才能取得较好的效果。如在老区，尤其是病区使用，则应实行统一的防治措施，一次性全区换种才能取得应有的效果。无病毒原种在使用中还应加强管理，特别注意采取严密的防病防虫措施，一旦发现病毒感染应立即淘汰，重新采用无病毒原种种苗。

小 结

植物组织与器官培养技术的应用很广泛，本章主要讲述了植物组织培养技术、植物胚胎培养技术、人工种子制备技术及脱毒种苗生产技术等。实际上，植物组织培养技术的应用远不止这些，它还可以用于分子水平和细胞水平上的育种，用于次生代谢产物的生产，用于种质资源保存及植物的遗传、生理、生化、病理等方面的研究。植物组织培养技术是生物技术的重要组成部分，植物的基因工程、遗传转化都必须反映到“植株”的水平才能被利用，所以这些研究也必须与植物组织培养技术相结合才能体现其潜在的价值。

复习思考题

1. 什么是植物细胞分化、脱分化与再分化？

2. 简述植物离体培养中植株再生的途径。
3. 简述植物生长调节剂在愈伤组织培养中的作用。
4. 简述人工种子的概念和结构组成，以及与天然种子相比有哪些优点和局限性。
5. 无毒苗的繁育与常规苗的繁育有何差异？怎样保存和利用无毒苗？

第四章　染色体工程技术

染色体是遗传物质 DNA 的主要载体，染色体的稳定包括染色体数目和结构的稳定，对于个体生存和物种延续来说，染色体的稳定性是必需的，染色体的变异往往会引起相关性状的改变。然而，并非所有的染色体变异都是有害的，某些染色体的变异可能会成为物种进化的重要驱动力，而且物种的进化往往伴随着染色体的变异。因此通过多种实验技术对物种的染色体进行改造，一方面可以研究染色体变异导致物种性状发生改变的机制；另一方面也可以用于研究染色体变异如何影响物种进化，有利于在分子水平上阐明物种进化的机制。经过数十年的发展，物种染色体的改造技术不断进步，从对简单生物的改造向对复杂生物的改造拓展，从染色体片段向完整染色体拓展，从随机改造向定向改造拓展，后逐渐发展为一门完整的学科，称为染色体工程（chromosome engineering）。染色体工程这一术语最早由 Rick 和 Khush 于 1966 年首次提出。科学家最早将染色体工程作为一种用于改良农作物遗传性状的育种新技术。随着现代生物技术的发展，人类对于染色体的改造能力大大提升，不仅能够人为增加或者消减染色体数量，改变染色体结构，甚至可以实现完整染色体的合成，创造全新的生命。目前，染色体工程技术除了应用于植物育种，还在真菌和哺乳动物细胞的染色体改造中得到了应用。

第一节　染色体工程概述

一、染色体工程的概念

染色体工程是按照一定的设计，有计划地消减、添加或替换同种或异种染色体从而达到定向改变遗传性状和选育新品种的一种技术。通过改变染色体的结构和组成，染色体工程可以实现对生物体基因组的精确编辑和调控，从而影响生物个体的遗传特征和表达方式。染色体工程不仅在改良植物的遗传基础、培育新品种上受到重视，而且也是基因定位和染色体转移等基础研究的有效手段。

二、染色体变异

染色体作为遗传物质的主要载体，在细胞分裂过程中能够准确地自我复制、均等地分配到子细胞中，以保持染色体形态、结构和数目稳定。但染色体同其载有的基因一样，稳定只是相对的，变异是绝对的。染色体变异（chromosome variation）又称为染色体畸变（chromosomal aberration），包括染色体结构变异（chromosomal structural change）和染色体数目变异（chromosome number variation）。

（一）染色体结构变异

染色体结构变异是内因和外因共同作用的结果，外因有各种射线、化学药剂、温度的剧变等，内因有生物体内代谢过程的失调、衰老等。在这些因素的作用下，染色体可能发生断裂，断裂端具有愈合与重接的能力。当染色体在不同区段发生断裂后，在同一条染色体内或不同的染色体之间以不同的方式重接时，就会导致各种结构变异的出现。通常染色体结构变异主要包括以下 4 种类型。

1. **缺失**（deficiency/deletion）　染色体中丢失了一部分基因或基因组区域。

2. **重复**（duplication）　染色体上的某些基因或染色体片段出现重复。

3. **倒位**（inversion）　一条染色体两次发生断裂，断裂点之间的片段倒转 180°后重新接上，造成染色体上基因顺序的重排。

4. **易位**（translocation）　染色体的部分片段在非同源染色体间的转移和交换。易位可以发生在同一染色体的不同区域之间，也可以发生在非同一染色体之间。

上述 4 种类型的染色体结构变异最主要的遗传效应是染色体重排，染色体上载有的基因数量、种类、排列顺序和邻接关系改变，从而影响基因表达。重排染色体形成新的连锁群，导致纯合体核型改变。结构变异体的性状变异和表现程度取决于以下几个方面：改变区段的大小、该区段带有的基因、基因的重要程度及细胞的染色体倍性水平。染色体结构变异是生物进化与新物种形成的一个重要途径，某些变异甚至可以直接导致生殖隔离。如果这些变异出现在配子中，将来形成的合子也就包含了变异的染色体，将变异遗传到后代。

结构变异具有独特的应用价值，尤其是在经典遗传研究、医学及某些植物育种工作中应用更为广泛，并且某些染色体的特定结构变异还具有特殊的应用。结构变异体作为研究材料在分子遗传学与发育生物学研究中也具有独特的价值。

（二）染色体数目变异

一般来说，每一种生物的染色体数目都是稳定的，但是，在某些特定的环境条件下，生物体的染色体数目会发生改变，从而产生可遗传的变异。染色体数目变异可以分为两类：一类是细胞内的个别染色体增加或减少；另一类是细胞内的染色体数目以染色体组的形式成倍地增加或减少。

一种生物维持其基本生命活动所必需的一套染色体称为染色体组，通常用“x”表示一个染色体组中的染色体数目，用“n”表示某个物种配子体世代即单倍体细胞中的染色体数目。染色体数是 x 整倍数的个体或细胞称为整倍体（euploid）。具有配子染色体数（n）的个体称为单倍体，$2n=x$ 的细胞或者个体称为一倍体（monoploid），$2n=2x$ 的个体或细胞称为二倍体（diploid），具有三个或三个以上染色体组的整倍体称为多倍体（polyploid）。染色体数比该物种的正常合子染色体数（$2n$）多或少一条或若干条染色体的个体或细胞称为非整倍体。染色体数多于 $2n$ 的非整倍体称为超倍体（hyperploid）。染色体数少于 $2n$ 的非整倍体称为亚倍体（hypoploid）。

染色体数目以整套染色体组或单个染色体为单位进行增加或减少，从而产生整倍体（多倍体或单倍体）和非整倍体生物。整倍体变异指以一定染色体数为一套的染色体组呈整倍增减的变异。非整倍体变异是生物体的 $2n$ 染色体数增或减一个至几个染色体或染色体臂的现象。其中涉及完整染色体的非整倍体称初级非整倍体，涉及染色体臂的非整倍体称次级非整倍体。

第二节　多倍体育种

一、多倍体的概念和种类

（一）多倍体的概念

多倍体是指体细胞中含有三个或三个以上染色体组的个体。多倍体在植物中是广泛存在的，其中多数分布于被子植物中，在动物中比较少见。

植物多倍体的产生主要有自然染色体重复、无性生殖、人工诱导和杂交等原因。这些原因可以单独或同时作用，导致植物细胞中染色体数量的增加，从而形成多倍体植物。多倍化（基因组加倍）是物种形成和进化的重要驱动力之一，所有的被子植物在其进化史上都经历过一次或多次多倍化事件。物种染色体数目加倍可增加物种的遗传多样性，产生新表型，对物种多样性的形成和维持有重要意义。

（二）多倍体的种类

多倍体的形成有两种方式，一种是本身由于某种未知的原因而使染色体复制之后，细胞不随之分裂，结果细胞中染色体成倍增加，从而形成同源多倍体（autopolyploid）；另一种是由不同物种杂交产生的多倍体，称为异源多倍体（allopolyploid）。

1. 同源多倍体　体细胞中含有多个相同类型染色体组的多倍体，包括以下几种。①天然同源多倍体，由于环境条件的剧烈变化，正常体细胞染色体加倍，或由于减数分裂不正常，由未经染色体减半的配子与正常的配子结合而形成，如马铃薯就是一个天然同源四倍体。②人工同源多倍体，人为地利用物理因素、化学因素等诱发染色体加倍，就可获得人工同源多倍体，如大麦、烟草、油菜等。

2. 异源多倍体　体细胞中含有多个不同类型染色体组的多倍体，包括：①天然异源多倍体，如普通六倍体小麦、甘蔗、烟草等；②人工异源多倍体，如萝卜甘蓝、八倍体小黑麦等。图 4-1 所示为我国育种专家鲍文奎等培育出的异源八倍体小黑麦的过程图。

二、多倍体植物产生的途径

多倍体植物可通过自然途径或人工途径获得，植物多倍体主要通过人工途径获得。

（一）自然途径

多倍体的自然发生包括合子的染色体加倍、配子形成时的染色体未减数等方式。其中合子的染色体加倍是指二倍体产生少数四倍体细胞或四倍体组织。例如，20 世纪初，荷兰著名

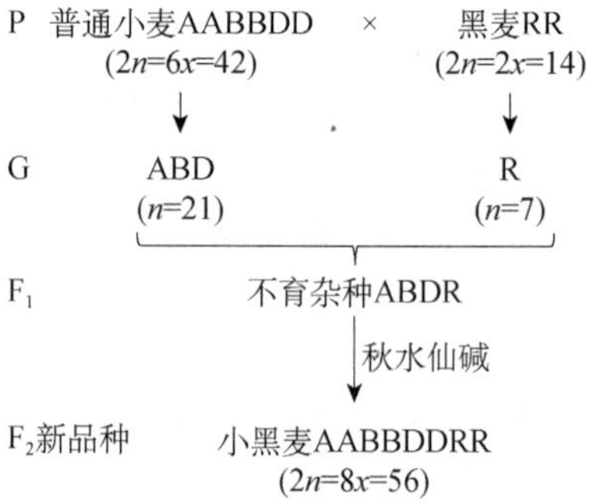

图 4-1 异源八倍体小黑麦的培育过程图

植物学家和遗传学家雨果·德弗里斯发现的四倍体月见草就是自发形成的，染色体由原来的 24 条（$2n$）变成了 48 条（$4n$）成了四倍体植株。配子的染色体未减数，即未减数的雄配子（$2n$）与减数的雌配子（n）结合，形成三倍体，三倍体继而产生未减数雄配子（$3n$）与减数的雌配子（n）结合，又可形成四倍体。有时未减数的雄配子（$2n$）与未减数的雌配子（$2n$）结合，直接形成四倍体。

（二）人工途径

1. 物理诱导法 一般采用的物理诱导因素主要有机械损伤、极端温度、温度激变、射线等。最早的物理诱导产生多倍体就是通过给番茄打顶而获得的。此后，育种工作者进行了大量的物理诱导产生植物多倍体的研究。杨今后等（1989）用γ射线辐照刚膨大或休眠的桑树冬芽，获得了四倍体桑树植株。余风英等（1990）利用骤变低温处理离体的中粒种咖啡花芽，获得染色体加倍的二倍性花粉粒。毕春侠等（1999）用 ^{60}Co 射线辐照处理萌动的杜仲种子，获得叶片增大、叶肉增厚的多倍体植株。李云等（2000）采用极端温度的物理方法处理毛新杨、银腺杨、银毛杨雌花芽，发现经 40℃高温处理或−2℃低温处理均可有效诱导出三倍体。孙清荣等（2009）用γ射线照射梨试管苗，照射后对其叶片、顶芽、侧芽 3 种外植体分别接种，继代和筛选后获得了变异无性系，经染色体倍性鉴定，发现有三倍体和四倍体。王凤宝等（2010）以低温 1～3℃和高温 30～35℃激变条件处理豌豆初期现蕾植株，发现有 14.1%～18.2%的 $2n$ 花粉粒产生；在棚室低温 0～3℃和高温 30～35℃激变条件处理时，豌豆植株多倍体率为 0.8%～1.6%。

通过物理方法诱导多倍体的发生频率低、嵌合率高，射线处理容易引起基因突变，因此利用物理方法诱导多倍体的技术在实际生产中应用有限。

2. 化学诱导法 化学诱导法是指使用化学试剂处理植株使其染色体加倍，它是目前应用最广泛的方法。影响化学诱导效率的因素有很多，包括诱导剂的选择、处理方法、处理浓度和时间等。

（1）诱导剂的选择 秋水仙碱（colchicine）是目前使用最为广泛也是诱导多倍体最有效的物质之一。它的作用原理是在细胞分裂时可以与α-微管蛋白和β-微管蛋白形成的微管二聚体特异性结合，减少了微管二聚体装配在微管上的数量，结果使微管拆卸的速度大于装配的速度，最终使形成的微管解聚，染色体加倍但细胞质不分裂，因此染色体数目加倍。

1937 年，美国学者布莱克斯利（A. F. Blakeslee）等用秋水仙碱加倍曼陀罗等植物的染色体获得成功以后，秋水仙碱就被广泛应用于植物多倍体育种工作。如图 4-2 是以秋水仙碱作为诱导剂获得三倍体无籽西瓜的培育过程。二倍体西瓜用秋水仙碱处理获得的植株为四倍体，正常生长的植株为二倍体西瓜，四倍体和二倍体杂交后产生的植株为三倍体西瓜。

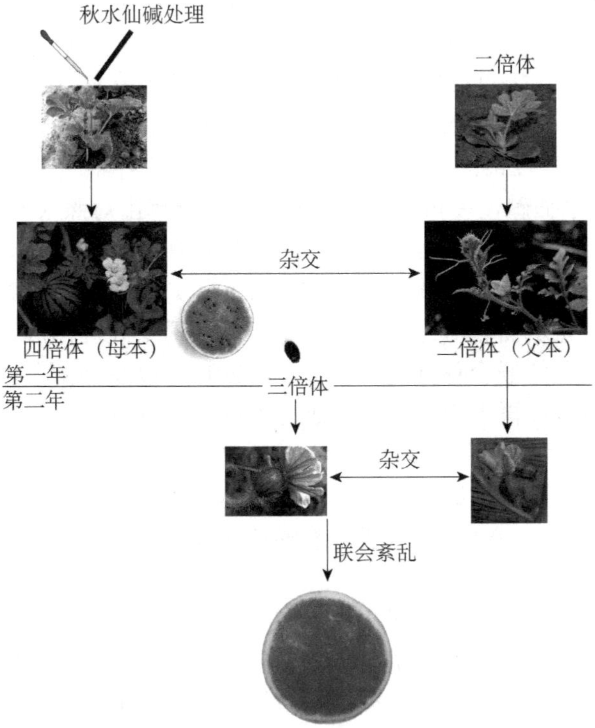

彩图

图 4-2　三倍体无籽西瓜的培育过程

由于秋水仙碱有剧毒且价格昂贵，因此研究人员一直在寻找代替它的其他诱变剂。近年来，研究人员发现除草剂如氟乐灵（trifluralin）、安磺灵（oryzalin）、甲基胺草磷（amiprofos methyl）、氨氟乐灵（prodiamine）等也有诱导染色体加倍的能力，诱导原理和秋水仙碱相似，但毒性小且价格较低廉。周玲云等（2015）研究发现用除草剂氟乐灵、二甲戊灵处理泸定百合的不定芽，均能够获得四倍体泸定百合。该方法与秋水仙碱处理相比，两种诱变剂处理时间短，材料死亡率低，变异率较高，而且对人畜伤害小，成本低。此外，在化学诱导剂中添加辅助剂、渗透剂并结合使用振荡等方式，能促进诱导效果。常用的渗透剂有氮酮、二甲基亚砜（DMSO）等。韩超等（2010）研究发现，以尾巨桉无性系 DH3229 组培苗的腋芽为处理材料，在使用摇床和添加渗透剂氮酮的情形下，0.2%的秋水仙碱溶液处理 24h 可达最大诱导率 56%。

（2）*处理方法*　化学诱导可分为活体诱导和离体诱导两种方法。

1）活体诱导。活体诱导植物多倍体应处理植物细胞分裂旺盛的部位，如根尖、茎尖、幼叶、顶芽等。常用的方法有浸种、浸芽、滴苗、涂抹生长点等。根据不同的品种选择适宜的外植体，同一品种外植体选择的差异可能造成不同的诱导率。施先锋（2007）在诱导西瓜四倍体的研究中发现，用 0.1%秋水仙碱浸泡西瓜种子 24h，诱导率高达 4.0%；用 0.1%秋水仙碱浸芽 12h，三种基因型西瓜的诱导率分别达到 2.4%、3.6%和 2.7%。目前，通过此方法已经在叶菜类、花菜类、根菜类、瓜类、茄果类等蔬菜作物上获得了同源四倍体、三倍体品系。

2）离体诱导。组织培养技术可以实现在离体条件下诱导细胞内染色体加倍，从而获得多倍体再生植株。各种植物在组织培养中，常发生染色体倍性的变化，若将其加以鉴定和分离，可以获得多倍体。利用组织培养技术已经在西瓜、马铃薯、番茄、甜瓜、甜菜、石刁柏、玉米等作物研究中获得四倍体植株。例如，马国斌等（1999）研究报道甜瓜未成熟子叶、幼苗子叶和真叶离体培养的再生植株中存在着明显的四倍体变异，比率分别为30%、16.2%和42.9%。郭启高等（2000）在西瓜子叶组织培养中添加BA，获得了四倍体变异植株。

在离体组织培养中，用化学诱导剂处理离体培养材料，把组织培养和化学诱导相结合，可提高多倍体的诱导效率。Zhang 等（1994）在西瓜幼胚子叶不定芽再生的前 7d，在再生培养基中添加 0.05%的秋水仙碱，使再生植株中四倍体的频率由对照（不添加秋水仙碱）的 8%提高到了 52%，大大提高了组织培养再生四倍体的频率和效率。杨丽娟等（2008）使用秋水仙碱离体诱导大花蕙兰，获得多倍体植株。代勇（2009）采用青蒿植物外植体和培养无菌苗获得其愈伤组织，再用秋水仙碱对愈伤组织进行多倍体诱变处理，成功地解决了利用青蒿种子进行多倍体诱导时出现的嵌合体问题。王波等（2011）以甜叶菊茎段为外植体，用不同浓度的秋水仙碱在试管苗茎段再生植株过程中进行不同时间处理，发现秋水仙碱处理的最佳剂量为 0.1%，处理 3d，再生植株总数多且多倍体比率达 42.3%。

离体诱导法与活体诱导法相比较，具有容易控制试验条件与重复试验结果、提高工作效率、提高诱导频率等优点，同时还可以通过悬浮培养等手段使培养的细胞高度分散，减少嵌合体的干扰。

（3）处理浓度和时间　研究表明，当处理时间一定时，诱变材料的死亡率随诱变剂浓度的升高呈不断增加的变化趋势；当诱变剂浓度一定时，随处理时间的延长诱变材料的死亡率也不断上升。适宜的诱变剂浓度及处理时间是植物多倍体成功诱导的关键。例如，在兰科植物多倍体诱导中，秋水仙碱使用的最低浓度为 0.0006g/L（郑宝强等，2009；张莹等，2009），最高使用浓度为 30.0000g/L（杨丽娟，2009），使用较多的浓度范围为 0.05～2.00g/L。安磺灵使用的适宜浓度范围比较集中，主要为 0.005～0.030g/L（陈晓梅，2008；Miguel et al.，2011；季必霞等，2011；Chung et al.，2014）。二甲戊灵（赖红英等，2015；滕人达，2018）和甲基胺草磷（Kondo et al.，2020）应用较少，适宜浓度分别为 0.05～0.09g/L 和 0.01g/L。秋水仙碱浸泡法处理的最短时间是 30min（吴睿，2016），最长时间是 13d（王丽，2010），使用较多的时间范围为 12h～7d；秋水仙碱混培法处理的时间范围为 3～120d。安磺灵处理的时间范围为 48h～14d，二甲戊灵处理的时间范围是 48h～8d（赖红英等，2015；滕人达，2018），甲基胺草磷处理的时间范围为 12～48h（Kondo et al.，2020）。因此，在实际应用中，应设置适宜的诱变剂浓度梯度和处理时间梯度，并结合诱变材料的死亡率、多倍体诱导率及生长情况，探索适宜不同品种的最佳组合。

3. 其他方法

（1）体细胞融合法　体细胞融合法是用纤维素酶和果胶酶处理植物细胞，得到大量原生质体，再通过电融合或聚乙二醇（PEG）融合等方法将原生质体融合，经培养产生愈伤组织，再诱导分化为杂种植株以获得异源多倍体和同源多倍体。原生质体融合可以克服远缘杂交遇到的生殖障碍，获得有价值的多倍体植株。Mattheij 和 Puite（1992）采用对称融合法成功融合了两种二倍体马铃薯的原生质体，在获得的 6 个四倍体株系中发现了 1 个高产株系，开辟了马铃薯商业化倍性育种的新途径。后来，通过电融合、化学融合技术相继得到了更具活力的高产抗逆多倍体马铃薯（Waara et al.，1992；Cardi et al.，1993）。Yamashita 等（2002）将蒜与洋葱体细胞进行电融合，最终得到了分别含有 40 条和 41 条染色体的两个杂交株系。赵小强等（2009）利用 PEG 融合法对午夜 2 号和新格莱德的原生质体进行了融合，获得了体细胞杂种愈伤组织。

（2）胚乳培养法 胚乳培养（endosperm culture）就是以植物发育中的胚乳为外植体，通过组织培养产生不同倍性植株个体的过程。1982 年，黄贞光等报道了从中华猕猴桃的胚乳中获得了三倍体植株。赵丹丹等（2011）以早金猕猴桃种子胚乳作为外植体，研究了影响猕猴桃胚乳培养的一系列条件，并以海沃德、早金猕猴桃胚乳为材料，研究了植物生长调节剂、暗培养、继代时间、秋水仙碱等对胚乳培养过程中染色体倍性的影响。结果发现，在添加 0.2μmol/L NAA+5μmol/L 6-BA 的培养基上可获得更多的 3C 愈伤组织，高浓度的 6-BA 可以提高胚乳培养中愈伤组织细胞的加倍率；用 0.05%秋水仙碱处理 48h 可以在海沃德和早金猕猴桃胚乳培养中获得更多 3C 细胞，用 0.1%的秋水仙碱处理海沃德胚乳愈伤组织 24h 诱导多倍体再生植株效果最好。田良涛（2011）以乌桕成熟种子的胚乳为外植体，通过研究不同植物激素组合对愈伤组织和不定芽诱导、幼茎伸长和生根的影响，建立了一套有效的培育乌桕三倍体的方法。陈绪中等（2004）取罗田甜柿自然授粉后约 7d 的胚乳，采用不同细胞分裂素和生长素组合进行离体培养，获得十二倍体再生植株。

（3）有性杂交法 杂交是指不同基因型的配子或细胞结合产生杂种的过程。有性杂交是用遗传性状不同的植物通过精子和卵细胞结合而产生杂种的过程，一般通过风媒、虫媒或人工传粉来进行。王子欣等（1992）报道，用二倍体大白菜 BP058 作母本，四倍体水仙花作父本，通过人工杂交和系谱选育，获得四倍体大白菜翠绿；用四倍体水仙花作母本，二倍体后 36 高作父本，经过人工杂交和系谱选育，获得四倍体大白菜翠宝。刘学岷等（1998）用 5 个不同结球类型并含有 2*n* 配子的二倍体大白菜与四倍体大白菜杂交，选育出了具有不同熟性、抗逆性强、品质优良的大白菜材料和多育 1、2、3 号杂交一代。解凯东等（2020）以早橘和椪橘为母本，以柑橘异源四倍体体细胞杂种和双二倍体为父本进行倍性杂交，创制了柑橘三倍体新种质。蔡善亚等（2020）以秋水仙碱处理二倍体矮牵牛诱导产生的 2*n* 花粉为父本，与四倍体进行有性多倍化杂交，创制了矮牵牛四倍体新种质。

三、多倍体植物鉴定方法

在植物多倍性育种中，快速有效的倍性鉴定方法具有重要意义。进行诱导之后，除了获得育种所需要的多倍体之外，还存在未加倍或嵌合的植株，对其进行准确鉴定是至关重要的一步。通常采用形态学鉴定、细胞学鉴定、染色体计数鉴定、流式细胞术鉴定、分子标记技术鉴定等方法进行多倍体鉴定。

（一）形态学鉴定

形态学鉴定是最基础、最简单的鉴定方式，主要通过观测植株的大小，株型，叶片气孔保卫细胞的大小、花、果实、种子的形态，花粉粒大小及育性等性状的变异来初步鉴定植株的倍性。研究表明，兰属植物诱导获得的多倍体，植株矮壮，叶片变厚、变宽，叶长、叶形指数变小，叶色深绿，但叶片易扭曲、畸形，生长缓慢（陈晓梅，2008；王木桂等，2010；李涵等，2018）。石斛属植物诱导获得的多倍体植株多矮壮，节间短，叶片加厚，叶色深绿，但叶片易折断，生长缓慢（张静静，2013；王爱华等，2017；李丹丹，2017）。兰科开唇兰属植物金钱莲多倍体植株更高大，茎段粗壮，节间加长，叶片变大，叶片肥厚，叶色深，根粗壮，但生长缓慢（赖红英等，2015；滕人达，2018）。

（二）细胞学鉴定

细胞学鉴定主要是根据植株气孔长度、宽度、密度，保卫细胞中叶绿体数量及花粉大小等鉴定植株倍性。研究表明，兰科植物多倍体植株的气孔和保卫细胞变大（张莹等，2009），单位叶面积气孔数减少（夏春英，2019），保卫细胞中叶绿体数增多（吴姝漪，2017），叶绿素含量明显增加（郑宝强等，2009）。气孔和保卫细胞的大小、保卫细胞内叶绿体大小与数量等可作为鉴别兰科植物二倍体和多倍体的重要指标。

（三）染色体计数鉴定

染色体计数是最直接、最有效的植物倍性鉴定方法。包括常规压片法和去壁低渗法，这两种方法对实验条件和操作技术都有较高要求，常规压片法要掌握好酸解时间，去壁低渗法需控制好低渗处理和酶解时间。赖红英等（2015）以金线兰茎尖为材料，鉴定出了多倍体植株的染色体数量。杨东娟等（2015）采用去壁低渗法观察计数，对大乌叶、桂花香、梅占等5个茶树品种的核型进行分析，发现梅占为三倍体，其他4个品种均为二倍体茶树。

（四）流式细胞术鉴定

流式细胞术（flow cytometry）是20世纪70年代发展起来的用于快速测定细胞核内DNA相对含量和细胞核大小的技术。它由于具有制样简单、用量少、操作高效快速且数据重复性高等优势，已逐渐发展为一种常用的研究植物基因组大小或植物倍性的方法。其原理是利用特异荧光染料对细胞核DNA进行染色，然后测定荧光密度。由于荧光密度与DNA含量成正比，因此可以间接判断细胞染色体的倍性。闫佼（2016）利用流式细胞术对183份栽培香蕉和野生香蕉（*Musa nana* Lour.）及其杂交后代进行了倍性分析。田路明等（2018）采用流式细胞仪鉴定了21种梨（*Pyrus* spp.）种质资源的倍性。闫东玲等（2019）应用流式细胞术检测了东北地区6种主要越橘属（*Vaccinium*）植物的染色体倍性。王娅丽等（2022）应用流式细胞术快速鉴定了棉花的染色体倍性。此外，流式细胞术在兰属、石斛属、开唇兰属、新堇兰属、兜兰属、蝴蝶兰属、虾脊兰属、白及属、文心兰属、苞舌兰属等兰科植物的人工多倍体诱导鉴定中也得到了广泛应用（李春楠等，2020）。

（五）分子标记技术鉴定

分子标记技术在植物倍性鉴定中具有重要作用，主要采用限制性片段长度多态性（restriction fragment length polymorphism，RFLP）、随机扩增多态性DNA（random amplified polymorphism DNA，RAPD）、简单重复序列（simple sequence repeat，SSR）、简单重复序列区间（inter-simple sequence repeat，ISSR）、序列相关扩增多态性（sequence-related amplified polymorphism，SRAP）、保守DNA衍生多态性（conserved DNA-derived polymorphism，CDDP）、扩增片段长度多态性（amplified fragment length polymorphism，AFLP）等分子标记技术进行倍性鉴定。王卓伟等（2002）利用AFLP分子标记技术发现，同源四倍体与对应的二倍体桑树相比，DNA分子遗传结构发生了一定程度的改变，其DNA多态性高达30.4%。边禹等（2010）利用AFLP技术鉴定出枇杷三倍体和四倍体，同时还鉴定到特定的片段变异。Sugawara等（1995）利用RAPD鉴定了柑橘的嵌合体情况。刘琰玮等（2018）对枣树多倍体进行SSR分析，鉴定出5份三倍体种质资源，包括赞皇大枣和京林一号枣，以及新发现的山西特大个、衡水扁枝和针葫芦枣。任嘉欣等（2022）利用ISSR和CDDP分子标记技术对金线兰武夷1号有网脉和无网脉亲本及杂交子代进行鉴定，筛选出4个ISSR引物和6个CDDP引物，能够有效区分杂交亲本。杨亚杰等（2022）利用SRAP分子标记技术对草棉同源多倍体进行鉴定，发现三倍体和四倍体不仅扩增出与二倍体完全一致的条带，还出现了条带的缺失与新的特异性条带。

四、多倍体育种的意义与应用

多倍体育种（polyploid breeding）是指利用人工诱变或自然变异等，通过细胞染色体组加倍获得多倍体育种材料，以选育符合人们需要的优良品种。植物多倍化增加了基因组，提高了优良基因的容量及优良基因组合的概率。多倍体在植物进化、新物种的形成和育种中起着重要作用。多倍体植物通常表现为提高植物的产量、提高植物的抗性、克服远缘杂交不亲和及改善植物的品质等方面。

（一）提高植物的产量

细胞核内染色体组的加倍，使得多倍体植株相应的细胞核、细胞及组织器官等显著加大，主要表现在根、茎、叶、花和果的形态和大小上。一般而言，多倍体植株高大，生长势强，茎粗根茂，叶片肥厚，叶色较深，叶片长度、宽度增长率大，叶面积增加，生活力增强，分枝数和叶片数减少，生长期延长。高山林等（1992）研究发现同源四倍体丹参普遍比原植物生长旺盛，且叶色浓绿，茎秆粗壮，植株增高，根部药材产量显著增多。乔永刚等（2009）研究发现，四倍体党参比原植物的叶片大、厚，叶形指数变小；花器变大，茎秆加粗，茎节变短，结实率下降而千粒重增加；叶下表皮气孔器变大，气孔密度下降，保卫细胞内叶绿体的含量增加。王茜龄等（2011）研究发现，果叶兼用型四倍体桑树较二倍体桑树叶绿素含量和核酮糖-1, 5-二磷酸羧化酶（RuBPCase）羧化活性提高，叶绿体基粒片层和基质片层丰富，垛叠疏松，排列有序，净光合速率高于无性系亲本二倍体，年平均产叶量和产果量提高38%和45.89%。韦同路（2020）研究发现枳同源四倍体与二倍体相比，叶片增厚、变宽，下表皮气孔密度降低，细胞增大。特别是在药用植物中，其叶片、茎、花和根往往是所需活性物质的来源，因此，与多倍体植物相关的生物量增加是多倍体育种优势的重要原因之一。多倍体植物具有较高的获得率或较高的活性化合物含量，这对于活性化合物提取及其临床应用具有重要意义。

（二）提高植物的抗性

植物多倍体尤其是异源多倍体的等位基因杂合性丰富了它们的遗传背景，从而提高了它们的遗传适应性。同时，由于植物多倍体的形态和生理生化特性等都发生了变化，从而也增强了对各种非生物或生物胁迫的抵抗能力。普通小麦（*Triticum aestivum* L.）是经过两次杂交事件形成的异源六倍体，融合了3个二倍体祖先不同的特性，具有强大的可塑性和环境适应能力。Li等（2023）揭示了小麦多倍化的表观遗传机制，发现*LHP1*基因介导的表观缓冲系统通过适时调控亚基因组分化的抗病通路，赋予小麦发育稳健性与高度环境适应性。此外，商宏莉等（2003）研究发现，四倍体生姜无论是在高温还是在低温胁迫下，其受害程度均较轻，恢复生长的能力较强，比二倍体具有更强的抗热性和抗寒性。刘文革等（2009）研究发现三倍体和四倍体西瓜对枯萎病的抗性比二倍体强。王雅美等（2009）研究发现同源四倍体不结球白菜对低温环境的适应性高于二倍体。Dhooghe 等（2011）研究发现，染色体加倍后的四倍体黑麦草获得了更强的抗病性。韦同路（2020）研究发现枳同源四倍体抗旱性、抗盐性均显著强于二倍体。

（三）克服远缘杂交不亲和

两个物种亲缘关系较远易造成远缘杂交不亲和及杂种不育。在杂交之前先使某一亲本加倍成同源多倍体，可克服杂交不亲和，提高杂交结实率。远缘杂种 F_1，在减数分裂过程中产生的大量单价体会导致严重的不育，通过染色体加倍后获得的异源多倍体可恢复生育能力（庄勇等，2009；Meeus et al.，2020）。多倍体的近亲繁殖抑制程度也低于二倍体亲本，因此能够实现更高水平的自交（Soltis et al.，2000）。刘思余（2010）发现二倍体菊花脑通过染色体加倍途径可以有效克服其与栽培菊花间的远缘杂交障碍。

（四）改善植物的品质

植物染色体倍性的增加往往会导致次生代谢产物含量的提高。陶惠（1988）通过对比三倍体和二倍体茶树主要化学成分，发现三倍体叶片的氨基酸、多酚类化合物、叶绿素、可溶性碳水化合物含量均高于二倍体。王镇等（2010）发现同源四倍体小型西瓜与其二倍体相比，果实中心可溶性固形物含量增加 1.8%～5.7%，番茄红素含量增加 8.7%～88.4%，说明人工诱导可获得高番茄红素含量的多倍体小型西瓜。兰科植物加倍后往往能提高其体内能源物质与活性成分的含量。例如，铁皮石斛同源四倍体中叶绿素（刘帆，2017）、可溶性糖（杨岚等，2013；李丹丹，2017）、可溶性蛋白（杨岚等，2013）、多糖（吴睿，2016；江金兰等，2017）的含量显著高于二倍体；多倍体金线兰的多糖、总黄酮含量均高于二倍体植株（Miguel et al.，2011）；霍山石斛四倍体的根、茎、叶中多糖、生物碱的含量均高于二倍体（张成才等，2020）。于文艳（2008）研究表明，四倍体蒜蒜薹和鳞茎的各营养指标均高于二倍体，蒜薹和鳞茎中游离氨基酸分别高出 8.18%和 10.33%，可溶性蛋白高出 67.18%和 74.39%，可溶性糖高出 21.53%和 15.87%，维生素 C 高出 70.37%和 70.66%，大蒜素高出 74.05%和 66.69%。四倍体蒜的矿质元素含量也都高于二倍体。

多倍体诱导技术已经被广泛应用于小麦、玉米、水稻、棉花、葡萄等多种农作物育种中，这为创新育种提供了新的可能。因此，多倍体育种在植物育种中发挥着重要的作用和意义，是推进农业生产高效、可持续发展的重要手段之一。利用多倍体植物的遗传特性，可以培育出更多具有优良性状的植物品种，以满足人们对农业生产、园艺观赏和植物资源利用等方面的需求。

第三节　单倍体育种

一、单倍体的概念和种类

（一）单倍体的概念

单倍体（haploid）是指含有单套染色体的细胞或植株，由单倍体通过染色体加倍得到的二倍体称为双单倍体（dihaploid，DH）。单倍体通过加倍可以在一个世代内得到在遗传上100%纯合的双单倍体，在遗传育种中可以极大地加快育种进程。

（二）单倍体的种类

单倍体因母株的起源和倍性不同，可分为单元单倍体（monohaploid）和多元单倍体（polyhaploid）。单元单倍体也称一倍体，是来自二倍体植物（$2n=2x$）的单倍体，其细胞中只有一个染色体组。多元单倍体来自多倍体植物的单倍体，其细胞中含有两个或两个以上的染色体组，又分为同源多元单倍体（autopolyhaploid）和异源多元单倍体（allopolyhaploid）。

二、单倍体植物产生的途径

1922 年，Blakeslee 等首次在曼陀罗（*Datura stramonium* L.）中发现天然单倍体植株的存在，随后在烟草（*Nicotiana tabacum* L.）和小麦（*Triticum aestivum* L.）等其他物种中也有类似的发现（Clausen et al.，1924；Gaines et al.，1926）。育种家逐步认识到单倍体在作物育种中的重要性，因此一系列单倍体诱导方法应运而生。单倍体诱导根据诱导方式主要包括体外单倍体诱导和体内单倍体诱导两大途径。

（一）体外单倍体诱导

体外单倍体诱导通常是指将离体的雌配子体或雄配子体在室内特定的培养条件下诱导形成单倍体植株。

1. 雄配子体诱导　雄配子体诱导是指雄配子体细胞通过体外培养再生为单倍体植株的一种诱导方法。它是植物中诱导产生单倍体的传统方法。雄配子体诱导是植物中诱导产生单倍体的传统方法。植物雄配子体诱导途径包括花药培养和小孢子培养。花药培养操作简单，适用于多种作物，但是花药培养存在强烈的基因型依赖性和物种特异性。研究表明，茄科、十字花科和禾本科等 250 多种植物可以通过雄配子体诱导获得单倍体植株（Dunwell，2010；Sood et al.，2015）。Machii 等（1998）通过对 107 个小麦基因型进行花药培养，发现有 45 个基因型产生了再生植株，其中只有 9 个基因型产生了绿苗，25 个基因型只产生白化苗。但是，豆科植物、木本植物及禾本科的玉米等，属于单倍体诱导顽拗型植物，难以通过雄配子体产生单倍体（Sood et al.，2015）。

花药培养的过程中可能会受到花药壁、花药隔等母体组织的影响，因此小孢子培养技术逐渐发展起来。Lichter（1982）通过甘蓝花药培养筛选出适宜的液体培养基，进行甘蓝型油菜（*Brassica napus*）游离小孢子的分离和培养，首次成功获得胚状体和再生植株。此后，游离小孢子培养在白菜、油菜、小麦、玉米、水稻、茄子等多种重要作物上获得成功（Licher et al.，1985，1989；Cho et al.，1988；Sato et al.，1989）。

2. 雌配子体诱导　雌配子体诱导是指对胚囊或胚珠进行离体培养获得单倍体再生植株的一种诱导方法。目前，分离和培养卵细胞仍然比较困难。尽管培养具有 8 个细胞核的胚囊可以诱导雌核发育，但是卵细胞、助细胞和反足细胞都有发育为单倍体胚胎的潜力。San Noeum（1976）首次在大麦中报道了雌核发育，随后在甜菜（*Beta vulgaris* L.）和洋葱（*Allium cepa* L.）等多个物种中通过雌核发育获得了单倍体植株（Zakhariev et al.，1997；Ebrahimi et al.，2009）。

（二）体内单倍体诱导

体内单倍体诱导是指在植物体内诱导产生单倍体的过程。体内单倍体诱导因为不需要烦琐的实验技术和受基因型限制影响较小的特点，相对体外单倍体诱导而言，具有无可比拟的优势。体内单倍体诱导可以在自然界自发产生，但产生单倍体的频率一般比较低，不容易发现。体内单倍体诱导主要有远缘杂交诱导、花粉诱导、诱导系诱导及基因编辑技术介导的诱导等，图 4-3 为体内单倍体诱导的示意图。

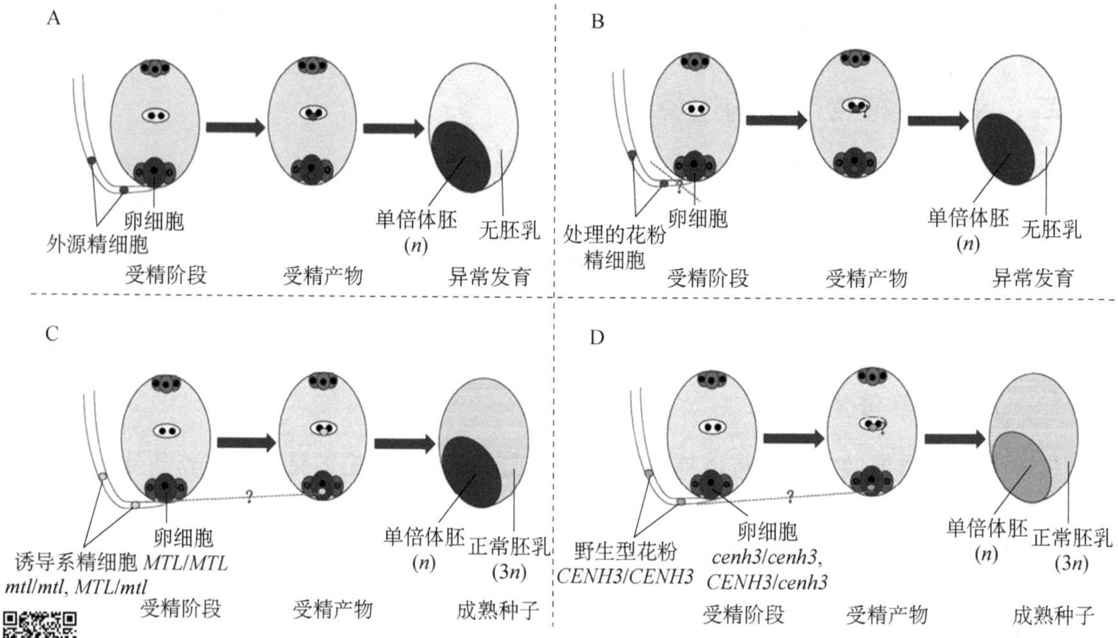

彩图

图 4-3 体内单倍体诱导的示意图（陈海强等，2020）

A. 远缘杂交诱导；B. 花粉诱导；C. 诱导系诱导（*MTL*）；D. 诱导系诱导（*CENH3*）。

?. 受精阶段、受精产物或受精阶段到受精产物过程中有问题

1. 远缘杂交诱导 远缘杂交诱导是通过染色体消除获得单倍体的方法，包括属间杂交和种间杂交。Kasha（1970）利用球茎大麦（*Hordeum bulbosum*）作父本与大麦杂交，首次获得了大麦单倍体植株。Barclay（1975）利用球茎大麦作父本与小麦品系中国春远缘杂交，也获得了小麦单倍体植株。Laurie 等（1986）研究发现，小麦作母本与玉米远缘杂交，在合子发育过程中，由于玉米染色体与小麦染色体有丝分裂进程不同步，玉米染色体被消除，诱导了小麦单倍体幼胚。研究表明，玉米花粉不但可以诱导小麦产生单倍体，也能够诱导黑麦和燕麦等禾谷类作物产生单倍体（Immonen et al.，2003；Rines，2003）。

2. 花粉诱导 花粉诱导是通过在授粉前采用物理（如辐射和高温）、化学（如甲苯胺蓝）方法处理，或者通过延迟授粉时间等方法，导致花粉中遗传物质损伤进而诱导单倍体的产生。这些经过处理的花粉不能与胚珠内卵细胞正常受精，但能刺激卵细胞形成单倍体胚胎。该技术已成功应用于小麦、玉米、烟草（*Nicotiana tabacum*）等重要作物的单倍体诱导（Dunwell，2010）。Katayama（1934）利用 X 射线照射处理一粒小麦（*Triticum monococcum*）减数分裂时期的植株，获得了单倍体籽粒；Mathur 等（1980）对玉米花粉进行 40℃、45℃和 50℃热激处理，发现 50℃热激处理下单倍体诱导率达到 1.5%，而未经热激处理的单倍体诱导

率仅为 0.6%。Kihara（1940）通过对一粒小麦延迟授粉时间，单倍体植株诱导率提高，在延迟授粉 9d 处理下单倍体诱导率达到 37.5%。

3. 诱导系诱导 诱导系诱导是目前玉米产生单倍体的主要方式。Coe 等（1959）首次发现，玉米单倍体诱导系 Stock6 作为父本可诱导母本产生 2.0%～3.0%的单倍体种子。后来，对 Stock6 进行改良获得了一批优良玉米单倍体诱导系，如 WS14、MHI、CAUHOI、RWS、PHI、UH400、BHI306 和 CAU5 系列等，诱导率可达 8%～16%（Geiger et al.，2009；Rotarenco et al.，2010；Liu et al.，2020）。Dong 等（2014）利用分子标记辅助选择育种培育了 3 个玉米高油诱导系，油分含量约为 8.5%，单倍体诱导率约为 8.0%。在此基础上，创制出诱导率达到 8.0%以上的高频诱导系 6 个，其中两个诱导系的诱导率超过 15.0%。

4. 基因编辑技术介导的诱导 基因编辑技术的出现和发展，使得单倍体诱导系的人工创制成为可能。通过基因编辑技术改造个别基因就可以创制单倍体诱导系，使与其杂交的野生型植株直接获得单倍体。这种单倍体诱导系的应用可以突破技术瓶颈，具有不依赖组织培养、不受基因型限制、能够广泛应用等优点，尤其对一些至今尚无有效方法获得单倍体的物种来说，实现了单倍体育种质的飞跃（Wang et al.，2019；Ferrie et al.，2020；Tian et al.，2023）。

基因编辑技术可以通过直接修改植物基因组中的特定位点来改变其遗传特征。常用的基因编辑技术包括 CRISPR/Cas9 系统、TALEN 系统和 ZFN 系统等。CRISPR/Cas9 系统是目前应用最广泛的基因编辑技术。通过引入特定的 CRISPR RNA 和 Cas9 蛋白，该系统能够识别并切割目标基因组中的特定 DNA 序列。通过这些技术，可以对植物单倍体进行基因组定点编辑和修改。目前，植物中能够诱导产生单倍体植株的内源基因包括 *MTL*、*PLD3*、*POD65*、*DMP* 和 *CENH3* 等（王娜等，2022）。在不同物种中，这些内源基因缺失后产生单倍体的诱导率有所不同。基因编辑技术介导的体内单倍体诱导相关基因见表 4-1。

表 4-1 基因编辑技术介导的体内单倍体诱导相关基因

目的基因	植物物种	基因编辑类型	单倍体比例/%	参考文献
AtCENH3	拟南芥	基因替换及插入	25～45	Ravi and Chan，2010
ZmCENH3	玉米	基因替换及插入或 RNAi	0.16～3.6	Kelliher et al.，2016
TaCENH3	小麦	基因替换及插入	7	Lv et al.，2020
ZmCENH3	玉米	位点特异性敲除	0.5～5	Wang et al.，2021
ZmMTL	玉米	转录激活因子样效应物核酸酶（TALEN）	6.7	Kelliher et al.，2017
ZmPLA1	玉米	位点特异性敲除	1.55～6.67	Liu et al.，2017
ZmNLD	玉米	基因替换及插入	0.5～3.59	Gilles et al.，2017a
OsMATL	水稻	位点特异性敲除	2～6	Yao et al.，2018
TaPLA	小麦	位点特异性敲除	5.88～15.66	Liu et al.，2020a
TaMTL	小麦	位点特异性敲除	11.8～31.6	Liu et al.，2020b
SiMTL	谷子	位点特异性敲除	1.75～3.49	Cheng et al.，2021
ZmDMP	玉米	位点特异性敲除	0.1～0.3	Zhong et al.，2019
AtDMP8/9	拟南芥	位点特异性敲除	0.92～3.23	Zhong et al.，2020
MtDMP8/9	蒺藜苜蓿	位点特异性敲除	0.29～0.82	Wang et al.，2022
SlDMP	番茄	位点特异性敲除	0.49～3.68	Zhong et al.，2022a
BnaDMP	油菜	位点特异性敲除	2.4	Zhong et al.，2022b

续表

目的基因	植物物种	基因编辑类型	单倍体比例/%	参考文献
ZmPLD3	玉米	位点特异性敲除	0.85～0.96	Li et al.，2021
ZmPOD65	玉米	位点特异性敲除	0.9～7.7	Jiang et al.，2022
ClDMP4	西瓜	位点特异性敲除	0.55～1.08	Tian et al.，2023
HvMTL	大麦	位点特异性敲除	11.1～12.5	Tang et al.，2023
CsDMP	西瓜	位点特异性敲除	0.09～0.40	Yin et al.，2024

三、单倍体植物鉴定方法

单倍体诱导之后，从众多杂交种中简便快速地筛选出单倍体植株是单倍体育种工程化的重要环节之一。目前单倍体鉴定的方法有很多，常用的方法主要包括形态学鉴定、染色体计数鉴定、流式细胞术鉴定、遗传标记法鉴定、分子标记技术鉴定等，采用适合的鉴定方法是获得单倍体植株的有效前提。

（一）形态学鉴定

鉴定单倍体最基础的方法就是形态学鉴定。单倍体与其二倍体植株在形态上往往存在明显差异，通过观察表型可以鉴定单倍体。一般来说，单倍体植株长势较弱、株高偏低、叶片偏小、种子较小等，花朵或花药退化且绝大多数植株不育或育性大大降低（Delaat et al.，1987；Dunwell，2010）。大麦、小麦和黑麦叶片气孔保卫细胞的长度与基因组倍性水平和DNA含量相关性很强（Borrino et al.，1988；Sood et al.，2003）。Chen等（1994）发现，甘蓝型油菜单倍体的花蕾和花药小、花粉量少或无花粉，而双单倍体与二倍体相似。Battistelli等（2013）发现玉米单倍体幼苗长势弱，胚根和胚芽鞘较小。Choe等（2012）发现玉米1～8叶期单倍体和双单倍体植株的平均气孔长度显著低于二倍体杂交种。

（二）染色体计数鉴定

通过染色体压片的方法观察植物的根尖细胞或减数分裂细胞是鉴定单倍体的最直观方法，通过观察染色体数是否等于配子数即可判断植株是否为单倍体。温岚（2012）采用染色体计数对多胚苎麻材料的倍性进行了检测，通过对胚根分生区细胞显微观察发现2个含有*n*-2*n*型多胚苗的品系，通过重点培育这两个品系多胚苗，获得1株单倍体植株。然而染色体计数法操作烦琐、效率较低，特别是针对染色体较小的一些植物如甘蓝型油菜（Weber et al.，2005）等则不适用。

（三）流式细胞术鉴定

采用流式细胞术可在植物发育早期快速、高效地鉴定单倍体，同时还能检测到混倍体。Chen等（2023）采用CRISPR/Cas9技术得到了*clmpd3*突变体，以纯合突变体作为父本，野生型品种为母本进行杂交，对得到的杂交后代通过流式细胞术、分子标记等方法进行染色体倍性分析，确定*ClDMP3*基因的突变会诱导西瓜单倍体的产生。Yin等（2024）通过荧光标记筛选和流式细胞术鉴定，发现*csdmp*突变体在12份黄瓜材料中均可诱导单倍体的发生，单倍体诱导率为0.09%～0.40%。

（四）遗传标记法鉴定

遗传标记法主要借助其自身携带遗传标记基因引起的性状特点，对单倍体进行科学且合理筛选，可以有效减少按照基因形态差异筛选期间存在的误差。该方法具有稳定遗传性，在植物生长发育早期即可快速、直观地鉴别单倍体。有多种遗传标记可被用于鉴定植物单倍体，如玉米花青素标记（Geiger et al.，2009）、玉米含油率标记（Ochatt，2008）、拟南芥 GFP 荧光蛋白标记（Ravi et al.，2014）、番茄生长素 *aux2* 基因致死标记、羽衣甘蓝叶片无毛标记、马铃薯花青素标记、烟草花叶病毒标记、甜菜子叶下胚轴彩色标记、可可豆叶腋花青素斑点标记及梨子显性红色标记等（Dunwell，2010）。在玉米单倍体发生研究中，将质粒 Navajo 标记的 *ACR-nj* 基因和紫色叶鞘标记的 *ABP1* 基因导入 Stock6 和高诱 1 号单倍体诱导系，初步判断单倍体胚芽和籽粒顶部的颜色后，再根据植株 *ABP1* 紫色标记对单倍体做出进一步的判别，杂交二倍体的叶鞘为紫色，单倍体幼苗的叶鞘为绿色（杜何为等，2010）。此外，Chen 等（2022）开发了基于 *R1-nj* 基因的单倍体遗传标记法，使用含有该遗传标记的单倍体诱导系，获得的单倍体籽粒表现为胚部不着色，胚乳部分着色，因此很容易从玉米籽粒中筛选出来。Wang 等（2023）首次将甜菜红素合成系统 RUBY 报告基因用于玉米和番茄单倍体的高效鉴别，为玉米和番茄单倍体生产提供了有力工具，为跨作物单倍体鉴别体系创建提供了重要借鉴。Ni 等（2023）利用玉米花青素调控基因 *ZmC1* 和 *ZmR*，成功创制了小麦紫胚芽鞘诱导系 PCI 和紫胚诱导系 PEI，该单倍体花青素标记鉴别系统实现了小麦单倍体的精准鉴别。

（五）分子标记技术鉴定

DNA 中含有多种等位基因、SSR 及 RFLP 等分子标记等位点，它们成为以 DNA 分子为基础的倍性检测的重要标记。利用分子标记技术不仅可以将单倍体、二倍体植株及双单倍体植株进行区分，而且还在基因型高度杂合材料倍性的鉴定上具有优势。该方法使用的仪器和设备简单，易于操作，成了应用较广泛的单倍体检测方法。Chen 等（2001）通过 RADP 和 ISSR 及 RFLP 联合标记，鉴定通过花粉培养出的单倍体亚麻植株。SSR 标记已经在玉米、小麦、苹果、黄瓜、甜瓜等多种植物上用于鉴定单倍体和双单倍体（Tang et al.，2006；Muranty et al.，2002；Höfer et al.，2008；Diao et al.，2009；Malik et al.，2011）。

四、单倍体加倍

由于单倍体植株通常没有一套完整的同源染色体，因而不能形成有活力的配子并结实，永久保存单倍体的方法就是对染色体进行加倍形成纯合的二倍体。图 4-4 为花药和花粉培养培育单倍体和纯合二倍体的示意图。染色体的加倍可以自然发生，但是频率较低，不能满足育种的需求。所以，通常使用人工加倍的方法来实现高效大规模的单倍体二倍体化。目前常用的玉米单倍体加倍方法是化学加倍法，常以秋水仙碱作为加倍剂来对单倍体进行加倍（葛百一等，2018）。

五、单倍体育种的意义与应用

单倍体育种（haploid breeding）是培育植物新品种的主要技术之一，对加速遗传育种材料

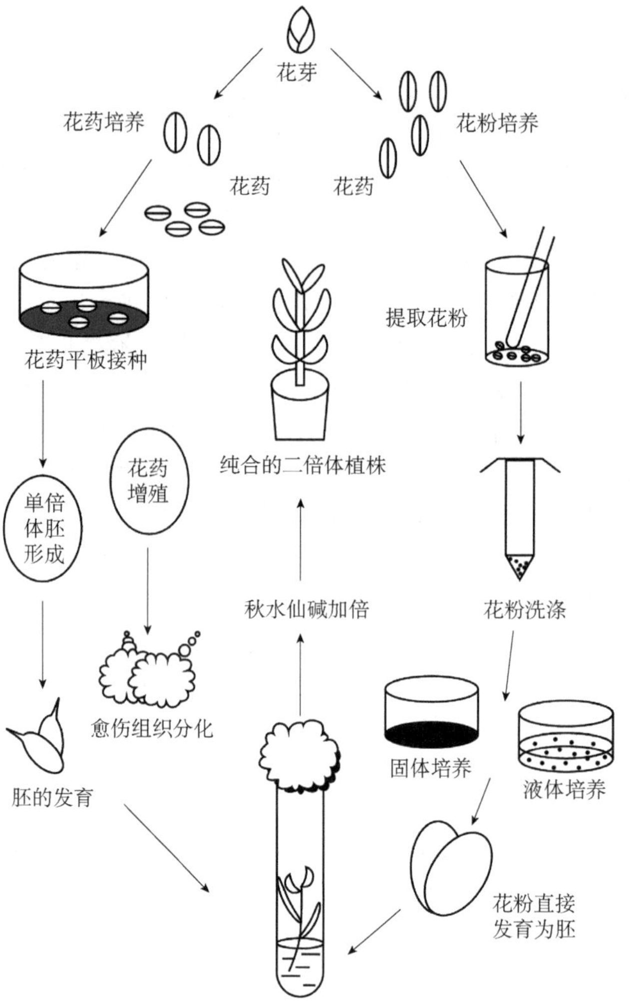

图 4-4 花药和花粉培养培育单倍体和纯合二倍体示意图（谢从华等，2004）

的纯合、缩短育种年限、提高育种效率及扩展种质资源起重要作用，已被广泛运用于禾本科作物、花卉、林木和果树等多种植物的育种研究之中。

单倍体诱导技术与杂交育种、反向育种和分子标记辅助选择育种等技术相结合，在植物品种改良上的作用更加显著。单倍体和双单倍体在新品种培育、DH 群体构建和遗传分析、遗传图谱构建和基因组研究及基因工程改良等方面具有重要的应用价值。

（一）新品种培育

随着单倍体诱导技术和染色体加倍方法不断完善，双单倍体技术在玉米、小麦、大麦、油菜、水稻、烟草等作物育种中已得到广泛应用（Dunwell，2010）。目前欧洲种植的大麦品种中约 50.0%是通过 DH 技术选育出来的（Forster et al.，2007）。法国、加拿大等国已经育成一批高产优质小麦品种（Depauw et al.，2011），并推广应用到欧洲和中东主要小麦产区，同时建立了一整套规模化的成熟单倍体育种技术体系，每年培育单倍体苗达到数以万计的规模。20 世纪 80 年代以来，我国科学家利用花培技术培育了中花 8 号、中花 9 号、中花 10 号、中花 14 号、中花 15 号、汕优 163、龙粳 8 号等水稻新品种，以及京花 1 号、花培 5 号、花培 8 号、奎花 2 号、宁春 50 号等小麦新品种（陈海强等，2020）。陈新民等（2011）利用小麦×玉米诱导单倍体技术育成了高产、节水、抗条锈病和白粉病的小麦新品种中麦 533，在节水区域试验和生产试验中比对照分别增产 5.2%和 9.7%。

（二）DH 群体构建和遗传分析

育种家通常采用标记辅助选择（marker-assisted selection，MAS）和全基因组选择（genome-wide selection，GWS）提高育种效率。MAS 结合 DH 技术为遗传增益和缩短育种时间提供了新的策略，并已成功加速了禾谷类作物的育种进程。Wessels 等（2014）将 MAS 与 DH 技术有机结合，创制了一系列含有抗锈病基因的小麦 DH 品系。Dwivedi 等（2015）研究发现，利用 DH 系进行 GWS 育种能大大提高育种效率。Mayor 等（2009）通过对两个玉米自交系杂交产生的 DH 和 F_2 群体进行 GWS 和 MAS 分析表明，GWS 效果优于 MAS；在使用 GWS 的情况下，DH 群体效果优于 F_2 群体。反向育种包括利用一定方法获得杂交种原亲本品系，将原亲本品系重新固定杂种优势以获得更多的杂交种，增加育种中可筛选的杂交种数量。Yin 等（2016）发现，将 DH 技术与反向育种结合能解密杂交品种的亲本基因型，从杂交种中可获得纯合的原亲本品系，重建原始杂种，固定杂种优势。

（三）遗传图谱构建和基因组研究

DH 群体完全纯合，遗传稳定，背景一致，是遗传作图的理想材料。DH 群体遗传作图已成功应用于大麦、水稻、油菜和小麦等多种重要作物中（Forster et al.，2005）。DH 群体已被广泛用于 QTL 作图，如玉米虫漆酶，大麦抗赤霉病，水稻砷富集、产量相关性状、株高和蒸煮品质，以及小麦株高、抽穗期、面粉颜色、磷利用效率、缺锌和抗黑穗病等 QTL 研究（Dunwell，2010）。

DH 群体在基因组学研究中具有重要作用，可以在 DH 群体中利用表达序列标签（expressed sequence tag，EST）和 QTL 相对位置寻找候选基因，利用细菌人工染色体（bacterial artificial chromosome，BAC）文库确定候选基因在染色体上的物理位置。与杂交种相比，双单倍体的基因位点纯合，遗传基础简单，还可以长期保存，重复利用，在全基因组测序、组装和拼接中具有较大优势。目前多种植物的双单倍体已被用于参考基因组的测序。

（四）基因工程改良

单倍体和双单倍体均可用于目标基因转化，产生遗传稳定的转基因植株，从而用于目标基因定位和功能鉴定等研究（Forster et al.，2007）。Rustgi 等（2017）利用基因枪法、电击转化法和农杆菌介导法分别对小麦小孢子或小孢子胚胎进行遗传转化，获得了纯合的转基因植株。Jähne 等（1994）利用基因枪法对大麦小孢子进行转化，获得纯合转基因植株。Chen 等（2006）利用农杆菌介导法转化水稻花药愈伤组织，经自然加倍和秋水仙碱诱导加倍，获得含 *Xa21* 基因双单倍体转基因植株。Chauhan 等（2011）将大麦 *HVA1* 基因转入小麦花药来源的单倍体胚胎，获得耐旱单倍体植株，对其进行加倍获得纯合双单倍体转基因植株。Kapusi 等（2013）研究发现，利用单倍体技术结合基因工程技术在获得纯合转基因植株的同时，可以去除标记基因，获得无筛选标记转基因植株。Kelliher 等（2019）研究发现，利用单倍体技术结合基因编辑技术可以在一个生育期内获得含有目标性状的DH系，然后进行基因功能分析，该技术可用于商业化作物品种的遗传修饰。

小 结

染色体工程是按照一定的设计，有计划地消减、添加或替换同种或异种染色体从而达到定向改变遗传性状和选育新品种的一种技术。按照变异类型分为染色体结构变异和染色体数目变异。染色体结构变异是内因和外因共同作用的结果，外因有各种射线、化学药剂、温度的剧变等，内因有生物体内代谢过程的失调、衰老等。染色体数目变异包括整倍体变异和非整倍体变异。整倍体变异指以一定染色体数为一套的染色体组呈整倍增减的变异。非整倍体变异是生物体的 $2n$ 染色体数增或减一个至几个染色体或染色体臂的现象。其中，染色体工程技术在多倍体育种和单倍体育种的研究和创造过程中发挥重要作用。

多倍体的形成有两种方式，一种是本身由于某种未知的原因而使染色体复制之后，细胞不随之分裂，结果细胞中染色体成倍增加，从而形成同源多倍体；另一种是由不同物种杂交产生的多倍体，称为异源多倍体。多倍体植物可通过自然途径或人工途径获得。多倍体的自然发生包括合子的染色体加倍、配子形成时的染色体未减数等方式。植物多倍体主要通过人工途径获得，人工途径主要包括物理诱导法、化学诱导法、体细胞融合法、胚乳培养法等。通常采用形态学鉴定、细胞学鉴定、染色体计数鉴定、流式细胞术鉴定、分子标记技术鉴定等方法进行多倍体鉴定。植物多倍化增加了基因组，提高了优良基因的容量及优良基因组合的概率。多倍体在植物进化、新物种的形成和育种中起着重要作用。多倍体植物通常表现为提高植物的产量、提高植物的抗性、克服远缘杂交不亲和及改善植物的品质等方面。

单倍体是指含有单套染色体的细胞或植株，由单倍体通过染色体加倍得到的二倍体称为双单倍体。单倍体诱导依据诱导方式主要包括体外单倍体诱导和体内单倍体诱导两大途径。体外单倍体诱导通常是指将离体的雌配子体或雄配子体在室内特定的培养条件下诱导形成单倍体植株，主要包括雄配子体诱导和雌配子体诱导。体内单倍体诱导是指在植物体内诱导产生单倍体的过程，主要包括远缘杂交诱导、花粉诱导、诱导系诱导及基因编辑技术介导的诱导等。目前单倍体植物鉴定方法有很多，常用的方法主要包括形态学鉴定、染色体计数鉴定、流式细胞术鉴定、遗传标记法鉴定、分子标记技术鉴定等。单倍体诱导技术与杂交育种、反向育种和分子标记辅助选择育种等技术相结合，在植物品种改良上的作用更加显著。单倍体和双单倍体在新品种培育、DH群体构建和遗传分析、遗传图谱构建和基因组研究及基因工程改良等方面具有重要的应用价值。

复习思考题

1. 简述染色体变异类型及其特点。
2. 常用的人工诱导多倍体形成的手段有哪些？
3. 秋水仙碱诱导多倍体的原理是什么？在诱变过程中应注意哪些问题？
4. 植物多倍体产生的原因是什么？多倍体与普通二倍体植物相比有哪些显著特点？

5. 多倍体育种和单倍体育种的意义有哪些?
6. 举例说明多倍体育种在农业生产中的应用。
7. 与常规的杂交育种相比，单倍体育种具有哪些优点?
8. 举例说明基因编辑技术在创制单倍体诱导系中的应用。

第五章　原生质体培养与变异

植物原生质体（protoplast）是指植物细胞壁以内被质膜所包围的、具有生命力和全能性的形态结构单位，其结构包括细胞膜、细胞质（各种细胞器、细胞骨架系统及细胞基质）和细胞核等部分，活细胞中各种代谢活动均在此进行。原生质体最早在 1892 年被 Klercker 等利用机械分离法从藻类植物中分离出来。1960 年，Cocking 利用纤维素酶（cellulase）粗制剂从番茄（*Solanum lycopersicum*）根尖组织中分离出大量有活力的原生质体，为以后的原生质体培养奠定了基础。Nagata 和 Takebe（1970）则利用酶解分离法分离的烟草（*Nicotiana tabacum*）叶肉细胞原生质体首次成功获得了再生植株。随着酶解分离法的广泛应用，植物原生质体分离和培养技术得以迅速发展。由于没有细胞壁这个细胞与外部环境之间的天然屏障，原生质体可更容易吸收外界遗传物质或与其他原生质体融合形成杂种细胞，而且原生质体具有全能性，即它保留了原细胞的全部内部结构和生理性能，具有发育成完整植株的能力。此外，原生质体还具有结构简单、发育同步性好、群体数量大等特点。这些优势使得原生质体可以作为一种理想的实验系统，具有极为重要的利用价值。目前原生质体分离与培养技术被广泛应用于细胞生长发育及调控、体细胞杂交、遗传转化、无性系变异及突变体筛选、细胞器的分离及导入、种质资源保存等领域的基础或应用研究中，其中最令人瞩目的应用是体细胞杂交。

第一节　原生质体培养

原生质体培养的主要目的是为植物遗传转化、体细胞杂交等研究提供良好的受体系统，也为细胞壁再生、细胞分裂、细胞器发育与遗传、细胞信号转导、物质跨膜运输等基础研究提供理想的实验体系。全部技术环节包括原生质体分离（protoplast separation）、原生质体纯化（purification of protoplast）、原生质体质量评估、原生质体培养（protoplast culture）与植株再生（plantlet regeneration）等。

一、原生质体分离与纯化

（一）原生质体分离方法

原生质体在植物研究中有非常广泛的应用，而获取高质量的原生质体是基础和前提。获取高质量的原生质体离不开高效的原生质体分离方法。目前，植物原生质体分离方法主要有机械分离法和酶解分离法。

1. 机械分离法　机械分离法（mechanical separation method）是早期的原生质体分离方法，是指先用高渗溶液预处理植物组织，使细胞发生轻微质壁分离收缩成球形后，再利用机械磨碎方法破坏细胞壁，释放出原生质体的分离方法。机械磨碎植物组织可以采用超低温破碎、超声波破碎、研磨、切碎等方式。机械分离法可以避免细胞壁降解酶类对原生质体的破坏作用，但操作复杂，获得完整原生质体数量少，而且无法从未成熟的分生组织中分离原生质体，具有局限性。

2. 酶解分离法　酶解分离法（enzymatic separation method）是指根据植物细胞壁组分，用一定浓度的混合水解酶来降解细胞壁，从而释放出原生质体的分离方法。植物细胞壁的主要成分是纤维素、半纤维素、果胶和少量蛋白质，所以酶解分离法常用的酶为纤维素酶和果胶酶（pectinase）。另外，根据制备材料的不同特性，酶解液中还可以添加半纤维素酶（hemicellulase）、离析酶（macerozyme）、蜗牛酶（snailase）及崩溃酶（driselase）等水解酶，以提高酶解效果。其中，纤维素酶的主要作用是降解植物细胞壁中的主要成分纤维素；果胶酶的主要作用是分解细胞间隙中的果胶质，使细胞相互分离开。在原生质体分离试验中，一般都是将纤维素酶与果胶酶组合起来使用。由于果胶酶对植物原生质体损伤比较大，因此可以使用同属于果胶酶类的离析酶来代替果胶酶，离析酶的作用是分解细胞骨架中的果胶质成分，使粘连在一起的植物细胞解离成为单细胞。例如，绝大多数禾本科植物原生质体分离中普遍采用了纤维素酶与离析酶的组合。此外，当只使用纤维素酶类和果胶酶类分离得到的原生质体质量很差、细胞壁无法完全降解时，通常还会添加半纤维素酶来辅助原生质体的分离。半纤维素酶的主要作用是降解植物细胞壁中覆盖在纤维素表面的半纤维素，使纤维素分子暴露出来，从而提高纤维素酶对纤维素的降解效率。有时还会加入崩溃酶作为辅助，崩溃酶是一种复合酶，内含昆布多糖酶（laminarinase）、木聚糖酶（xylanase）和纤维素酶等，消解细胞壁的能力强，可以加速根尖细胞解离。在进行原生质体分离时，通常还需要对植物材料进行预处理，如通过甘露醇或无机盐溶液对用于分离原生质体的植物材料生理状态进行调节，目的是提高植物细胞的渗透压，使原生质体能够适应分离和培养条件，减少对原生质体的损伤。酶解分离法的特点是操作简单、适用范围广，是目前实验室中最常见的原生质体分离方法（图 5-1）。

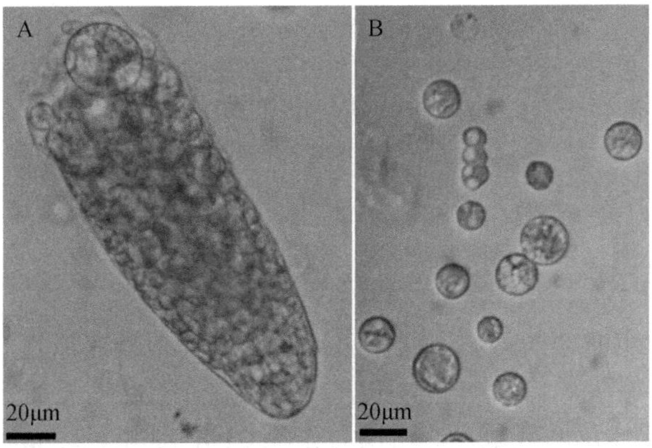

彩图

图 5-1　利用酶解分离法制备拟南芥根尖组织的原生质体（Pasternak et al., 2021）

A. 正在酶解中的根尖组织；B. 游离出来的原生质体

（二）原生质体纯化方法

分离出的原生质体粗提液中，除完整的原生质体之外，还含有细胞碎片、叶绿体、维管束成分、未被酶解的细胞组织及破裂的原生质体等杂质，因而必须对粗提液进行纯化才能获得想要的原生质体。一般先用 40～100 目过滤网过滤除去植物组织等较大碎屑，然后再采用离心沉降法、漂浮法和界面法等做进一步纯化。

1. 离心沉降法 离心沉降法（centrifugal sedimentation method）是利用相对密度的原理，将原生质体粗提液在具有一定渗透压的溶液中先过滤再低速离心，使完整的原生质体沉淀于试管底部的方法。其操作步骤是：经酶液处理的原生质体悬浮液用网筛（网筛孔径根据原生质体大小而定）过滤后，滤液经 500～1000r/min 低速离心 5～6min，吸去上清液，用一般洗涤液（如一定浓度的甘露醇）或细胞-原生质体洗涤液（CPW）重新悬浮原生质体后继续离心，如此重复 2～3 次，最后收集沉积于试管底部的原生质体。该方法操作比较简单，能够获得大量纯化的原生质体。但离心沉降法对于离心速度的要求较高，若离心速度过高会导致原生质体破裂，反之过低则不能够使原生质体完全沉降，降低了其纯度和数量。此外，俞超等（2013）发现在制备葡萄（*Vitis vinifera*）原生质体时，离心速度的不断提升会使得纯化后的原生质体数量与活力呈现先增后减的趋势；而在同等转速条件下，离心时间的延长则会使原生质体数量与活力降低。因此在具体操作中需要反复试验确定适宜的离心条件，以保证分离完成的原生质体处在良好的状态下。

2. 漂浮法 漂浮法（flotation method）是根据原生质体与细胞碎片等杂质的相对密度不同，在相对密度大于原生质体的高渗溶液中，使原生质体层漂浮其表面的方法。高渗溶液一般是采用高浓度的蔗糖溶液（20%以上）。其操作步骤是：首先依照离心沉降法收集原生质体，然后将沉淀用洗涤液（3%蔗糖、0.4mol/L 甘露醇、1480mg/L $CaCl_2 \cdot 2H_2O$）或用 11%～23%蔗糖溶液洗涤离心（400～800r/min 离心 3～10min）2～3 次，收集漂浮在溶液表面的原生质体，最后用培养液洗涤一次。漂浮法能够收集获得比较纯净的原生质体，但由于高渗溶液对原生质体的完整性有不利影响，因此采用该方法所收集到的原生质体数量一般较少。

3. 界面法 界面法（interface method）又称不连续梯度法，是利用两种相对密度不同的溶液，其中一种溶液的密度大于原生质体密度，另一种溶液小于原生质体密度，这样原生质体就会处于两种溶液界面之间。其操作步骤是：先将原生质体与 13%的甘露醇溶液混合，然后加到 23%的蔗糖溶液顶部，形成一个界面，再以 700r/min 离心 5～10min 后将在甘露醇溶液与蔗糖溶液之间形成一条原生质体带（图 5-2A，图 5-2D），轻轻吸取原生质体，再用培养液离心洗涤一次，即可获得纯净的原生质体。界面法的优点是可以防止挤压引起的原生质体破碎，原生质体收获量较大，是原生质体纯化的常用方法。

二、原生质体质量评估

（一）原生质体计数

为了计算所制备原生质体的得率，通常采用血细胞计数板对原生质体数量进行测定。先用 CPW-13 洗涤液悬浮原生质体，在显微镜下用血细胞计数板对视野中的原生质体进行计数（图 5-2B），计算原生质体总的数量，然后离心去除 CPW-13 溶液，最后用一定体积的培养基重新悬浮原生质体并稀释至所需的密度。

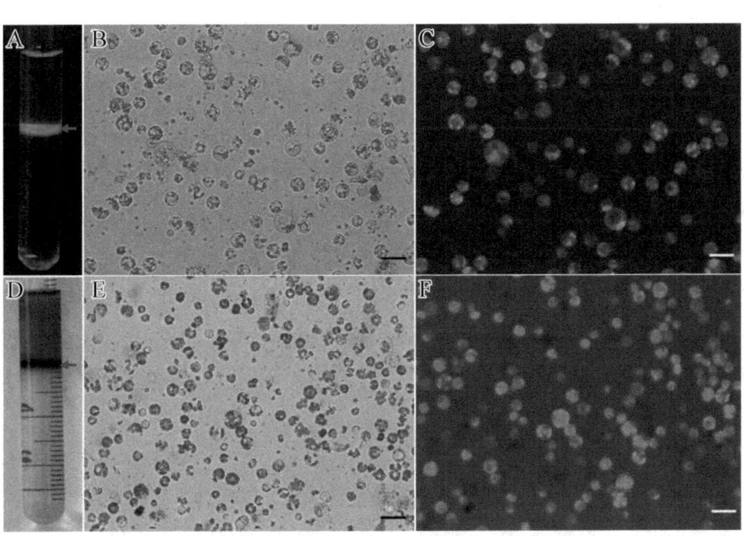

彩图

图 5-2　原生质体的纯化及活力测定（李恩惠，2017）

A. 采用界面法纯化后的山金柑愈伤组织原生质体；B. 明场下的山金柑原生质体；C. FDA 染色的山金柑原生质体；D. 采用界面法纯化后的早花柠檬叶肉细胞原生质体；E. 明场下的早花柠檬原生质体；F. FDA 染色的早花柠檬原生质体；箭头所指处为原生质体带

（二）原生质体脱壁情况鉴定

为了评价分离纯化的原生质体外周的细胞壁是否已经酶解完全，首先需要对原生质体的脱壁情况进行鉴定，主要鉴定方法有低渗涨破法和荧光增白剂法。

1. 低渗涨破法　将原生质体放入低渗溶液中，在显微镜下观察原生质体从低渗溶液中吸水涨破的过程。如果是真正的原生质体，因为无细胞壁的存在，原生质体在涨破后留下的残迹应该是无形的。如果原生质体还带有部分细胞壁，则原生质体会从无细胞壁部分吸水向外膨胀直至涨破，破碎后留下的残迹为仍保持半圆形的细胞壁。

2. 荧光增白剂法　将原生质体与用 0.7mol/L 甘露醇配制的 0.05%～0.1%荧光增白剂溶液混合，染色 5～10min，然后离心、洗涤除去多余的染料。在荧光显微镜下观察，若发出绿色光则证明分离纯化后的原生质体表面仍有细胞壁残留，而发出红色光则说明无细胞壁，是真正的原生质体。

（三）原生质体活力测定

为了确保分离纯化的原生质体适合进行后续的培养和融合等试验，还需要对原生质体活力进行测定。活力测定方法主要有二乙酸荧光素染色法、伊文思蓝染色法和酚藏花红染色法等。

1. 二乙酸荧光素染色法　二乙酸荧光素（FDA）染色法的基本作用原理介绍如下。FDA 本身既无荧光也无极性，能自由渗透出入完整细胞，而 FDA 进入有活力的原生质体后，由于受到脂酶分解而产生有荧光的极性物质——荧光素，荧光素则不能自由透过质膜，因此在完整的原生质体内积累，在荧光显微镜下观察时发出绿色荧光（图 5-2B～图 5-2C），而失去活性或死亡的原生质体不能分解 FDA，因此无此荧光反应。由于叶绿素的存在，有活力的叶肉原生质体染色后会检测到黄绿色荧光（图 5-2E～图 5-2F），发红色荧光则为无活力。该测定方法的操作步骤如下：取洗涤过的原生质体悬浮液 0.5mL，加入 FDA 溶液使其最终浓度为

0.01%，混匀后于室温条件下反应 5min，然后用荧光显微镜在 488 nm 激发光下观察染色结果。原生质体活性＝发黄绿色荧光原生质体数/同一视野中的原生质体总数×100%。FDA 染色法使用时受到的干扰较少，获得的实验结果可信度高，是目前检测原生质体活性最常用的方法。

2. 伊文思蓝染色法 与 FDA 染色法的原理相反，有活力的完整原生质体不能摄取伊文思蓝染料（Evans blue），无法染色，因此在显微镜下不显颜色，但质膜破损的原生质体则可以摄取这种染料而被染成蓝色。伊文思蓝用于原生质体活力测定时的最佳浓度为 0.025%。

3. 酚藏花红染色法 该方法与伊文思蓝染色法在染色原理上几乎没有什么区别，有活力的原生质体不能摄取酚藏花红染料（phenosafranine），因此不存在颜色变化反应，而无活力的原生质体被染成红色。酚藏花红溶液对原生质体进行染色的最佳浓度为 0.01%。

（四）影响原生质体分离及活力的主要因素

影响原生质体分离及活力的主要因素有原生质体分离材料类型、分离材料预处理、降解酶种类及浓度、酶解时间、酶解温度、酶解液 pH、酶解液的渗透压等。

1. 原生质体分离材料类型 分离材料的选择对于植物原生质体分离纯化及培养来说都起到至关重要的作用，选择正确的材料甚至比酶解条件的优化更加重要。为了获得产量高、活性高的原生质体，使用植物体的哪种部位作为原生质体分离材料要视具体情况而定。通常首选的分离材料为植物幼嫩叶片，叶片取材相对简单，含有较多的组织细胞且排列松散，细胞壁易与酶解液反应，在玉米（*Zea mays*）、烟草、小麦（*Triticum aestivum*）等植物中一般均选择使用叶片作为分离原生质体的材料。对于一些难以酶解的植物材料，如表面有大量硅质的植物叶片，则可以采用疏松的愈伤组织作为分离原生质体的材料，愈伤组织可以从多种外植体中诱导产生，细胞团松散，并且具有潜在的分化能力。此外，某些植物的球茎、花瓣、花粉、子叶、下胚轴、根也可以作为分离原生质体的材料。例如，在豆科植物百脉根中，从根尖分离得到的原生质体数量及活力要高于其他组织，而在香蕉（*Musa nana*）中则是球茎作为起始材料分离的原生质体质量最佳。当分离的原生质体后续要用于瞬时转化试验时，利用几乎没有叶绿体的胚根、愈伤组织分离得到的原生质体更加有利于对结果的观察。根尖及子叶适合作为单细胞原生质体分离材料，广泛用于单细胞转录组测序等研究中。

另外，原生质体分离材料的基因型也影响着原生质体的产量和活力。基因型不同，原生质体分离的难易程度有较大差异，如在柑橘中，橙类和柠檬的原生质体较易分离，枳类则较难分离成功。在 2%纤维素酶+0.5%果胶酶+0.3%离析酶的酶解液组合条件下，酶解紫苜蓿（*Medicago sativa*）和俄罗斯杂交苜蓿（*Medicago varia*）愈伤组织 10h，发现紫苜蓿原生质体的产量更高。百脉根（*Lotus corniculatus*）愈伤组织用于分离原生质体的最佳时间为继代后第 8 天，而紫苜蓿愈伤组织的最佳分离时间为继代后第 12 天。

2. 分离材料预处理 酶解前对分离材料进行适当的预处理，通过调节细胞和细胞壁的生理状态，增加植物细胞的渗透压，使原生质体能够更快适应分离和培养条件，以减少对原生质体的损伤，从而可以有效提高原生质体的产量和活力。预处理措施一般有预先质壁分离、黑暗处理、药物处理、叶片萎蔫预处理及愈伤组织预培养等。

预先质壁分离是迄今为止最普遍采用的预处理方法，该方法是利用甘露醇、蔗糖或细胞-原生质体洗涤液（CPW）预先浸泡植物组织使其发生质壁分离，细胞壁内的原生质部分收缩，质膜结构改变，从而避免酶解时所造成的损伤，以促进细胞壁在小面积破损条件下释放原生质体，并提高原生质体产量。此方法在大豆（*Glycine max*）、高粱（*Sorghum bicolor*）、扁蓿豆（*Melilotoides ruthenica*）等植物原生质体分离中得到了广泛应用。黑暗处理促使细胞的分裂同步，使其生理状态达到一致，如里奥百脉根愈伤组织在黑暗条件下预培养24h后再进行酶解可显著提高其原生质体的产量和活力。将豌豆（*Pisum sativum*）枝条进行暗培养30d后分离获得的原生质体活性更高，并且具有继续分裂的能力。

愈伤组织预培养是将用于分离原生质体的外植体转移到诱导愈伤组织分化的培养基上培养一段时间，这样获得的原生质体分裂频率较高，适用于后续需要进行原生质体培养的情况。在羽衣甘蓝（*Brassica oleracea* var. *acephala*）中，将撕去下表皮的叶片置于诱导愈伤分化的培养基上预培养7d后再进行酶解的效果最佳。分离培养天数为10～15d的苹果（*Malus pumila*）花粉诱导的愈伤组织比分离培养天数在16～30d时的愈伤组织所得到的原生质体产量和活力高。在紫苜蓿和百脉根中，随着愈伤组织继代天数的增加，这两种牧草原生质体的产量和活力均呈先增加后降低的趋势。

3. 降解酶种类及浓度　细胞壁降解酶的种类和浓度是影响分离原生质体的酶解时间及原生质体产量的关键因素。根据不同植物种类细胞壁中化学成分及结构的不同，选择用于分离原生质体的适宜降解酶种类是酶解分离法分离原生质体的关键。植物细胞的细胞壁主要成分是纤维素和果胶，所以在分离植物原生质体时一般使用的是纤维素酶类和果胶酶类。但由于不同植物或不同组织的细胞壁中纤维素和果胶等含量存在差异，分离原生质体时选用的纤维素酶和果胶酶种类和含量也有很大差异，并且也会根据植物材料的不同性质添加离析酶、半纤维素酶、崩溃酶等。具体添加何种酶应依据植物材料的性质及初步分离原生质体后的状态来筛选确定。

酶的浓度对于原生质体的分离效果也同样重要。一般情况下，纤维素酶类及果胶酶类参考用量为0.5%～4%，对于其中活性更高的酶类则适当降低至0.1%～2%。在拟南芥（*Arabidopsis thaliana*）根尖原生质体制备过程中，使用了1.25%纤维素酶+1%离析酶的组合（Shahan et al.，2020），分离柳枝稷（*Panicum virgatum*）叶片原生质体的最适酶解液组合为1.5%纤维素酶+0.75%果胶酶（Lin et al.，2020），而在花生（*Arachis hypogaea*）叶片原生质体制备中，则使用了3%纤维素酶+1.5%离析酶+0.3%果胶酶的组合（Liu et al.，2021）。

4. 酶解时间　酶解时间对于不同的植物材料原生质体分离的效果也是不同的。从处理时间看，酶解时间较短可防止植物材料在酶解过程中释放酚类等化合物从而对原生质体造成损伤，但容易出现脱壁不全、原生质体产量少等情况；时间过长又会使原生质体发生破碎，影响其纯度；只有合适的酶解时间才有利于原生质体的分离，以保障其完整性和活力。适宜的酶解时间在不同植物物种之间差别很大，一般分离原生质体的酶解时间在3～24h，如百合分离原生质体最适的酶解时间为24h，获得的原生质体数量和活力达到最大，番茄分离原生质体需要6h，而烟草分离原生质体时则只需要3.5h。酶解时间也因植物组织类型的不同而存在差异，如子叶、幼叶和下胚轴等一般需要几个小时，而愈伤组织和悬浮细胞则需要十几个小时。所以在植物组织酶解的过程中，需要通过显微镜镜检密切关注植物组织细胞的裂解状态。如果长时间没有分离出原生质体，可以通过在低转速下轻微振荡来增加植物组织与酶液的接触面积，但是要控制好时间，防止原生质体破碎。

5. 酶解温度　分离原生质体的酶解液作用温度一般采用25～30℃。酶解温度受所用降解酶的活性和植物材料类型的影响，如马铃薯叶肉细胞原生质体分离的最佳酶解温度为28℃。另外，酶解温度反过来又影响原生质体产量和活力，如孙海宏等（2018）研究证明，虽然在28℃条件下酶解二倍体野生种马铃薯（*Solanum pinnatisectum*）叶片可获得最高产量的原生质体，但此时的原生质体状态比（25±1）℃下获得的原生质体要差。

6. 酶解液 pH 酶解液 pH 对于确保降解酶的活性及维持质膜的稳定性具有重要作用，过高和过低的 pH 都会引起细胞结构发生改变，破坏原生质体形态。一般情况下，用于分离植物原生质体的酶解液 pH 应该与植物最适生长 pH 相一致。为了维持酶解期间反应体系中 pH 的稳定，往往需要向酶解液中添加适量的吗啉乙磺酸（MES），MES 是一种无毒、无致癌作用、无刺激性、对蛋白质或酶具有较小副作用的缓冲剂，它在不同 pH 下均能保持稳定的缓冲作用。与此同时，酶解液的活性与 pH 也较为密切，原生质体分离中常用的 Onozuka 纤维素酶 R-10 和离析酶 R-10 最佳 pH 范围分别为 5.0～6.0 和 4.0～5.0。

7. 酶解液的渗透压 原生质体对于酶解液的渗透压十分敏感，适当的渗透压对维持原生质体正常形态和活力来说不可或缺。由于缺少细胞壁的保护，外界较低的渗透压会导致原生质体的破裂和死亡，因此需要向酶解液中加入一定量的渗透压稳定剂，渗透压稳定剂的特点是具有代谢惰性，不会被细胞吸收和利用。常用的渗透压稳定剂有甘露醇、山梨糖醇、葡萄糖等，适宜浓度范围一般为 0.3～1.0mol/L，其中甘露醇是最常用的种类，用 0.3mol/L 甘露醇作为渗透压稳定剂可从马铃薯叶片获得产量和活力较高的原生质体，而在马铃薯原生质体培养过程中常采用 0.4～0.6mol/L 甘露醇来维持渗透压。蔷薇科植物中一般选用山梨糖醇作为渗透压稳定剂，蔷薇科植物光合作用代谢产物及非光合细胞中贮藏的可溶性碳水化合物主要以山梨糖醇形式存在，因此将它用于原生质体分离的效果比甘露醇更好。此外，同一种植物不同组织部位的渗透压各不相同，其中胚性悬浮细胞的渗透压最低，愈伤组织略高，而叶片和下胚轴的渗透压最高。

三、原生质体培养与植株再生

原生质体培养与植株再生是指将分离纯化的原生质体在适宜培养的条件下，再生出新的细胞壁，细胞分裂形成细胞团，逐步形成愈伤组织或胚状体，最后分化形成完整植株的过程。

（一）原生质体培养方法

常见的原生质体培养方法有液体浅层静置培养、固体培养、固液双层培养和看护培养等。

1. 液体浅层静置培养 液体浅层静置培养（culture in shallow liquid medium）是最简单的一种原生质体培养方法，是指将原生质体用相应的液体培养基重新悬浮并稀释至一定的细胞密度（10^4～10^5 个/mL），然后倾倒于培养皿中形成一个液态浅层（约 1mm），并于黑暗条件下静置培养的方法。培养期间每天轻轻摇动 2～3 次，避免原生质体分布不均匀，并加强通气。该方法的优点是操作简便、透气性好，对原生质体损伤小，易于添加新鲜培养基或更换培养基。缺点是原生质体的流动性较强，分布不均匀，容易发生粘连，从而影响原生质体下一步的分化效果。一般分裂能力较强的原生质体大多采用液体浅层静置培养。

2. 固体培养 固体培养（solid culture）又称平板培养，是将原生质体悬浮液按一定密度（10^4～10^5 个/mL）与等体积已融化的 1.4%琼脂糖培养基（40～45℃）混合均匀，然后倾倒于培养皿中形成一个固态薄层平板（约 1mm），并于黑暗条件下倒置培养的方法。该方法的优点是原生质体分布均匀且处于固定位置，有利于进行定点观察原生质体形成细胞壁和细胞团的全过程，有害代谢产物不会互相影响。缺点是通气状况不佳，固体培养基中的单细胞生活能力弱，操作过程比较烦琐。目前常采用固体培养衍生出的琼脂糖包埋培养法，该法更易更换培养基。由于加入的琼脂糖温度不容易控制，温度过高又会影响原生质体的活性，温度过低则琼脂糖会先凝固，因此可以用海藻酸钠替代琼脂糖来固定原生质体。它是以 $CaCl_2$ 作为固定剂，利用 Ca^{2+} 与海藻酸根离子螯合形成不溶于水的海藻酸钙凝胶，从而将细胞固定，在常温下操作即可。固体培养适合于生命力较强的原生质体。

3. 固液双层培养　固液双层培养（solid-liquid double layer culture）是将固体培养与液体浅层静置培养相结合的一种原生质体培养方法。先在培养皿中倒入一层琼脂糖固体培养基，然后在固体培养基上倒一层薄的原生质体悬浮液。该方法的优点是可以随时补充液体培养基里的营养成分，固体培养基中的营养成分也可以缓慢释放到液体培养基中，在固体培养基里还可以加入活性炭等吸附剂来吸附有害的代谢产物。相比于液体浅层静置培养和固体培养，固液双层培养中的原生质体细胞分裂率更高，且细胞分裂后可继续在固体培养基上生长和繁殖，已成为目前原生质体培养最常用的方法。

4. 看护培养　看护培养（nurse culture）是将一种难培养的原生质体和另一种可快速生长的细胞共同培养的方法，一般是先将愈伤组织、悬浮细胞等看护细胞包埋于含琼脂糖或海藻酸钙凝胶的培养基中，倾倒于培养皿中形成一层固态平板，然后上方放一张滤膜或滤纸，再将原生质体接种于滤膜或滤纸上进行培养。看护细胞向被看护的原生质体提供促进生长的营养物质，或提供一种适宜密度效应，或吸收原生质体培养中产生的有毒物质。看护培养主要适用于原生质体培养密度低或使用固液双层培养法不易培养成功的植物。在柑橘（*Citrus reticulata*）、百合（*Lilium brownii*）、紫甘蓝（*Brassica oleracea* var. *capitata*）中均利用看护培养大幅提高了原生质体的成活率。香蕉原生质体培养中，只有看护培养能促进其原生质体分裂，形成肉眼可见的细胞团。

原生质体培养过程中，当观察到愈伤组织形成时，即可迅速将愈伤组织转移至撤去渗透压的固体培养基中进一步继代培养，继代 1～2 次后转入分化培养基进行植株分化培养。

（二）影响原生质体培养的主要因素

原生质体培养的效果受基因型、培养基种类及成分、渗透压稳定剂、原生质体培养密度及培养环境条件等诸多因素的影响。因此，根据不同的试验材料选择适宜的培养基种类及培养条件是植物原生质体培养成功的关键。

1. 基因型　原生质体的细胞分裂和植株分化受本身基因型的影响。白生军（2011）比较了三种草地早熟禾（*Poa pratensis*）品种：午夜 2 号、新格莱德和橄榄球 2 号愈伤组织原生质体细胞分裂和生长的能力，发现橄榄球 2 号在长期培养中会停止发育，不再分裂，而另外两个品种能够保持持续分裂，并且三个品种原生质体的细胞分裂率也存在较大的差异。猕猴桃属植物中目前仅从中华猕猴桃（*Actinidia chinensis*）、美味猕猴桃（*A. deliciosa*）和毛花猕猴桃（*A. eriantha*）的原生质体培养中得到了再生植株，软枣猕猴桃（*A. arguta*）、葛枣猕猴桃（*A. polygama*）和狗枣猕猴桃（*A. kolomikta*）的原生质体培养得到了小细胞团，可见不同基因型原生质体培养的难易程度差异较大。花椰菜（*Brassica oleracea* var. *botrytis*）不同品种的原生质体培养中，早熟品种原生质体再生植株的能力优于中熟品种和晚熟品种，晚熟品种表现最差。

2. 培养基种类及成分　原生质体培养中常用的基础培养基有 MS、B_5、KM8P 等培养基。其中，MS 培养基的无机盐和离子浓度较高，养分平衡，是植物组织培养最常见的基础培养基种类，但 MS 培养基的 NH_4^+ 浓度较高，对原生质体具有毒害作用，所以需要在原配方的基础上降低NH_4^+浓度。B_5培养基最初是为大豆细胞培养而设计的，主要特点是培养基含有较高浓度的K^+、NO_3^-及较低浓度的NH_4^+。KM8P 培养基有机成分复杂，包括了所有单糖和维生素及呼吸代谢中的主要有机酸。大部分牧草和芸薹属植物的原生质体培养都采用 KM8P 培养基。

植物激素是影响原生质体细胞分裂及再生植株频率最关键的因素。不同植物来源的原生质体及其不同生长发育阶段对植物激素种类和浓度的要求不尽相同，一般用于原生质体培养的植物激素主要是生长素和细胞分裂素。细胞分裂素是一类能促进细胞分裂、调控细胞分化的植物激素，包括 6-苄氨基嘌呤（6-BA）、激动素（KT）、玉米素（ZT）、噻苯隆（TDZ）等。生长素能参与细胞壁的形成，促进细胞生长，包括 2, 4-二氯苯氧乙酸（2, 4-D）、吲哚乙酸（IAA）、吲哚丁酸（IBA）、萘乙酸（NAA）等。细胞分裂素和生长素之间也可协同作用促进细胞分裂。原生质体培养前期通常需要较高浓度的生长素和细胞分裂素，如矮牵牛（*Petunia hybrida*）原生质体培养基中添加 NAA 和 6-BA（Meyer et al.，2009），野胡萝卜（*Daucus carota*）原生质体培养基中添加 2, 4-D 和 ZT（Grzebelus et al.，2012）。但柑橘原生质体不加任何植物激素也能进行细胞分裂，添加了反而受抑制。

此外，培养基中添加适宜浓度的维生素 C（即抗坏血酸）能提高原生质体的抗氧化能力，促进原生质体再生，如在苜蓿原生质体培养基中添加 0.06～0.23mol/L 维生素 C 可提高原生质体的分裂率。而培养基中加入水解酪蛋白、甘氨酸、聚乙烯吡咯烷酮（PVP）等可以预防原生质体培养中细胞或愈伤组织发生褐化。添加椰乳也有利于原生质体生长，因为椰乳富含对细胞生长、分裂有促进作用的营养物质及生理活性物质。而肌醇或活性炭的添加有利于细胞分裂。

3. 渗透压稳定剂　原生质体没有细胞壁的保护，为了维持原生质体质膜的完整，在原生质体培养初期通常需要加入一定浓度的渗透压稳定剂。在形成细胞壁之后，渗透压稳定剂的加入可以逐步减少。原生质体培养中常用的渗透压稳定剂有甘露醇、山梨糖醇、蔗糖等，但是蔗糖对一些植物的原生质体分化是有害的，因此有时会用葡萄糖替代蔗糖。原生质体培养过程中，液体培养基的渗透压起着关键作用，渗透压过低，导致原生质体吸水涨破；渗透压过高则导致原生质体失水皱缩，活力降低。有利于甘露醇保持原生质体活性的渗透压范围为 0.29～0.9mol/L，大多数原生质体在 0.5～0.6mol/L 甘露醇中能保持较高的活力。培养的原生质体随发育进程需要不断降低渗透压以促进细胞分裂。在原生质体培养基中，以蔗糖和果糖作碳源和渗透压稳定剂时，细胞不能持续分裂，而用葡萄糖时，原生质体能持续分裂并形成细胞团。现在一个趋势是将蔗糖或葡萄糖单独使用或与甘露醇结合作为稳定剂，在原生质体培养过程中一旦糖被降解或代谢掉，培养基渗透压便降低，这样有利于细胞分裂。

4. 原生质体培养密度　原生质体培养密度直接影响原生质体的生长发育，尤其是对培养早期的细胞分裂有很大影响，因为原生质体间具有群体效应，只有密度达到一定程度才有利于启动细胞分裂，因此，如果培养密度过低将导致原生质体不发生分裂，培养密度过高则会造成原生质体生长不均衡、活性下降而不能正常生长。不同植物原生质体的最适培养密度一般为 1×10^4～1×10^5 个/mL，而 Binding 等认为二倍体马铃薯原生质体的最适培养密度约为 5×10^3 个/mL，此时原生质体能持续进行细胞分裂。

5. 培养环境条件　适宜的培养环境条件对原生质体的生长发育具有辅助作用，其中温度和光照是两个最基本的指标。原生质体培养的最适温度一般为 25～28℃，与植物生长的最适温度相似。刚分离出来的新鲜原生质体首先在黑暗或弱光条件下培养一周时间，以利于细胞壁形成和细胞分裂，强光照会造成原生质体叶绿素分解而导致细胞死亡，因此开始阶段只能在弱光甚至黑暗条件下培养，当原生质体分化形成大量的愈伤组织之后才可以给予一定强度的光照。马铃薯原生质体在（24±1）℃黑暗条件下培养 1d 后，在显微镜下可观察到原生质体的体积增大并伴随细胞壁的再生，培养 3～5d 后细胞发生第一次和第二次分裂；在（28±1）℃条件下培养时，原生质体能再生出细胞壁但不能进一步分裂。

（三）原生质体再生过程

在合适的培养条件下，由原生质体分化再生出植株一般要经过细胞壁再生、细胞分裂、愈伤组织或胚状体形成、植株再生这几个过程。

1. 细胞壁再生　细胞壁再生是原生质体开始细胞分裂的前提条件。原生质体在适宜条件下短时间内体积增大，叶绿体重排，并开始合成新的细胞壁，形状由球形变成椭圆形。当在显微镜下观察到原生质体呈椭圆形时，标志着细胞壁再生开始。不同植物或不同组织器官来源的原生质体培养再生细胞壁所需时间有差异，从几小时到几天，如马铃薯原生质体培养 24h 后开始再生细胞壁，陆地棉（*Gossypium hirsutum*）原生质体在开始培养后 48h 内可以再生出新的细胞壁。一般情况下，由培养细胞或幼嫩组织分离的原生质体，其细胞壁再生开始得比较早，而叶肉原生质体则需要较长时间才能再生出细胞壁。原生质体再生细胞壁一般可划分为以下 4 个时期。

（1）停滞期　在这一时期原生质体表面不会有细胞壁物质的沉积（图 5-3A）。通常认为，停滞期的存在是因为原生质体启动细胞壁的再生需要一定的活化时间。不同植物来源原生质体的停滞期长短不同，这可能与原生质体的生理状态和代谢强度相关。

（2）细胞壁再生早期　原生质体在经历停滞期的活化后即进入细胞壁再生早期，该时期的原生质体质膜表面开始有少量纤维素不均匀沉积，且纤维素微纤丝随机排列，纤维素微纤丝不具有方向性（图 5-3B）。同时，原生质体内的线粒体数量明显增加，高尔基体囊泡向质膜外分泌内含物，为后续细胞壁的大量再生作准备。

（3）细胞壁再生后期　纤维素微纤丝在原生质体质膜表面大量积累并且呈现出一定的方向性（图 5-3C）。此时，纤维素微纤丝渐渐在原生质体表面形成一个多片层结构。这一时期是细胞早期极化的开始。

（4）细胞壁再生成熟期　此阶段细胞膜表面形成密集交织的纤维素壁结构（图 5-3D），并且原生质体会有少量的果胶质、糖蛋白等分泌到细胞外产生无定形物质，填充在原生质体和纤维素微纤丝构成的多片层系统之间，直至交织形成完整的细胞壁，细胞开始进入分裂期。

原生质体细胞壁再生是一个非常复杂的生物过程，涉及细胞的去分化和再分化，不同于细胞壁在自然条件下的发育过程，原生质体再生细胞壁可能存在另外一套调控系统。

2. 细胞分裂　原生质体只有在再生细胞壁后才能进行正常的细胞分裂，但并非所有已形成细胞壁的原生质体都能够进入细胞分裂。不同植物原生质体培养再生细胞起始分裂时间、分裂进度和分裂率存在较大差异，黑果枸杞（*Lycium ruthenicum*）原生质体培养时，2～3d 内原生质体开始第一次细胞分裂，4～5d 内开始第二次细胞分裂，接着开始第三次细胞分裂，培养 10d 后分裂率为 45.9%，培养 14d 后形成细胞团（图 5-4A～图 5-4E）。但小麦一般都在 3～5d 内出现第一次细胞分裂，7～14d 进行第二、三次细胞分裂，细胞分裂率为 20.5%～73.3%。甘薯（*Ipomoea batatas*）原生质体第一次分裂发生在培养 12d 后，黑麦（*Secale cereale*）发生在 14d 后。此外，分裂活跃的悬浮细胞原生质体与高度分化的叶肉细胞

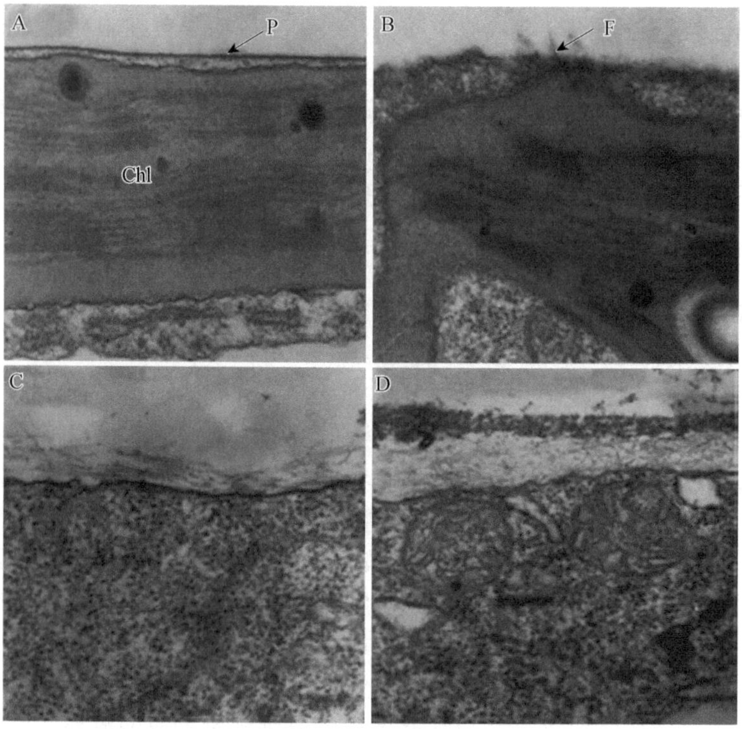

图 5-3 烟草叶肉细胞原生质体的细胞壁再生过程电镜扫描图（Nagata and Yamaki，1973）

P. 质膜；Chl. 叶绿体；F. 微纤丝

A. 培养 16h 后原生质体中质膜表面没有纤维素产生；B. 细胞壁再生的早期阶段（培养 35h 后），质膜表面可见微纤丝；C. 细胞壁再生后期（培养 5d 后），微纤丝与质膜平行；D. 细胞壁再生成熟期（培养 7d 后），细胞膜表面形成密集交织的纤维素壁结构

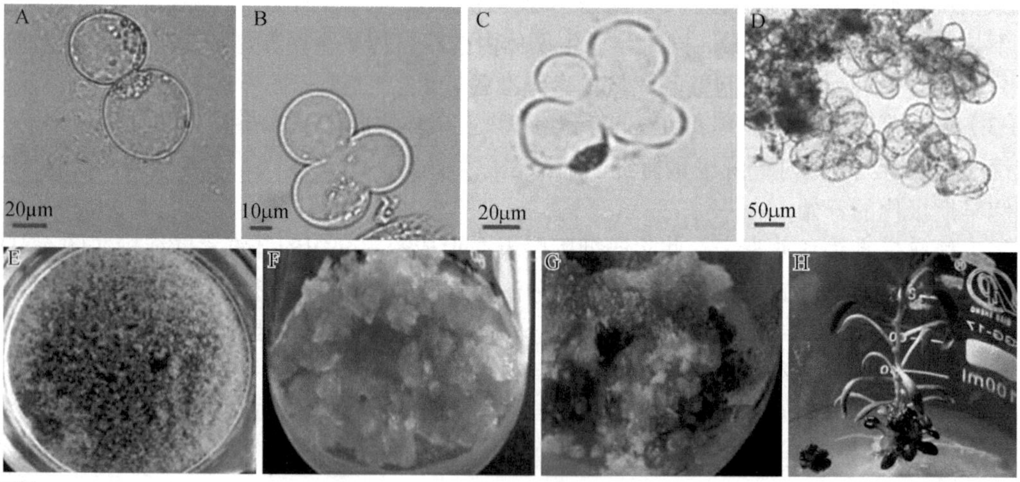

彩图

图 5-4 黑果枸杞原生质体细胞分裂及植株再生（宁晓春等，2021）

A. 第一次细胞分裂；B. 第二次细胞分裂；C. 第三次细胞分裂；D. 细胞团的形成；E. 小愈伤组织的形成；F. 生长 30d 的愈伤组织；G. 愈伤组织分化出不定芽；H. 原生质体再生植株

原生质体相比，前者进入第一次细胞分裂更快。原生质体启动分裂后发生一系列变化，包括大液泡消失、细胞质电子密度增加、细胞核移位与活化、细胞器数量增加和结构复杂化、质体不含淀粉等，启动分裂的原生质体中也无成束排列的微丝。新鲜分离的原生质体中叶绿体分布在皮层上，原生质体开始分裂前叶绿体则聚集在细胞核周围，而在原生质体分裂后叶绿

体仍紧密聚集在子细胞核周，这种现象在整个细胞增殖过程中一直维持，叶绿体通过在核周聚集的机制来维持叶绿体在后代细胞中的平均遗传。与此同时，线粒体数量在原生质体开始培养数小时后迅速增加，且均匀分布在细胞质中。在原生质体早期培养过程中线粒体通过大量融合形成伸长的管状结构，随着培养的进行，线粒体分裂加剧，形成小球形的线粒体。在原生质体分裂后形成的子细胞中线粒体依然维持小球形，并均匀分布在细胞质中。线粒体数量的增加和均匀分布是维持子代细胞中线粒体遗传的基础。

具有再生能力的原生质体不断分裂，经 2～3 周培养后形成小的多细胞团。为了让细胞能持续分裂，要及时补充新鲜的培养基。此阶段还应当逐步降低培养基中的甘露醇或山梨糖醇浓度，如果仍让多细胞团处于原来的高渗透压环境中，原生质体的进一步生长就会被抑制。

3. 愈伤组织或胚状体形成　肉眼可见的多细胞团被转移到低渗培养基中后，继续不断地分裂形成小的愈伤组织。这些小的愈伤组织转移到无甘露醇或山梨糖醇的固体培养基中后迅速增殖，形成大的愈伤组织块。但不同植物原生质体培养形成愈伤组织的时间不同，如黑果枸杞原生质体培养 14d 时形成细胞团，20d 时形成小的愈伤组织；花椒（*Zanthoxylum bungeanum*）原生质体则培养 28d 后形成小细胞团，60d 后才形成小愈伤组织。在此阶段，可以通过调整培养基中生长素和细胞分裂素的配比来实现愈伤组织生长状态的改变，使处于生长状态下的愈伤组织逐步转化为分化状态。此外，向培养基中添加一些氨基酸或蛋白质也有利于促进愈伤组织的增殖和分化。另外，也有一些植物的原生质体在培养过程中不形成愈伤组织，而是直接从多细胞团诱发体细胞胚的形成，如葛台明等（2000）利用冬小麦原生质体培养直接诱导体细胞胚发生获得成功。

4. 植株再生　当原生质体分化的愈伤组织长到 1～5mm 时，可以转接到含 6-BA、KT、2,4-D、NAA、IBA 等植物激素的分化培养基上进一步培养，先分化出不定芽，再转接到生根培养基上诱导生根进而形成完整的再生植株，所用培养基及成分与常规植物组织培养中愈伤组织分化培养基类似。不同种属植物原生质体愈伤组织分化和植株再生能力不同，如烟草、矮牵牛、黑果枸杞等的原生质体再生比猕猴桃、葡萄等木本果树及小麦、玉米等禾谷类植物要容易得多。大多数植物一般仅使用细胞分裂素和生长素即可实现植株再生，将培养基中细胞分裂素与生长素的比值提高有利于不定芽的分化，而对于一些再生比较困难的植物则还需要加入其他植物激素类型来促进植株再生。例如，黑果枸杞的小的愈伤组织在含有 0.5mg/L 2,4-D 的 MS 固体培养基上培养约 30d 后形成质地松散的黄绿色愈伤组织，将长势较好的愈伤组织转移至含有 1.5mg/L 6-BA 和 0.1mg/L IBA 的 MS 分化培养基上继续培养 4 周后即可分化出不定芽，并进一步发育成完整植株（图 5-4F～图 5-4H）。Lin 等（2022）比较了不同种类的细胞分裂素 KT、ZT、6-BA 对番茄原生质体愈伤组织分化的影响，发现 KT 促进分化的效果最佳，成功得到了再生植株，而十字花科蔬菜如甘蓝（*Brassica oleracea*）、绿花菜（*Brassica oleracea* var. *italica*）、花椰菜、芜菁（*Brassica rapa*）等通常用 6-BA 和 NAA 的组合来诱导愈伤组织增殖和分化。

原生质体再生植株的另一种途径是体细胞胚。由原生质体再生细胞团诱导形成的体细胞胚在继续培养过程中可以产生极性，即下端生根、上端分化芽，从而发育成完整植株。郭光沁等（1990）曾利用小麦原生质体再生细胞连续分裂直接形成体细胞胚，最终发育成完整植株。罗建平等（1999）利用直立黄芪（*Astragalus adsurgens*）悬浮细胞原生质体再生形成体细胞胚，并由体细胞胚发育成为再生植株。体细胞胚的发生受到细胞分裂素种类及浓度的影响，如 TDZ 可显著地促进大蕉（*Musa paradisiaca*）原生质体再生细胞团的体细胞胚发生。

据统计，已在40多科160多属约400种植物中成功分离出原生质体并通过原生质体培养成功获得了再生植株，主要是蔷薇科、禾本科、十字花科、茄科、菊科、伞形科、豆科等植物（表5-1）。

表5-1 通过原生质体培养获得再生植株的部分植物

植物名称	原生质体来源	酶解液	参考文献
水稻	愈伤组织	1%～1.2%纤维素酶+0.1%～0.2%果胶酶+0.5%离析酶	王凌健等，1998
小麦	愈伤组织	2%纤维素酶+1%果胶酶+0.5%离析酶+0.2%崩溃酶+0.3%半纤维素酶	Ren et al.，1989
疣粒野生稻	悬浮细胞	2%纤维素酶+0.2%果胶酶	蔺忠龙等，2008
棉花	悬浮细胞	3%纤维素酶+1.5%果胶酶+0.5%半纤维素酶	Wang et al.，2008
油菜	叶片	1.5%纤维素酶+0.6%果胶酶	Li et al.，2021
烟草	叶片	1%纤维素酶+0.5%离析酶	陈名红等，2005
甘蔗	悬浮细胞	2%纤维素酶+0.1%果胶酶+0.5%离析酶	Aftab and Iqbal，1999
黄檗	叶片	1%纤维素酶+1%崩溃酶	Azad et al.，2006
美国榆树	悬浮细胞	0.2%纤维素酶+0.03%果胶酶+0.1%崩溃酶	Jones et al.，2015
杂交杨树	叶片	2%纤维素酶+0.05%果胶酶+1.2%半纤维素酶+0.8%离析酶	Park and Son，1992
合欢	叶片、愈伤组织	1.5%纤维素酶+1%果胶酶	Rahmani et al.，2016
橡胶树	悬浮细胞	1.5%纤维素酶+0.15%果胶酶+0.5%离析酶	戴雪梅等，2014
苹果	悬浮细胞	2%纤维素酶+0.15%果胶酶	丁爱萍等，1994
山杏	悬浮细胞	1.5%纤维素酶+0.5%果胶酶+0.5%半纤维素酶	马锋旺和李嘉瑞，1998
柑橘	愈伤组织	0.3%纤维素酶+0.3%果胶酶	邓秀新等，1988
香蕉	悬浮细胞	3.5%纤维素酶+0.15%果胶酶+1%离析酶	肖望等，2009
美味猕猴桃	愈伤组织	1%纤维素酶+1%离析酶+0.3%崩溃酶	肖尊安等，1993
黑果枸杞	愈伤组织	1.5%纤维素酶+1%离析酶+0.5%半纤维素酶	宁晓春等，2021
半夏	叶片	2%纤维素酶+2.5%离析酶	Wu et al.，1986
直立黄芪	愈伤组织	1.5%纤维素酶+1%果胶酶+0.3%半纤维素酶	Luo et al.，2005
秦艽	愈伤组织	2%纤维素酶+0.5%果胶酶+1%半纤维素酶	张改娜等，2018
朝鲜当归	愈伤组织	1%纤维素酶+0.5%果胶酶+1%复合酶（viscozyme）	Lee et al.，2024
甜叶菊	叶片	2%纤维素酶+0.1%果胶酶+0.2%崩溃酶+1.5%离析酶	Lopez-Arellano et al.，2015
松果菊	叶片	1%纤维素酶+0.5%果胶酶	Pan et al.，2004
长寿花	叶片	0.4%纤维素酶+0.2%崩溃酶	Castelblanque et al.，2010
胡萝卜	叶片、胚轴	1%纤维素酶+0.1%果胶酶	Grzebelus et al.，2012
结球甘蓝	下胚轴	2.5%纤维素酶+0.05%果胶酶	李贵等，2012
花椰菜	胚轴	1%纤维素酶+0.1%离析酶	Sheng et al.，2011
菜心	下胚轴	2%纤维素酶+1%果胶酶+0.5%崩溃酶	张兰英等，1994
马铃薯	叶片	0.7%纤维素酶+0.5%果胶酶	李晓，2019
番茄	茎、叶柄	1%纤维素酶+0.5%果胶酶	Lin et al.，2022
芹菜	悬浮细胞	3%纤维素酶+1%离析酶	韩清霞等，2007
木薯	愈伤组织	1%纤维素酶+0.01%果胶酶+0.04%离析酶	文峰等，2012

续表

植物名称	原生质体来源	酶解液	参考文献
澳洲茄	叶片	2%纤维素酶+0.5%果胶酶	Xue et al.，2024
草地早熟禾	愈伤组织	1%纤维素酶+0.5%果胶酶+1%离析酶+0.3%崩溃酶	赵小强等，2020
蒺藜	愈伤组织	1%纤维素酶+1%果胶酶+1%半纤维素酶	王瑛华等，2009

第二节　原生质体变异

原生质体由于已从其自身环境中分离出来，细胞比较脆弱和敏感，在原生质体培养时，它必然经历许多复杂的生长发育过程，如细胞壁再生、愈伤组织或胚状体形成及植株再生等，因此原生质体再生植株中的无性系变异较为广泛，这已在马铃薯、水稻、苜蓿、柑橘等植物中得到证实。

一、形态特征变异

原生质体再生植株中通常具有丰富的形态特征变异。例如，马铃薯原生质体再生植株的形态变异涉及叶形、叶色、叶片大小、茎叶茸毛、分枝情况、茎蔓长度、株型、生根和生长势等多方面，有些株系与母株外形相似，有些差异较大。李耿光等（1988）发现马铃薯叶肉原生质体再生植株中，叶形、叶色、叶柄长度、叶片大小、茎叶茸毛、节间长度、分枝情况、茎蔓长度、生根情况和植株生长情况等均出现了较大的差异。Lee 等发现培养水稻原生质体再生植株在植株高度、旗叶长宽及其比例、花序特征（如花序长）和每花序小穗数等形态特征上与从种子繁殖的植株有显著的不同。佘建明等（1990）分析了粳稻（*Oryza sativa* subsp. *japonica*）77～170 品系原生质体再生的 6 个株系 96 个后代植株，发现再生植株在株高、剑叶和主穗长、单株有效穗数、每穗段数、育性、生育期等性状上都产生了变异，具体表现为株高变矮，剑叶和主穗长缩短，单株有效穗数、每穗总粒数和实粒数都减少，结实率降低，成熟期提前等。烟草叶肉原生质体再生植株在株高、叶数、腰叶长、腰叶宽和茎围方面均大于种子繁殖植株，并且再生植株的蛋白质和还原糖含量也高于种子繁殖植株。小麦原生质体再生植株形态变异包括有白化苗、黄绿条斑叶、斑点叶、浓绿型叶等，同时在抽穗期株高、穗长、小穗数等性状上也出现了变异。大麦（*Hordeum vulgare*）原生质体再生植株后代在茎和穗长、抽穗时间上与对照有差别，再生植株后代的茎和穗比亲本显著短，而抽穗时间又晚于亲本。

二、抗性变异

在马铃薯、烟草、水稻、柑橘等植物原生质体再生植株中发现了一些抗性变异的植株。例如，Heinz 等（1977）在马铃薯原生质体再生植株中筛选到 20 株抗疫霉菌 0 号生理小种植株。Shepard 等（1980）得到的马铃薯原生质体再生植株对早疫病菌产生的毒素复合物反应不相同，并发现了一些对晚疫病菌几个小种具有抗性的无性系。Thomas 等（1982）从马铃薯原生质体培养的再生植株中筛选到马铃薯 X 病毒（PVX）和马铃薯 Y 病毒（PVY）田间抗性增强的变异植株。Sumaryati 等（1992）在皱叶烟草（*Nicotiana plumbaginifolia*）原生质体培养再生植株中得到了耐盐和耐湿的突变体。Daub 等（1989）则获得了抗烟草黑胫病和抗细菌性萎蔫病的烟草原生质体再生植株。

三、染色体数目、结构和基因变异

1978 年，Bajaj 等报道了颠茄（*Atropa belladonna*）原生质体培养所得到的再生植株中有不同的遗传变异，个体的染色体数有单倍体、多倍体或非整倍体。迄今为止，染色体变异在许多植物原生质体再生植株中发生，如马铃薯、甘蓝、柑橘、猕猴桃、水稻等变异类型主要有数目的改变和多核细胞的出现。许多研究表明，在马铃薯原生质体再生植株中存在广泛的染色体变异，正常四倍体的频率较低，而非整倍体频率较高，包括超倍体和亚倍体，此外，还存在二倍体、六倍体、八倍体及染色体易位、缺失、断裂、异染色质复制落后等现象。甘蓝原生质体再生植株中也发现有二倍体、四倍体及部分非整倍体。美味猕猴桃原生质体再生植株染色体数目为 142～310 条，其中 72.4%的为非整倍体，20.7%为六倍体，在有丝分裂的后期观察到染色体桥、染色体断片和落后染色体。染色体数目变异可能导致不同的形态发生，但不是所有的表型变异都是染色体数目变化所致，也发现在一些表型发生变异的植株中染色体数目未发生变化，这些变异可能属于染色体结构的微小变化，如点突变、有丝分裂异常或 DNA 水平变异。

第三节　原生质体技术的应用

由于没有细胞壁，原生质体为植物学、遗传学、合成生物学、作物遗传改良等研究提供了理想的实验系统。原生质体培养可以获得体细胞无性系、获得遗传转化的受体系统、开展体细胞杂交、利用原生质体作为生物反应器、应用于细胞壁形成机制和细胞器遗传的研究及利用原生质体开展单细胞测序等。

一、获得体细胞无性系

原生质体虽然去除了细胞壁，但它仍然保留了全套遗传信息，具有分化发育成完整植株的能力（即细胞全能性），因此在适宜的培养条件下，原生质体能够再生出新的细胞壁并进行细胞分裂生长，最终分化成为完整的植株，从而获得体细胞无性系。原生质体形成再生植株的时间较短，可以在较短时间内大量繁殖，有利于缩短植物研究和育种的周期。此外，由于原生质体对外界环境的改变更为敏感，在植株再生过程中发生体细胞无性系变异的频率较高，因此利用体细胞无性系变异可以创造更多遗传变异，扩大可利用的种质基础。原生质体再生植株发生无性系变异具有普遍性，迄今为止已在水稻、小麦、大麦、柑橘、马铃薯、苜蓿、烟草、猕猴桃、甘蓝、番茄等植物的原生质体再生植株中发现了大量变异材料。

二、获得遗传转化的受体系统

原生质体良好的通透性可以让外源 DNA 分子更容易透过质膜进入原生质体内，经过细胞壁再生、体内基因重组等过程获得具有新的遗传特性的转基因细胞，再通过原生质体培养获得外源基因表达的产物，因此原生质体可作为转基因（transgene）或基因组编辑（genome editing）研究的优良受体系统。目前，原生质体主要是作为瞬时表达体系利用。瞬时表达是指将目的基因转入原生质体中，在短时间内外源基因能够高效表达的技术。利用原生质体瞬时表达体系（protoplast transient expression system）在外源基因导入原生质体后4～24h内就能够完成试验分析，可用于蛋白质亚细胞定位与互作分析、基因功能分析、基因组编辑效率的检测等研究。例如，亢燕等（2021）利用PEG介导法瞬时转染羊草（*Leymus chinensis*）叶片原生质体，发现锌转运蛋白LcZNE1定位于内质网。管瑾等（2023）以结缕草（*Zoysia japonica*）叶肉细胞原生质体为瞬时表达体系，利用PEG介导法结合双分子荧光互补成像技术揭示了叶绿素b还原酶ZjNYC1和ZjNOL两个蛋白质在叶绿体中的互作关系。原生质体瞬时表达体系还可以用于基因功能的初步验证，如莫广玲等（2023）发现转录因子基因*ScbHLH13*在甘蔗（*Saccharum officinarum*）原生质体中的高量表达并不能诱导花青素合成代谢通路上基因的表达，初步排除了该基因在花青素合成代谢通路上起作用。

此外，通过原生质体遗传转化也可以获得目的性状稳定遗传的转基因植株或基因组编辑植株。在高羊茅（*Festuca elata*）中，利用PEG介导法将潮霉素磷酸转移酶基因*HPT*和草丁膦乙酰转移酶基因*bar*直接导入原生质体，经检测获得转基因再生植株。Najafi等（2023）采用CRISPR/Cas9基因组编辑技术对葡萄原生质体进行了基因组编辑，随后通过体细胞胚的发生途径获得了目的基因被敲除的完整植株。

三、开展体细胞杂交

不同种属间植物有性杂交往往会导致结实率低或后代植株早期夭亡，而原生质体培养技术可以克服植物远缘杂交中的不亲和障碍，原生质体无细胞壁这一特性有利于异源原生质体的融合。分离得到的两种不同植物来源的原生质体，在聚乙二醇（PEG）、PEG-高Ca^{2+}高pH融合或电融合等方法的作用下可以进行细胞融合，获得异核体（包含两种不同细胞核的原生质体），再经过细胞壁再生、细胞核融合、体内基因重组等过程，由异核体变为合核体，再由融合细胞再生植株，从而获得具有新的遗传特性的体细胞杂种植株，为植物遗传育种研究开辟了新的途径。

四、利用原生质体作为生物反应器

原生质体培养可以使植物细胞内一些具有药用价值的次生代谢产物分泌到细胞膜外，然后从培养基中直接分离纯化到目标次生代谢产物。例如，Aoyagi（2011）将长春花（*Catharanthus roseus*）原生质体细胞用富含古罗糖醛酸的藻酸盐凝胶固定起来，然后大量生产吲哚类生物碱。在利用原生质体培养生产代谢物时，需要添加抑制细胞壁生长的物质才能达到较好的分泌效果。此外，在原生质体培养中，还可以通过添加各种化合物以研究其对植物细胞生长分化的影响，甚至可以对初始添加物进行同位素标记，追踪其在原生质体细胞内的代谢通路。Ashihara等（2005）曾在白云杉（*Picea glauca*）细胞中添加^{14}C标记的烟酸和烟酰胺，以研究嘧啶核苷酸的代谢通路。Zhou等（2021）在茶（*Camellia sinensis*）叶肉细胞原生质体中饲喂稳定同位素标记的苯乙酮后，检测到其代谢产物同位素标记的1-苯基乙醇。

五、应用于细胞壁形成机制和细胞器遗传的研究

原生质体为研究植物细胞壁形成机制及处于细胞周期中细胞器的遗传方式提供了一个理想的实验体系。原生质体容易接受外来探针和抑制剂刺激，并且能通过光学显微镜或荧光对原生质体中某些特殊蛋白质或细胞器进行标记，以此来观察细胞器在细胞中的动态规律。例如，Sheahan 等（2004）通过使用微管和微丝抑制剂来确定微管和微丝在原生质体再生植株过程中对细胞器移动的作用，还可以利用原生质体研究线粒体、叶绿体等细胞器在融合体细胞分裂过程中向有丝分裂后代细胞传递的方式。

六、利用原生质体开展单细胞测序

单细胞测序就是在单个细胞水平上对植物的基因组、转录组、代谢组及蛋白质组等组学水平进行测序分析的技术。单细胞测序是在单个细胞水平上进行测序，可以检测单个细胞内的遗传信息，为研究细胞之间遗传信息的异质性提供了重要的途径。而建立一种简单有效的原生质体分离技术，是开展单细胞测序的重要前提。近年来，已在多种植物上利用原生质体成功开展了单细胞 RNA 测序分析，如 Chen 等（2021）应用优化的原生质体分离技术及单细胞 RNA 测序来绘制高度木质化的新疆杨（*Populus alba* var. *pyramidalis*）茎单细胞转录组图谱，为研究树木中维管细胞的功能和进化开辟了新的途径。

小 结

原生质体培养的主要目的是为植物遗传转化、体细胞杂交等研究提供良好的受体系统，也为细胞壁再生、细胞分裂、细胞器发育与遗传、细胞信号转导、物质跨膜运输等基础研究提供理想的实验体系。

植物原生质体培养包括原生质体分离、原生质体纯化、原生质体质量评估、原生质体培养与植株再生等环节。原生质体分离方法包括机械分离法和酶解分离法，其中酶解分离法由于其操作简单、适用范围广等特点，成为目前常见的原生质体分离方法。应用于原生质体酶解分离法的常见酶类有纤维素酶、果胶酶、半纤维素酶、离析酶、蜗牛酶和崩溃酶等水解酶，大多数情况下是将上述几种酶混合起来使用以达到更好的酶解效果。原生质体纯化方法有离心沉降法、漂浮法和界面法，其中以界面法为主。纯化后的原生质体还要进行质量评估，包括通过原生质体计数估算原生质体得率和利用荧光增白剂法检测原生质体的脱壁效果。此外，还需进行活力测定，常用的原生质体活力测定方法有二乙酸荧光素染色法、伊文思蓝染色法和酚藏花红染色法。影响植物原生质体分离及活力的主要因素有原生质体分离材料类型、分离材料预处理、降解酶种类及浓度、酶解时间、酶解温度、酶解液 pH 与酶解液的渗透压等。分离获得的高纯度、高活力的原生质体需要通过进一步培养才能再生出植株，常见的原生质体培养方法有液体浅层静置培养、固体培养、固液双层培养和看护培养等，而原生质体培养的效果受基因型、培养基种类及成分、渗透压稳定剂、原生质体培养密度及培养环境条件等诸多因素的影响。在适宜的培养条件下，原生质体先再生出新的细胞壁，然后通过细胞分裂形成细胞团，逐步形成愈伤组织或胚状体，最后分化形成完整植株。

原生质体再生植株中普遍具有丰富的形态特征变异、抗性变异及染色体数目、结构和基

因变异，有利于扩大不同植物中可利用的种质基础。目前原生质体系统已经被广泛应用于植物的不同研究领域中，在基础研究、遗传改良和新品种培育上都起到了重要的作用。

复习思考题

1. 名词解释：原生质体，固液双层培养，看护培养，界面法，FDA染色法
2. 原生质体再生植株是不是一定要通过愈伤组织途径？
3. 影响植物原生质体培养的主要因素有哪些？如何获得大量有活力的原生质体？
4. 植物原生质体培养过程中通常会出现哪些遗传变异？
5. 渗透压稳定剂对植物原生质体的分离和培养有何影响？
6. 植物原生质体的细胞壁再生过程大致可以分为哪几个阶段？
7. 植物原生质体培养技术在遗传学及遗传改良等研究中有何应用价值？

第六章　体细胞杂交

传统的有性杂交技术是通过雌雄配子结合产生合子，实现双亲遗传物质转移和重组的常规育种手段，这一育种技术在植物遗传改良中发挥了巨大的作用，并取得了显著的成就。但是，远缘杂交不亲和、双亲花期不遇和雌雄不育等障碍严重限制了有性杂交技术在植物遗传育种中的应用。体细胞杂交技术则可在离体条件下对双亲体细胞进行融合和培养，从而实现双亲基因组的定向转移和重组，能够有效地克服有性杂交特别是远缘杂交中所遇到的这些障碍。植物的体细胞杂交（somatic hybridization）是指在适宜条件下，两个不同基因型亲本的体细胞原生质体直接通过细胞融合的方式形成含有双亲遗传物质的杂种细胞，然后经过离体培养获得体细胞杂种（somatic hybrid）植株的过程。植物体细胞杂交技术最早是从动物体细胞融合发展起来的，不同之处在于：植物细胞存在细胞壁，无法直接融合，因此必须先去除细胞壁获得原生质体，即植物体细胞杂交是建立在原生质体分离和培养基础上的，因此又被称为原生质体融合（protoplast fusion）。

1972 年，美国科学家 Carlson 将两个不同烟草品种原生质体融合并获得了第一例植物体细胞杂种后，植物体细胞杂交研究的时代来临。而后随着细胞融合方法、体细胞杂种筛选及鉴定方法的不断发展和完善，研究者通过体细胞杂交技术实现了遗传物质在不同植物的种内、种间、属间，甚至科间的转移和重组，迄今为止，在全世界范围内已经获得了数百种植物之间上千个组合的体细胞杂种植株。体细胞杂交打破了作物远缘杂交的生殖障碍，将作物野生近缘种的很多优良性状引入栽培种中，拓宽了栽培种的遗传基础，并创造出了常规育种技术不能获得的新品种（或品系），成为植物遗传改良的有效手段。由于体细胞杂交不涉及 DNA 体外重组，因此不存在与转基因相关的生物安全性监管等问题。根据不同作物的特点，体细胞杂交技术被用来解决不同的需求。例如，在马铃薯、棉花等作物中，主要用于转移野生近缘种的优良抗逆性状；在十字花科作物中，主要用于创制细胞质雄性不育系；在小麦等作物中，选育的体细胞杂种经回交、自交多代后建立渐渗系材料；而林木类植物中则主要通过体细胞杂交技术培育一些可用于有性杂交、砧木育种等的优良育种材料。此外，体细胞杂种及后代通常同时拥有双亲的核基因和细胞质基因，是研究核质关系、细胞分裂和分化等的理想实验材料，也是研究杂种染色体组成和遗传平衡等基本理论的理想实验体系。

体细胞杂交的主要目的是打破不同物种间的生殖障碍，实现优良目标性状在远缘物种间的转移，创制新的杂种。全部技术环节包括细胞融合、杂种细胞筛选（screening of hybrid cell）、杂种细胞培养（hybrid cell culture）及体细胞杂种鉴定（somatic hybrid identification）等。

第一节 细胞融合

细胞融合（cell fusion）是指在自发或人工诱导下，两种不同基因型的细胞或原生质体融合形成一种杂种细胞。细胞融合可克服不同原生质体间的排斥力，使两种不同种属的原生质体间发生膜融合、细胞质融合和核融合，进而形成含两种遗传物质的杂种细胞，以克服远缘杂交的不亲和性等障碍。原生质体可以自发融合但发生概率极低，实践中常通过人工诱导实现原生质体的细胞融合，如 PEG 融合法、PEG-高 Ca^{2+}高 pH 融合法和电融合法等。1972 年，美国科学家 Carlson 等使用硝酸钠（$NaNO_3$）作为融合诱导剂，对两种不同的烟草进行原生质体融合，得到了种间体细胞杂种植株。自此，原生质体细胞融合技术逐渐发展完善并应用于植物育种。

一、细胞融合方式

细胞融合通常有两种方式：对称融合和非对称融合。这两种融合方式常产生三种类型的杂种：对称杂种、非对称杂种和胞质杂种。

（一）对称融合

对称融合（symmetric fusion）是指细胞融合时，双方亲本的原生质体没有经过任何处理，均含有核基因组和细胞质基因组的全部遗传信息，最初的融合细胞中含有双亲的全部遗传物质。目前利用对称融合已获得了多种有性杂交不亲和的种属间体细胞杂种。例如，Mattheij 等（1992）获得了栽培马铃薯与野生马铃薯（*Solanum circaeifolium* subsp. *circaeifolium* Bitter）的抗晚疫病的种间体细胞杂种。Ochatt 等（1989）将西洋梨野生变种的砧木叶肉原生质体和杂种樱桃 Colt 的悬浮细胞系原生质体融合获得了属间的体细胞杂种，这是首次获得的蔷薇科两个有性杂交不亲和的属间体细胞杂种。在柑橘属种间、属间或与近缘柑橘物种的体细胞杂交中，亲本染色体数为 $2n=18$，体细胞杂种染色体数为 $2n=36$，而形态多居于双亲之间，而且杂种形态一致。一般说来，对称融合多形成对称杂种（symmetric hybrid），而且亲缘关系越近越容易获得对称杂种。对称杂种在导入有用基因（优良性状）的同时，也带入了亲本的全部不利基因（不良性状），一个杂种中含有两套不尽相关的基因，这样常导致部分或完全不育，因而难以在较短时间内选育出育种上有用的材料，通常需要多次回交才能除去其中的不利基因。研究发现，部分对称杂种在生长发育过程中存在一方或双方基因组消减的现象。例如，夏光敏等（1995）在小麦与埃克薄冰草（*Thinopyrum ponticum*）对称融合中发现小麦的染色体被排斥，埃克薄冰草的基因组比较完整。Babiychuk 等（1992）通过龙葵（*Solanum nigrum*）和烟草的对称融合，获得了只含 1 条龙葵小染色体的高度非对称杂种。

（二）非对称融合

非对称融合（asymmetric fusion）是指在细胞融合前，用射线或化学物质对一方亲本（供体）原生质体进行处理，钝化其细胞核，再将其与另一方亲本（受体）原生质体进行融合。

非对称融合的目的是减少供体染色体进入受体的数量，得到只转移了部分供体基因的体细胞杂种，以降低导入不利基因的概率，能提高杂种育性和减少后续回交的次数，缩短育种时间。目前，采用非对称融合得到的杂种数量比对称融合更多，且非对称融合的植株再生比对称融合的要快，根系发达，易于成活。非对称融合最大的一个不足之处就在于供体染色体丢失是一个随机的过程，丢失的程度是不可预见和难以控制的。

非对称融合通常会形成非对称杂种（asymmetric hybrid）和胞质杂种（cytoplasmic hybrid）。其中，胞质杂种是非对称融合的一种特殊情况，它是指体细胞融合的再生植株细胞中存在供体和受体两套细胞质基因组，但仅有受体的核基因组。

为了达到非对称融合的目的，在进行细胞融合之前通常需要对供体或受体原生质体进行相应的预处理。

1. 供体的处理 处理供体原生质体的目的是让其染色体发生断裂或片段化，使供体染色体在融合细胞中发生部分或全部消减，最终使体细胞杂种只获得供体的部分染色体或仅仅获得供体细胞质基因组。此外，当供体原生质体受达到一定程度的射线等辐射后将丧失分裂能力，不能再生细胞团，有利于简化细胞融合再生植株的筛选步骤。处理供体目前有以下几种方法：射线（X、γ）或紫外线（UV）辐射原生质体，限制性内切酶处理原生质体，以及纺锤体毒素、染色体收缩剂等化学试剂处理原生质体等。从处理的效果来看，射线的处理效果最好。X 和 γ 射线的穿透力较强，但这两种射线的安全性不高，且辐射处理时间较长。Hall 等（1992）发现在相同的生物学剂量下，UV 造成断裂的染色体比 γ 射线要多，因此 UV 辐射的应用正在逐渐兴起。Valhova 等（1997）辐射番茄原生质体，再将其和皱叶烟草原生质体融合，得到高度非对称杂种。Forsberg 等（1998）用 X 射线和 UV 分别辐射供体原生质体，两种方法都能够得到非对称杂种植株。在番茄和烟草原生质体融合时，辐射处理番茄原生质体，得到了高度非对称杂种。

2. 受体的处理 处理受体原生质体的目的是利用代谢抑制剂使受体的细胞质暂时失活，以抑制其细胞分裂。常用的代谢抑制剂有碘乙酸（IA）、碘乙酰胺（IOA）和罗丹明 6G（R-6G）。其中，R-6G 抑制线粒体氧化磷酸化；而 IA 和 IOA 抑制磷酸甘油醛脱氢酶活性，阻止 3-磷酸甘油醛氧化生成 3-磷酸甘油酸，使糖酵解无法进行，其结果是使线粒体失活，原生质体内的能量供应受阻，其生长发育停止。经 IA、R-6G 和 IOA 钝化处理的受体原生质体和未经代谢抑制剂处理的供体原生质体融合后，真实的融合细胞的能量代谢就会得到恢复，从而能够正常生长和持续分裂。而未融合的受体原生质体在培养过程中，慢慢地变形、破裂而死亡。

经过不断改进，目前已普遍采用一种“供体–受体”双失活融合方法，即将供体亲本的原生质体经辐射处理使细胞核失活，同时将受体亲本的原生质体用碘乙酸盐类代谢抑制物处理使其细胞质钝化。将这两种原生质体融合后，由于生理互补效应，杂种细胞可以生长和持续分裂。因此，在双失活处理的供体–受体细胞融合系统中，不需要双亲具有筛选标记即可获得高频率的杂种。朱永生等（2004）在疣粒野生稻（*Oryza meyeriana*）+粳稻的非对称体细胞杂交试验中，以软 X 射线处理过的疣粒野生稻原生质体作为供体，采用 IOA 处理过的粳稻失活细胞作为受体，获得 72 个植株全部为真实杂种，其中有 40 个株系获得了疣粒野生稻对白叶枯病的抗性。付莉莉等（2009）也采用双失活融合方法成功获得了“陆地棉+戴维逊氏棉”的体细胞杂种植株。

二、细胞融合方法及原理

原生质体细胞融合的方法大致可以分为化学融合法和物理融合法两大类型。

（一）化学融合法

1. $NaNO_3$ 融合法　$NaNO_3$ 融合法（$NaNO_3$-induced cell fusion）的作用原理是：$NaNO_3$ 可以中和原生质体质膜的负电荷，使原生质体不再相互排斥而紧密结合在一起，诱发相邻的原生质体发生融合。1909 年，Kuster 在对洋葱表皮进行原生质体分离时，发现低渗的 $NaNO_3$ 溶液可以促使洋葱表皮细胞发生融合。但直到 1970 年，Power 和 Cocking 才第一次利用 $NaNO_3$ 对燕麦（*Avena sativa*）和玉米原生质体进行了诱导融合。1972 年，Carlson 采用该方法将朗氏烟草（*Nicotiana longsdorffii*）与粉蓝烟草（*Nicotiana glauca*）的原生质体进行了诱导融合，成功获得第一例植物体细胞杂种，但该方法诱导的细胞融合率非常低，且 $NaNO_3$ 对原生质体有较大的毒害作用，因此目前已基本不再使用。

2. 高 Ca^{2+} 高 pH 融合法　1973 年，Keller 和 Melchers 首次发现高 Ca^{2+} 和高 pH 可以诱导烟草原生质体发生融合。高 Ca^{2+} 高 pH 融合法（high Ca^{2+}，high pH-induced cell fusion）的作用原理是：以 Ca^{2+} 盐作诱导剂，在高 Ca^{2+} 高 pH 的条件下，使原生质体发生融合。通常情况下，Ca^{2+} 诱导细胞融合的效率比 Na^{+} 和 K^{+} 要低，但是在高 pH 环境下，高浓度的 Ca^{2+} 大大改善细胞融合的效率，原因是高 pH 能改变原生质体质膜表面的离子特性，增加质膜的流动性，有利于原生质体的融合。与 $NaNO_3$ 融合法相比较，高 Ca^{2+} 高 pH 融合法可以提高原生质体的融合率，但仅适合于叶肉原生质体。

3. 聚乙二醇融合法　聚乙二醇（PEG）为环氧乙烷和水缩聚而成的混合物，平均分子量为 200～20 000。聚乙二醇融合法（PEG-induced cell fusion）的作用原理是：PEG 分子能改变各类细胞的生物膜结构，提高两个原生质体接触处质膜上脂类分子的流动性，从而导致接触处质膜相互亲和，以促进融合形成杂种细胞。1974 年，Kao 和 Michayluk 发现 PEG 能诱导原生质体融合。聚乙二醇融合法具有促进细胞融合的能力较强、异核体形成频率高、重复性好、毒性低等优点，且易于控制、操作简单、诱导的融合没有特异性，但 PEG 的种类和浓度对原生质体融合率有较大影响，高分子量 PEG 对原生质体有毒害作用，而低分子量 PEG 会降低融合效率，对于大多数植物的原生质体而言，分子量为 4000 的 PEG 在 20%～40%的浓度下就能打开质膜上足够数量的通道，实现细胞融合。此外，PEG 处理时间越长细胞融合效果越好，但处理时间过长又会对原生质体产生毒害。在不同植物细胞融合试验中，需要对相关参数进行优化。例如，甘蔗的细胞融合中用 50% PEG-6000 处理 30min 时的融合率最高，而对于油茶（*Camellia oleifera*）原生质体用 35% PEG-6000 处理 20min 即可达到最佳融合效果。PEG 浓度较低时，原生质体聚集缓慢，异源融合率低；PEG 浓度较高时，混合在一起的原生质体紧密粘连，质膜受损严重，破碎比例增大。原生质体粘连会严重影响融合细胞的正常呼吸，融合细胞可能会因缺氧而在培养早期就死亡。而且，长时间使用 PEG 会降低原生质体活力和阻碍细胞壁再生、细胞分裂和细胞团的产生。

4. PEG-高 Ca^{2+} 高 pH 融合法　1974 年，Keller 等发现用高浓度 Ca^{2+}（7.35 g/L $CaCl_2 \cdot 2H_2O$）的强碱溶液（pH 9～10）清洗 PEG 时，原生质体的融合效果得到了显著提高，所以将聚乙二醇融合法和高 Ca^{2+} 高 pH 融合法结合起来，创立了 PEG-高 Ca^{2+} 高 pH 融合法（PEG-high Ca^{2+}，high pH-induced cell fusion）。PEG-高 Ca^{2+} 高 pH 融合法的作用原理是：PEG

可以在两种原生质体质膜表面形成“桥”，使两者紧密地“粘”在一起，再用高 Ca^{2+}高 pH 的洗液洗脱 PEG 分子，原生质体质膜表面的电荷受到高 Ca^{2+}高 pH 洗液的影响发生紊乱，质膜的流动性会促使质膜表面的电荷重新分布从而促进两个细胞的融合。李玉珠等（2015）采用 PEG-高 Ca^{2+}高 pH 融合法融合紫苜蓿和百脉根原生质体，成功获得了杂种愈伤组织。PEG-高 Ca^{2+}高 pH 融合法无须昂贵的特殊仪器，成本低，但该方法操作烦琐，融合率偏低，一般只有 1%～5%，因此其应用也受到一定限制。金红等（2004）将沙打旺与苜蓿融合时，将 PEG 浓度从 30%提升到 40%，原生质体的融合率先上升后下降，融合产物的存活率呈下降趋势。王欢等（2014）研究了融合时间和融合剂 PEG-6000 质量分数对刺槐（*Robinia pseudoacacia*）原生质体融合的影响，结果表明，25%的 PEG-6000 诱导融合 30min 为其最佳融合条件，融合率可达 10.97%。

（二）物理融合法

1. 电融合法 电融合法（electrofusion）是指利用细胞融合仪产生的交变电压和高压脉冲电场使原生质体质膜瞬间穿孔，然后与相邻的不同原生质体融合产生杂种细胞的方法。电融合法由 Senda 于 1979 年建立，并由 Zimermann 等（1981）优化完善了这一技术。该方法基本的作用原理是：将原生质体悬浮液置于电融合槽的两极之间，然后施加交变电场，使原生质体表面电荷偶极化，在电融合槽中沿电场方向排列成串珠状，再施加高强度瞬间脉冲电场，使排列在一起的原生质体质膜接触处发生可逆性电穿孔，通过质膜自身的流动性实现原生质体融合。与 PEG-高 Ca^{2+}高 pH 融合法等化学融合法相比较，电融合法的优点是无化学残留，对原生质体的毒害作用较小，操作更加简便，可以精确控制融合的条件，更具有可重复性，且融合率高，一次可融合大量原生质体。其缺点是易形成多细胞融合，电压过高则会导致质膜上形成不可逆穿孔。影响电融合率的主要参数包括交流电场强度及作用时间、直流脉冲强度及作用时间等。

（1）交流电场（AC）强度及作用时间　在电融合过程中，交流电场强度及其作用时间是决定串联原生质体数量的关键因子，影响后续的融合效果。交流电场强度过强或作用时间过长，会导致原生质体因过度拉扯发生变形甚至大量破碎；而交流电场强度过弱或作用时间过短则无法实现原生质体在电场中的串联排列。在不同细胞融合试验中，需要对交流电场强度及其作用时间进行优化，以获得最佳融合效果。例如，木薯（*Manihot esculenta*）原生质体在交流电场强度为 100V/cm、作用时间为 60s 时可获得较高的融合率，而亚麻（*Linum usitatissimum*）原生质体则以交流电场强度为 100V/cm、作用时间为 50s 时的融合率最高。

（2）直流脉冲（DC）强度及作用时间　直流脉冲强度及作用时间是影响原生质体融合率的另一关键因子。若直流脉冲强度过强或作用时间过长，会导致原生质体质膜发生不可逆击穿；而直流脉冲强度过弱或作用时间较短，则无法击穿质膜。例如，人参（*Panax ginseng*）与胡萝卜原生质体电融合时，将直流脉冲强度设置为 1000V/cm、脉冲持续作用时间为 50μs，融合率达到 38.7%，而荔枝（*Litchi chinensis*）原生质体电融合中选用了直流脉冲强度 80V/cm、作用时间 45～65μs，融合率可达到 20%以上。

另有研究表明，在空间微重力环境中由于不存在重力和对流的影响，可以改变原生质体细胞融合液体的存在状态，从而可有效提高电融合法的融合率。在我国发射的“神舟四号”飞船上采用电融合法进行了烟草细胞融合试验，结果显示，空间飞行样品中双核细胞比率为 18.8%，多核细胞比率为 2.1%，分别比地面对照样品增加了 10.4 倍和 5.2 倍；融合细胞活力率为 53.1%，比地面对照融合细胞提高了 39.7%，表明微重力环境可以改善原生质体电融合法的效果（郑慧琼等，2003）。

2. 激光微束融合法　激光微束融合法（laser-mediated cell fusion）是利用聚焦到微米级的激光微束对相邻细胞原生质体接触区的质膜进行破坏，可将两个不同的原生质体在显微镜下实现融合的方法。其基本的作用原理是：首先利用光镊捕捉并拖动一个原生质体使它靠近另一个原生质体并紧密接触，然后用脉冲激光束对接触处的质膜进行穿刺，使质膜上产生微米级的微孔，由于质膜上微孔的可逆性，两个原生质体开始变形融合，最终成为一个杂种细胞。1987 年，Wiegand 等报道了使用一种紫外激光微束诱导欧洲油菜（*Brassica napus*）原生质体融合。卜宗式等（1993）也曾利用激光微束诱导金盏菊（*Calendula officinalis*）原生质体的融合。由于激光微束垂直作用于融合细胞接触部位的质膜区，对细胞内部无损伤，因此该方法具有毒性小、融合细胞成活率高的优点，而且通过显微镜对细胞逐一进行选择，可以实现两预选细胞的特异性融合，还有可能简化杂种细胞的筛选过程。但是该方法所需设备昂贵，故目前使用较少。

三、影响细胞融合的主要因素

适宜的融合条件是细胞融合成功的关键。除了 PEG 法和电融合法等不同细胞融合方法分别需要的一些个性化条件，还有一些影响细胞融合率的共性因素，包括融合亲本间亲缘关系、原生质体密度、代谢互补抑制剂和 Ca^{2+}浓度等。

（一）融合亲本间亲缘关系

融合亲本之间的亲缘关系是影响原生质体再生的关键因素之一。例如，对于柑橘细胞融合，若两个融合亲本为同属不同种时，两亲本亲缘关系越近则融合细胞越易再生，亲缘关系越远则越难再生；亲缘关系较远的两个亲本即使融合并再生成功，植株后期的生长状态也欠佳，如柑橘“纽荷尔脐橙+黄皮”“崇义野橘+早花柠檬”“G1+鸡尾葡萄柚”等远缘杂交组合，虽然在细胞融合初期都获得了再生植株，但在后期都逐渐死亡。另外一些属间或科间的细胞融合试验，如“大豆+粉蓝烟草”“胡萝卜+豌豆”“小麦+矮牵牛”等组合都可以产生融合细胞并分裂，但在第二次分裂后，细胞核和细胞质却发生了核融合失败、染色体丢失及染色体重排或形成嵌合体等变化，不能形成愈伤组织及再生植株。

（二）原生质体密度

原生质体密度是指原生质体在培养基中的初始浓度。不管采用哪种细胞融合方法，原生质体密度都是需要考量的因素。若原生质体密度过高，会导致细胞过于紧密发生粘连，影响融合效果；而其密度过低则会导致原生质体间距较远而无法有效融合，将降低融合率。因此，在细胞融合时需要根据实际情况对原生质体密度进行调节，以达到最佳的融合效果。李春秀莉（2022）研究发现在西洋参（*Panax quinquefolius*）和三七（*Panax pseudoginseng* var. *notoginseng*）细胞融合试验中，原生质体密度调整为（4～5）$\times10^5$ 个/mL 时，不管是采用 PEG 法或 PEG-高 Ca^{2+}高 pH 融合法，其原生质体融合率均能达到最佳。梁雪莲等（2009）在研究匍茎翦股颖（*Agrostis stolonifera*）和狗牙根（*Cynodon dactylon*）原生质体融合时，将原生质体密度调整为 2×10^6 个/mL，融合率达到最大值。

（三）代谢互补抑制剂

IOA和R-6G是两种常用于原生质体非对称融合试验中的代谢抑制剂，两者配合筛选杂种细胞。由于它们能使线粒体失活，因此也会影响融合细胞的活力，降低原生质体植板率。例如，将甘蔗原生质体分别用IOA和R-6G钝化处理，原生质体活力和植板率显著下降，且原生质体在10mmol/L IOA和70μg/mL R-6G浓度下培养30d后均失去了形成愈伤组织的能力。苜蓿原生质体用5mmol/L IOA处理，其存活率仅为15.2%。

（四）Ca^{2+}浓度

不管采用何种融合方法，在融合液中适当增加Ca^{2+}浓度可以促进原生质体融合，提高融合率和缩短融合时间。Lin（2011）在电融合溶液中加入2mmol/L $CaCl_2$促进了人参和胡萝卜原生质体融合，获得了融合新种质。在西洋参和三七的细胞融合体系中，随着Ca^{2+}浓度增加，融合率先增加后降低，Ca^{2+}浓度为0.12mol/L时，原生质体的有效融合率和总融合率达到最大值，分别为5.03%和6.07%。

第二节　杂种细胞筛选

原生质体融合后，其中既包含未融合的原生质体、同源融合的原生质体，又存在异源融合的原生质体，因此，它们再生的植株可能是杂种植株，也可能是由同一亲本原生质体融合再生，或单个原生质体细胞直接再生。如何从中选出异源融合原生质体，是后期获得杂种植株的关键。因此，有必要发展一些特定的方法对融合细胞进行筛选和鉴定，常用的方法有互补选择法、物理选择法和生长差异选择法。

一、互补选择法

互补选择法（complementary selection）是利用天然或人工诱发的营养缺陷型、缺失突变体及抗性细胞系，用选择培养基将互补的杂种细胞选择出来。其一般原理是：由于双亲原生质体都有缺陷，在选择培养基上均不能单独生长，而只有融合的杂种细胞能正常生长。但该方法要求双亲原生质体具有可以互补的代谢类型，因此在应用上受到了很大的限制。互补选择法又可分为营养代谢互补选择法、抗性突变体互补选择法和叶绿体缺失突变体互补选择法等。

（一）营养代谢互补选择法

营养代谢互补选择法是利用双亲均为营养缺陷型突变体，在缺乏某种营养物质或含有某种有害物质的培养基中不能生长，而杂种细胞由于互补作用而可以正常生长的特性来选择杂种细胞的方法。将矮牵牛和爬山虎（*Parthenocissus tricuspidata*）融合后置于无激素培养基上培养，双亲的原生质体在无激素培养基上均无法存活，但杂种细胞却能进行细胞分裂和植株再生，从而淘汰了亲本原生质体。而Gleba（1988）利用皱叶烟草与颠茄做非对称体细胞杂交时，即以硝酸还原酶缺失突变体作为受体，依据硝酸还原酶的补偿性，仅杂种细胞能在以硝酸盐为唯一氮源的选择培养基上存活和生长。

（二）抗性突变体互补选择法

杂种细胞的选择是在对某种逆境具有抗性的基础上进行的。例如，Wijbrandi 等（1988）将具有卡那霉素抗性但丧失再生能力的番茄原生质体与有较强再生能力的秘鲁番茄（*Lycopersicon peruvianum*）原生质体进行细胞融合，融合体在含卡那霉素的选择培养基培养，获得了体细胞杂种。此外，若当两个单抗性亲本融合后产生双抗性杂种细胞，则用相应的双抗选择培养基可以将杂种细胞选择出来。例如，Teruo（1995）利用农杆菌介导法将卡那霉素抗性基因和潮霉素抗性基因分别导入到 2 个二倍体马铃薯（*Solanum tuberosum*）品种中，将 2 个品种的原生质体融合后，采用同时含有卡那霉素和潮霉素的培养基进行选择，最终获得杂种植株。

（三）叶绿体缺失突变体互补选择法

这种选择方法是在融合细胞具有正常叶绿体并能在特定培养基上生长的基础上进行的。1974 年，Melchers 和 Labib 利用单倍体烟草彼此互补的叶绿素缺失突变体与光敏突变体进行原生质体融合和杂种细胞的选择，叶绿素缺失突变体细胞及其同核体呈白色，光敏突变体细胞及其同核体在光照下死亡，而只有杂种细胞能培养成绿色植株。此外，叶绿体缺失突变体也可以与叶绿体表型正常的个体进行细胞融合和互补选择。例如，Atanassov 等（1998）将叶绿体缺陷的白化烟草叶片原生质体作为受体与 γ 射线照射钝化后的花烟草（*Nicotiana alata*）绿色叶片原生质体进行融合，从绿色再生植株中鉴定出了胞质杂种。而 Derks 等（1992）用类似方法获得了番茄的体细胞杂种及胞质杂种植株。

二、物理选择法

物理选择法是利用双亲原生质体物理特性上（包括细胞颜色、大小、密度等）的差异选择融合后兼具双亲颜色的杂种细胞，或者通过荧光标记在显微镜下选出杂种细胞。1986 年，Sundber 等在甘蓝叶肉原生质体（含叶绿体）与下胚轴原生质体（不含叶绿体）融合试验中发现，融合细胞的颜色是介于双亲原生质体之间的，很容易辨认，因此可以在倒置显微镜下用微分器将单个杂种细胞挑出进行微培养。王清等（2001）以子叶原生质体叶绿体含量多、下胚轴原生质体叶绿体含量少的特征为标记，对马铃薯细胞融合后的杂种细胞进行选择。这些形态学鉴定方法虽然简单易行，但准确率有待提高，只适合初步筛选，后期仍需要配合其他细胞学或分子生物学技术才能最终确定再生植株是否为杂种。

此外，也可以利用荧光标记来人为地创造物理差异。例如，Guan 等（2010）将用 FDA 标记的生姜（*Zingiber officinale*）品种鲁山张良姜原生质体与用 R-6G 标记的另一个生姜品种城固黄姜原生质体进行细胞融合，前者在 595nm 波长下呈黄绿色，后者在 490nm 波长下呈红色，而早期的杂种细胞表现为黄绿色和红色的嵌合体（图 6-1），因此在显微镜下很容易将杂种细胞分拣出来，加以培养。

三、生长差异选择法

生长差异选择法是利用双亲与杂种细胞原生质体在生长分化能力上的差异，设计一种只

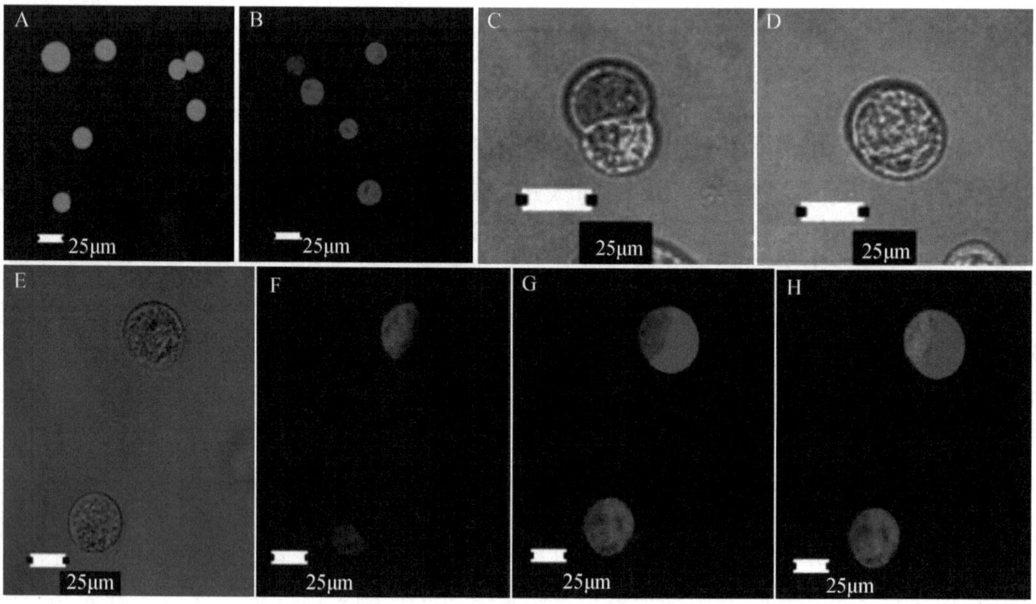

彩图

图 6-1 生姜原生质体对称融合（Guan et al., 2010）

A. FDA 染色的鲁山张良姜原生质体；B. R-6G 染色的城固黄姜原生质体；C. 正在融合中的原生质体；D. 已融合的原生质体杂种细胞；E. 明场下的两个融合细胞；F. 两个融合细胞在 595nm 波长激发下发出黄绿色荧光；G. 两个融合细胞在 490nm 波长激发下发出红色荧光；H. 两个融合细胞在 595nm 和 490nm 波长下的合成图中呈现为黄绿色与红色的嵌合体

能使杂种细胞正常生长发育的培养基，从而达到筛选出杂种细胞的目的。例如，向凤宁等（1999）在小麦与近缘属间禾草的细胞融合试验中发现融合细胞具有优先生长的现象，这种差异可作为选择杂种细胞的依据。此外，原生质体在培养基上生长能力的差异可以人为地利用代谢互补抑制剂产生。王凌健等（1998）将两个水稻品种原生质体分别用 IOA 和 R-6G 进行钝化处理，使它们丧失正常分裂增殖及形成细胞团的能力，但两者融合后形成的杂种细胞在代谢上得到互补，能在培养基上正常分裂增殖，形成细胞团、愈伤组织，最终分化得到杂种植株。在选择杂种细胞过程中，采用代谢互补抑制剂来进行生长差异选择的效率更高，且针对性的原生质体失活处理使得研究结果更可靠。

第三节 杂种细胞培养及体细胞杂种鉴定

杂种细胞培养是杂种植株再生的关键一环。经筛选后的杂种细胞培养与前一章中的原生质体培养类似，其培养条件的重要因素有培养方法、培养基的种类、激素的配比、培养基的渗透压、培养基的营养成分、细胞的密度、光照强度、温度等。

一、体细胞杂种鉴定

通过细胞融合获得再生植株后，为了检测是否为真实的杂种植株，还需要对其进行筛选和鉴定。目前，体细胞杂种鉴定主要采用形态学鉴定、细胞学鉴定、生化鉴定、分子生物学鉴定和原位杂交鉴定。

（一）形态学鉴定

形态学鉴定是指根据双亲的形态学特征，如叶片大小与形状、花的形状与颜色、叶脉、叶柄、花梗及表皮毛等进行观察和比较，区分出杂种植株与亲本植株在表型上存在的差异。例如，对称杂种通常为多倍体，携带有双亲几乎全部的遗传物质。由于倍性增加，体细胞杂种植株在株高、株形、叶片和气孔大小、花的形态等外部特征方面均与其二倍体亲本有差别。李小梅和邓秀新（1999）比较了柑橘 4 个组合的体细胞杂种与其亲本间的单叶面积、叶片表皮气孔特征及叶片横截面结构方面的差异，发现气孔数量和气孔大小可作为区分四倍体体细胞杂种与其二倍体亲本的一个重要指标。但形态学性状大多为多基因控制的数量性状，其鉴定结果易受到环境因素的影响，准确性较差，所以仅凭形态学特征来鉴定体细胞杂种具有较大的局限性，仍需要结合其他鉴定方法。

（二）细胞学鉴定

常用的细胞学鉴定方法有染色体计数法和流式细胞术。

1. 染色体计数法　染色体计数（chromosome count）法是指在显微镜下记录有丝分裂中期细胞中着丝粒的染色体数目、形态和大小。它是一种检测染色体数目及倍性的经典细胞学实验技术。染色体计数法通过比较细胞融合再生植株与亲本之间的染色体数量从而判断再生植株是否为细胞融合再生所得的杂种植株。染色体压片一般取材于植物的根尖或茎尖等幼嫩部位。染色体计数法能直观地看到染色体，并可准确计数，是确定染色体倍性最基本和最精确的方法，但操作步骤烦琐、耗时长，对操作者的染色体制片技术要求很高，应用不方便。而且，染色体计数可以准确区分四倍体、二倍体和非整倍体，但不能区别同源与异源融合四倍体。

2. 流式细胞术　流式细胞术（flow cytometry，FCM）是利用流式细胞仪来检测植物细胞内的核 DNA 含量，其工作原理是：将植物细胞去细胞壁后制备成用碘化丙啶（propidium iodide，PI）荧光染色的细胞核悬浮液，悬浮液在流式细胞仪中形成狭窄的液流使细胞逐个通过样品池，在 488nm 激发光下，细胞内的染色体 DNA 产生荧光，荧光强度与 DNA 量呈正比关系，该荧光信号由荧光探测器捕获并转换成电脉冲信号，从而计算出 DNA 含量。1983 年，Galbraith 第一次使用流式细胞仪成功测定了 17 种植物的核 DNA 含量，开创了 FCM 检测植物 DNA 含量及倍性的先河。FCM 快速准确，所需样本量少，只需用 $1cm^2$ 的植物组织样本即可，且不受取材部位限制，可以是叶、茎、根和花等，样本前处理简单，在细胞倍性分析中已得到广泛的应用。但该方法不能直接检测出植物细胞中的染色体数目，也无法直接鉴定体细胞杂种是否包含两个亲本基因组，且其所用仪器及试剂价格较为昂贵。

（三）生化鉴定

目前的生化鉴定主要采用同工酶（isozyme）分析对体细胞杂种进行鉴定。同工酶是指生物体中催化相同反应，而蛋白质分子结构和理化性质不同的一组酶。它是以在两个亲本之间存在差异的同工酶谱带作为生化标记应用于杂种鉴定，体细胞杂种的同工酶谱带常表现为融合双亲谱带之和，但也会有杂种中出现新的谱带或丢失部分亲本谱带的情况。同工酶是基因作用的产物，它在双亲及体细胞杂种之间的差异即反映了基因表达的差异，这进一步说明通过细胞融合导致了基因重组。用于杂种鉴定的同工酶主要有酯酶、酸性磷酸酶、过氧化物酶和葡萄糖-6-磷酸脱氢酶等。同工酶的缺点是它只能间接地对植物细胞的遗传组成进行鉴定，且检测位点较少。此外，植物取样部位、生理状态、环境条件等均可能引起同工酶谱带的变化。

（四）分子生物学鉴定

分子生物学鉴定是采用分子标记（molecular marker）作为检测手段。分子标记是以检测生物体不同个体间DNA的核苷酸序列变异为基础的遗传标记，是DNA水平遗传多态性的直接反映。常用的分子标记技术有随机扩增多态性DNA（RAPD）、简单重复序列（SSR）、限制性内切酶片段长度多态性（RFLP）、扩增片段长度多态性（AFLP）和单核苷酸多态性（SNP）等。分子标记具有以下优点：①种类多，遗传多态性高，分析效率高；②多数分子标记为共显性标记，可较好地区分纯合体和杂合体基因型；③稳定性和重现性好，检测结果不受取样部位、发育时间、环境等的限制；④分子标记在基因组中大量存在且均匀分布，为全基因组标记扫描分析提供了可能。此外，将分子标记应用于体细胞杂种鉴定，不仅可检测体细胞杂种的染色体（或染色体片段）来源甚至重组，还可以检测其细胞质基因组（叶绿体和线粒体基因组）来源。例如，Tiwari等（2010）通过RAPD、SSR标记证实了“马铃薯栽培种 *Solanum tuberosum*+野生种 *Solanum etuberosum*”的21个体细胞杂种具有双亲的遗传组分。Yamada等（1997）利用RFLP标记发现“秘鲁野生马铃薯 *Solanum acaule*+栽培种 *Solanum tuberosum*”的11个体细胞杂种除1个体细胞杂种之外其余都发生了染色体的丢失。蔡兴奎等用叶绿体SSR引物鉴定了“*S. tuberosum*+沙科茄 *S. chacoense*”杂种的叶绿体组成，观察到体细胞杂种中同时具有单亲本类型和双亲本的重组类型。分子标记的不足之处是难以直接确定体细胞杂种中的染色体数目及倍性。

（五）原位杂交鉴定

原位杂交（*in situ* hybridization，ISH）是分子生物学、组织化学及细胞学相结合而产生的一门新兴技术，是指将特定标记的已知序列核酸作为探针与细胞或组织切片中的核酸进行杂交，从而对特定核酸序列进行精确定量定位的过程。其基本的作用原理是：利用核酸分子单链之间有互补的碱基序列，将有放射性或非放射性的外源核酸（即分子探针）与组织、细胞或染色体上待测DNA或RNA互补配对，结合成专一的核酸杂交分子，经一定的检测手段将待测核酸在组织、细胞或染色体上的位置显示出来。原位杂交是目前鉴定体细胞杂种染色体组成最直观最简便的方式，可用于鉴定来自不同亲本的染色体数目、染色体重排，估计体细胞杂种中亲本基因组的完整性和比例等，但其也存在一定的缺点，如分辨率低，最小只能分辨1～2kb的片段，且无法区分近缘种。原位杂交主要有基因组原位杂交（genome *in situ* hybridization，GISH）和荧光原位杂交（fluorescence *in situ* hybridization，FISH）两种，其中GISH是利用物种之间DNA同源性的差异，以被标记的亲本之一总基因组DNA为探针，将适宜浓度的其他亲本总基因组DNA作为封阻，在靶染色体上进行原位杂交，可以检测外源染色体或染色体片段并定位；而FISH则是以荧光标记的种群特异性DNA序列为探针，可以检测染色体非整倍体、染色体倍性及基数等。GISH和FISH相结合则可以快速准确地对体细胞杂种的核型进行鉴定。例如，在马铃薯与茄子（*Solanum melongena*）的体细胞杂交后代中，利用FISH和GISH相结合的方法检测到体细胞杂种中的5个5S rDNA都来自于马铃薯染色体，而茄子的5S rDNA全部丢失；11个25S rDNA信号中有4个来自于茄子，7个来自于马铃薯（图6-2）。

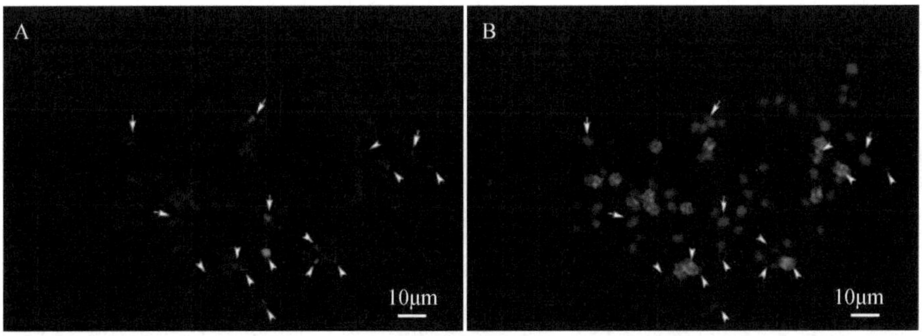

彩图

图 6-2　FISH 结合 GISH 鉴定马铃薯+茄子体细胞杂种中染色体的组成（王海波等，2022）

A. 先利用 FISH 识别体细胞杂种中含有 rDNA 位点的染色体（红色荧光为 5S rDNA 位点，绿色荧光为 25S rDNA 位点）；B. FISH 杂交后的染色体经洗涤后重新做 GISH 来鉴定染色体的亲本来源（红色荧光为马铃薯染色体，绿色荧光为茄子染色体）。三角指示 25S rDNA 位点，箭头指示 5S rDNA 位点

二、体细胞杂种遗传特性

利用体细胞杂交技术先后获得了种内、种间、属间，甚至科间植物组合的杂种细胞或植株，这些体细胞杂种通常具有一些与其亲本明显不同的遗传特性，主要表现为染色体数目的不稳定性和杂种植株的不育性等。

（一）染色体数目的不稳定性

体细胞杂种中染色体数目的不稳定性表现在两个方面。

一方面，从同一个细胞融合组合中再生得到的不同杂种植株具有不同染色体组倍性或染色体数目，如多倍体或非整倍体（亚倍体或超倍体等）。体细胞杂种一般是双亲基因组的随机组合，即使是对称体细胞杂交，也极少能够得到具有两个亲本完整基因组的杂种。例如，普通烟草和黄花烟草（*Nicotiana rustica*）体细胞的染色体数均为 $2n=48$，而对称融合组合“普通烟草+黄花烟草”及“普通烟草+粉蓝烟草”再生出的杂种植株中均只有 1 株对称杂交种，性状表现为双亲中间型且稳定，而更多杂种植株为非整倍体，染色体数目少于双亲染色体数之和，说明杂种细胞内发生了染色体的丢失。一般认为，双亲亲缘关系愈远，染色体丢失也愈严重，这可能是杂种细胞内两套不同染色体的行为不同步所致。另外，有些对称融合中并不是供体与受体两套基因组发生融合，而是出现多套基因组融合的现象。例如，菘蓝（*Isatis tinctoria*，$2n=14$）与白菜（$2n=20$）原生质体进行对称融合时，就形成了含有两套菘蓝基因组、染色体数目为 48 的异源多倍体体细胞杂种。在非对称融合中也存在类似现象，以黑芥（*Brassica nigra*，$2n=16$）为供体与花椰菜（$2n=18$）受体进行非对称融合，再生植株染色体数目为 19～68，其中约 23%再生植株的染色体数目小于双亲染色体数之和（$4x=34$），表明“花椰菜+黑芥”杂种植株发生了不同程度的染色体丢失或加倍。

另一方面，体细胞杂种在培养过程中仍然存在供体和受体一方或双方染色体发生丢失的现象。例如，在“小麦+高冰草”体细胞杂种培养过程中，能分化出再生植株的杂种愈伤组织含染色体 60～110 条，而杂种植株在繁殖两代后的染色体数目则减少至 60～70 条。“拟南芥+油菜”杂种细胞在培养 4～5 个月后仍然保持着双亲的所有染色体，但在第 7 个月后开始丢失部分油菜染色体。物种在遗传上的保守程度有时影响杂种细胞的染色体组构成。例如，“白化胡萝卜+羊角芹（*Aegopodium podagraria*）”杂种细胞在培养过程中优先丢失羊角芹染色体，

“拟南芥+油菜”优先丢失油菜染色体。融合细胞诱导及培养条件也可能导致染色体丢失。例如，非对称杂交中用紫外线等射线照射供体亲本也会促进体细胞杂种中染色体的丢失；若培养基种类等培养条件更适合其中一种亲本的原生质体生长，则融合细胞可能容易丢失另一种亲本的染色体；在采用悬浮细胞原生质体与叶肉细胞原生质体进行融合的“爬山虎+矮牵牛”和“蚕豆（*Vicia faba*）+矮牵牛”体细胞杂种中，则发现叶肉原生质体来源的亲本染色体被选择性地淘汰。

（二）杂种植株的不育性

杂种植株的不育性在体细胞杂交中是比较常见的现象。杂种植株的育性受遗传物质的不平衡、杂种染色体的不稳定、杂种的亲缘关系、双亲核质不亲和等诸多因素影响，亲缘关系较近的种内或种间植物经体细胞杂交产生的杂种植株一般是可育的，而亲缘关系较远的属间植物，即使通过体细胞杂交可以得到杂种植株，也往往发生败育而得不到种子，如“菘蓝+萝卜（*Raphanus sativus*）”“马铃薯+番茄”“拟南芥+油菜”等组合中得到的杂种植株。科间植物进行体细胞杂交通常也能形成杂种细胞，但很难再生出杂种植株，如“大豆+粉蓝烟草”“大豆+烟草”等。然而，即使在近缘种间的体细胞杂交，有时也会出现杂种植株不育的情况，如在“普通烟草+皱叶烟草”“普通烟草+黄花烟草”和“普通烟草+粉蓝烟草”种间组合中的许多杂种植株均表现为不育或育性低，且都是花粉母细胞不能进行正常减数分裂导致花粉败育，这可能与这些杂种植株本身为非整倍体有关。

三、体细胞杂交技术在植物遗传改良中的应用

体细胞杂交技术能够有效地打破不同种属植物间有性杂交的生殖隔离，实现基因交流、重组，从而为植物遗传育种提供新的材料，扩大了作物改良可利用的基因源。植物体细胞杂交技术自 1976 年建立后，其理论和方法不断地完善进步，研究者在各种植物中开展了广泛的研究，创制了大量种内、种间、属间的体细胞杂种植株（表 6-1），部分杂种材料已经被应用于植物育种进程中。

表 6-1 通过体细胞杂交技术获得杂种植株的部分研究成果

体细胞杂交组合	融合方式	融合方法	参考文献
非糯型粳稻+糯型粳稻	非对称融合	PEG-高 Ca^{2+}高 pH 融合法	王凌健等，1998
水稻+芦苇	非对称融合	PEG-高 Ca^{2+}高 pH 融合法	Kim et al.，2021
栽培稻+疣粒野生稻	非对称融合	PEG 法	朱永生等，2004
普通小麦+拟南芥	非对称融合	PEG 法	Deng et al.，2007
普通小麦+埃克薄冰草	非对称融合	PEG 法	Xia et al.，2003
普通小麦+玉米	非对称融合	PEG 法	支大英等，2002
陆地棉+戴维逊氏棉	非对称融合	电融合法	付莉莉等，2009
烟草+具翼烟草	非对称融合	PEG 法	Atanassov et al.，1998
马铃薯+茄子	非对称融合	电融合法	Liu et al.，2016
张良姜+黄姜	对称融合	PEG 法	Guan et al.，2010
马铃薯栽培种+二倍体野生种	对称融合	电融合法、PEG 法	蔡兴奎等，2004
马铃薯+龙葵	对称融合	PEG 法	Szczerbakowa et al.，2003
马铃薯野生种+马铃薯栽培种	对称融合	电融合法	Tu et al.，2021

续表

体细胞杂交组合	融合方式	融合方法	参考文献
甘薯+三裂叶薯	对称融合	PEG法	Jia et al.，2022
山金柑+早花柠檬	对称融合	电融合法	李恩惠，2017
默科特橘橙+桃叶橙	对称融合	电融合法	刘丹，2019
温州蜜柑+橘柚 温州蜜柑+红暗柳橙	对称融合	电融合法	付婧，2017
香蕉+野生蕉	对称融合	电融合法	Matsumoto et al.，2002
香蕉+贡蕉	非对称融合	PEG法	Xiao et al.，2009
青花菜+白菜	对称融合	PEG法	廉玉姬等，2011
花椰菜+大白菜	非对称融合	PEG法	盛小光，2009
花椰菜+黑芥	非对称融合	PEG法	张丽等，2008
胡萝卜地方品种+胡萝卜瓣化型细胞质不育系	非对称融合	电融合法	司家钢，2001
天蓝遏蓝菜+欧洲油菜	对称融合	电融合法	Brewer et al.，1999
不结球白菜恢复系+不结球白菜胞质雄性不育系	非对称融合	电融合法	侯喜林等，2001
柴胡+四数獐牙菜	对称融合、非对称融合	PEG法	江莉，2006
菘蓝+白菜	对称融合	PEG法	Tu et al.，2008
菘蓝+甘蓝型油菜	对称融合、非对称融合	PEG-高 Ca^{2+}高 pH 融合法	Du et al.，2009
狭叶柴胡+麻花艽	非对称融合	PEG法	蔡云飞，2006
仙客来+小花仙客来	对称融合	PEG法	Sabine et al.，2012
东方百合+麝香百合	对称融合	电融合法	Horita et al.，2003
喜马拉雅龙胆+龙胆草	对称融合	电融合法	Tomiczak et al.，2017

1. 克服远缘杂交不亲和性 体细胞杂交是在离体条件下对双亲的体细胞进行融合培养，从而实现双亲基因的定向转移和重组，能够有效地克服有性杂交特别是远缘杂交中所遇到的野生种和栽培种之间的生殖障碍。育种家采用体细胞杂交技术就可以将野生近缘物种中有益的遗传性状或有益基因转移到已经商品化种植的农作物品种中，从而选育出性状更加优良的农作物新品种。已经在国内外都有了大量成功的案例，如马铃薯−西红柿、马铃薯−茄子、胡萝卜−羊角芹、白菜−甘蓝、小麦与其野生近缘种、棉花的不同物种之间、香蕉的不同物种之间，以及柑橘的种间或属间等植物的体细胞杂种，在生产中具有较高的应用价值。与普通白菜相比较，白菜−甘蓝具有生长期短、耐热性强、耐贮藏等特点。我国科学家采用体细胞杂交技术，将小麦族的野生近缘种，如簇毛麦、长穗偃麦草、中间偃麦草及玉米和燕麦等物种与小麦栽培品种进行细胞融合，将这些物种中的优质、大穗、矮秆、抗病、耐寒和耐盐等性状转移到了小麦栽培品种中，选育出了不少目标性状获得改良的小麦品系。此外，柑橘等作物的体细胞杂交也已经是一个较为成熟的体系，可以有效地解决柑橘常规育种中存在的有性杂交不亲和、童期较长、多胚、雌雄性败育等难题。目前柑橘中已经得到了种内、种间、属间等数百个融合组合的体细胞杂种植株，其中的一些杂种植株为柑橘相关基础及应用研究提供了宝贵材料。体细胞杂交技术的不断进步和完善，将让培育农作物新品种甚至新物种变得更加容易。

2. 选育抗逆新种质材料 野生植物在长期的自然选择下形成了对高温、寒冷、干旱、盐碱、病害等恶劣环境条件的抵抗能力，而栽培种是经长期的人工选择形成的，它们对不良环境条件的抗性被削弱。为了大幅度提高现有作物品种的抗性，育种家通常采用的育种策略是将野生近缘种的抗性性状转移到栽培种中。利用体细胞杂交的方法，研究者实现了将许多野生植物所具有的抗真菌、抗细菌、抗虫、抗病、耐盐碱等优良性状转移至栽培作物中，获得了新的抗逆性种质，为作物种质资源的更新做出了巨大的贡献。例如，马铃薯栽培种遗传多样性低且易感病，而在不结薯的马铃薯野生种及其他茄科近缘种中存在许多对马铃薯栽培种有价值的抗逆性状。由于受有性杂交不亲和的限制，许多重要野生种质资源在常规育种中难以利用，因此体细胞杂交在马铃薯遗传改良和种质创新方面一直受到高度重视。目前通过体细胞杂交，已经将野生种中的抗晚疫病、抗黄萎病、抗软腐病、抗青枯病、抗马铃薯卷叶病毒（PLRV）病、抗马铃薯 Y 病毒（PVY）病等抗病性状，抗甲虫、抗绿桃蚜虫、抗马铃薯蚜虫、抗马铃薯胞囊线虫等抗虫性状，以及耐盐、抗氧化、抗霜冻等抗非生物胁迫性状成功地转移到了栽培种中，这些体细胞杂种后代表现出一定的抗性。此外，十字花科也是植物体细胞杂交研究最活跃的领域之一，而根肿病和黑腐病是十字花科蔬菜中的常见病害，每年造成严重的经济损失。十字花科野生种中有很多优质的抗源，但由于有性杂交障碍难以快速得到利用，而通过体细胞杂交解决了这一问题。目前利用体细胞杂交技术已先后选育出抗根肿病的花椰菜，抗黑腐病的甘蓝、花椰菜、白菜等新种质，可作为桥梁材料或直接应用于十字花科蔬菜抗逆育种中。

3. 创制胞质杂种材料 大多数高等植物的繁殖方式以有性生殖为主，但是有性杂种只是双亲细胞核发生融合，而细胞质基本上遵循母系遗传，因此父本的细胞质基因无法传递给后代。而某些优良性状如胞质雄性不育性、除草剂抗性、抗生素抗性，以及一些与光合作用有关的特性等却是通过细胞质遗传，这些性状的转移仅依靠有性杂交是很难实现的。在体细胞融合的再生植株中，胞质杂种是一种特殊类型，它通常具有受体亲本的核基因组和双亲的胞质基因组，这一特性为植物在不改变核基因组的情况下实现胞质基因组的重组提供了绝佳途径，因而在遗传育种中具有特殊重要意义。利用胞质雄性不育（CMS）创制不育系亲本进行杂交制种是目前国际上植物制种行业的主要趋势。传统的杂交转育 CMS 性状需要连续进行自交和回交，而采用非对称融合技术对 CMS 供体亲本的原生质体进行处理使其部分或全部核基因组丢失，再与受体亲本原生质体进行融合后选择胞质杂种，能快速获得胞质雄性不育材料。例如，萝卜雄性不育性属核质互作遗传类型，采用常规育种方法需要 8～10 年才能转育成功，而 Tanno-Suenaga 等采用非对称融合技术只用了 16 个月就将胞质雄性不育性状转移到可育胡萝卜栽培品种中，司家钢（2001）利用非对称融合技术也仅仅花了 15 个月时间就实现了胡萝卜瓣化型雄性不育性向种内品种的转育。该技术极大地缩短了育种年限。目前，通过胞质杂种途径转移 CMS 性状已经在烟草、胡萝卜、芹菜、马铃薯等多种蔬菜作物上取得成功，获得了大量的 CMS 转育新种质。

此外，采用有性杂交方式将 Ogura 型 CMS 性状向芸薹属作物中转移时，由于遗传上的远缘，胞质基因组与核基因组之间存在不协调，导致转育后代植株上常出现苗期低温黄化和花器蜜腺发育不良等缺陷，难以用于生产。利用非对称融合技术转移 Ogura 型 CMS 性状，由于胞质杂种中拥有双亲完整的细胞质，植株在具有线粒体胞质不育基因的同时，胞质基因组与核基因组亲和，因此获得的 Ogura 型 CMS 胞质杂种植株对低温不敏感，不出现苗期低温黄化等问题，为芸薹属蔬菜杂交育种提供重要的种质资源。

4. 选育多倍体育种材料 通过选育三倍体植株来获得无核果实的育种方法在生产上已得到广泛的应用，这在柑橘等果树上具有很大的应用价值。将四倍体与二倍体进行有性杂交是获得三倍体类型的一种主要方式，如三倍体无籽西瓜。但这个选育方法对于柑橘等果树而言选育周期太长，而采用体细胞杂交技术将单倍体与二倍体原生质体进行对称融合能够直接获得三倍体，就可以大大缩短三倍体的选育年限，提高育种效率。此外，通过体细胞杂交技术得到的异源四倍体体细胞杂种具有两个原生质体亲本的遗传物质，将这种异源四倍体作为授粉亲本与某个二倍体品种进行有性杂交是选育无核三倍体植株的另外一个途径。这种三倍体的遗传组成中可能同时兼具有三个亲本（两个体细胞杂交亲本、一个有性杂交中的二倍体亲本）的优良性状基因，且变异可能更加丰富，表明以体细胞杂种为亲本培育三倍体是一种实现大范围遗传重组的有效方法。目前，在柑橘中采用单倍体与二倍体体细胞杂交、异源四倍体体细胞杂种与二倍体有性杂交这两种策略均成功获得了三倍体植株。

优良砧木选育也是果树中的一个重要育种目标。通过体细胞杂交通常可以得到较多的多倍体杂种植株，这些植株同时具备双亲的遗传基础，加上多倍体的基因剂量效应（多倍体同一基因位点上具有三个或三个以上拷贝，它们对性状表现的调控作用可能比二倍体更显著），因此它们在抗逆性和适应性等方面一般要强于二倍体植株。以这些多倍体体细胞杂种作为砧木品种加以利用，有助于增强树势的可控性、砧木对土壤的适应能力及砧木的抗病性。目前，在柑橘等果树中，采用体细胞杂交技术已经获得了一些具有作为优良砧木利用价值的多倍体体细胞杂种，如柑橘的异源四倍体体细胞杂种“崇义野橘+早花柠檬”。

小 结

植物体细胞杂交是建立在原生质体分离和培养基础之上的，其主要目的是克服不同植物远缘杂交中普遍存在的不亲和性，实现遗传物质在远缘物种间的转移及重组，创制新的杂种。

植物体细胞杂交包括细胞融合、杂种细胞筛选、杂种细胞培养及体细胞杂种鉴定等环节。细胞融合有对称融合和非对称融合两种方式，将产生三种类型的杂种，即对称杂种、非对称杂种和胞质杂种。为了实现非对称融合，在进行细胞融合之前通常需要利用射线或代谢抑制剂分别对供体或受体原生质体进行预处理。细胞融合方法有 $NaNO_3$ 融合法、高 Ca^{2+} 高 pH 融合法、聚乙二醇融合法、PEG-高 Ca^{2+} 高 pH 融合法、电融合法和激光微束融合法，适宜的融合条件是细胞融合成功的关键，影响细胞融合率的共性因素包括融合亲本间亲缘关系、原生质体密度、代谢互补抑制剂、Ca^{2+} 浓度等。原生质体融合后，如何从中选出异源融合原生质体，是后期获得杂种植株的关键，常用的杂种细胞筛选方法有营养代谢互补选择法、抗性突变体互补选择法、叶绿体缺失突变体互补选择法、物理选择法和生长差异选择法。杂种细胞培养是杂种植株再生的关键一环，杂种细胞培养与原生质体培养类似，但难度更大。通过细胞融合获得的体细胞杂种鉴定主要采用形态学鉴定、细胞学鉴定、生化鉴定、分子生物学鉴定及原位杂交鉴定等方法。迄今为止，利用体细胞杂交技术已经成功获得了大量种内、种间、属间组合的体细胞杂种植株，特别是从不能有性杂交的烟草与龙葵、番茄与马铃薯、芥菜与油菜等植物中获得了属间杂种，这些体细胞杂种植株通常具有一些独特的遗传特性，主要表现为染色体数目的不稳定性及杂种植株的不育性。

目前植物体细胞杂交技术被广泛应用于克服远缘杂交不亲和性、选育抗逆新种质材料、创制胞质杂种材料及选育多倍体育种材料等研究中，已经成为促进植物遗传育种研究的重要手段。

复习思考题

1. 名词解释：体细胞杂交，细胞融合，体细胞杂种，电融合法，PEG-高 Ca^{2+}高 pH 融合法，原位杂交，对称融合，非对称融合，胞质杂种

2. 在植物原生质体融合试验中，为了提高对杂种细胞的选择效率，我们可以采取哪些措施？

3. 影响原生质体融合效率的主要因素有哪些？

4. 胞质杂种在遗传学研究中有何利用价值？

5. 在非对称融合中，双失活处理的供体-受体细胞融合系统的作用原理是什么，有何优点？

6. 体细胞杂种中染色体数目的不稳定性表现在哪些方面？

7. 与有性杂交相比较，体细胞杂交在植物遗传育种中具有哪些优势？

第七章 植物细胞培养技术

植物细胞培养（plant cell culture）是指对植物器官或愈伤组织上分离出的单细胞或小细胞团进行培养，形成单细胞无性系，获得大量细胞群体的技术。

植物细胞培养的意义和应用主要为：①可以用于观察细胞的分裂、分化、生长和增殖过程并分析其理论研究，允许在细胞层面上进行特异性选择和研究，从而更深入地理解植物生理和遗传机制；②提供了一个独立的理论研究系统，用于研究植物细胞的生理代谢及不同物质（如激素、营养物质、毒素等）对细胞代谢的具体影响；③通过植物细胞的克隆，可以将微生物遗传技术应用于高等植物，实现遗传改良和功能基因的研究，这使得通过细胞工程技术改良作物品种成为可能；④细胞增殖速度快，可以在液体培养基中进行大规模悬浮培养，类似于微生物发酵，这使得植物细胞培养成为制药行业和天然色素行业生产一些特殊产品的新途径，如植物次生代谢产物的工业化生产。

第一节 植物细胞培养及其生物反应器类型

一、单细胞的分离

植物细胞培养中一个重要的步骤是从完整的植物器官或已有的培养组织中分离出单个细胞或小细胞团，以便于进行无性繁殖或基因操作。

（一）从完整的植物器官中分离单细胞

1. 机械法 通过物理方法如研磨、切割获得游离细胞，适用于细胞间结构松散的植物器官如叶肉组织。其具体过程是：在无菌条件下，将预灭菌的叶片轻轻研磨后，用两层细纱布过滤匀浆，低速离心滤液，取试管底部沉淀，获得纯化的细胞。机械法分离单细胞时，必须在研磨介质中进行，研磨介质主要是一些糖类物质配制的缓冲液和对细胞膜有保护作用的金属离子等，其主要作用是使细胞在解离过程中和解离后受到的损伤较小。常用的研磨介质有甘露醇、葡萄糖、Tris-HCl 缓冲液、$MgCl_2$ 和 $CaCl_2$ 溶液。

与酶解法相比，机械法具有以下特点：①细胞不受酶的伤害；②不会发生质壁分离。然而，只有当薄壁组织排列松散，细胞间接触面很少时，才能成功地进行叶肉细胞的机械分离，因此，这种方法并不适用于所有植物。同时，机械法分离细胞产率低，不易获得大量活性细胞，因此这种方法已逐渐被后来开发的酶解法所取代。

2. 酶解法 使用特定的酶（如果胶酶和纤维素酶）处理植物组织，通过化学方法降解细胞间的中胶层，从而实现细胞的分离。这种方法适用于大多数植物类型，尤其是细胞间紧密相连的组织。Takebe 等（1968）首次报道了通过果胶酶处理烟草叶片从中分离叶肉细胞。葡聚糖硫酸钾作为质膜稳定剂添加在酶液中，可以降低酶溶液中核糖核酸酶的活性，保持质膜的稳定性，增加游离细胞的产生。用于细胞分离的果胶酶不仅可以降解中胶层，还可以软化细胞壁，因此，当细胞利用酶解法分离时，必须添加渗透压保护剂以防止细胞膨胀和破裂。

酶解法的优点是可以获得更均匀的游离细胞，但缺点是需要很长时间，会对游离细胞造成损害。但在某些物种中，尤其是大麦、小麦和玉米等单子叶植物中，很难通过酶解法分离细胞，因为与双子叶植物相比，这些植物的叶肉细胞更长，细胞之间可能形成互锁结构，阻止细胞分离。

（二）从培养组织中分离单细胞

在植物细胞悬浮培养中，来源最广泛的是从外植体中诱导愈伤组织，通过多次传代使愈伤组织增殖、细胞排列疏松，然后通过振荡或酶处理分散成更小的细胞团甚至单个细胞，最后通过过滤和离心以纯化和收集单细胞。具体做法是：将筛选出的愈伤组织置于液体培养基的容器中，通过振荡分散成小细胞团和单细胞，用无菌筛网过滤以去除大细胞团，然后以4000r/min 离心以去除比单细胞小的残余碎屑，得到纯单细胞悬浮液。

增加愈伤组织的疏松度是获得高质量悬浮培养细胞的前提。愈伤组织的质地可以控制，但很难获得非常分散的愈伤组织。通常，可以通过控制培养基的成分和继代的次数和方式来提高愈伤组织的疏散程度，如在培养基中加入水解酶（少量纤维素酶和果胶酶等）、生长素（2, 4-D）或酵母提取物。此外，在半固态培养基上继代 2～3 代也能在一定程度上提高愈伤组织的疏散程度。值得注意的是，即使是最好的细胞悬浮培养系统也不是由绝对的单细胞组成，而是包含小的细胞团。振荡在培养过程中的作用：①对细胞团施加一定的压力，使其破碎成小细胞团或单个细胞；②使细胞或细胞团均匀分布于培养基中；③促进培养基和容器中的气体交换，确保细胞的正常呼吸和代谢。

二、单细胞的培养技术

单细胞的培养技术是一项关键的生物技术，它允许从单个植物细胞开始培养，最终形成大量细胞群体。植物细胞具有群体生长的特点，当分离出单个细胞时，按照常规的培养方法，往往无法达到细胞生长繁殖的目的，因此，植物单细胞培养必须采取特殊的培养方法。

（一）平板培养

平板培养（plating culture）是指将一定密度（10^3～10^5 个细胞/mL）的悬浮单细胞接种到薄层固体培养基中进行培养。其具有筛选效率高、筛选量大、操作简单等优点，因此被广泛应用于各种需要获得单细胞克隆的细胞筛选研究，如细胞分裂分化、遗传变异、细胞次生代谢产物合成等。操作时，首先要通过细胞筛过滤以去除较大的细胞团，再将得到的单细胞悬浮液经计数和离心处理后，以适当密度播种在固体培养基上。在大约20d时，部分单细胞即可长出肉眼可见的愈伤组织（细胞团）。计算每个培养皿中的细胞团数并计算植板率（plating efficiency）（发生分裂的细胞占接种细胞的百分数，可用来衡量培养效果），计算公式如下：

植板率=（每个平板上形成的细胞团数/每个平板上接种的细胞总数）×100%

当细胞团达到一定大小时，应及时进行继代培养。在培养过程中，应注意以下几点。①培养基的选择，基于细胞在低初始密度下生长的能力，平板培养中的细胞初始密度和培养基组成是相辅相成的，这是单细胞培养成功的关键。初始细胞密度也称为临界密度，较低时细胞不分裂，较高时产生的细胞团会重叠，很难获得单细胞克隆。当初始密度较低时，对培养基的要求相对复杂，除培养基的基本配方外，还需要添加有机物，如椰乳、酵母提取物和水解酪蛋白。当接种细胞的初始密度太低而不能分裂时，还可以使用条件培养基进行培养。条件培养基是指在培养基中加入高密度的起始细胞进行培养，培养一段时间后，这些细胞会分泌一些物质，过滤这些细胞后，得到的培养基更有利于低密度起始细胞的分裂。②不同植物种类的最适初始密度不同。大多数植物细胞的起始密度为10^3～10^5个细胞/mL。③长期处于静止期的细胞不适合选择，通常处于分裂旺盛期的细胞具有更高的分裂能力。④固体培养基的温度对接种的成功有很大影响，高温会对细胞造成损伤，低温凝固快，导致细胞分布不均。

（二）悬浮培养

悬浮培养（suspension culture）是指将游离的单细胞或小细胞团以一定的细胞密度悬浮在液体培养基中的培养方法。这种方法可以提供大量均匀的细胞供实验使用，特别适合于大规模培养，是制药和生物技术领域中常用的方法。细胞的生长和代谢活动在悬浮培养中更加活跃，便于控制和优化培养条件。它的主要优点是：①可以提供大量相对均匀的细胞；②增殖速度快；③适合大规模培养。如今已发展成为细胞工程中一个独特的产业。

（三）看护培养

看护培养（nurse culture）是一种使用同种或不同材料旺盛生长的愈伤组织作为看护组织来培养细胞的方法（图7-1）。一些植物细胞分离成单细胞后，会失去活力，甚至死亡，因此在培养过程中需要给分离的单细胞饲以活性生长的愈伤组织，使其正常生长和增殖，而用于喂养的愈伤组织称为看护组织。具体方法是：将一块生长活跃的愈伤组织接种在固体培养基上，然后在其上放置一小块无菌滤纸，待滤纸湿润后将细胞接种在滤纸上。培养的单细胞形成细胞团后，将其直接转移到培养基中进行培养。不能在培养基上直接接种和培养的单细胞可能会在看护组织的影响下分裂，这个过程不仅为单细胞提供了营养，还可能提供其他促进细胞分裂和增殖的活性物质。看护培养的主要优点是效果好、操作简单、成功率高，但缺点是无法在显微镜下追踪细胞生长过程。

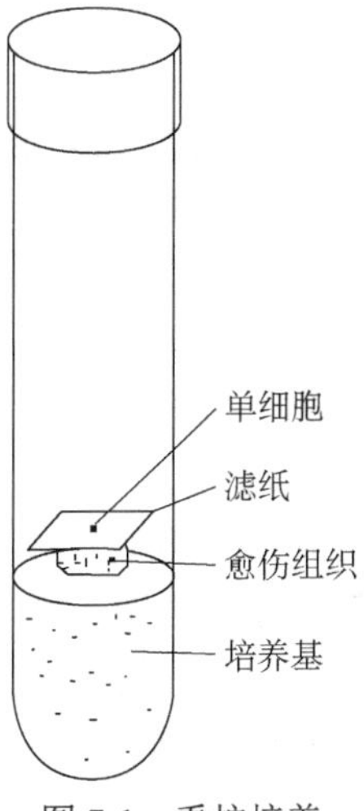

图7-1　看护培养

（四）微室培养

微室培养（microchamber culture）是在人工制造的微小环境中进行的培养，这种环境可以是微型反应器或特殊设计的载玻片。其允许在显微镜下直接观察细胞的生长、分裂过程，非常适合于细胞生物学的研究和教学。微室培养的优势在于可以持续跟踪单个细胞或细胞团的生长状况，从而详细研究细胞行为和环境因素的互动。具体方法是：取出一滴含有单细胞的悬浮培养基，放置在凹形载玻片上。在培养基周围滴加一圈石蜡油，形成微室的“墙壁”。将一滴石蜡油添加到“墙壁”的左侧和右侧，并将盖玻片分别放置在石蜡油上。将第三张盖玻片架在前两张盖玻片之间，含有细胞的培养基被覆盖在微室中（图 7-2）。最后，在合适的环境中培养整个带有微室的载玻片。当细胞团达到一定尺寸时，取下盖玻片并转移到新鲜的液体或半固体培养基中进行培养。

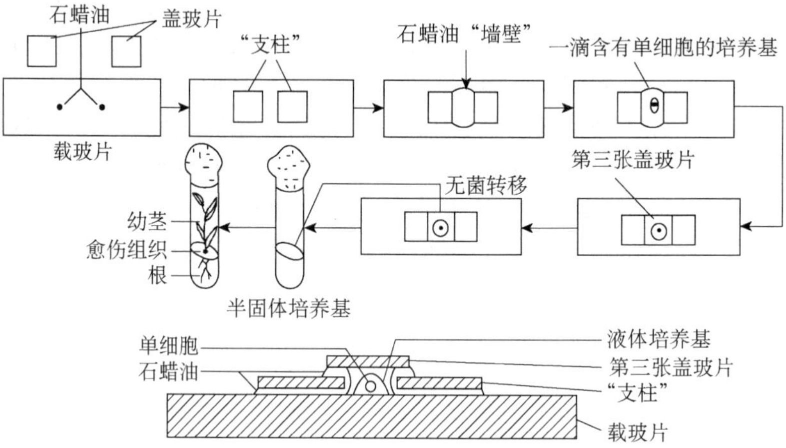

图 7-2　微室培养示意图

三、植物细胞的大规模培养

目前用于植物细胞的大规模培养技术主要有细胞悬浮培养和固定化培养。

（一）植物细胞的悬浮培养

1. 细胞悬浮培养的建立　愈伤组织通常被用作悬浮培养初始细胞的来源。选择悬浮体系愈伤组织的标准是：①疏松性好，易破碎；②增殖再生能力强；③均一性好。为了获得符合标准的愈伤组织，一般从三个方面进行控制。①选择合适的外植体。胚、胚轴和子叶是最常用的外植体，尤其是幼胚。因为胚外植体建立的愈伤组织细胞活力强，增殖速度快，分化能力强。②愈伤组织培养阶段还必须进行必要的选择和继代，直接由外植体诱导愈伤组织，如果不通过继代选择则难以获得均匀一致的疏松性。③培养基的附加成分中，生长素的浓度影响最大，有时需要添加一定浓度的特殊蛋白质和氨基酸及其他有机物质（如水解乳蛋白、水解酪蛋白、脯氨酸、谷氨酰胺）和水解酶（果胶酶、纤维素酶）。

在培养过程中可能发生褐变，可以通过短间隔继代培养来解决。一个成功的悬浮细胞培养系统必须满足三个基本条件：①良好的分散性和小的细胞团；②均一性好，细胞大小与生理状态大致相同，细胞颜色为乳白色或淡黄色，视觉外观为大小均匀的小颗粒，介质清澈明亮；③快速生长，一般 2～3d 甚至更短的时间细胞生长量可以翻倍。

2. 细胞悬浮培养的类型　细胞悬浮培养分为分批培养（batch culture）、半连续培养（semi-continuous culture）和连续培养（continuous culture）。

（1）分批培养　分批培养是指将细胞接种在一定体积的培养基中进行密封培养。当培养物增殖到一定量时，就形成了单细胞培养物。除气体和挥发性代谢产物外，在培养过程中没有与外部环境进行其他物质交换。当培养基中的主要成分耗尽时，细胞停止分裂和生长，完成培养过程，一次性收获细胞和产物。为了使分批培养的细胞持续增殖，必须及时进行继代。继代方法可以是将少量悬浮液转移到新鲜培养基中，或者过滤悬浮液，用滤液接种，这可以增加下一代培养物中单细胞的比例。

在分批培养中，细胞数量、鲜重和干重将不断变化，大致显示出类似于“S”形曲线的细胞生长周期（图 7-3）。最初的缓慢生长期被称为延滞期（lag phase），其特征是细胞很少分裂，细胞调整状态以适应新环境，为细胞分裂准备营养物质，也不会增加细胞数量。中期细胞活跃分裂，数量迅速增加，快速生长，此阶段被称为对数生长期（logarithmic phase）。直线生长期（linear phase），是细胞增殖最快的时期，单位时间内细胞增长数量大致不变，细胞数量达到最大。在对数生长期，细胞分裂率远大于鲜重的增加，细胞体积较小，但容易结团，而在直线生长期，细胞体积增加，细胞分裂速率小于鲜重的增长，但很少结团。随后，培养基中的某些营养物质被耗尽，或有毒代谢产物积累，细胞生长逐渐减慢到衰退期（ebb phase）。最终，增长趋于完全停止，进入静止期（stationary phase）。

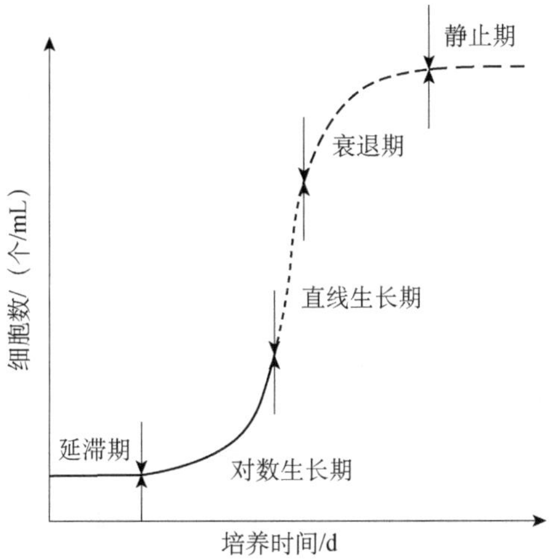

图 7-3 细胞悬浮培养的生长曲线

分批培养中，影响细胞生长周期的因素有以下几方面。

1）细胞继代的时期。可以通过使用对数和直线生长期细胞作为继代细胞来缩短滞后时间。细胞进入静止期后质量下降，如果不及时继代，细胞的活力往往会下降甚至死亡，影响整个悬浮系统的状态。因此，当细胞生长进入衰退期时，需要及时继代。

2）初始接种细胞密度。较高的初始接种密度可以缩短延滞期和整个细胞周期，并降低每个细胞生长周期中细胞增加的倍数。较低的初始接种细胞密度导致较长的延滞期和细胞生长周期。根据培养目的的不同，可以通过调整细胞接种密度来调整继代时间。如果只是一般的继代，可以适当降低接种密度，延长培养周期，减少继代操作次数。如果希望在短时间内获得大量活跃的生长细胞，可以适当增加接种密度，缩短传代时间。

3）细胞生长速率。细胞繁殖一代所需的最短时间因物种而异，如烟草为 48h，蔷薇为 36h。当接种的细胞密度为 1×10^5/mL 时，烟草细胞培养周期一般为 10d，蔷薇一般为 12d。

在分批培养过程中，当培养的细胞进入衰退期或静止期时，往往是细胞次生代谢产物积累的时期。如果培养的目的是获得次生代谢产物，则应尽可能保持该阶段的细胞活性，延长生产周期以增加产物积累量。为了实现这一目标，当细胞生长即将进入衰退期时，可以在培养体系中加入一定量的有利于目标产物合成的成分，以增加目标产物的积累。

分批培养并不是研究细胞生长和代谢的理想方法。在分批培养中，由于细胞生长和代谢方式及培养基成分的不断变化，没有稳定的生长期，细胞数量、代谢产物和酶浓度不能保持恒定。在某种程度上，这些问题可以通过连续培养来解决。

（2）连续培养　连续培养是一种使用非密闭培养容器进行大规模细胞培养的方法。其特点是在培养过程中不断注入新鲜培养基，淘汰旧培养基，不断补充营养，在悬浮培养中不会出现营养缺乏的现象，可使细胞保持在增殖最快的对数生长期，延长了目标产物的积累时间，提高了目标产物产量，适合大规模工厂化生产（图 7-4）。这种方法可以分为两种类型：封闭式和开放式。

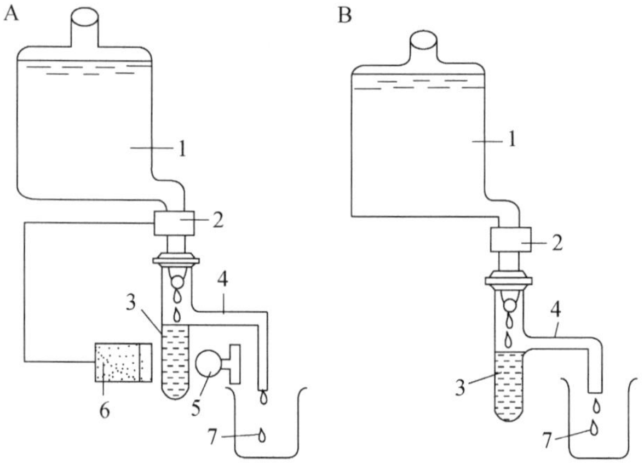

图 7-4　连续培养装置（杨淑慎，2023）

A. 浊度恒定法培养；B. 化学恒定法培养

1. 培养基容器；2. 控制流速阀；3. 培养室；4. 排出管；5. 光源；6. 光电源；7. 流出物

1）封闭式连续培养（closed continuous culture）。在培养过程中，排出的旧培养基和添加的新鲜培养基之间存在平衡，同时悬浮在流出物中的细胞被机械收集，然后返回培养系统，因此在这种培养模式下，细胞密度随着培养时间的延长而增加。

2）开放式连续培养（open continuous culture）。在开放式连续培养中，注入的新鲜培养基体积等于流出的培养基体积，其中细胞密度也保持恒定，通过调节流入和流出速率，培养细胞的生长速率保持在稳定状态，处于稳定状态的流出细胞数量相当于培养系统中新细胞的增加量。为了在开放式连续培养中实现细胞增殖的稳定性，可以使用浊度恒定法与化学恒定法两种方法进行控制。

（3）半连续培养　半连续培养是指在反应容器中培养一段时间，培养罐中的细胞数量增殖到一定量，将细胞悬浮液倒出一部分（最多 50%），然后加入新鲜培养基继续培养的方法。在半连续培养中，新鲜培养基不是连续添加的，而是在一定间隔后添加，并且培养基的体积保持固定。由于细胞已经适应生物反应器的培养环境和相当于高初始浓度的接种量，因此在多次稀释和换液培养过程后，细胞密度通常会增加。半连续培养的特点如下：①培养细胞的体积逐渐增加，反应器中培养液的总体积保持不变；②细胞可持续进行对数生长，并能将产物和细胞维持在高浓度水平，培养过程可持续较长时间；③可多次收获。

连续培养适合于工业化生产，但由于需要的设备比较复杂，要维持整个体系的无菌状态，技术条件要求苛刻，因此并未得到广泛应用。半连续培养法可以不断补充培养基中的营养物质，减少接种次数，不需要反应器重复清洗、消毒等一系列复杂操作，工业化生产为了简化操作流程，保证细胞增殖，经常采用半连续培养的方法。

3. 培养细胞的同步化　细胞同步化（cell synchronization）是指培养物中的大多数细胞可以同时通过细胞周期的所有阶段。悬浮培养系统中细胞的大小、形状和生理状态非常不同，每个细胞的细胞周期也不同，这表明细胞悬浮培养大多是不同步的，这使得研究细胞代谢的生化、生理、遗传和其他方面非常困难。因此，有必要通过控制悬浮培养系统的各种生长条件来获得高度同步的细胞。在悬浮培养中实现细胞同步有物理方法和化学方法。

（1）*物理方法*　通过对细胞的物理特性（如单细胞或细胞团的大小等）或培养条件（光照、温度等）的控制以获得高度同步化，包括按照细胞大小进行选择的分选法和冷处理法。

1）分选法。通过细胞体积大小分级。直接将处于相同周期的细胞进行分选，然后将同一状态的细胞继代培养于同一培养体系中，以保持同一培养体系中细胞的良好一致性。这种方法的优点是操作简单，细胞分选后保持自然生长状态，不会受到其他处理带来的细胞活力影响。传统的细胞分选方法是不连续梯度离心。流式细胞仪也可用于悬浮培养中细胞的精细分选。

2）冷处理法。该法是根据低温刺激能提高培养细胞同步化程度的原理而设计。收集细胞，用4℃低温处理数天，并用新鲜培养基培养，就可以提高培养系统中的细胞同步度。

（2）*化学方法*　化学方法的工作原理是使细胞处于某种营养饥饿状态，或添加某种生物化学抑制剂，使细胞在生长周期的某个阶段停止生长。

1）饥饿法。细胞首先被断供细胞分裂所需的营养或激素，从而使细胞停滞在 G_1 或 G_2 期，当将限制因子重新添加到培养基中时，静止细胞将同时进入分裂。控制因子一般为N、P、C和植物激素等。

2）抑制法。指使用生物化学抑制剂暂时停止细胞周期的过程，使细胞停滞在特定时期，当抑制解除时，细胞将同步进入下一个时期。主要有以下几种方法。①DNA合成抑制法。一般使用DNA合成抑制剂，如5-氨基尿嘧啶、5-氟脱氧尿苷（已应用于大豆、烟草、番茄等悬浮培养细胞）、羟基脲、胸腺嘧啶脱氧核苷等。当细胞受到这些化学药物处理后，阻止了DNA合成，细胞周期只能进行到 G_1 期，除去抑制剂后，细胞就进入同步分裂。由于这种方法获得的细胞同步仅限于一个细胞周期，因此细胞同步程度更高。②有丝分裂抑制法。加入抑制有丝分裂中纺锤体形成的物质，使细胞分裂停滞在有丝分裂中期，从而实现同步培养。秋水仙碱是最有效的有丝分裂抑制剂。需要注意的是，秋水仙碱的处理时间不宜过长，以免引起染色体加倍。

4. 悬浮培养中细胞生长量的计算

（1）*细胞计数*（cell count）　计数通常使用血细胞计数器进行，可以使用特制的计数盘来计算数量较大的细胞。由于悬浮培养物中存在不同大小的细胞，因此很难从培养瓶中直接取样获得可靠的细胞计数。

（2）*血细胞比容*（packed cell volume，PCV）　血细胞比容以每毫升培养基的细胞体积表示。测定过程中，将已知体积的均匀分散的悬浮液（10～20mL）放入刻度离心管中，以2000～4000r/min离心5min，记录沉积在底部的细胞体积。

（3）*细胞鲜重*（cell fresh weight）　将悬浮培养物倒在已知重量的湿尼龙网上，用水洗去培养基，通过真空过滤除去附着在细胞上的多余水分，通过称重测定细胞重量。

（4）细胞干重（cell dry weight） 根据细胞鲜重法，使用已知重量的干尼龙网收集细胞，并在60℃的烘箱中烘烤12h，待细胞干重恒定后称重。细胞的干重表示为每毫升培养物或每10^6个细胞的重量。

（5）有丝分裂指数（mitotic index，MI） 有丝分裂指数是一个细胞群体中处于有丝分裂阶段细胞的百分比。测定愈伤组织的有丝分裂指数，一般用Feulgen染色。悬浮培养的细胞应先离心，然后将细胞置于载玻片上用0.1%的醋酸洋红染色并镜检。至少检查1000个细胞，随后计算出分裂指数。指数越高，表明细胞分裂进行的速度越快，反之则慢。

5. 细胞活力的测定 在进行细胞培养时，有活力的细胞是细胞悬浮培养成功的关键，细胞活力的测定可以采用以下几种方法。

（1）相差显微镜观察法 通过在相差显微镜下观察细胞质环流和正常细胞核的存在与否来鉴别细胞的活性。

（2）2, 3, 5-氯化三苯基四氮唑（TTC）还原法 其原理是：TTC是一种标准的氧化还原颜料，氧化态是无色的，当被还原时，它会变成红色的三苯甲腙（TTF），在空气中不会自动氧化，而且相当稳定。活愈伤组织呼吸产生的氢可以将TTC还原为TF，因此愈伤组织细胞被染成红色。愈伤组织细胞产生的脱氢酶活性水平与氧化还原反应中的氢量相关，脱氢酶活性与愈伤组织的细胞活力呈正相关。愈伤组织的细胞活力可以根据有无颜色和深度来判断。光吸收值代表细胞活力，光吸收值越大，细胞活力越强。

（3）伊文思蓝染色法 当用0.025%伊文思蓝（Evans blue）溶液处理细胞时，只有活力受损的细胞和死细胞才能吸收染料，而完整的活细胞不能摄取，因此未染色的细胞被视为活细胞。

（4）FDA染色法 二乙酸荧光素（fluorescein diacetate，FDA）既不具有荧光性，也不具有极性，可以自由地穿过质膜。在活细胞中，FDA可以被酯酶裂解，释放出发出荧光的极性部分（荧光素）。由于荧光素不能自由穿过质膜，它可以在完整的活细胞中积累，但不能在死亡和受损的细胞中积累。当用紫外线照射时，荧光素会产生绿色荧光，从而识别细胞的活性。这种方法是对伊文思蓝染色的补充。

（二）植物细胞的固定化培养

植物细胞的固定化培养是指将游离细胞包埋或吸附在惰性基质的特定空间内或其表面，培养液处于流动状态进行培养的技术。常见的植物细胞固定方法有包埋法和吸附法。包埋法是通过将细胞包埋在多孔载体中来固定细胞的技术。常用的载体有海藻酸盐、卡拉胶、琼脂糖、琼脂和膜等。许多细胞具有附着到固体表面或其他细胞表面的能力。用于植物细胞吸附的载体大多是多孔惰性材料，如聚氨酯泡沫、尼龙网、壳聚糖等。吸附法可分为物理吸附法和离子吸附法。物理吸附法是利用吸附能力高的吸附剂将细胞吸附到载体表面，使其固定化。所用载体可以重复使用，但组合不牢固，细胞容易脱落。离子吸附法取决于细胞在自由状态下的静电吸引（离子键合），并固定在具有不同电荷的离子交换剂上，如二乙氨乙基（diethylaminoethyl，DEAE）-纤维素、DEAE-葡聚糖凝胶、羧甲基（carboxymethyl，CM）纤维素上的方法。

与细胞悬浮培养相比，固定化培养具有以下优点。①包埋在聚合物中的细胞可以得到保护，以减少剪切力的损伤。②促进次生代谢产物的收集。对于可以将代谢产物释放到周围培养基的细胞，固定化培养可以在不损害细胞的情况下收集产物，对于不自然释放产物的细胞，可以使用化学处理来诱导产物释放。这样，可以消除产物对代谢的反馈抑制作用，增加次级代谢产物的产生。③由于初级代谢和次级代谢经常对前体发生竞争，因此在培养系统中，如果培养的细胞生长过快，则初级代谢占主导地位。如果将细胞固定在惰性基质中，细胞生长速度会较慢，有利于促进次生代谢产物的积累。④固定化培养物本身促进细胞之间的紧密接触，并可以在细胞之间建立物理和化学连接。相对固定的细胞位置有利于建立理化梯度，可以模拟细胞在植物组织中的情况，更有利于产物的合成。

四、植物细胞培养生物反应器

1959 年，Tulecke 和 Nickell 首次将微生物培养用的发酵工艺用于高等植物细胞的悬浮培养，此后逐渐发展出使用生物反应器的植物细胞大规模培养。下面主要介绍植物细胞悬浮培养生物反应器和植物细胞固定化培养生物反应器。

（一）植物细胞悬浮培养生物反应器

1. 机械搅拌式生物反应器　用于植物细胞培养的机械搅拌式生物反应器（stirred-tank bioreactor）是由用于微生物培养的机械搅拌式发酵罐改进而来的，其原理是使用机械搅拌来悬浮细胞和通气。反应器的结构通常由圆柱形外壁和连接在中心轴上的垂直叶轮组成（图 7-5）。随着中心轴和叶轮的旋转，内部培养物和气体被驱动旋转。其主要优点是搅拌充分，氧气供应和混合效果好（溶氧系数 k_La>100/h），反应器中的温度、pH 和营养物浓度比其他反应器更容易控制，可以直接借鉴微生物培养的经验进行研究和控制。

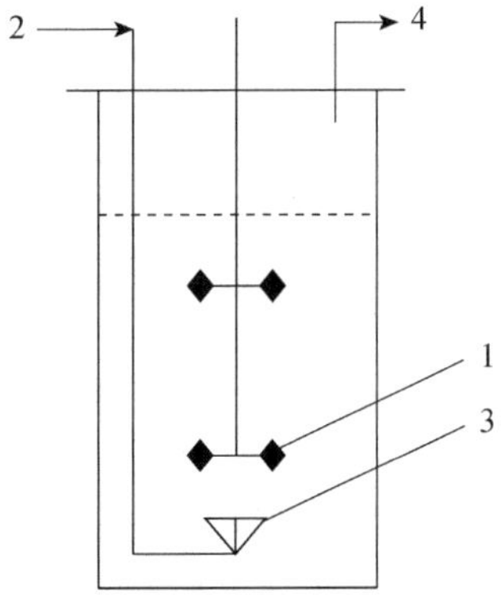

图 7-5　机械搅拌式生物反应器示意图

1. 搅拌器；2. 无菌空气入口；3. 空气分布器；4. 空气出口

机械搅拌式生物反应器主要适用于对剪切力耐受性较强的细胞，如烟草细胞、水母雪莲细胞等，但是由于大多数植物细胞的细胞壁对剪切力敏感，易造成细胞的损伤，因此在利用机械搅拌式生物反应器时，需要改进搅拌桨叶。一般可以通过改变搅拌形式、叶轮结构与类型等减小因搅拌而产生的剪切力，并使其具有缓和的流场及良好的混合性能。已证明不同叶轮产生的剪切力大小不同，一般认为涡轮状叶轮好于平叶轮，而平叶轮好于螺旋状叶轮。此外，搅拌方式也会对剪切作用产生影响。在欧洲云杉（*Picea abies*）和垂枝桦（*Betula pendula*）体胚的培养过程中，在较低的搅拌速度下变换搅拌的方向可以降低剪切力，搅拌器的搅拌方向每 10s 变换 1 次时，30r/min 的搅拌速度就可以有较好的混合性能。因此，改进搅拌桨叶结构、类型和搅拌方式可减少植物细胞生长中受到的损害，提高机械搅拌式生物反应器的应用范围。

目前，烟草（*Nicotiana tabacum*）、葡萄（*Vitis vinifera*）、长春花（*Catharanthus roseus*）和三角叶薯蓣（*Dioscorea deltoidea*）都已在改进的搅拌式反应器中进行了培养。德国已建立了由 75L、750L、7500L、15 000L、75 000L 系列搅拌式生物反应器组成的植物细胞培养工厂，并培养了松果菊细胞，生产免疫活性多糖。

2. 鼓泡式生物反应器 鼓泡式生物反应器利用从底部注入的无菌空气产生的气泡，这些气泡在上升过程中实现了供氧和物质混合的双重功能（图 7-6）。在培养过程中，不需要额外的机械能，因此非常适合培养对剪切力敏感的细胞。然而，对于高密度和黏度较大的培养体系，反应器的混合效率会降低。鼓泡式生物反应器的常见类型是气液两相反应器，其特点是气体鼓泡通过液层，其中含有反应物或催化剂，从而实现气液相反应。反应器内流体的运动状态随着分散相气速的增大而改变，通常分为两种情况：一种是均匀鼓泡流，此时气速较低，气泡大小均匀，浮升较为规律；另一种是随着气速增加，小气泡逐渐与大气泡合并，同时也引起了液体的循环流动，这种流动被称为非均匀鼓泡流。

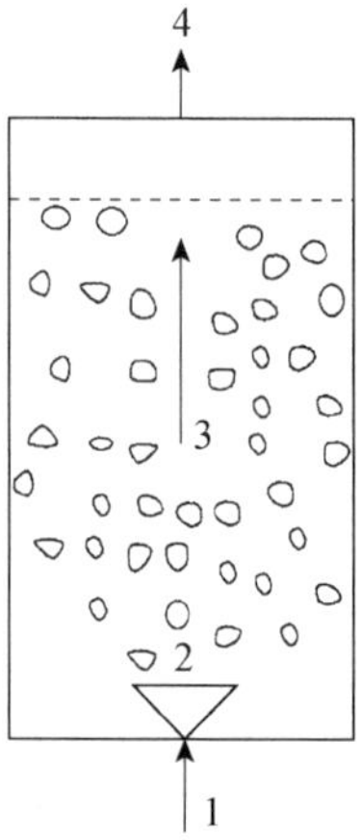

图 7-6 鼓泡式生物反应器示意图

1. 进气口；2. 空气分布器；3. 气流循环方向；4. 排气口

3. 气升式生物反应器 气升式生物反应器是在鼓泡式生物反应器的基础上进化而来，通过增加内部通气管道来提高混合效率，将供氧和混合两种功能融合在一起的一种生物反应器。根据结构的不同，可分为内升式和外升式两种类型（图 7-7）。

在气升式生物反应器内部，主要分为升液区和降液区两个主要区域，包括导流筒、塔顶的气液分离装置和塔底的气体分布装置等部件。气体从塔底的气体分布装置进入导流筒，经过气液分离后从塔顶排出，从而推动液体在塔内从升液区到降液区的循环流动，实现搅拌的效果。

由于气升式生物反应器没有搅拌装置，因此剪切力较小，对植物细胞的伤害也较小；培养液不断循环，混合效果较好，有利于提高细胞浓度和次生代谢产物的产量，因此是最适合植物细胞培养的生物反应器之一。自 20 世纪 70 年代开始研发，近年来其已在植物细胞规模化培养中得到广泛应用。

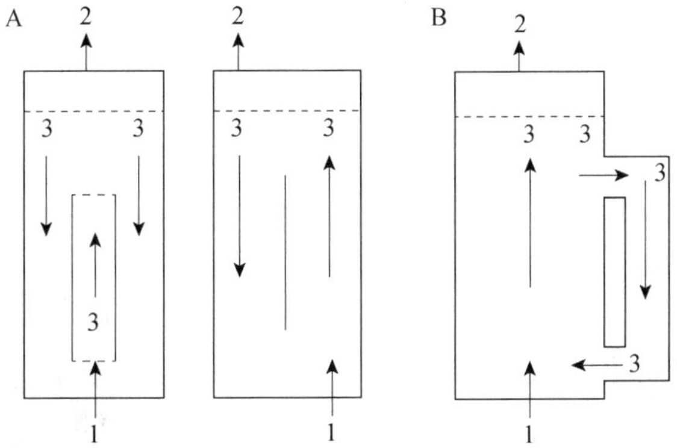

图 7-7 气升式生物反应器示意图

A. 内升式生物反应器；B. 外升式生物反应器。

1. 空气进口；2. 空气出口；3. 气流循环方向

4. 转鼓式生物反应器 转鼓式生物反应器是一种相对较新型的反应器，通常通过旋转转盘或转鼓来实现混合（图 7-8）。这种反应器具有悬浮系统均一、低剪切力环境、高供氧效率及防止细胞黏附在壁上的优点，因此非常适合于高密度植物悬浮细胞的培养。转鼓式生物反应器已经成功应用于长春花（*Catharanthus roseus*）和紫草（*Lithospermum erythrorhizon*）等植物的培养。

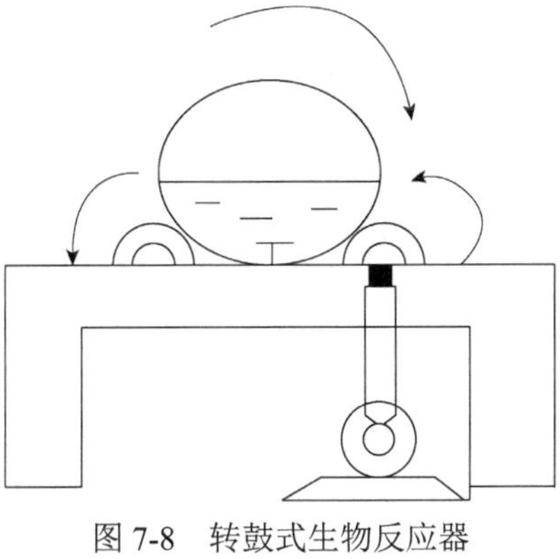

图 7-8 转鼓式生物反应器

（二）植物细胞固定化培养生物反应器

根据植物细胞固定方法的不同，植物细胞固定化培养生物反应器可分为流化床生物反应器、填充床生物反应器和膜生物反应器。

1. 流化床生物反应器 流化床生物反应器（fluidized bed bioreactor）是利用流体（培养基或空气）的动能使支持物颗粒处于悬浮流化状态，从而实现固定化细胞和气泡在培养液中悬浮翻转吸收营养，进而进行培养（图 7-9）。其优点包括结构简单、传质系数高及反应物混合均匀。然而，流体的切变力和固定化颗粒的碰撞，常导致支持物颗粒破损并可能使细胞外流。此外，由于流体动力学复杂，因此放大该反应器通常较为困难。

2. 填充床生物反应器 填充床生物反应器（packed bed bioreactor）将细胞固定于支持物表面或内部，支持物颗粒堆叠形成床，而这些支持物固定不动，培养基在床间流动，从而实现物质的传递和混合（图 7-10）。该反应器的优点在于单位体积的细胞密度大，能够满足植物细胞群体生长的特性。缺点是混合效果较差，传递效率较低。此外，床底层中的颗粒支持物容易破碎或在高压下变形，可能导致床阻塞。尽管如此，与流化床生物反应器相比，填充床生物反应器更容易实现高密度培养。

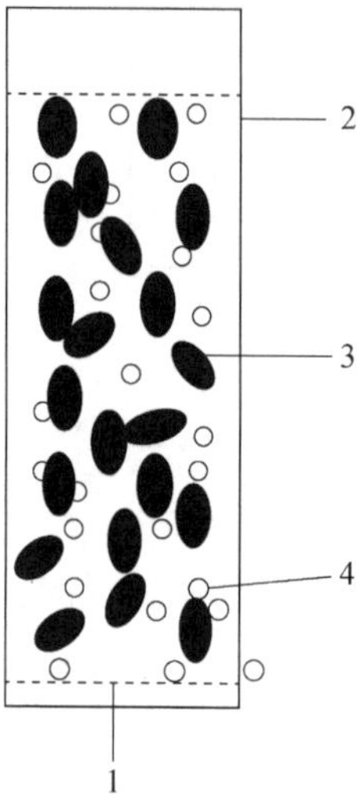

图 7-9 流化床生物反应器示意图

1. 液体进口；2. 液体出口；3. 细胞团或固定化细胞；4. 气泡

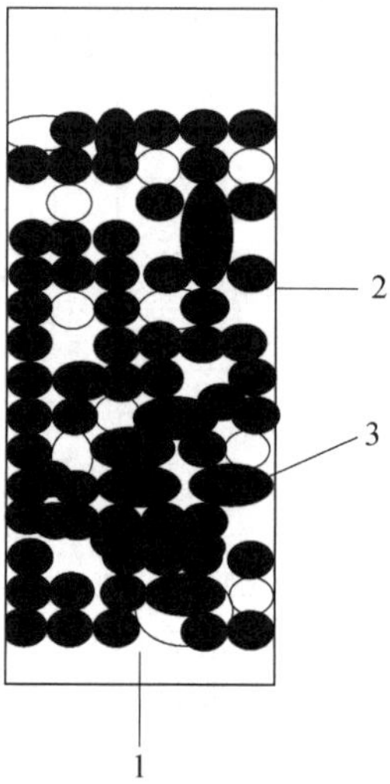

图 7-10 填充床生物反应器示意图

1. 进液口；2. 排液口；3. 固定化细胞

3. 膜生物反应器 膜生物反应器（membrane bioreactor）是将植物细胞固定在具有一定孔径和选择透过性的多孔薄膜中。在这种反应器中，营养物质能够通过膜渗透到细胞内部，而细胞产生的目的产物也可以通过膜释放到培养基中。膜生物反应器主要分为中空纤维反应器和螺旋卷绕反应器（图 7-11）两种类型。

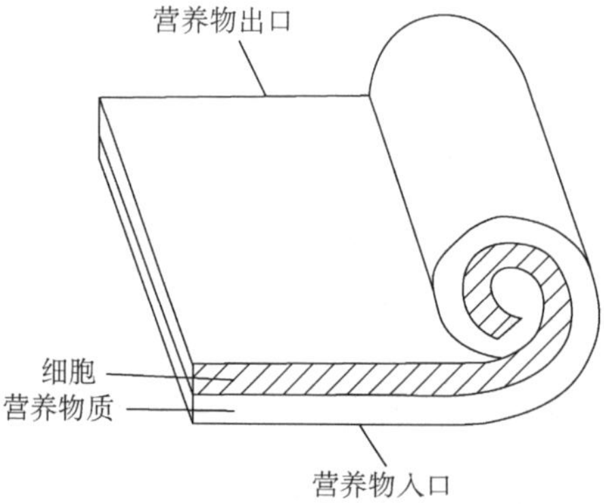

图 7-11 螺旋卷绕反应器示意图

第二节 植物细胞培养与次生代谢产物生产

在《本草纲目》中，李时珍所列的 1000 多种药物大部分都是植物药物。至今，约 25%的法定药品仍然来自植物，这些植物药的有效成分主要是次生代谢产物。许多植物次生代谢产物不仅是优良的食品添加剂和名贵化妆品原料，还是生物毒素的主要来源，可用于杀虫、杀菌，而对环境和人畜无害，是理想的环保产品。植物次生代谢产物在医药、食品、轻化工业等领域具有重要意义。植物细胞不仅携带着构成一个完整植株的全部遗传信息，而且在生化特征上，也具备其亲本植株产生次生代谢产物的遗传基础和生理功能。研究表明，通过细胞培养方法获得的次生代谢产物含量有时会远远高于植物本身。植物细胞培养技术不破坏植物、保护生态环境并且高效，为生产天然次生代谢产物提供了一条新途径，现已成为当代生物技术的一个重要组成部分。

一、植物细胞培养及次生代谢产物研究进展

自 1956 年首个植物细胞培养生产天然产物的专利出现以来，已有近 1000 种植物通过细胞培养技术生产出 600 多种天然产物，包括重要药物（如紫杉醇、地高辛等）、香料和色素。日本最早采用此技术，1968 年开始用 130 000L 发酵罐进行人参的工业化生产，实现了人参皂苷含量是原植物三倍的成果，有效解决了人参的供需矛盾。1981 年，日本科学家通过悬浮培养技术成功生产紫草宁衍生物，并于 1983 年实现工业化生产。

在中国，多位学者在此领域也取得了显著成就。例如，郑光植等的三分三细胞培养，董教望的新疆紫草细胞培养，周立刚等进行的西洋参、三七和人参细胞培养等，均达到了国际先进水平。目前，我国已建立了多种药用植物的液体培养系统，通过培养基和条件的优化，有效成分含量已达到或超过原植物。此外，大规模培养的研究如华中理工大学的红豆杉培养，展示了我国在中药生物技术领域的突破。

尽管已有百余种药用植物通过细胞培养技术生产有效成分，但真正实现工业化生产的植物种类仍然有限。主要挑战包括低增殖率、成本高昂和产物不稳定等问题。因此，提高遗传稳定性的研究，以及开发适用于大规模培养的生物反应器，是当前技术转化的关键问题。

二、植物次生代谢产物的概念与生产方法

（一）概念

植物次生代谢产物（secondary metabolite）这一概念由 Kossel 于 1891 年明确提出，是指植物中一大类并非植物生长发育所必需的小分子有机化合物。这些化合物的产生具有种属、器官、组织及生长阶段的特异性，涉及的合成与分解过程称作次生代谢。据估计，植物能产生超过 20 000 种次生代谢产物，主要分为酚类（如黄酮、单酚、醌类），萜类（如三萜皂苷、甾体皂苷）和含氮化合物（如生物碱、胺类）。这些产物广泛应用于医疗、农业和工业领域，如用于治疗白血病的长春花碱和治疗心脏病的毛地黄，年销售额分别为 18 亿～20 亿美元和 20 亿～55 亿美元。

（二）生产途径

植物次生代谢产物可通过直接提取、化学合成、微生物发酵、植物细胞培养、遗传操作、合成生物学应用及毛状根培养等方法生产。直接提取虽是传统方法，但限于植物中次生代谢产物含量低，采用传统方法已造成野生植物资源数量减少和严重破坏，因此探索更高效的生产方法至关重要。

1. 化学合成 在充分理解次生代谢产物生物合成路径的基础上，利用化学方法合成如氯霉素、四环素等。但复杂的生物合成路径和高成本限制了其应用。因此，天然产物在很长一段时间内是难以依靠化学合成或者合成途径表达的方法实现原料供应的。

2. 微生物发酵 利用植物内生真菌等微生物生产抗菌、抗病毒等物质。近来发现的天然产物中有 51%的天然产物源自微生物，显示了微生物作为资源库的潜力。在过去的 20 年中，已经从内生真菌中成功分离到许多抗微生物、杀虫、细胞毒性和抗癌等具有重要价值的生物活性物质。

3. 植物细胞培养 通过生物反应器实现大规模、连续生产，提高次生代谢产物的产量，但需要解决植物细胞生长缓慢、代谢产物含量低等问题。因此，高产细胞系的筛选、培养基的优化、培养过程代谢的调控是实现次生代谢产物规模化生产的前提和关键。

4. 遗传操作 对植物次生代谢路径进行遗传操作，提高特定次生代谢产物的产量，具备广阔的发展前景。寻找调控特定产物合成的关键酶的基因、选择适合的载体及在受体适当部位高效特异地表达是利用该技术生产次生代谢产物的关键。目前，改造植物次生代谢途径可以采取单基因操作和多基因操作两种策略进行。

5. 合成生物学应用 工程化地组装生物系统，如利用酵母合成青蒿素，提高生产效率并减少对自然资源的依赖。合成生物学/代谢工程设计成功的前提是要对不同来源“兴趣化合物”的生物合成途径及其调控有一个比较清楚的了解，才能做到有的放矢，为核心生物学模块设计提供理论基础。

6. 毛状根培养 结合基因和细胞工程技术，毛状根培养展现了在生物量增加和活性成分积累方面的优势，通过优化培养条件和遗传调控手段，提高生产效率和降低成本，为实现工业化生产铺平道路。实现药用植物毛状根大规模培养的前提是低成本、高产出。通常需要在一定培养时间内尽可能提高有效药用成分的积累量。药用成分的积累量包括两方面内容：一是要提高毛状根的产量，二是要增加目标产物的含量比例。

三、影响植物细胞产生次生代谢产物的因素

在植物细胞培养中，提高植物细胞的生长速度和次生代谢产物产量的关键因素包括外植体的选择、培养基、高产细胞系的筛选及光照和温度。此外，还有诱导子与前体物质的添加和环境胁迫，使用诱导子有目的地调控次生代谢的生物合成也是提高培养物中代谢产物含量的一种有效方法，已引起国内外学者的广泛关注。

（一）外植体的选择

在植物组织培养中，外植体的选择对愈伤组织的诱导、分化及次生代谢产物的生产至关重要。次生代谢产物的产生受到植物本身、培养基和培养条件的共同影响，其中外植体是最难控制的，因此对外植体的选择尤为关键。研究表明，不同物种或同一物种内不同基因型的外植体在离体培养中产生次生代谢产物的能力存在显著差异。

例如，银杏叶来源的愈伤组织黄酮含量为 1.5%，而茎段来源的为 1.0%，子叶来源的仅为 0.3%。不同来源的烟草愈伤组织中尼古丁含量也表现出类似的差异，其中高尼古丁含量的烟草产生的尼古丁也较高。进一步研究发现，杜仲不同外植体来源的愈伤组织中总黄酮和绿原酸的含量也表现出显著差异，这些研究表明外植体的选择对培养过程中次生代谢产物的合成

具有决定性影响。

而不同次生代谢产物在不同器官中的含量也存在显著差异。例如，七子花不同营养器官中的次生代谢产物含量差异显著，木质素在老根中含量最高，黄酮和总生物碱在叶片中含量最高，绿原酸在花中含量最高。这些研究结果表明，不同外植体在细胞培养中的表现各异，对培养成果有重要影响。

因此，在植物组织培养中选择具有快速生长和强次级代谢产物合成能力的外植体是至关重要的。正确地选择外植体不仅影响愈伤组织的诱导和分化，也直接关系到次生代谢产物的有效生产，从而为实现植物细胞的工业化生产提供前提条件。

（二）培养基

1. 基本培养基　不同种类的基本培养基对愈伤组织的诱导、生长及次生代谢产物的形成有显著影响。例如，紫草细胞在 White 培养基上能合成紫草宁，而在 LS 等培养基上则不能；MT 培养基有利于银杏叶片愈伤组织的生长，但其黄酮积累量较低，而 White 培养基则有助于黄酮的积累。此外，B_5 培养基对黄连中小檗碱的产生有促进作用，也有利于杜仲愈伤组织中总黄酮的形成，而 1/2MS 培养基有利于绿原酸的积累。因此，在组织培养中，可以采用两步培养法，先在促进生长的培养基上增加生物量，再转移到促进次生代谢产物合成的培养基中。

2. 培养基成分

（1）*碳源*　碳源为植物细胞提供能量和维持渗透压，对愈伤组织的诱导和分化至关重要。例如，蔗糖是大多数植物细胞培养的主要碳源，通常浓度为 2%～3%。不同的植物细胞对碳源的反应不同，有时特定碳源如葡萄糖可以增加特定次生代谢产物的含量。例如，玫瑰茄细胞使用葡萄糖作碳源时花青素含量比使用蔗糖时高，但生长量较低。

（2）*营养元素*　无机盐和氮源在培养基中的浓度对愈伤组织生长和次生代谢产物的积累有重要影响。通常无机盐浓度较高有利于愈伤组织生长，而较低则有利于次生代谢产物的积累。氮源的类型和比例（如 NO_3^-与 NH_4^+）对次生代谢产物的合成具有显著影响。

（3）*植物激素种类及配比*　激素种类和浓度对细胞分裂、愈伤组织生长及次生代谢产物的积累至关重要。低浓度生长素通常有利于次生代谢，而高浓度的某些激素如 2, 4-D 可能抑制某些代谢产物的合成，如长春花、毛曼陀罗、天仙子、颠茄、罂粟等细胞培养物在有 2, 4-D 存在时不产生生物碱；NAA 促进橘叶鸡眼藤悬浮培养物中蒽醌的产生，而 2, 4-D 则完全抑制蒽醌的合成。合适的激素配比可以有效地诱导特定次生代谢产物的合成。

（4）*pH 的影响*　培养基的 pH 对次生代谢产物的合成和积累具有重要影响。细胞内 pH 通常保持相对稳定，但极端的环境 pH 变化（过高或过低）可以影响细胞内酶活性和次生代谢产物的合成。次生代谢产物的存在形式（如离子态或中性）也会因 pH 变化而影响其在细胞内的积累或释放。

综上所述，选择和优化培养基的成分对植物细胞培养中次生代谢产物的生产具有决定性的影响，不仅涉及生物量的增加，还涉及次生代谢产物的最大化。因此，精确调控培养基的成分和条件是实现高效植物细胞培养的关键。

（三）高产细胞系的筛选

筛选出高产的植物细胞系是利用植物细胞培养技术生产次生代谢产物并实现工业化的关

键。原始诱导的愈伤组织在生长和次生代谢产物合成能力上通常存在较大差异。因此，筛选出生长迅速且具有强大次生代谢产物合成能力的细胞系对提高产量至关重要。细胞系筛选思路及其相互关系如图 7-12 所示。例如，在红豆杉细胞系中，紫杉醇的合成能力各不相同，一些细胞系可以达到细胞干重的 0.015%至 0.05%，而其他则几乎不产生紫杉醇。通过系统筛选，可以有效地识别和培养出这些高产细胞系。

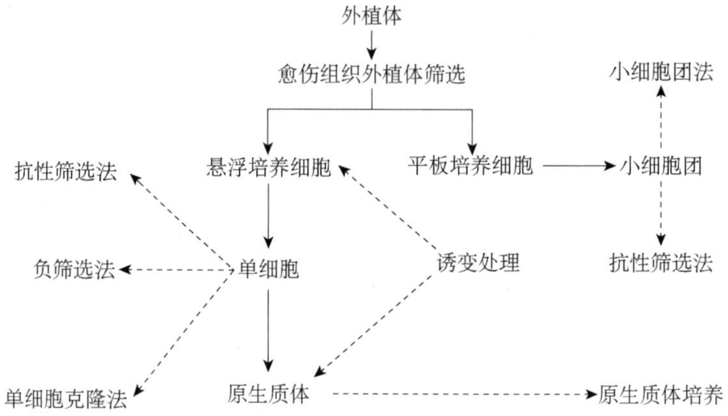

图 7-12　细胞系筛选思路及其相互关系（梅兴国，2003）

图中实线代表已确定途径；虚线代表可选择途径

筛选高产细胞系的策略包括以下几种。

1. 材料选择　从众多的原始植物材料中选择具有大次生代谢产物潜力的品种或个体作为起始材料。

2. 克隆选择　通过克隆技术，从一群细胞中选出一个生长良好且产物含量高的单一细胞进行克隆。这种方法已广泛用于研究具有高次生物质含量的细胞。

3. 抗性选择　使用抗性标记，筛选能够在特定抗性条件下生存的细胞系，这些细胞通常具有特定的代谢能力。

4. 诱变选择　通过化学或物理诱变，产生具有随机基因变异的细胞群，然后筛选出高产的细胞系。这种方法可用于开发具有新型代谢特性的细胞系。

5. 细胞融合选择　通过融合来自不同植物或具有不同代谢特性的细胞，创造具有新的代谢能力的杂交细胞系。

6. 基因工程选择　利用基因工程技术，直接操作植物细胞的遗传物质，以增强其次生代谢产物的合成能力。例如，通过敲除非目标产物的合成途径增强特定合成途径的关键酶的表达。

通过上述策略，可以有效提高特定次生代谢产物的产量，实现细胞系的工业化生产。这些策略不仅有助于提高产量，还可以通过基因工程方法，优化生产过程，使其更加经济高效。

（四）光照和温度

光照和温度是影响植物次生代谢产物生产的关键环境因素。适当的光照和温度不仅促进植物的光合作用，还直接影响次生代谢产物的合成和积累。

1. 光照　光照对植物的生长和代谢产物的合成具有显著影响。通过大量研究，人们已发现药用植物的有效成分与光照条件具有某些相关性。在自然界中，光照条件随纬度、海拔、坡向、昼夜和季节变化而变化；在室内进行植物栽培和组织培养时，光照条件可以人工控制。光照条件包括光质（光的颜色）、光强和光周期（光照时间）。

（1）光质　不同光质对植物的影响各异。例如，红光通常促进植物体内碳水化合物的积累，而蓝光则能提高植物体内蛋白质含量。研究显示，长春花在红光环境下合成的生物碱含量高于蓝光环境，而水母雪莲的黄酮合成在蓝光条件下最为活跃。同时需要注意，单纯的某种光质虽然对某些物质合成有利，但从植物整体生长来看，可能并非最佳条件。如果不同光质按一定比例组合，不但能促进植物生长，而且有利于所需物质的合成。

（2）光强　植物对光照强度的需求不同，分为阳生植物、阴生植物和耐阴植物。对一些阴生植物而言，光照成为决定其分布、生长发育和有效成分含量的重要条件。例如，人参是耐阴植物，过强的光照会导致日灼病，而适宜的遮阴可提高人参皂苷的含量。对阳生植物而言，充足的光照则能提高有效成分的含量，如金银花在充足的光照下绿原酸含量较高。

（3）光周期　光照时间的长短也对植物的生长和次生代谢产物有重要影响。研究表明，延长光照时间通常有利于某些药用植物有效成分的合成，如麻黄的生物碱含量随光照时间的延长而增加。因此，选择纬度适宜的地区种植药用植物，或在组织培养时人工控制光照时间，成为提高有效成分含量的途径之一。

2. 温度　温度对植物次生代谢产物的合成起着至关重要的作用。低温和高温环境对植物体内的代谢途径具有不同的影响。

（1）低温　低温通常增强某些代谢路径，如玉米中的苯丙烷类代谢途径在低温条件下被激活，促进了花青素的合成。

（2）高温　高温则可能抑制某些代谢途径，如高温条件下葡萄皮中花青素含量降低，这是由于高温抑制了花青素生物合成基因的表达。

在植物细胞培养中，通过控制光照条件和温度，可以优化植物生长条件并最大化有效成分的生产。这包括选择适合特定植物种类的光质和光强，调整光照时间以适应植物的生理需求，以及维持适宜的温度以促进特定次生代谢途径的活跃。因此，光照和温度的精确控制是实现高效植物次生代谢产物生产的关键技术之一，对于植物细胞培养具有重要的实际意义。

（五）诱导子与前体物质的添加

1. 诱导子的应用　诱导子是植物细胞培养中用于刺激次生代谢产物合成的关键物质，是一类可以引起代谢途径改变或强度改变的物质，包括植物激素、无机离子、多糖、真菌培养物等，其主要作用是可以调节次生代谢过程中某些酶的活性，并能对某些关键酶在转录水平上进行调节，以引起次生代谢途径中代谢通量和反应速率的改变，从而提高次生代谢产物的产量。诱导子可以分为三大类：生物诱导子、非生物诱导子和内源诱导子。

（1）生物诱导子　除真菌、细菌和病毒外，生物诱导子还包括一些病原体的非致病性生理小种、选择过的非病原体及病原体和非病原体的毒性产物，如真菌孢子、菌丝体、匀浆，真菌细胞壁成分，真菌培养物滤液。例如，真菌的细胞壁组分或代谢产物可以作为诱导子，提高特定植物细胞（如红豆杉细胞）中如紫杉醇的合成。这种生物诱导子通过模拟自然环境中的生物互作，激发植物的防御机制，从而增加次生代谢产物。

（2）非生物诱导子　是指不是细胞中天然成分，但又能触发形成植保素的信号因子。物理因子（如UV光、电击）和化学因子（如重金属离子、pH变化）也能作为诱导子，它们通过应激反应促进次生代谢产物的合成。例如，$CuCl_2$可以增加紫杉醇的合成，可能是由于它刺激了防御反应中的关键酶活性。

（3）内源诱导子　植物本身产生的信号分子［如茉莉酸甲酯（MeJA）和水杨酸（SA）］是非常有效的内源诱导子。它们在植物体内普遍存在，能激活包括防御反应在内的多种生物化学途径。添加这些内源诱导子到培养基中可以显著提高如紫杉醇等防御相关次生代谢产物的积累。

在植物细胞培养过程中诱导子对次生代谢产物的产生和积累的效应因不同物种、同一物种不同细胞系及诱导子的浓度和添加的时间而异，同时还与培养物对诱导子的反应速度及诱导子间的协同作用有关。

2. 前体物质的添加　在植物细胞培养中，添加合成次生代谢产物的特定前体物可以直接增强目标产物的合成。这是因为外源添加的前体物质可以直接供应到特定代谢途径，绕过了可能的代谢瓶颈。

（1）优化合成　例如，添加苯丙氨酸到培养基中可以提高特定植物细胞中黄酮的合成量，因为苯丙氨酸是黄酮合成的关键前体。

（2）影响细胞生长　需要注意的是，虽然前体物质的添加可以提高特定次生代谢产物的产量，但也可能对细胞的生长产生抑制作用。因此，添加前体物质的种类、浓度、添加时间等都需要精细控制，以达到最佳的生长和产物合成平衡。

综上所述，通过策略性地使用诱导子和前体物质，植物细胞培养中次生代谢产物的产量可以得到显著提升。这些方法的应用需要针对特定的植物细胞系和目标代谢物进行优化，以确保最高效的产物合成和最佳的细胞生长条件。

（六）环境胁迫

环境胁迫对植物次生代谢产物的影响是通过多种生理和生态机制实现的。以下假说为理解这些机制提供了理论基础。

1. 生长/分化平衡假说　此假说认为，在资源充足的环境中，植物倾向于增加生长，而在资源受限的条件下，则倾向于分化和次生代谢产物的合成。这是因为环境因子如光照不足、低温或营养缺乏等，会限制植物的生长，其程度更大于它们对光合作用的影响，从而促使植物转而增强次生代谢产物的合成。这些次生代谢产物，如某些药用化合物，通常在植物老化或成熟时积累量最大。

2. 碳素/营养平衡假说　根据这一假说，植物体内的碳与氮比例（C/N）直接影响次生代谢产物的类型和量。当C/N高时，碳基次生代谢产物（如酚类和萜烯类）的合成增加，而氮基次生代谢产物（如生物碱）的合成则减少。这种情况通常发生在营养胁迫，特别是氮限制的条件下，此时植物的生长速度减慢，光合作用相对稳定，导致碳元素的积累。该假说与生长/分化平衡假说都认为植物次生代谢产物的产生是外界环境条件变化而引起植物体内物质积累的一个被动过程。

3. 最佳防御假说　最佳防御假说提出，植物在环境胁迫条件下（如干旱、盐碱、低温等）生长受到抑制，因此次生代谢产物的合成成本相对较低，而这些次生代谢产物通常具有防御功能，如抗氧化、抗病虫等。因此，植物在环境胁迫下产生的次生代谢产物增多，是一种防御策略，旨在提高生存和繁殖的机会。

4. 资源获得假说　资源获得假说认为，植物的生长速度和次生代谢产物的合成与其所处的环境条件密切相关。在资源贫瘠的条件下，植物生长缓慢，次生代谢产物含量较高；而在资源丰富的环境中，植物生长快速，次生代谢产物含量相对较低。这种现象反映了植物在面对不同环境压力时的生态适应策略。该假说与最佳防御假说有相似之处，都认为植物次生代谢产物的产生是随着植物自身生产成本的变化而变化的一个主动过程。

这些假说对于理解植物如何通过生态和生理机制响应环境胁迫并调节其次生代谢产物的合成具有重要意义。在农业和药用植物生产中，通过控制环境条件（如光照、温度、营养供给等）可以有意识地影响植物的次生代谢产物合成，以优化作物的生长条件和提高药用成分的含量。此外，这些知识还有助于更好地理解植物的适应性进化，以及如何通过育种或基因工程手段增强植物的抗逆性和药效。

四、细胞培养生产次生代谢产物的方法

通过植物细胞培养技术生产次生代谢产物的方法主要有 4 种：①两步培养法；②两相培养法；③固定化培养；④生物转化。

（一）两步培养法

大多数植物细胞培养过程中细胞的生长和次生代谢产物的合成呈负相关的关系，大部分次生代谢产物的积累是在细胞生长的静止期。两步培养法是将细胞生长和次生代谢产物合成分开进行的一种方法。第一阶段，细胞在富含营养的生长培养基中快速繁殖，以获取最大的生物量。第二阶段，将细胞转移到专门的生产培养基中，该培养基的条件（如较低的氮源和磷源，不含植物激素等）有利于次生代谢产物的合成。这种方法适用于那些在生长期和代谢产物合成期具有不同需求的植物细胞。

（二）两相培养法

两相培养法不同于上面阐述的两步培养法，其涉及将一个有机相（如油类或溶剂）添加到细胞的水基培养基中，形成两个不同的相，细胞在水相中生长，而分泌出的次生代谢产物被有机相吸收。这种方法可以减少细胞生产的次生代谢产物对细胞自身的毒性影响，并通过有机相连续地从水相中移除这些代谢产物，从而避免了产品的反馈抑制，提高了产量。

（三）固定化培养

大量研究表明，密集的或组织化的和生长缓慢的细胞培养物更有利于次生代谢产物的积累。固定化培养技术涉及将植物细胞固定在一定的载体（如聚丙烯酰胺、胶原蛋白或藻酸盐等）上。这种方法有助于维持细胞的稳定和长期生产次生代谢产物，同时也有利于细胞的再利用（图 7-13）。固定化细胞的代谢活动通常比悬浮培养的细胞稳定，特别适合于生产那些在生长阶段合成的次生代谢产物。

（四）生物转化

生物转化是利用植物细胞中固有的酶系统将简单的前体化合物转化为复杂的有用化合物的技术。这种方法特别适合生产那些化学合成困难或不经济的次生代谢产物。例如，通过植物细胞的生物转化作用，可以将基础化合物转换为具有药理活性的复杂分子，如毛地黄苷类的生物转化。

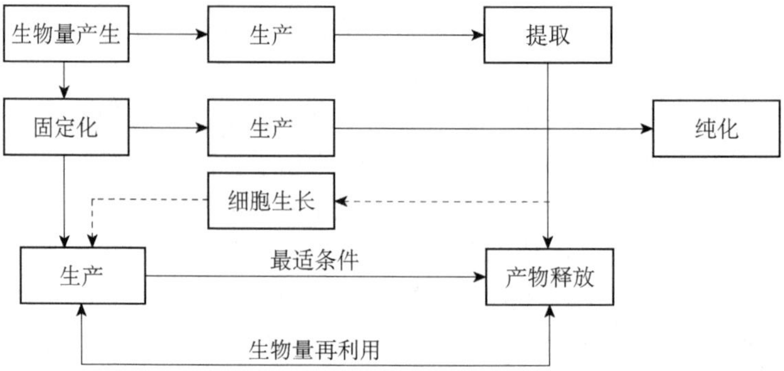

图 7-13　固定化培养生产流程（何水林，2002）

实线为正常程序；虚线为可选程序

通过这些方法，植物细胞培养技术为大规模生产药用植物中的次生代谢产物提供了一种可控、效率高且经济的途径。这些技术不仅能够增加目标化合物的产量，还能够在不破坏自然植物种群的情况下实现可持续生产。

五、植物干细胞在次生代谢产物合成中的应用

理论上，通过植物细胞培养可以获得大量的天然产物。然而，由于大规模培养脱分化植物细胞还存在许多问题，因此还无法实现商业化生产。为了解决脱分化培养带来的问题，研究人员着手找到一种在培养过程中能持续、稳定增殖的细胞，同时这些细胞能产生较多的次生代谢产物并能释放到培养基中以便分离和纯化。近几年的研究表明，植物的茎尖分生组织（shoot apical meristem，SAM）和根尖分生组织（root apical meristem，RAM）中，存在一群特殊的细胞，它们具有自我更新能力且能产生具有持续分裂能力的子细胞。这些特殊细胞是植物根、茎、叶和花等器官发生的源泉，因此被认为是植物干细胞。

（一）植物干细胞

植物干细胞是指存在于植物茎尖分生组织（SAM）和根尖分生组织（RAM）中的未分化细胞，具有高度的自我更新能力和多向分化潜能。这些细胞是植物体所有地上和地下器官的发生源，并能根据环境和内部调控信号进行生长和发育。植物干细胞在植物细胞培养中特别重要，因为它们能在控制条件下稳定地生产次生代谢产物。

（二）植物干细胞培养体系的优势

1. 长期培养的稳定性　传统药用植物细胞培养需要经过脱分化过程，脱分化过程往往不彻底，出现部分分化现象；细胞不稳定，易出现体细胞突变现象；长期培养时，在培养初始阶段生长良好，但随着培养时间的延长，细胞生长速度降低，很多细胞出现褐变及死亡，细胞形态也发生变化。植物干细胞能在长期培养过程中保持稳定的生长和代谢性能，不易发生细胞的形态变化和生理功能退化。这对于需要长时间培养以生产特定次生代谢产物的场合尤为重要。

2. 遗传稳定性　植物干细胞具有高度的遗传稳定性，较少出现体细胞突变等现象，这对于保证生产的次生代谢产物的质量和一致性至关重要。

3. 细胞悬浮培养的适应性　当植物细胞以细胞团的形式而不是作为单个细胞被培养

时，这种细胞团由于内外环境的差异，细胞生长会发生变化。因此，在建立细胞的悬浮培养时，细胞的聚集度越低，越有利于细胞的生长。植物干细胞在悬浮培养中表现出低聚集度和高生长活性，有利于维持细胞的活力和生产效率，这是进行工业化生产时一个重要的考虑因素。

4. 大规模培养的兼容性 植物干细胞能适应不同类型和规模的生物反应器，这对于实现工业化生产具有重要意义。在进行大规模培养时，细胞容易受生物反应器中剪切力和细胞聚集的影响而出现生长速度降低等问题。来自形成层的干细胞系含有大量的液泡，对剪切力灵敏度低，并且具有较低的聚集性，细胞生长能力不会受到影响。它们对生物反应器内的剪切力和其他物理条件的适应能力，确保了在大规模生产过程中的生长稳定性和生产效率。

5. 低温储藏的可行性 传统组织培养的细胞在低温储藏之后存活率低，且恢复生长能力的延滞期漫长，而植物干细胞能在极低温度下保持活性，这为种质资源的长期保存和稳定的工业生产提供了可能。

通过这些优势，植物干细胞培养体系为天然产物的稳定、高效生产提供了强有力的技术支撑，特别适合于生产那些难以通过化学合成或传统农业方式获取的珍贵生物活性物质。

（三）植物干细胞培养体系生产次生代谢产物的应用

植物干细胞培养技术在次生代谢产物的生产中展现了显著的优势，主要体现在以下几个应用方面。

1. 高效生产天然产物 植物干细胞技术能够高效地生产那些从植物直接提取困难或成本较高的天然产物。例如，红豆杉干细胞培养体系能够稳定生产紫杉醇，其是一种重要的抗癌化合物，产量和分泌率都显著提高。

2. 药品和功能性食品开发 由于植物干细胞可以稳定产生高值化学成分，因此它们在开发新药和功能性食品中具有重要的潜力。已有的人参干细胞研究不仅证实了其生长和生产稳定性，还开发出了多种基于人参的保健品和化妆品。

3. 细胞系库和种质资源的保存 植物干细胞能够在极低温条件下长期保存，且复苏后能迅速恢复生长和生产能力，这为植物种质资源的长期保存和利用提供了新的技术途径。此外，建立植物细胞银行可以为保护和研究珍稀濒危植物提供重要支持。

4. 基础研究 植物干细胞为研究植物生长发育、代谢调控及其适应环境的机制提供了一种控制条件下的实验系统，有助于深入理解植物的生物学特性。

植物干细胞培养体系的商业化前景广阔，尤其是在生物技术和生物制药领域，其能够提供一种稳定、可控的生产平台，为未来的生物制品生产和植物保护提供强大的技术支撑。这种技术的推广和应用预计将极大促进相关产业的发展，同时也为保护生物多样性和植物种质资源的可持续利用提供了新的可能。

小 结

在本章节中，我们探讨了植物细胞培养技术在次级代谢产物生产中的应用。通过详细介绍了不同的培养技术，如单细胞培养、悬浮培养和固定化培养，阐述了这些技术如何有效提高植物次级代谢产物的产量。此外，本章节中还讨论了植物细胞悬浮培养体系的建立、生长影响因素和次级代谢的调控机制，这些因素对优化产物合成至关重要。悬浮培养特别适合于大规模生产，因其能够提供均一且快速增殖的细胞，是生产植物代谢产物如生物碱、皂苷和类黄酮等高价值化合物的理想选择。固定化培养则因其提高产物稳定性和简化产品提取过程而得到应用。此外，本章还强调了环境因素如光照、温度和营养物质供给对植物细胞代谢活动的显著影响。通过精确控制这些参数，可以显著增加特定次级代谢产物的合成，从而优化生产过程。总结而言，植物细胞培养技术是现代生物技术领域中一个非常有前景的分支，对于增强植物次级代谢产物的生产具有重要的科学和实际应用价值。通过继续研究和优化这些技术，我们可以更有效地利用植物细胞作为生产多种经济和医药重要化合物的生物工厂。

复习思考题

1. 单细胞培养方法有哪几种？各有何特点？
2. 分离植物单细胞的方法有哪些？
3. 简述植物细胞大规模培养生物反应器的类型及原理。
4. 分批培养和连续培养各有何特点？
5. 一个好的细胞悬浮系有哪些特点？
6. 简述细胞活力鉴定的方法及其原理。
7. 试述诱导植物细胞同步化培养的方法及其原理。
8. 为什么说植物细胞固定化培养更有利于次生代谢产物的生成？
9. 影响植物次生代谢产物合成的因素有哪些？在植物细胞培养中如何提高植物次生代谢产物的产量？

第三篇 动物细胞工程

第八章　动物胚胎工程技术

2021年，中央一号文件提出“打好种业翻身仗”。要实现“种业科技自立自强、种源自主可控”，需要解决核心种源依赖进口和生物安全等问题，因此动物胚胎工程为优良畜种的快速繁殖、家畜品种改良和抗病育种提供重要的技术支持。动物胚胎工程以动物配子、早期胚胎、胚胎干细胞及体细胞等生物材料为对象，运用生物科学、动物科学、动物医学等学科的理论知识、操作技术和工程学原理，有计划地开展工程化操作技术的研究与应用，改变动物的遗传特性和生物性状，提高动物的生产性能或抗病性能，获得动物个体或动物产品，是动物生物技术的重要组成部分之一。同时，动物胚胎工程的快速发展也促进了生命科学和生殖医学的跨越式发展。基因编辑技术、克隆技术、人工辅助生殖技术等新型技术得到广泛应用。

胚胎工程（embryo engineering）是研究动物配子或早期胚胎工程化显微操作和处理技术的学科。动物胚胎工程主要以胚胎为研究对象，为加速繁育有重要经济价值的动物、培育优良品种或挽救濒危动物而使用的一系列工程技术方法，包括胚胎移植、体外受精与试管动物、胚胎冷冻保存、胚胎分割、胚胎干细胞培养、核移植（克隆）技术和胚胎性别鉴定等，在畜牧业和制药业等领域发挥重要的作用。近年来，动物胚胎工程领域取得了一系列研究成果，基于转基因克隆动物和受精卵基因编辑技术的家畜种质资源创新逐渐成为动物胚胎工程的热点。研究动物胚胎工程在解析动物生殖奥秘、提高动物繁殖效率、加速动物品种改良与种质创新、遗传资源保护、生物多样性保存及人类生殖医学临床研究与应用等方向具有重要意义。

一、动物胚胎工程概述

动物胚胎工程是现代生物技术学科体系的重要内容之一，是综合了多学科知识发展起来的理论应用型学科。根据操作对象、操作技术、研究与应用目的的差异，动物胚胎工程主要开展动物配子发生、受精与早期胚胎发育过程及其调控机制的研究，开展动物超数排卵与胚胎移植、动物体外受精与胚胎体外培养、卵母细胞与动物胚胎冷冻保存、动物性别控制、动物胚胎干细胞、动物克隆技术及动物转基因技术等技术体系所涉及的基础理论研究、技术研发和生产应用。

目前，已经开发了各种针对卵母细胞、早期胚胎形成、后续发育阶段及不同靶点的胚胎工程技术，如体外受精（*in vitro* fertilization，IVF）、卵胞质内单精子注射（intracytoplasmic sperm injection，ICSI）、胚胎植入前遗传学诊断（preimplantation genetic diagnosis，PGD）、体细胞核移植（somatic cell nuclear transfer，SCNT）等（Ma et al.，2021）。

人工授精技术在20世纪20～40年代应用于畜牧生产，50年代精液冷冻方法的产生使人工授精技术发展到了一个新的阶段，它产生了巨大的社会效益及经济效益。之后，随着畜牧业集约化、规模化的发展和人工授精技术的需要，同期发情技术、诱发发情、排卵控制等发情控制技术应运而生，胚胎移植技术也取得了迅速发展。自20世纪80年代以来，在胚胎移植的基础上，又派生了胚胎冷冻、胚胎分割、胚胎性别鉴定、体外受精、转基因动物生产、胚胎克隆等一系列胚胎工程相关技术，使得人们能够在细胞与分子水平上按照生产目的对动物及家畜进行选择和控制。尤其是1996年克隆羊“多莉”的诞生，引起了全世界的巨大反响。之后陆续利用胚胎工程技术克隆出牛、羊等哺乳动物。胚胎生物技术是一个具有划时代意义的重大科学技术突破，在畜牧生产中发挥重要的作用。

二、动物胚胎工程技术体系

动物胚胎工程技术是动物生物技术的重要组成部分之一，发展极为迅速，是21世纪世界经济增长的重要支撑技术之一。现代动物胚胎工程的概念涵盖所有对动物配子和胚胎进行工程化操作的技术方法。

动物胚胎工程的主要技术体系如下。第一类是胚胎移植相关技术，包括超数排卵与胚胎移植技术、胚胎体外培养技术、胚胎移植前性别鉴定技术与动物性别控制技术、卵母细胞与动物胚胎冷冻保存技术；第二类为动物克隆技术，包括胚胎分割技术、细胞核移植技术和胚胎嵌合技术体系；第三类为转基因动物技术；第四类为胚胎干细胞技术（图8-1）。其中胚胎干细胞技术的主要研究意义在于应用在发育生物学基础理论和人类医学组织工程，前三类胚胎工程技术在动物生产领域有重要的实践意义。

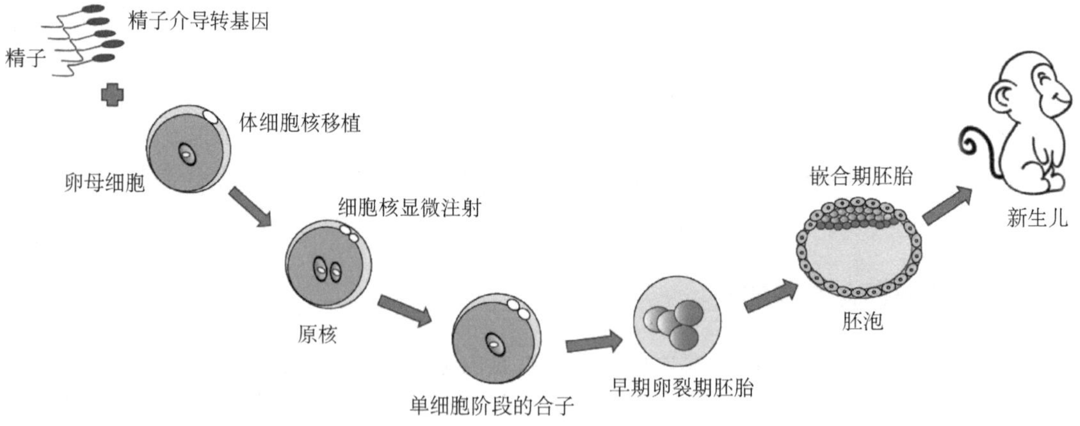

图8-1 利用胚胎工程技术建立转基因动物模型示意图（Huang et al.，2021）

三、动物胚胎工程操作步骤

动物胚胎工程主要包括精子和卵子的发生、受精作用、胚胎发育和胚胎移植等步骤，其操作技术既包括基础性的实验操作如超数排卵、输精管结扎、配子冻存、体外受精、胚胎移植等，也包括复杂精细的实验操作如显微注射、胚胎切割、细胞核移植、干细胞打靶及筛选、胚胎嵌合技术、原始生殖细胞示踪、胚胎异体移植等。

第一节　胚 胎 移 植

胚胎移植（embryo transfer，ET），又称受精卵移植，也可称为“借腹怀胎”，是指将体内或体外生产的早期胚胎移植到生理状态相同的同种受体的输卵管或子宫中，以促使其继续发育成为新个体的繁殖技术。其本质是生产胚胎的供体和孕育胚胎的受体共同繁殖后代的过程（杨青，2020），已广泛应用于鼠、兔、牛、羊、马及人类等辅助生殖领域。在胚胎移植过程中，提供胚胎的母畜被称为供体，而接受胚胎移植并且具有与供体相同生理条件的母畜被称为受体。

胚胎移植技术作为一项重要的医学手段，不仅在人类医学领域中得到广泛应用，同时在动物繁殖、遗传改良等领域也发挥着重要作用。通过将优良品种的胚胎植入母体，可以实现家畜的遗传改良，提高畜牧业的生产效率和质量，为农业生产与食品安全提供有力支持。同时，动物胚胎移植技术也被广泛应用于珍稀物种保护、动物繁殖研究等领域，为保护生物多样性、维护生态平衡发挥了积极作用。本节将深入探讨动物胚胎移植技术的原则及方法，通过对动物胚胎移植技术的深入了解，更好地认识和探讨生命科学领域中的伦理、法律、社会等多方面问题，为促进动物繁殖与遗传改良领域的发展提供理论支持和实践指导。

一、胚胎移植的基本原则

动物胚胎移植作为一项重要的生殖技术，在遵循一系列基本原则的基础上，才能够实现有效、安全的应用。

（一）胚胎移植前后供受体处于环境的同一性

供受体发情时间应保持同一性，供体与受体的发情时间需要严格协调一致。实践中通常通过激素处理来实现，以确保受体能在最佳时机提供适宜的子宫环境以支持胚胎的着床和发育；供体和受体之间种属同一性，胚胎移植时，生物学上要求二者为同一物种，确保遗传和生理特性的一致性，避免交叉物种移植可能引起的排斥反应；胚胎移植前后所属空间环境的同一性，胚胎移植前后所处的解剖学空间部位要相似。

（二）胚胎的发育期限

胚胎收集和发育的期限须在黄体期内，通常在供体发情配种 3 日内完成胚胎的收集和移植。

（三）胚胎的质量

胚胎需要经过严格的等级评定，确保胚胎是正常的（卫喜明等，2011），并且在操作过程中应避免受到不良因素的影响而破坏胚胎的遗传质量和发育潜力。

（四）供受体的生理状况

供体的选择应基于其超越受体的生产表现和更高的经济潜力，以确保胚胎移植能够实现其增值的潜力。此外，供体和受体均需处于良好的健康状态，并拥有优质的营养支持和强健的体格。尤为重要的是，两者的生殖系统必须具备正常的功能，因为生殖健康直接影响到胚胎移植的成功率和效率。

只有严格遵循以上原则，动物胚胎移植技术才能够取得良好的效果，实现其在畜牧养殖、科学研究等领域的广泛应用和推广。

二、胚胎移植的操作步骤

胚胎移植的基本操作步骤包括：供受体的选择，供体的超数排卵，受体的同期发情处理，胚胎的回收与质量检查，胚胎的冷冻保存和胚胎移入受体。

（一）供受体的选择

影响胚胎移植效果的一个关键因素是胚胎供体的选择。不仅要求供体健康状况良好，有较高的遗传价值，而且其他因素包括胎次、年龄、体质等也要满足提供优质胚胎的条件。受体的主要作用是接受胚胎，对其遗传性能、种用价值可以不做过多要求，但其应具有良好的健康状况和繁殖性能，要对环境适应性强且容易购买。

（二）供体的超数排卵

超数排卵（superovulation），简称超排，就是给供体注射促性腺激素，增加血液中促性腺激素浓度，使发育卵泡的闭锁率降低，增加卵泡发育成熟的数量，使一头母畜一次排出比自然情况下多几倍到十几倍的卵子（任丽哲等，2010）。超数排卵处理的时期应选择在发情周期的后期，即黄体消退时期。

对动物做超数排卵处理的常用激素有：孕马血清促性腺激素（PMSG）、人绒毛膜促性腺激素（HCG）、促卵泡激素（FSH）、黄体生成素（LH）、前列腺素（PG）、孕酮阴道海绵栓（DLDR）等生殖激素类药品（表 8-1）。

表 8-1 超数排卵常用生殖激素类药品（李志才等，2023）

品名	功用	用法
FSH	促进卵巢卵泡发育成熟、协同 LH 促使成熟卵泡排卵	按药品说明连续减量肌内注射用药
LH	能促使卵巢成熟卵泡的卵泡壁破裂排卵、促进黄体形成和维持妊娠黄体	按药品说明肌内注射用药
PMSG	具有 FSH 和 LH 的双重功能，以 FSH 的作用为侧重	按药品说明肌内注射用药
HCG	与 LH 的功能相似，主要促使卵泡排卵并形成黄体，可协同和加强 FSH 的作用	按药品说明肌内注射用药
PG	主要功能为溶解黄体，可加强超排效果，用于同期发情效果明显	按药品说明肌内注射用药
DLDR	不间断释放孕激素，抑制卵巢卵泡发育和各种发情表现	在羊阴道中放置

（三）受体的同期发情处理

同期发情（estrus synchronization）是指采用激素或类激素药物处理，使母畜在特定时间内集中发情和排卵，即将母畜的黄体期延长或缩短，使母畜摆脱内、外孕激素对卵巢的控制，人为控制同一时间内全部受体母畜的卵泡发育，从而达到同期发情的目的。母畜在一定时间内集中发情、集中配种、集中产仔，可以提高母本的繁殖率，便于生产管理和提高幼畜的成活率。

控制同期发情的策略有两个，一是缩短黄体期，二是延长黄体期。缩短黄体期的方法为腹腔注射或肌内注射前列腺素或促性腺激素，如孕马血清促性腺激素、人绒毛膜促性腺激素、促卵泡激素、黄体生成素，以及注射促性腺激素释放激素（吴海荣，2013）。延长黄体期最常用的方法是进行孕激素处理。常用的孕激素包括孕酮、醋酸甲羟孕酮、甲地孕酮、炔诺酮、氯地孕酮、18-甲基炔诺酮、16 次甲基氯地孕酮等。这些激素对卵泡发育具有抑制作用，通过抑制卵泡期的到来而达到延长黄体期的目的，从而控制发情时间。可通过皮下埋植、阴道栓、口服和肌内注射等方法进行处理（郭鹏等，2009）。

（四）胚胎的回收与质量检查

胚胎的回收是在供体母畜发情配种后一定时间内，用专门的采胚胎器械将冲卵液注入其子宫或输卵管里，再回收并检出胚胎。应在动物的黄体期结束后进行，以确保胚胎的质量。通常在动物的生理周期中选择适当的时间进行收集，以最大限度地提高收集到的胚胎数量和质量。

采集方法主要有手术法和非手术法两种。非手术法应用于牛、马等大型动物（于钦秀等，2008），一般在配种过后 7d 进行。手术法多用于羊、猪、兔等体型较小的动物。目前手术法采胚主要有以下 3 种方法。①输卵管冲胚法：冲卵液用量少、胚胎回收效率高且省时，但容易造成输卵管粘连。②子宫角冲胚法：对输卵管的损伤小但胚胎回收率比输卵管采胚法低，冲卵液用量多。③输卵管–子宫角冲胚法：能获得较高的采胚率。

术前准备：所有参加胚胎采集和移植的人员都要严格遵守手术无菌操作制度，严格规范着装，严格灭菌消毒，严格无菌洁净操作。手术所需的所有器械在使用前务必消毒。一般金属类医疗器械应用化学法进行消毒灭菌；敷料创巾等纱布类物品应用高压蒸汽法消毒；一切与胚胎接触的器皿，消毒后、使用前先用无菌 0.9%生理盐水冲洗后方能使用。常用的胚胎冲洗液有杜氏磷酸缓冲液 PBS、布林斯特液和合成输卵管液（SOF）。

供体在冲胚前的处理：手术前 24h 禁食确保空腹，术前进行麻醉处理。

手术采集胚胎：冲胚时可以根据具体情况选择合适的冲胚方法。如果在输精后 3～4d 内收集，受精卵绝大多数还未移到子宫角，可采用输卵管冲卵的方法。在输精后 5～7d 进行，可采用二路或三路导管的冲卵器。

胚胎的质量鉴定：鉴别可用胚胎和不可用胚胎是进行下一步胚胎移植的关键，只有发育良好的胚胎才能用于移植，否则严重影响移植受胎率。在收集冲胚液后，最好在 20min 内将其放置在显微镜下观察，同时使用检胚细管将获取的胚胎移入新鲜培养液中，以保持胚胎活性（吴瑛和吴萍，2023）。通常，以透明带的形态和完整性、胚胎的发育与胚龄是否一致、胚胎的形态与匀称性、胚内细胞大小的变化、细胞质的结构及颜色、胚内是否出现空泡、有无细胞碎片和有无游离细胞作为胚胎质量评定的指标（表 8-2）。

表 8-2　胚胎桑葚期至扩张囊胚期胚胎质量分级表（李志才等，2023）

胚胎等级	等级标准
A 级（一级胚胎）	发育正常，形态完整，轮廓清楚，卵裂细胞大小均匀，结构紧凑，无游离细胞或胞液很少，变性细胞低于 10%，胚龄与胚胎发育阶段相符
B 级（二级胚胎）	胚胎发育符合胚龄特征，轮廓清楚，明暗适中，细胞密度稍小，有少量卵裂球突出，变性细胞和水泡比例约为 30%
C 级（三级胚胎）	胚胎发育迟缓 1～2d，形态明显变异，轮廓不清晰，细胞密度小，色调发暗，变性细胞为 40%～50%
D 级（不良胚胎）	卵泡外形不完整，组织结构不完整，变性细胞占 75%左右

（五）胚胎的冷冻保存

对获得的优秀胚胎，如果不能一次全部移植，就需要进行保存。冷冻保存技术是一种将活细胞、组织或其他生物样本在极低温度下进行长期储存的方法。在低温条件下，活细胞的代谢能力显著下降，可使细胞和组织得以长期保存。胚胎冷冻实际是脱水的过程，冷冻保存的关键是设法减少细胞内水分形成冰晶造成的细胞机械损伤。未结冰的细胞内溶液渗透压急剧升高，造成蛋白质变性从而导致死胎（豆晓丽和樊天喜，2013）。胚胎的冷冻保存方法有慢速冷冻、快速冷冻、一步冷冻法和玻璃化法。其冷冻保护剂用甘油、乙二醇或二甲基亚砜（DMSO）。

（六）胚胎移入受体

胚胎移植的方法与胚胎采集的方法类似，分为手术法和非手术法。需根据胚胎的胚龄和胚胎的发育程度确定胚胎的移植部位。

手术法：类似于采卵，可以在右肷部切口，将吸有胚胎的注射器或移卵管刺入子宫角前端，把胚胎输入子宫角内；也可在腹中线切口，在每侧子宫角分别注入一定数量的胚胎。最后将子宫复位，并缝合切口。移植操作要谨慎小心，防止损伤子宫，对受孕造成不利影响。

非手术法：牛桑葚胚和囊胚移植一般采用非手术法。移植时用 0.25mL 细管分三段吸入 PBS 冲洗液和胚胎，前后由两个气泡隔开。剪去细管封口端后，借助一定的器械，把吸管推入受体母畜黄体一侧子宫角，并使其深入子宫角的大弯部。应将胚胎移植到有黄体一侧子宫角的上 1/3～1/2 处（子宫角尖端），如有可能越深越好。要求操作人员在短时间内将胚胎移植到位，移植冻胚原则上不超过 10min。

胚胎移植后受体的护理与管理十分重要。移植后应注意观察受体情况，定期检查是否发情，进行早期妊娠诊断，分群管理已妊娠的受体以预防流产。同时，要保证受体的营养供给，避免过度发育引起难产，注意接种相应疫苗以提前获得免疫能力（王立强等，2023）。

第二节　体外受精与试管动物

体外受精（*in vitro* fertilization，IVF）技术最早应用于人类生殖医学领域，在 20 世纪 70 年代开始进行临床试验。经过几十年的发展，这一技术逐渐成熟并得到广泛应用，已经帮助无数夫妇实现了生育的愿望。同时，体外受精技术在动物育种等领域也得到了广泛应用，对于提高畜禽种群质量、遗传改良和疾病预防具有重要意义。试管动物（test-tube animal）是指通过体外受精技术获得的胚胎在实验室中培养和发育的动物，这种技术不仅可以在研究动物模型中应用，也能够为保护濒危物种、克隆动物等方面提供支持。通过对试管动物的研究，科学家能够更好地理解生殖发育过程、疾病治疗机制及基因功能等方面的问题。本节将介绍体外受精技术在人类生殖医学和动物育种等领域的应用，同时，还将讨论试管动物在科学研究中的重要性和潜在应用。希望通过对体外受精和试管动物的介绍，增加人们对这一领域的了解和认识，以促进相关科学研究和技术的发展。

一、体外受精的概念与原理

严格意义上讲，体外受精是指将动物的精子和卵子在体外环境中结合的过程。这一过程既包括自然条件下的体外受精，也包括人为培养条件下进行的体外受精。一般所指的体外受精技术是指在适宜的培养条件下将哺乳动物的精子和卵子结合，以促使其完成受精过程的技术。在生物学领域，将体外受精后的胚胎移植到母体中发育的动物称为试管动物。广义上讲，体外受精还包括卵母细胞的体外成熟培养和受精卵的体外培养。

20 世纪 60～80 年代，科研人员利用家兔、小鼠和大鼠等动物进行基础研究，探索精子获能的机制和方法，取得了显著的进展。最初，研究集中在观察精子在同种或异种雌性生殖道中孵育的过程，以期获得其受精能力。随后，研究逐渐向体外培养转变，采用子宫液、卵泡液、子宫内膜提取液或血清等培养基质，成功地模拟了体内环境，从而使精子能力得到进一步的发展和提高。通过对比射精精子和附睾精子的能力，发现了射精液中去能因子的存在，而获能的本质在于去除精子表面的这些去能因子。自 20 世纪 80 年代中期以后，以牛为代表的体外受精技术取得了重大突破，为畜牧业和生殖医学领域带来了革命性的变革。1987 年，Parrish 等通过使用含有肝素的介质处理牛的冷冻精液，并将其与体外成熟的卵母细胞结合，成功实现了牛的体外受精。这一里程碑式成就在家畜体外受精研究和应用方面具有重要意义。这种方法的突破性在于利用了屠宰场废弃的卵巢和冷冻精液，实现了胚胎的体外生产，不仅成本较低，而且效果稳定可靠。随着牛的卵母细胞体外成熟和胚胎培养体系的逐步完善，胚胎的体外生产效率得到了显著提高，通过体外受精技术能够提高生殖效率和改良畜种品质，为畜牧业和生殖医学领域带来重大进步（吕明，2013）。

二、体外受精的技术环节

（一）卵母细胞的获得与体外成熟

1. 卵母细胞的获得方法

（1）*超数排卵*　　该方法是通过用促性腺激素处理，促使动物排放更多的卵子，然后从输卵管中冲取成熟的卵子，直接与能够受精的精子结合。

（2）*从活体动物的卵巢中采集卵母细胞*　　该方法借助超声波探测仪、内窥镜或腹腔镜，直接从活体动物的卵巢中吸取卵母细胞。在大型家畜如牛和马中，常常借助超声波探测仪辅助取卵。通过直肠握持卵巢，然后经阴道壁穿刺插入吸卵针，利用 B 超仪的图像引导，吸取大卵泡中的卵母细胞。根据技术水平，一头健康母牛每周可获得 5～10 枚卵子。活体采集的卵母细胞通常需要经过成熟培养后才能与精子受精。这种方法对于扩繁优良母畜具有重要意义，在一些国家已经商业化生产应用。

（3）*从屠宰后母畜卵巢上采集卵母细胞*　　摘除刚屠宰的母畜的卵巢，经过洗涤和保温后，快速运送到实验室，在无菌条件下利用注射器或真空泵从卵巢表面吸取一定直径卵泡中的卵母细胞，也可以对卵巢进行切片，收集卵母细胞。这种方法获得的卵母细胞通常处于生发泡期，需要在体外培养成熟后才能与精子受精。这种方法的最大优点是材料来源丰富，成本低廉，但确定母畜的系谱比较困难。

2. 卵母细胞的体外成熟　　超数排卵采集的卵母细胞经体内发育成熟后，无须额外培养即可与精子受精。然而，对于未成熟的卵母细胞，需要进行体外培养以促使其成熟。卵母细胞的体外成熟技术是一项辅助生殖技术，利用特殊的培养液促进未成熟的卵母细胞在体外发育成熟。通常情况下，未成熟的卵子需要在培养液中培养 24～48h，其成熟率可达 60%～75%。一旦卵母细胞成熟并释放第一极体，就可以进行体外受精。

（二）精子的体外获能

精子获能是一个复杂的过程，主要涉及精子结构和功能的改变，包括膜修饰、酶活性调节、蛋白质修饰、细胞内钙浓度升高和 pH 改变等。这些结构和功能性的改变有助于促进精子与卵子的融合，从而推动胚胎的发育。体外获能是体外受精（IVF）技术的关键组成部分。1951 年，Austin 和 Chang 分别发现，哺乳动物的附睾内或射出的精子并不能直接使卵母细胞受精，而必须在雌性生殖道中停留一段时间后才具备受精能力，他们将这种现象称为“获能”。1963 年，Yanagimachi 和 Chang 首次成功地进行了金黄仓鼠精子的体外获能实验，证明了精子在简单培养液中处理即可获能的事实，从而简化了精子获能的复杂步骤。精子体外获能技术的发展极大地加速了体外受精研究的进展。

（三）成熟卵母细胞与获能精子的体外受精

传统的体外受精分为三个主要时期：受精前、受精期间和受精后。在受精前阶段，主要包括雌性配子的准备（如体外成熟后部分去除卵丘细胞并诱导透明带硬化）和雄性配子的准备（如精液、附睾、选择和获取新鲜或冷冻解冻的精子细胞）。受精期间涉及选择合适的体外受精培养液及其添加剂，确保适当的设备和外部条件（如气体、温度和湿度）及最终洗去精子。受精后即将受精卵放置在适宜的培养基和环境中进行培养。

（四）受精卵的体外培养及移植

在体内，随着胚胎移行和生长过程的进行，其对营养的需求也在不断变化。然而，在体外培养中，无法完全模拟体内环境，容易导致自身代谢产物和有毒物质的积累，从而影响胚胎的发育。在哺乳动物的体外培养中，如果处理不当，可能会导致“发育阻断”。各种动物的阻断期不尽相同，如小鼠在 2-细胞期，猪在 4-细胞期，牛、绵羊和山羊在（8～16）-细胞期，兔在桑葚胚期发生阻断。胚胎发育受阻的重要原因之一是体外环境中氧浓度过高和存在毒物。从胚胎内部因素来看，胚胎发育受阻的时期刚好是母源基因向胚胎基因表达过渡的时期，即 mRNA 和蛋白质合成启动的阶段。Telford 等（1990）观察了几种动物胚胎在体外发育的阻断期与其基因组表达的关系，发现二者在时间上有密切的联系。因此，改善培养条件是克服发育阻断的关键。受精卵的体外培养体系一般有三种，即常规培养体系、共同培养体系及序贯培养体系（徐贵江，2010）。

胚胎移植技术拥有超过 100 年的历史。1890 年，首例使用安哥拉兔作为供体，比利时兔作为受体的胚胎移植试验成功，产下了两只安哥拉幼兔。20 世纪 50～70 年代，胚胎移植试验在绵羊、山羊、猪、牛及马等家畜上获得了成功。后来通过改进卵子处理、胚胎采集和移植技术，绵羊和山羊胚胎移植的妊娠率从 35%提高到了 70%～80%。牛胚胎移植研究相对较晚开始，Willett（1951）采用手术方法成功进行了牛的胚胎移植。随着体外受精和克隆技术的发展，冷冻胚胎的成功移植，国际胚胎移植协会的成立，以及非手术法胚胎移植技术在农场中的应用，胚胎移植技术迅速向商业化转变（岳成广，2022）。

三、试管婴儿技术

（一）试管婴儿技术概述

试管婴儿是指采用体外受精-胚胎移植技术，在体外让卵细胞和精子受精，以促进早期胚胎发育，然后将胚胎移植到母体子宫内发育而诞生的婴儿。这项技术最初由英国产科医生帕特里克·斯特普托和生理学家罗伯特·爱德华兹合作研究成功，1978 年 7 月 25 日在英国诞生了全球首位试管婴儿，引起了世界科学界的广泛关注和轰动。随着科学技术的不断进步，各项技术逐渐成熟，诸如新型排卵针的问世、超级排卵方式的改良、经阴道超声波取卵技术的应用、体外受精技术的重大突破、体外培养技术的改进，以及胚胎植入方式的变革等，这些进步使得试管婴儿技术成为所有不孕夫妇中最受欢迎的辅助生殖方式之一。

（二）卵子的体外培养

试管婴儿中的卵子培养是指将女性的卵母细胞收集后，放入培养液中培养，以使卵子进一步成熟，达到与排卵时相近的状态，以便与男性的精子结合，形成受精卵，然后再将受精卵移植回女性子宫内继续发育。

（三）体外受精及受精卵移植

在无菌条件下采集精液，经处理后，使精子获得穿透卵子的能力，形成授精小滴后加入含有卵子的培养基中。经过两性原核融合后形成受精卵，随后继续培养。当受精卵分裂至 8 至 16 个细胞时，将胚泡通过导管移植到宫底部。最好移植 3～4 个受精卵，以提高妊娠的成功率。胚泡移植的成功取决于受精卵的生命力、子宫内膜的健康状况，以及移植过程中是否有损伤等。

第三节　细胞核移植技术和动物克隆

动物细胞核移植技术是指将动物体细胞的细胞核移入已经去核的卵母细胞中，使其重组并发育成一个新的胚胎，这个新的胚胎最终发育成动物个体的技术。细胞核移植的方法得到的动物称为克隆动物。动物细胞核移植技术的类型分为胚胎细胞核移植和体细胞核移植。1938 年，“克隆之父”汉斯·斯佩曼（Hans Spemann）提出了核转移的最初概念，他提出胚胎或体细胞的核基因组可以进行再加工，并评估了其维持全期发育的可能性；1952 年，通过将胚胎卵裂球核转移到去核卵细胞中，在两栖动物中首次成功证实了这一概念；1962 年，首次成功通过核移植技术产生了克隆青蛙，这是第一个报道通过去核卵子将体细胞重编程为全能状态的案例。由于受卵母细胞操作相关技术和生物学的限制，直到 20 世纪 80 年代初才在哺乳动物中报道核移植，并于 1996 年利用成年体细胞创造了第一个后代——绵羊多莉（Dolly），这标志着动物细胞核移植技术取得了突破性进展（Gouveia et al.，2020）。但是目前动物克隆的成功率较低，并且克隆后代经常出现各种畸形，关键原因之一就是供体细胞重编程不完全。供体细胞核在进入去核卵母细胞后，会经历核膜降解、早熟染色质凝集、卵母细胞激活、核扩张、合子基因组激活等一系列过程，在这期间会发生染色质结构重编程、组蛋白变体合并、组蛋白修饰重编程、DNA 甲基化重编程等多种重编程过程，只有重编程成功的胚胎才能正常发育成个体（艾怡瑞等，2023）。所以，动物克隆技术还需要进一步深入研究和优化。

一、动物克隆的概念

动物克隆（animal cloning）是一种通过核移植过程进行无性繁殖的技术，指不经过有性生殖过程，而是通过核移植生产遗传结构与细胞核供体动物个体相同的技术。通常把提供细胞核的动物称核供体，接受细胞核的称受体。由于哺乳动物的遗传性状主要由细胞核的遗传物质决定，因此由同一枚胚胎作核供体通过核移植获得的后代，基因型几乎一致，称为克隆动物。通过核移植得到的胚胎可作供体，再进行细胞核移植，称再克隆。理论上，一枚胚胎通过克隆和再克隆，可获得无限多的克隆动物。1996 年第一例体细胞克隆绵羊——多莉的诞生轰动了世界，它的深远意义是体细胞克隆的成功。我国也相继研制成功克隆山羊等克隆动物并繁殖了后代。动物克隆技术突破了传统的有性繁殖理论，该技术的应用可避免有性繁殖带来的遗传改变，能将遗传信息完整地、原样地复制给后代，对遗传资源的保护、优良个体的扩群具有特殊意义。动物细胞核移植技术根据核供体的来源不同可将其分为胚胎细胞核移植及体细胞核移植。

二、胚胎细胞核移植

（一）胚胎细胞核移植内容

胚胎细胞核移植（embryonic cell nuclear transfer）又称胚胎克隆，是通过显微操作将着床的早期胚胎细胞核移植到去核成熟的卵母细胞中，经过电融合，让该卵母细胞质和导入的胚胎细胞核融合、分裂、发育为胚胎的生物技术。接着把该胚胎移植给受体，让其妊娠、产仔。如今，通过胚胎细胞核移植已经成功产生的动物有小鼠、兔、山羊、绵羊、猪、牛和猴子等。

（二）胚胎细胞核移植的过程及方法

胚胎细胞核移植的过程主要包括胚胎细胞核的获得、受体细胞去核、卵核重组、细胞融合与激活、重构胚培养与移植 5 个过程（图 8-2）。

三、体细胞核移植

（一）体细胞核移植内容

体细胞核移植（somatic cell nuclear transfer，SCNT）又称体细胞克隆，是动物细胞工程技术的常用手段，即把体细胞核移入去核卵母细胞中，使其发生再程序化并发育为新的胚胎，这个胚胎最终发育为动物个体。虽然动物细胞的全能性会随着动物细胞分化程度的提高逐渐受到限制，分化潜能逐渐变弱，但动物体细胞的细胞核仍然具有全能性，细胞核内仍含有该种动物的全套遗传物质，具有发育成完整个体的潜能（图 8-3）。在过去的 20 年里，体细胞核移植一直是干细胞研究和再生医学领域的热点。SCNT 的主要生物学目标是逆转体细胞的分化状态，产生囊胚，从中可以衍生胚胎干细胞（ESC）用于治疗性克隆或生殖性克隆（Gouveia et al.，2020）。

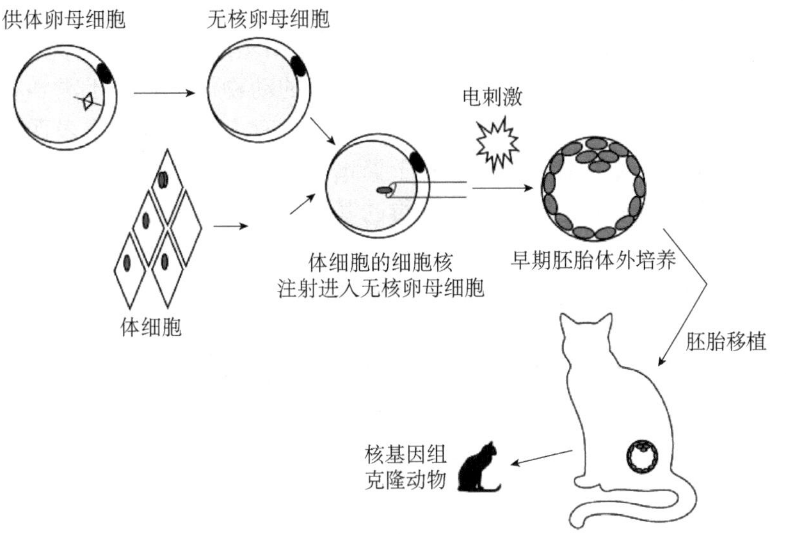

图 8-2　胚胎细胞核移植过程（Bolton et al.，2022）

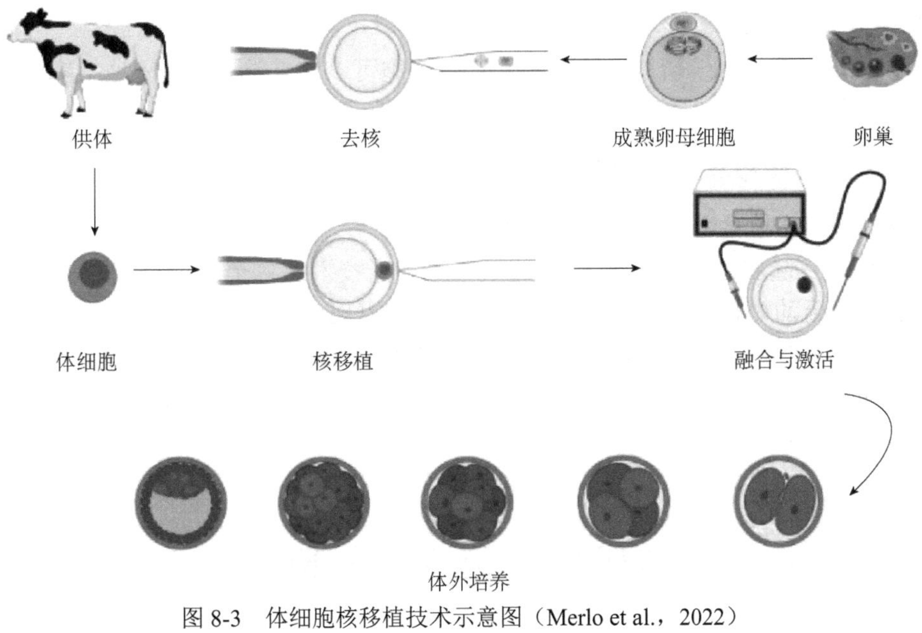

彩图

图 8-3　体细胞核移植技术示意图（Merlo et al.，2022）

（二）体细胞核移植过程及方法

应用体细胞核移植技术，我国已经成功地克隆了牛、羊等多种哺乳动物。下面以克隆高产奶牛为例来说明体细胞核移植的大致过程。

（三）体细胞核移植应用前景及存在的问题

1. 扩大优良育种群和拯救濒危动物　采用核移植技术可加快育种的速度，在短时间内有效地扩大种群的数量，保持种群的性状，避免了自然交配所带来的优良性状的分离和减弱。将核移植与基因打靶相结合，可以对物种的基因进行定点修饰，产生具有优良性状的新品种。

2. 在医药领域的应用 乳腺生物反应器是目前生产药用人体蛋白的一个重要工具，近年来核移植法制作乳腺生物反应器已成为研究热点，这给基因制药带来了无限希望。

基因打靶与核移植技术相结合建立各种人类疾病的动物模型，用于医学和药学的研究。所谓人类疾病动物模型是指生物医学研究中所建立的具有人类疾病模拟表现的动物实验对象和相关试验材料。由于小鼠生殖周期短，易于繁殖，多数组织和器官与人类的相似，因此已成为各国学者首选的动物模型。转基因所获得的基因突变体小鼠已成为研究某些遗传病和肿瘤的重要手段。

胚胎干细胞技术与核移植技术相结合培育出细胞、组织或器官用于治疗性克隆。用患者正常的或经过基因修饰的体细胞作为核供体，然后通过核移植技术获得重构卵，使其发育成囊胚，然后从囊胚中分离培养出胚胎干细胞，通过体外定向诱导分化成所需要的细胞、组织或器官，再移植到患者体内，以修复或替代受损伤的组织或器官，避免了免疫排斥反应。这种方法在治疗一些退化性疾病如帕金森病、糖尿病、肌营养不良、白血病等方面有着十分诱人的前景。

器官移植是治疗晚期器官坏死疾病的首选方法，然而器官严重短缺一直是各国医学工作者不得不面对的难题，异种器官移植是解决这一问题最为有效的途径之一（马芳菲和魏红江，2008）。

3. 科研领域的应用 研究克隆动物和克隆细胞可以使人类更加深入地了解胚胎发育及衰老过程。利用克隆动物作疾病模型，能使人们更好地追踪疾病的发展和疾病治疗过程。

（四）体细胞核移植发展过程中存在的问题

尽管体细胞核移植技术已经在许多动物上获得成功，但是其成功率仍然较低，产下活的克隆动物占移植克隆胚胎的比率平均不到10%，克隆技术的各个环节有待进一步改进。此外，绝大多数克隆动物存在健康问题，许多克隆动物表现出遗传和生理缺陷，对克隆动物的食品安全问题也存有争议。总之，体细胞核移植技术是近代新兴发展起来的技术，其在应用过程中依然存在较多的问题，也有许多的相关科学问题尚未解决，需要科研工作者对其进行更深入、更广泛的研究。

第四节 胚胎分割

作为现代生物技术的一项重要手段，胚胎分割在生物学和医学领域均展现出巨大的应用潜力和价值。该技术主要通过对早期胚胎进行精细操作，实现胚胎细胞的均等分配，进而培育出多个具有相同遗传特性的个体。胚胎分割不仅有助于深入了解胚胎发育过程中的细胞分化与组织形成，还为农业、畜牧业及医学等领域的遗传资源保存、品种改良及疾病模型构建等提供了有力工具。随着科学技术的不断进步，胚胎分割技术也在不断完善与创新。通过更精确、更高效的手段实现胚胎的精准分割，极大地提高了胚胎的存活率和发育质量。然而，该技术仍面临着诸多挑战与问题，如操作难度高、技术要求严格等。因此，深入研究和探索胚胎分割技术的原理、方法及应用，对于推动生物技术领域的发展具有重要意义。

一、胚胎分割的概念与原理

胚胎分割（embryo splitting）是哺乳动物胚胎工程的重要组成内容，是应用显微手术的方法将一枚胚胎分割成二分、四分甚至八分胚，经体内或者体外培养，然后移植入受体中，获得同卵双生或同卵多生后代的技术。胚胎分割是扩大胚胎数量的有效方法，也是胚胎克隆技术的一种，其不仅增加了优秀个体数量，而且还可将同卵双生后代用于各种试验研究，能排除遗传特性差异所带来的影响，在科学研究和畜牧生产中具有重要的意义（丁丽艳等，2016）。

软体动物和部分昆虫的受精卵发育是以镶嵌发育方式进行的，在2-细胞期，每个分裂球要发育成的器官与组织，在精子与卵子结合之后就已经确定，而任何一个分裂球都不能发育成一个完整的胚胎。大多数哺乳动物的胚胎发育是以调整型发育进行的，每个卵裂球都能正常发育成胎儿，而该发育过程具有全能性，但细胞在发育过程中的调节能力会随着逐渐延长的发育时间而变得弱化，组织的发育方向也会越来越明确和固定，最终调整能力会完全丧失。对小鼠的胚胎分割显示，在32-细胞期的胚胎仍具有调整能力，在64-细胞期的胚胎逐渐失去这种调整能力，到神经轴时期的胚胎再分割，已失去发育为正常的胚胎能力。胚胎分割技术就是在哺乳动物的胚胎处于2-细胞期和囊胚期之间时获得胚胎，并利用该时期下其细胞发育的调整性和全能性，经过一系列的步骤，最终获得同卵双胎或多胎动物的一项生物工程技术（安德科和谢荣清，2015）。

二、胚胎分割的技术环节

胚胎分割对畜牧业发展意义重大，早在20世纪30年代，Pincus等（1939）在体外激活卵子并植入兔子体内时，得到了两个较小的胚泡，首次发现了胚胎可以被一分为二并产生双胎。随后，哺乳动物胚胎细胞全能性的提出为胚胎分割提供了理论基础。从20世纪60年代起，国外不少学者分别对小鼠等实验动物进行了早期胚胎分割，到70年代取得了突破性进展，多种动物的胚胎分割后代相继出生。但早期胚胎分割通常借助显微操作仪来完成，切割后需将半胚移入空透明带中，该方法费时、费力，且需要昂贵笨重的显微操作仪，不适用于畜牧生产中，于是科学家对胚胎分割的方法不断进行摸索改进。目前各国在胚胎分割技术研究中取得了较大的进展，且分割技术从繁到简日趋完善，半胚移植成功率不断提高。如今的胚胎分割已经可以在普通显微镜下徒手进行，平均一个胚胎切割时间仅需1min，且半胚不用移入空透明带而是直接注入受体子宫角使其妊娠。

（一）操作方法

胚胎分割通常有两种方法：微细管吹吸法及显微手术法（图8-4）。微细管吹吸法是指先使用玻璃微针切开胚胎透明带，然后用吸液管通过这个缺口插入其中以移除单个卵裂球（Illmensee et al.，2005），该方法适合分离2-细胞期到8-细胞期卵裂球。显微手术法是用锋利的针头或微刀片将胚胎切成两片，同时将内细胞团分割成大致相等的细胞数，该方法主要用于大型哺乳动物桑葚胚和囊胚期胚胎。

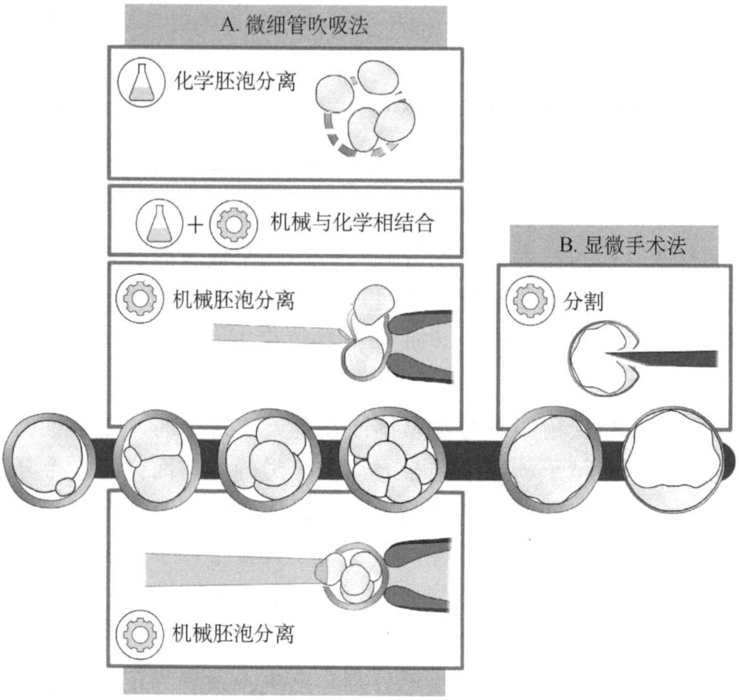

彩图

图 8-4 胚胎分割的两种方法（Casser et al.，2019）

（二）药品试剂和器材设备

1. 药品试剂 75%乙醇，0.2%～0.5%的链霉蛋白酶，添加牛血清白蛋白的培养液，琼脂等。

2. 器材设备 体视显微镜，普通立体显微镜或显微操作仪，持卵针，玻璃针，显微刀，细胞培养箱等。

（三）技术流程

1. 胚胎分割的器具准备 在进行胚胎分割前需要制作持卵针和分割针。持卵针要求末端钝圆，外径与所固定胚胎直径相近，内径一般为 20～30 μm。分割针目前有玻璃针和显微刀两种，玻璃针一般用实心玻璃棒拉成，其尖端要求弯成镰刀形（图 8-5）；显微刀是用锋利的金属刀片与细玻璃棒粘在一起制成。

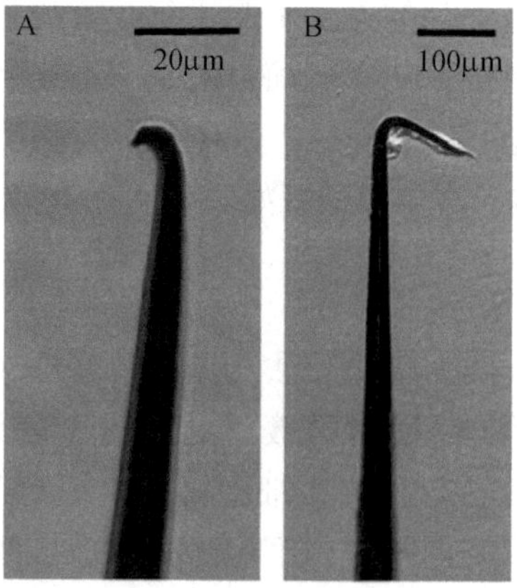

图 8-5 胚胎分割针（Wilsher et al.，2020）

2. 胚胎的预处理　胚胎在分割前用0.2%～0.5%的链霉蛋白酶进行短时间处理，待透明带软化并变薄后，将胚胎移至添加牛血清白蛋白的培养液中。

3. 胚胎分割　将经过处理的胚胎与少量培养液一起置于一次性培养皿上，使用普通立体显微镜，左手将培养皿置于显微镜视野下，用右手拇指和食指夹住玻璃针，中指作支架来提高稳定性。将针尖的切割部位置于胚胎顶部，然后压住胚胎中部向培养皿底切割，当针尖接触到皿底时，胚胎与透明带被分成两半，如切割胚胎为囊胚应注意将内细胞团平均分为两半。

4. 分割胚胎的培养　为提高切割胚胎移植的妊娠率和利用率，分割后的胚胎可以放入空透明带中，或者用琼脂包埋移入中间受体在体内培养或直接在体外培养。

5. 分割胚胎的保存和移植

1）冷冻保存方法是保存于−196℃的液氮中。为提高冷冻胚胎的移植受胎率，分割胚胎需要在体内或体外培养到桑葚胚或囊胚阶段再进行冷冻。

2）进行胚胎移植时，当分割胚发育到4～8细胞时，可以移入受体输卵管的不同部位，当发育到16-细胞卵裂球或桑葚胚时可移入受体子宫的不同部位。

6. 胚胎分割的注意事项

1）一般应用质量为A级或B级的桑葚胚、囊胚和扩张囊胚进行分割移植。

2）分割速度要快，不要来回拉锯或间断切割，尽量做到平均等分，胚胎损伤要尽量小。

三、胚胎分割的应用

家畜胚胎分割最早是在绵羊上进行的。Willadsen（1979）将2-细胞期绵羊胚胎从透明带中取出，将其分割成单个卵裂球后注入空透明带中，并将其包埋在琼脂中进行临时体外培养。3.5～4.5d后回收并将其移植入母羊的输卵管中，用于研究双胞胎的发育。在琼脂中的31对同卵双胞胎内，有16对都达到了桑葚胚晚期/早期囊胚期，将其转移到16只母羊体内，11只母羊成功怀孕并且5只母羊产双羔，5只母羊产单羔。该研究证明了胚胎分割应用于实际生产的可行性。胚胎分割在20世纪80年代中后期达到了发展高峰，并逐步走向商业化应用阶段，日本、美国、德国、澳大利亚和加拿大等国建立了专业的商业化公司，从事胚胎分割和商业性经营业务。我国胚胎分割的研究起步于20世纪80年代末，但国家极为重视，研究进展相当迅速，简化了胚胎分割的方法，降低了胚胎分割的费用。胚胎分割的应用可分为以下几个方面。

一是可以提高优良品种繁殖速度。通过胚胎分割技术，一枚胚胎可以被分割产生多个后代，而且分割后的半胚胎和分割前的全胚胎相比具有相似甚至更高的移植成活率，增加了优秀基因的数量。另外，由于胚胎分割获得的遗传性状相同的后代较多，因此在育种过程中进行特殊遗传性状的选择时，更利于获得更多优良个体。

二是通过胚胎分割技术，可从胚胎中取出一部分作性别、生产性能等鉴定，以确定胚胎的取舍。当移植后代仅需特定性别或移植孕育成本过高而只需要移植基因优良和高生产性能的胚胎时，该应用显得尤为重要。例如，在奶牛胚胎移植时，为了提高奶牛的受孕率，通常需要向子宫中移入两枚胚胎，但如果两枚胚胎性别不一，可能会出现异性孪生母犊不育的情况。运用胚胎分割技术，可以在胚胎移入前从中取出少量细胞进行性别鉴定，从而避免这种情况的发生。

三是濒危物种的保护。运用胚胎分割对濒危物种的胚胎一分为二或分为多个，可以提高濒危物种的繁殖率（Swegen et al.，2023）。可以将濒危物种的胚胎分割后一部分继续用于繁殖，另一部分体外培养后进行冷冻保存，即建立胚胎库进行濒危物种种质资源的保存。

四是运用胚胎分割技术，可以深入研究细胞分化、早期胚胎发育及胚胎的全能性。简单来说，胚胎分割将胚胎分成多个部分，每个部分都能独立发育成完整个体，拥有更多实验材料。同时可以更加直观地观察和研究胚胎发育的各个阶段，从而更深入地了解生命的起源和发育过程。

五是胚胎分割在试验研究中也有重要的应用（Tan，2013）。胚胎分割可以培育出基因组一模一样的多个个体，排除个体间差异，更加准确地评估所研究因素对实验动物的影响，以保证试验结论的可靠。

六是临床医学方面，胚胎分割技术可以用于辅助生殖技术（Noli et al.，2017）。胚胎分割可以将体外受精得到的胚胎变得更多，从而提高受孕的成功功率。同时胚胎分割技术还可用于治疗多种疾病，如心脏病和神经系统疾病等。

第五节　胚胎性别鉴定

胚胎性别鉴定作为胚胎工程的辅助基础技术，旨在通过科学手段对胚胎的性别进行准确判断。这不仅是生殖医学领域的一大进步，也为那些因特定遗传疾病风险而需要选择性别的家庭提供了可能。在胚胎性别鉴定的过程中，专家借助先进的技术手段，如基因测序等，对胚胎进行精确分析。这样的鉴定不仅有助于对胚胎性别有所了解，还能在一定程度上预防遗传疾病的发生。然而，我们也要意识到，胚胎性别鉴定并非随意可为的行为，它必须在严格遵循伦理和法律法规的前提下进行，确保尊重每一个生命的尊严和价值。总之，胚胎性别鉴定作为现代科技在生殖医学和畜牧学等领域的应用，既带来了便利和可能，也要求我们保持理性和审慎的态度，确保科技的力量能够真正造福人类。

一、胚胎性别鉴定的概念与意义

胚胎性别鉴定（embryo sex identification）是指对已经发育到一定阶段的胚胎进行性别确认，从而可以根据需求进行胚胎移植，使雌性动物生产出所需性别的后代。从概念上讲，胚胎性别鉴定涉及生物学、遗传学、医学等多个领域的知识。在生物学上，我们知道性别是由性染色体决定的，雄性为XY，雌性为XX。而胚胎性别鉴定，就是通过对胚胎的性染色体进行检测，从而确定其性别。在遗传学上，性别鉴定又涉及基因的表达与调控及性别相关疾病的遗传规律等。医学领域则更多地关注如何通过安全、准确的方法，在不影响胚胎发育的前提下，进行性别鉴定。

胚胎的性别鉴定对于畜牧学及人类生殖医学都有着深远的意义。在畜牧学上，特别是动物育种方面，胚胎性别鉴定可以提前鉴定胚胎性别，在进行胚胎移植时只移植所需性别胚胎，从而降低费用，同时可以防止移植多个胚胎时造成的异性胚胎互相影响的结果。在人类生殖医学上，对于许多家庭来说，胚胎性别鉴定是他们实现生育愿望的一种手段。有些家庭因为遗传疾病的原因，需要选择性别的胚胎进行移植，以避免疾病的发生。比如，某些遗传病只在男性中发病，那么通过胚胎性别鉴定，选择女性胚胎进行移植，就可以有效地避免这一风险。此外，对于一些因为特定原因而希望生育特定性别子女的家庭来说，胚胎性别鉴定也提供了一种可能。

二、胚胎性别鉴定的方法

胚胎性别鉴定的常用方法有染色体核型分析法、SRY 片段的 PCR 扩增法及 H-Y 抗原检测法。

（一）染色体核型分析法

染色体核型分析（karyotype analysis）是指对同一畜种不同个体的染色体数目、形态特征与其正常核型加以比较，鉴定被检家畜染色体有无异常的定量或定性分析。染色体核型分析鉴定胚胎性别，需要从胚胎中分离出部分细胞，使其停留在有丝分裂中期，然后在显微镜下观察染色体形态和数量，根据 Y 染色体存在与否来区分胚胎的性别（图 8-6）。该方法虽然准确性可以高达 100%，但其操作复杂，花费时间长，对操作者技术要求高，很难取得理想的实验结果。由于许多动物核型中染色体的大小、形态很相似，难以精准区分，因此就出现了染色体带型技术，它借助特殊的染色程序，使染色体显现出深浅不同的带型。由于带型的数目、部位、宽窄与深浅具有相对的稳定性，可作为鉴别染色体的重要依据。常见的染色体分带技术有 G 带、R 带、Q 带、N 带及 C 带等。

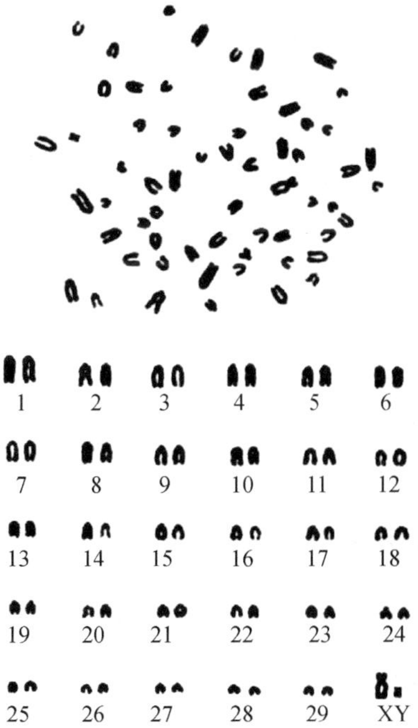

图 8-6　华南虎染色体图（龚志海等，2023）

（二）SRY 片段的 PCR 扩增法

Y 染色体携带雄性性别决定所需的遗传信息，而 Y 染色体性别决定区（sex determining region of Y，*SRY*）基因是雄性动物 Y 染色体上特有的决定哺乳动物性别的基因。Koopman 等

（1991）发现，携带仅包含 *SRY* 基因的基因组片段转基因的 XX 小鼠发育出睾丸，表明仅 *SRY* 就足够了，雄性性别决定不需要其他 Y 染色体基因。因而可以通过判断胚胎细胞中是否含有 *SRY* 基因片段来鉴定其性别。设计 *SRY* 基因上下游引物，利用聚合酶链反应（polymerase chain reaction，PCR）扩增该片段，通过琼脂糖凝胶电泳检测片段的有无来判断胚胎的性别。PCR 法具有简单、快速、灵敏、特异性高等特点，已被广泛应用于临床诊断、法医鉴定及胚胎工程等相关领域的研究。

（三）H-Y 抗原检测法

H-Y 抗原是哺乳动物睾丸决定基因的产物。在 H-Y 抗原存在下胚胎的原始性腺被诱导分化为睾丸，在不存在 H-Y 抗原时，胚胎的原始性腺被诱导分化为卵巢。通过检测胚胎细胞膜上是否存在 H-Y 抗原来判断胚胎的性别。若存在该胚胎即为雄性，不存在即为雌性。H-Y 抗原检测法是基于雄性胚胎表面存在特定抗原表达来进行性别鉴定，该方法不需要损坏胚胎，操作相对简单，但准确性不高，且重复性较差。

小　结

动物胚胎工程技术是动物生物技术的重要组成部分，以动物配子、早期胚胎、胚胎干细胞及体细胞等生物材料为对象，为优良畜种的快速繁殖、家畜品种改良和抗病育种提供重要的技术支持。“打好种业翻身仗”，实现“种业科技自立自强、种源自主可控”，动物胚胎工程技术发挥着重要的作用。

本章主要介绍了动物胚胎工程技术的概念，涵盖了胚胎移植、体外受精与试管动物、细胞核移植技术和动物克隆，以及胚胎分割、胚胎性别鉴定等动物胚胎工程技术鉴定的系列内容。动物胚胎工程技术的快速发展促进了生命科学和生殖医学的跨越式发展，基因编辑技术、克隆技术、人工辅助生殖技术等新型技术也得到了广泛应用。

复习思考题

1. 名词解释：胚胎工程，胚胎移植，体外受精，试管婴儿，体细胞核移植，胚胎分割，同期发情，超数排卵
2. 简述动物胚胎移植的操作步骤。
3. 简述体外受精的主要技术环节。
4. 简述体细胞核移植的过程。
5. 简述动物胚胎分割的应用及意义。
6. 简述动物胚胎性别鉴定的方法及意义。

第九章　动物细胞重组与细胞融合技术

细胞重组是不同细胞的核体与胞质体在融合因子介导下合并形成完整细胞的技术，对研究细胞的核质关系及基因转移等具有重要意义。细胞融合技术是将种类不同的两种生物细胞直接融合，产生能够同时表达二者有益性状的新杂种细胞的技术，广泛应用于细胞生物和医学研究的各个领域。

第一节　细 胞 重 组

细胞重组（cell reconstruction）涉及生物技术、医学、农业和环境保护等多个领域，可以实现从基因编辑到生物制造的各种目标，为解决人类面临的许多挑战提供了新的解决方案。通过深入了解细胞重组的原理、应用等，可以更好地引导这一领域的发展，为人类福祉和可持续发展做出更大的贡献。

一、细胞重组的概念、特点与意义

细胞重组是指从活细胞中将细胞器及其组分分离出来，再在体外一定条件下将不同来源的细胞器及其组分重新组合，使其重新装配成为具有生物活性的细胞或细胞器的一种实验技术。这可以通过基因编辑、DNA 重组或细胞融合等方法实现。细胞重组技术的范围涵盖了从单个基因的编辑到整个细胞的转化，甚至是组织和器官水平的重组。

细胞重组技术可以根据需要进行定制，使其具有极高的灵活性和可控性。它涉及多个学科领域，如生物技术、生物医学、遗传学等，其研究与应用需要跨学科合作。通过细胞重组，科学家可以创造出新的生物材料、药物、生物传感器等，为各个领域带来创新解决方案。细胞重组技术已经应用于医学、农业、工业等多个领域，为人类健康、食品安全和环境保护等问题提供了新的解决途径。总的来说，细胞重组技术是一门具有巨大潜力的技术，它为解决医学、农业、工业和环境等方面的重大问题提供了新的思路和方法。

二、细胞重组的基本方式

（一）胞质杂种

胞质杂种（cybrid）是胞质体（除去细胞核后由膜包裹的无核细胞）和完整细胞的重组，即一个细胞的胞质体与一个完整的细胞融合，构成含有一个亲本核和两个亲本细胞质的杂种细胞，称为胞质杂种。在动物上，胞质杂种是由作为核供体的细胞和作为线粒体供体的不同来源的细胞质融合而产生的真核细胞系。胞质杂种用来研究近缘物种的核基因组和线粒体基因组之间的进化相互作用，也可以用来产生成肌细胞和诱导多能干细胞（iPSC）模型的致病线粒体 DNA 突变或重排，因而在遗传育种中具有特殊重要意义。供体–受体原生质体融合（donor-recipient protoplast fusion）系统是产生胞质杂种的有效方法，经过不断的改良，现已普遍采用双失活程序，即将一个亲本的原生质体经辐射处理使细胞核失活作为细胞质供体，另一亲本（受体）用代谢抑制物碘乙酸盐类处理，使细胞质暂失活。由于生理互补效应，杂种细胞可以生长和持续分裂，因而在双失活处理的供体–受体原生质体融合系统中，无须双亲具有选择标志，杂种即可被筛选出来（图 9-1）。在植物育种中，胞质杂种往往用来改良作物的抗病性、适应性等特性。胞质杂种创制的技术步骤主要包括以下几个方面。

选择亲本：选择一个具有优良染色体遗传物质的父本和一个具有优良细胞质遗传物质的母本。通常父本来自耐寒、耐病、高产等优良性状的种质。

人工授粉：将父本的花粉人工授予母本的花药，即进行雄性不育系与保持雌蕊杂交。

杂交后代的筛选：通过对人工授粉获得的杂交后代进行筛选，剔除不符合要求的植株，保留具有优良性状的植株。

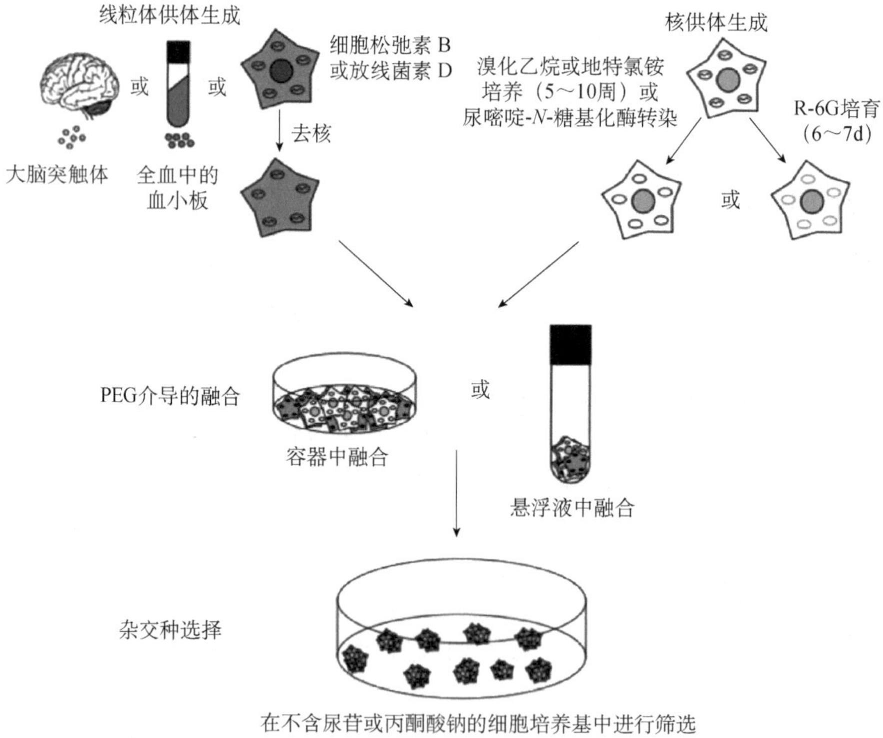

图 9-1　胞质杂种产生机制（Bacman et al.，2020）

后代的繁殖：通过有选择地繁殖保留下来的植株，继续培育后代，逐步固定所需的细胞质遗传物质。

胞质杂种有很多应用，尤其适用于提高种质的多样性和抗病性。通过胞质杂种技术，可以将优良的细胞质遗传物质引入作物中，以提高其适应性、抗逆性等特性，在农作物上已经取得了很多成就。比如在水稻上，利用胞质杂种技术，成功培育出了一系列的细胞质杂交水稻品种，其具有较强的抗逆性和高产性。这些品种在提高水稻产量、抗病性、耐旱性等方面取得了显著的成果。胞质杂种技术也被广泛应用于玉米的育种中，通过细胞质杂交，引入优良的细胞质遗传物质，以提高玉米的抗病性、耐逆性和产量；胞质杂种技术在大豆育种中也取得了一定的成功，通过细胞质杂交，可以改良大豆的品质、产量和抗逆性，提高大豆的种植效益。可见，胞质杂种技术在作物育种中具有重要的应用前景，为培育具有优良性状的作物品种提供了重要的遗传资源。

细胞质遗传不同于核基因遗传，细胞质中的质体对细胞代谢和生物功能有重要影响。在动物遗传育种中，将不同物种或不同类型的细胞质质体与核基因互补地结合，可以产生具有新的细胞质特征的杂交个体，从而开发出具有一定优势的胞质杂种，用于改良育种。通过胞质杂种技术，可以将细胞质质体和核基因进行分离，研究细胞质的遗传规律及其对个体性状的影响，有助于解析细胞质和核基因之间的相互作用，深入探讨遗传背景的影响机制。细胞质质体在动物抗病力、免疫能力等方面也起着重要作用，培育胞质杂种，将具有抗病性或免疫优势的细胞质质体引入目标物种中，以提高动物的抗病能力，有助于抗病育种。对一些限性性状的动物如奶牛、蛋鸡的性别有需求，通过胞质杂种技术可以调控细胞质质体的遗传信息，实现对性别的控制和选择，达到性别比例优化的目的。

（二）微细胞异核体

微细胞异核体（microcell heterokaryon）是微细胞与完整细胞的重组，微细胞是只有一条或几条染色体，外面包裹着一薄层细胞质和完整质膜的核质体。微细胞异核体是指将一个细胞的染色体组（细胞核）转移至另一个细胞中，并且这两个细胞的染色体组来源于不同的种属（异株）（图 9-2）。这种技术通常用于研究细胞的染色体遗传、基因组杂合性、细胞间相互作用等方面，也可以用于生物研究、细胞治疗等领域。微细胞异核体的技术步骤主要包括以下几个方面。

微细胞制备：选择一个供体细胞，通常为具有稳定染色体组的细胞（如癌细胞系）。通过化学或生物学方法诱导供体细胞形成微细胞。

微细胞与完整细胞杂交：将供体细胞的微细胞与受体细胞（通常为完整细胞）融合。这种融合可通过细胞融合剂或电脉冲等方法实现。

筛选与培养：筛选合并了供体细胞染色体组的受体细胞。这些受体细胞可以在适当培养条件下生长和繁殖。

分析与检测：对获得的微细胞异核体进行染色体分析、基因表达分析、细胞功能等评估和检测，以研究异核体的性状和功能。

微细胞异核体技术是一种重要的细胞遗传学技术，可以实现不同细胞种属间的染色体组合和基因组杂合，有助于解析细胞发育、疾病发生等问题，为研究细胞遗传学、基因调控等提供了有力工具。通过将供体细胞的染色体组移入受体细胞，可以研究特定基因的功能、表达调控等，有助于深入理解基因在生物体内的作用。微细胞异核体技术也可用于细胞治疗领

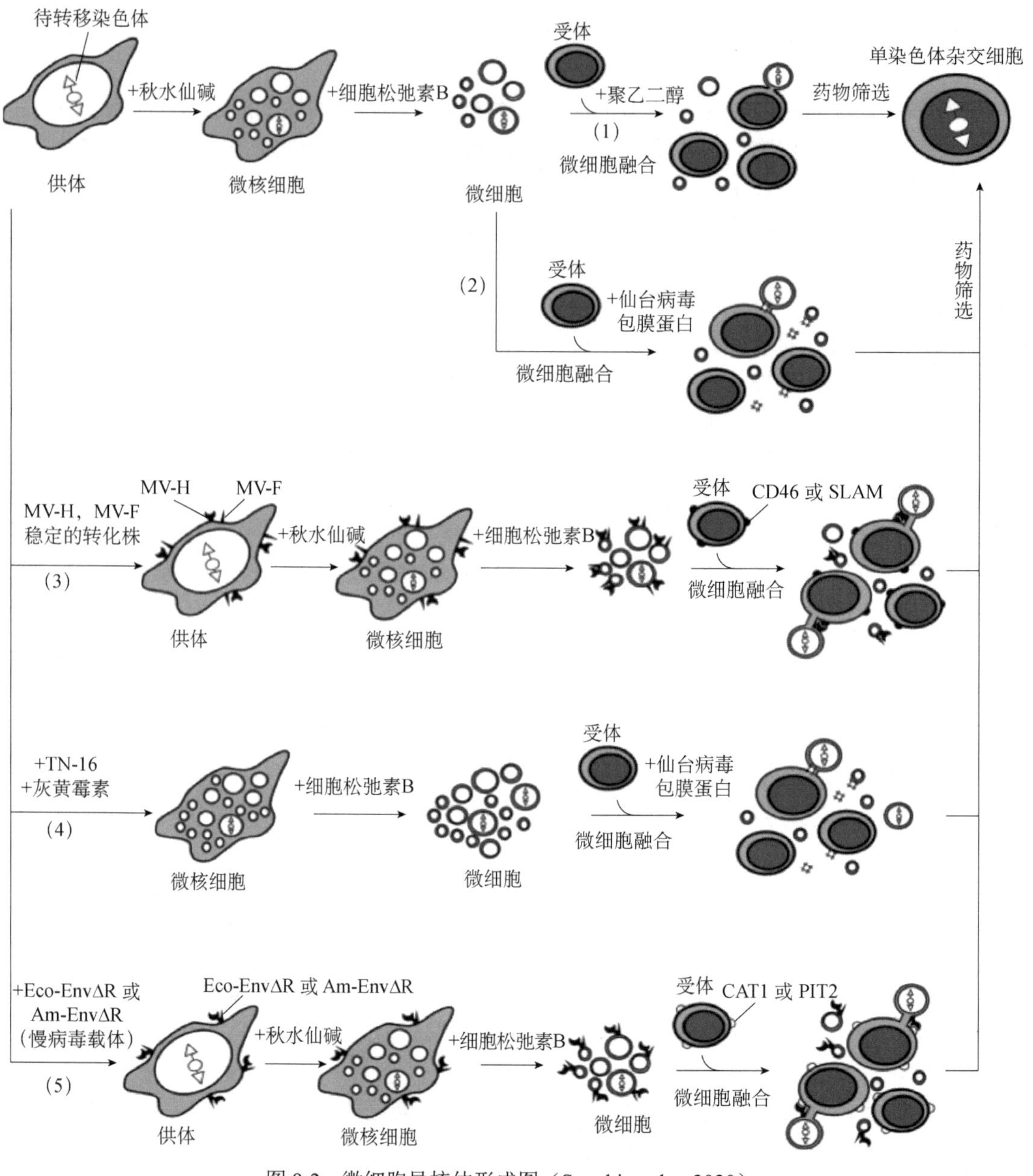

图 9-2 微细胞异核体形成图（Suzuki et al.，2020）

MV-H. 麻疹病毒衍生的血凝素包膜蛋白；MV-F. 麻疹病毒衍生的融合包膜蛋白；CD46. 一种膜辅助因子；Eco-EnvΔR. 嗜亲性的 R 肽缺失包膜蛋白；TN-16. 一种有效的微管聚合抑制剂；SLAM. 信号淋巴细胞关联分子；CAT1. 阳离子氨基酸转运体；PIT2. 悬垂磷酸转运蛋白 2；Am-EnvΔR. 两嗜性的 R 肽缺失包膜蛋白。（1）HVJE 介导的微细胞介导的染色体转移技术（MMCT）。（2）利用仙台病毒衍生的包膜蛋白作为融合原，麻疹病毒胞膜蛋白的 MMCT。（3）利用表达在染色体供体细胞表面的 MV 衍生的 H 和 F 包膜蛋白（MV-H 和 MV-F）进行微细胞融合。改良的 MMCT 方案。（4）使用 TN-16+灰黄霉素和 Latrunculin B 分别作为秋水松胺细胞松弛素 B 的替代品。逆转录-mmct 方法。（5）利用表达在染色体供体细胞表面的具有融合能力的 MLV 包膜蛋白（即 Eco-EnvΔR 或 Am-EnvΔR）进行微细胞融合

域，如将健康细胞的染色体组移入受体细胞，修复受损细胞的功能和基因组，治疗某些遗传性疾病。而建立含有特定疾病相关基因的微细胞异核体模型，可模拟某些遗传性疾病或发病机制，有助于疾病研究和药物筛选。微细胞异核体技术还可用于创建不同种属或亚种的合成

体，拓展生物多样性保护和生物资源利用的途径。可见，微细胞异核体技术具有广泛的应用潜力，对细胞遗传学研究、基因功能解析、细胞治疗、组织重构等领域有重要意义。

（三）重组细胞（核移植）

重组细胞（reconstitution cell）为胞质体与核体的重组，也被称为克隆技术或体细胞核移植技术，在生物医学领域和基础生物学研究中具有重要应用。核移植技术的相关内容详见第八章。核移植技术可用于基础研究领域，以探讨细胞发育、细胞分化、基因表达等方面的机制。通过核移植实验，可以研究基因对生物体发育和遗传特征的影响；核移植技术可用于制备克隆动物，以此来模拟人类疾病，深入了解疾病的发病机制及药物开发等方面。在畜牧业中，通过核移植技术可以复制具有优良遗传背景的动物。例如，2023 年 1 月承载超级奶牛种质资源保护和良种培育重任的体细胞克隆超级奶牛出生，这是国内首次采用克隆技术对现存群体中百吨优良个体进行的种质复原保存，为破解我国奶牛良种“卡脖子”问题奠定了坚实基础。在医学上，可以利用核移植技术治疗某些疾病，如代谢性疾病、遗传性疾病等。核移植技术还可用于种子和生物多样性保护，可以克隆濒危物种，有助于维持物种生存。核移植技术对于生物工程领域和再生医学的发展也有重要意义，可以用于生产重组蛋白或器官移植等方面。总的来说，核移植技术为医学、畜牧业、物种保护等提供了有力的技术支持。

（四）细胞重建

细胞重建（cell reformation）是从无到有新细胞的形成过程，是细胞的自组织过程。以细胞质或细胞外的某种基质为原料，通过自组织、自装配过程，一步步地形成完整的细胞。细胞重建现象最初是 1932 年贝时璋院士在研究南京丰年虫中间性生殖细胞的性转变时发现的，他在中间性丰虫的卵母细胞中观察到新形成的细胞并不是由母细胞分裂来的，而是以母细胞细胞质中的卵黄颗粒为基础材料，经由自组织过程逐渐形成的。至 1980 年，贝时璋院士及其研究小组提出了完整的“细胞重建学说”。

不论是生殖细胞、体细胞、真核细胞还是原核细胞，都广泛存在着细胞重建现象。细胞重建是一个自组织的过程，只要具备物质基础和合适的环境，在生物体内或在离体培养的情况下，都有可能发生核重建和细胞重建。在卵黄颗粒中发现染色质，说明染色质不是细胞核独有的物质，卵黄颗粒等细胞物质不是没有生命的细胞内含物。细胞和细胞核可以从细胞质重建，说明细胞质与细胞核之间没有森严的壁垒。

细胞分裂是“闭锁性”的繁殖，细胞在分裂过程中，与环境是以细胞膜隔离的。细胞重建是“开放性”的繁殖，在重建过程中，细胞组分始终与周围环境打成一片（Wang，2004；王谷岩，2004）。

动物细胞重建是一项重要的科学技术，为动物健康和疾病治疗提供了新的可能。通过动物细胞重建，可以修复受损的组织和器官，帮助动物恢复健康，延长寿命。此外，动物细胞重建还为研究动物疾病机制、开发新药物和疫苗提供了重要工具和平台。通过对动物细胞的重建和研究，可以深入了解动物生理和病理过程，为人类和动物的健康提供更有效的治疗和预防措施。因此，动物细胞重建的意义在于推动动物健康和疾病治疗的进步，为人类和动物共同创造更加健康、美好的生活环境。

第二节 细胞融合

从最简单的单细胞生物到复杂的多细胞生物，细胞融合都扮演着至关重要的角色。它既存在于生命的起源与演化中，也影响着人类医学、生物工程和生物科学的发展。本节将主要介绍细胞融合的概念及意义、动物细胞融合的方法，以及动物细胞融合方面的研究成果和技术进展等。

一、细胞融合的概念及意义

细胞融合（cell fusion）又称细胞杂交（cell hybridization），是指两个或多个不同的动物细胞融合成一个细胞的过程。融合形成的杂种细胞是兼有两个细胞遗传物质的杂合体。动物细胞融合技术最早可以追溯到20世纪60年代，经过多年的研究发展，应用于单克隆抗体制备、动物遗传改良、疾病治疗和生物科学研究等领域。新冠病毒的感染力超强，Xia等（2020）首次解析了新冠病毒刺突蛋白（S蛋白）膜融合核心结构域的晶体结构，发现其与SARS病毒相比，S蛋白存在几个关键的氨基酸变异，导致新冠病毒的膜融合能力远强于SARS病毒，也就是说新冠病毒进入细胞的效率更高。团队因此还开发了一个脂肽类药物，可以有效阻断新冠病毒等引起的膜融合。新冠病毒感染细胞后，细胞与周围同类细胞发生融合出现合胞体，形成巨核细胞。新冠病毒S蛋白双精氨酸位点介导的细胞融合能够内化免疫细胞，通过形成异质性细胞叠套（cell-in-cell）结构“杀死”免疫细胞（图9-3），从而导致新冠感染患者淋巴细胞减少症的出现（Zhang et al.，2021）。可见，细胞融合在生命科学研究领域具有重要的意义。

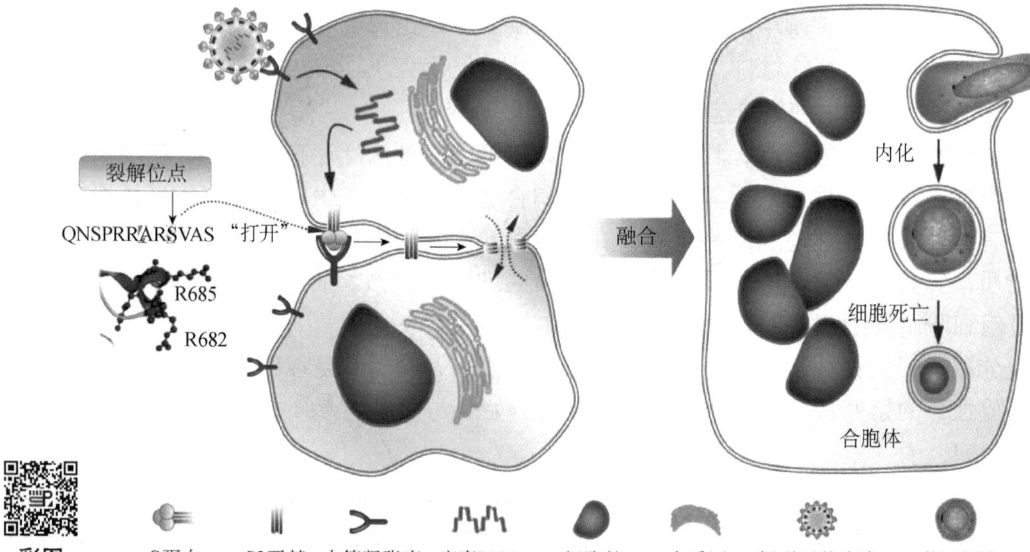

图9-3 新冠病毒S蛋白双精氨酸位点介导的细胞融合及内化清除免疫细胞过程模式图（Zhang et al.，2021）

在动物育种方面，动物细胞融合技术为育种者提供了一种新的手段，可以将两种不同的动物细胞融合在一起，产生具有两者特性的后代。这种技术可以加速育种过程，提高动物的遗传品质和生产性能，实现优良品种的快速繁殖和推广。通过动物细胞融合，可以实现对动物遗传特性的精准调控和改良，为动物育种带来新的可能性和机遇。此外，动物细胞融合技术还可以帮助研究人员解决一些遗传性疾病和疾病抗性等问题，为动物健康和疾病治疗提供新的途径。通过对动物细胞融合技术的不断研究和应用，可以进一步提高动物的遗传改良效率，促进优良品种的繁殖和推广，推动动物育种领域的创新与进步。

二、细胞融合的方法

（一）仙台病毒法

仙台病毒（Sendai virus，SeV），又称乙型副流感病毒Ⅰ型、日本凝血病毒（hemagglutinating virus of Japan，HVJ），是副黏病毒科的原型病毒，可以通过其血凝素-神经酪氨酸酶糖蛋白（HNprotein）与宿主细胞表面结合，从而催化病毒和细胞脂膜的融合（Chandra et al.，2017）。1957年，Okada意外发现仙台病毒能诱导悬液中小鼠艾氏腹水瘤细胞融合。在0℃条件下将仙台病毒加入艾氏腹水瘤细胞中，当细胞聚集体在37℃孵育时，病毒被膜与细胞膜反应，细胞聚集体中相邻细胞膜在几分钟内可融合在一起。Harris、Kada等用其诱导种间细胞融合，获得成功。仙台病毒促进细胞融合的原理是，灭活的仙台病毒，即只留下融合能力的衣壳蛋白包膜（HVJ Envelope，HVJ-E）无感染力，但有抗原性，其含有细胞表面受体的结合位点。在低温（0～8℃）条件下，每一个细胞与数百个仙台病毒衣壳蛋白包膜（HJV envelope，HJV-E）接触，HVJ-E与细胞膜上的唾液酸受体结合，通过细胞表面吸附（步骤一），细胞通过HVJ-E相互连接（步骤二），形成细胞彼此聚集的状态。当该细胞/HVJ-E的复合物加热到37℃时，细胞膜干扰就会进一步扩大，细胞膜内膜结构也暂时改变。这种短暂的变化后会立即返回到正常结构，但这期间细胞膜利用强疏水性结合力进行相互融合（步骤三）（图9-4）。由于仙台病毒有融合各种细胞的能力，因而被广泛用来进行细胞的异核体形成和培育杂种细胞，如利用紫外线照射的仙台病毒HVJ-E诱导的细胞融合被认为是线粒体替代技术临床翻译最有前途的方法（Ma et al.，2024）。

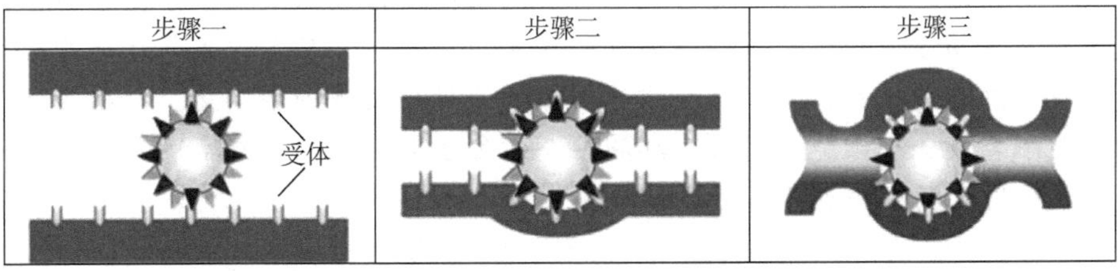

彩图

图9-4　仙台病毒促进细胞融合的原理示意图

（二）聚乙二醇法

聚乙二醇是一种高度水合的聚合物，在20世纪70年代被证明可以诱导细胞融合。此后这种聚合物被广泛用于介导细胞融合，以产生体细胞杂交，广泛应用于基因图谱、基因表达、基因功能分析及疫苗和抗体生产。聚乙二醇介导的细胞融合方法（PEG-mediated fusion method）也被用于哺乳动物克隆的核移植。其可诱导细胞凝集和细胞间接触，从而导致细胞融合，用于生产体细胞杂交种（图9-5）。

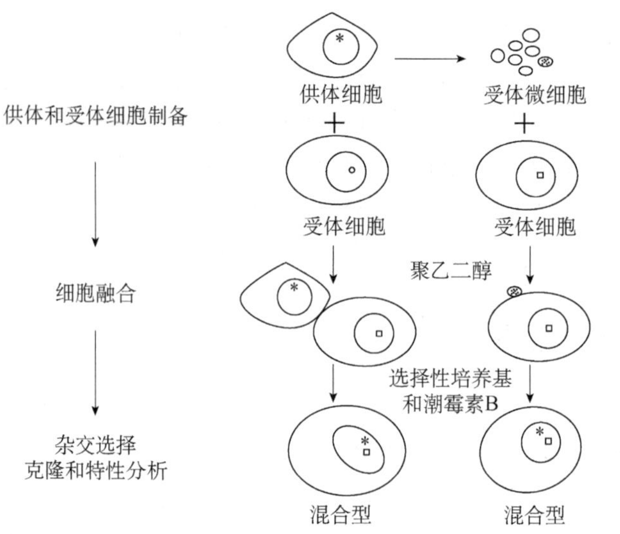

图 9-5　聚乙二醇介导细胞融合的步骤（Yang and Shen，2006）

（三）电融合法

电融合法是通过使用短而强脉冲形式的电场来增加膜的通透性，由此产生的细胞膜局部穿孔诱导细胞融合，形成杂交瘤（图 9-5）。电融合分三个步骤完成：细胞的预对齐（细胞聚集和接触）、膜融合和后对齐（使融合细胞变圆）。这种方法已经成功地应用于杂交瘤的生产，比常规的聚乙二醇法融合效率更高且细胞毒性更低，可以生产更多的杂交瘤细胞。与传统的聚乙二醇介导的融合方法相比，电融合法具有融合率高、细胞毒性低、操作简单、标准化、无化学物质和病毒、可控性高等优势。

小　结

本章主要介绍了细胞重组与细胞融合的概念及方法等。细胞重组是指从活细胞中将细胞器及其组分分离出来，再在体外一定条件下将不同来源的细胞器及其组分重新组合，使其重新装配成为具有生物活性的细胞或细胞器的一种实验技术，其基本方式包括胞质杂种、微细胞异核体、重组细胞（核移植）和细胞重建等。细胞融合又称细胞杂交，是指两个或多个不同的动物细胞融合成一个细胞的过程。细胞融合的方法主要有仙台病毒法、聚乙二醇法和电融合法，广泛应用于生命科学研究的各个领域。

复习思考题

1. 简述细胞重组的概念及基本方式。
2. 什么是胞质杂种？简述胞质杂种创制的技术步骤。
3. 简述“细胞重建学说”的主要内容。
4. 简述微细胞异核体技术的主要步骤。
5. 什么是细胞融合？细胞融合的方法有哪些？

第十章　动物细胞培养技术

动物细胞培养技术是指从动物体内分离出目标组织或细胞，人工模拟机体内环境使其生存、生长、繁殖和传代培养，并维持其结构和功能的一种培养技术，是动物细胞工程的重要技术基础。

第一节　动物细胞培养及其生物反应器类型

一、动物细胞培养条件

动物细胞培养条件包括动物细胞培养所需的营养条件（即激素和营养物浓度）和环境条件（即温度、pH、渗透压、O_2和CO_2张力）。细胞培养的主要优势之一就是能够控制细胞增殖的培养条件。每种细胞类型的细胞培养条件各不相同。偏离特定细胞类型所需的培养条件可能导致细胞表达异常表型，甚至细胞培养完全失败。

（一）动物细胞培养的营养条件

体外动物细胞培养所需的营养条件主要包括碳水化合物、氨基酸和脂类三大类营养物质。此外，还需要水及一定量的无机离子、维生素和微量元素等。

1. 碳水化合物　细胞生长所需能量主要依靠碳水化合物的氧化来获得。碳水化合物主要以葡萄糖的形式提供。在某些情况下，葡萄糖被半乳糖取代，以减少乳酸的积累，因为半乳糖的代谢速度较慢。丙酮酸钠在培养基中起到碳源的作用，参与细胞营养代谢。其他碳源包括氨基酸（特别是L-谷氨酰胺，即谷氨酰胺）和丙酮酸盐。

2. 氨基酸　氨基酸是组成蛋白质的基本单位。不同种类的细胞对氨基酸的要求各异，所有培养细胞一般需要以下12种基本氨基酸：精氨酸、组氨酸、异亮氨酸、亮氨酸、甲硫氨酸、赖氨酸、苯丙氨酸、色氨酸、苏氨酸、缬氨酸、胱氨酸及酪氨酸。此外，还需要谷氨酰胺，谷氨酰胺不仅能促进各种氨基酸进入细胞膜，而且是碱基嘌呤和嘧啶合成时的氮源，在合成一磷酸腺苷、二磷酸腺苷和三磷酸腺苷时也是必需的。但是，由于谷氨酰胺在溶液中很不稳定，应置于−20℃冰箱中保存，在使用前加入培养基内。已含谷氨酰胺的培养基在4℃冰箱中储存2周以上时，还应重新加入原来量的谷氨酰胺。

3. 维生素 维生素是动物细胞维持生命和生长所需的一种活性物质。许多维生素是酶的辅酶和辅基的组成部分，对细胞的代谢有重大影响。部分维生素缺乏，短期内即可引起细胞死亡。

4. 无机离子和微量元素 钠、钾、镁、钙、磷、氮等无机离子是细胞生长所必需的，它们参与细胞的代谢，是细胞组成所需要的。此外，微量元素铁、锌、硒等也是细胞生长所需要的。细胞培养时用的平衡盐溶液主要含钠、钾、钙、镁等阳离子。

5. 血清 血清是细胞培养基中最重要的成分之一，含有细胞生长所需的多种生长因子及其他营养成分。血清提供的是细胞外基质、生长因子和转铁蛋白等重要物质，常用的是胎牛血清。要根据不同的细胞和不同的研究目的决定添加血清的比例。含有10%～20%血清的细胞培养基可维持细胞较快的生长增殖速度，该类培养基称为生长培养基；为维持细胞缓慢生长或不死，培养基中可添加2%～5%的血清，该类培养基被称为维持培养基。

6. 生长因子及激素 细胞在体内生长时受到激素和生长因子的调节，在体外培养时同样需要促进细胞生长的激素和细胞生长因子。例如，胰岛素能促使细胞利用葡萄糖和氨基酸，有促进有丝分裂的作用，对很多细胞的增殖生长均有促进作用。氢化可的松能够促进皮肤上皮细胞及乳腺上皮细胞增殖生长，还能提高神经胶质细胞和成纤维细胞的克隆形成率。

（二）动物细胞培养的环境条件

1. 无毒无菌的环境 无毒无菌的操作环境和培养环境是体外动物细胞培养的首要条件。细胞在活体内，解毒系统和免疫系统可抵抗微生物或其他有害物质的入侵，但细胞在体外培养的过程中，因缺乏机体免疫系统的保护而丧失对微生物的防御能力及对有害物质的解毒能力。为保证细胞能在体外环境中生长繁殖，必须要确保无菌工作区域、良好的个人卫生、无毒无菌试剂和培养基及无菌操作。

常见的微生物污染有支原体、细菌、真菌。支原体无致死毒性，可与细胞长期共存，对细胞有潜在影响，但体积小，不易鉴别，可借助于地衣红或Hoechst 33342染色来进行检测。细菌增殖快，在短时间内即可大量扩增，产生毒素杀死细胞。真菌的种类繁多，肉眼可见，漂浮于培养基面上，可呈丝状、管状或树枝状等。

2. 合适的生长温度 要维持培养细胞旺盛生长，必须有合适的生长温度，不适宜的环境温度会影响细胞的生长。细胞培养的最佳温度很大程度上取决于分离细胞的宿主体温，部分细胞也受到解剖部位体温差异的影响（如皮肤温度可能低于骨骼肌的温度）。一般哺乳类与禽类动物细胞在体外培养的适宜温度是37～38℃。细胞对低温的耐受能力要强于对高温的耐受能力，在低温下，细胞的代谢活力及核分裂能力降低。若温度不低于0℃，虽然细胞代谢受到影响，但无损伤作用；把细胞放入25～35℃时，细胞可以缓慢的速度生长；放在4℃数小时后再放回到37℃培养，细胞仍能继续生长；如果向培养基中加入一定量的冷冻保护剂（二甲基亚砜或甘油），细胞可在深低温下如−80℃或−196℃（液氮）中长期保存。但是，细胞若被置于40℃及以上数小时，则不仅不利于细胞生存、生长，甚至可导致其死亡。因此，细胞培养箱中的温度通常设置为略低于最佳温度。

3. 适宜的渗透压 高渗溶液或低渗溶液会引起细胞褶皱、肿胀、破裂。因此，渗透压是体外培养细胞的重要条件之一。多数体外培养的细胞对渗透压都有一定的耐受能力，实际应用中，260～320mmol/L的渗透压可适用于大多数细胞。

4. 气体环境与pH 细胞的体外培养需要理想的气体环境，氧气、二氧化碳是多数细胞生存的必要条件。氧气参与细胞的三羧酸循环，为细胞生存、代谢与合成提供能量；二氧化碳既是细胞的代谢产物，又是细胞生长繁殖所需的成分，也与维持培养基的 pH 有关。大多数动物细胞适宜的 pH 往往是 7.2～7.4。在开放式培养时，通常将细胞置于 95%空气和 5%的二氧化碳混合气体环境中。

二、动物细胞培养常用器材和培养基

（一）动物细胞培养常用器材

1. 离心管　离心管主要用于收集细胞，包括 1.5mL、15mL 和 50mL 离心管。

2. 移液器和吸头　用于移液及分配培养基和细胞悬液，包括 1mL、5mL、10mL 的移液器和相应规格的吸头。

3. 显微镜和细胞计数仪　用于观察细胞形态和生长状态，并进行细胞计数。常见的有倒置显微镜和细胞计数仪。

4. 细胞培养瓶　根据应用的不同，可采用未经处理、经组织培养（tissue culture，TC）处理或用其他材料处理的细胞培养瓶。培养瓶大小不等（规格 25～225cm^2），可以是直颈，也可以是弯颈（图 10-1）。弯颈可使操作人员更容易接触到整个生长表面，有助于防止培养基接触到盖子，并允许从培养瓶中倒出培养基且减少滴落。

彩图

图 10-1　不同类型的细胞培养瓶（引自 https://www.cell-nest.com/product/detail/512983277099814912）

5. 细胞培养皿　是一次性的浅容器，专门设计用于支持培养细胞的生长和繁殖。有多种尺寸（规格 35～150mm）可供选择（图 10-2），通常由聚苯乙烯（PS）或聚碳酸酯制成，从而可实现无失真显微镜观察。

6. 孔板　孔板的孔数为 4～384 个，可一次用于多种细胞培养。根据应用的不同，孔板有未经处理、经 TC 处理或用其他材料处理之分。经 TC 处理的孔板，仅处理孔的底部，保持壁的疏水性。经 TC 处理的孔板可为细胞附着和生长提供一致且相容的表面。96 孔板和 384 孔板主要用于高通量实验，可同时处理多个样品，常用于细胞增殖、细胞毒性等实验；24 孔板和 6 孔板主要用于较大数量的细胞培养。

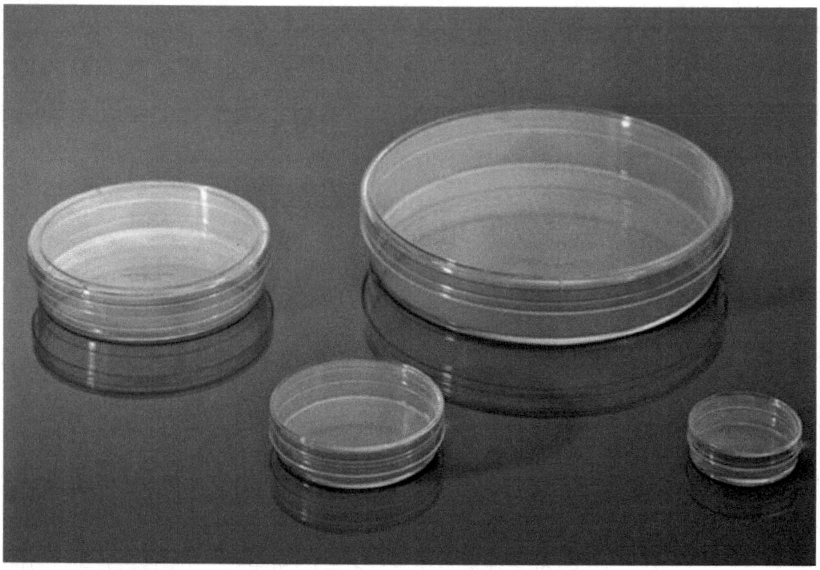

彩图

图 10-2 不同大小的细胞培养皿（引自 https://www.cell-nest.com/product/detail/512982178468990976）

7. 细胞冻存管和液氮罐 用于保存和冻存细胞。

8. 无菌耗材 用于培养实验中的无菌操作，如无菌手套、无菌吸头等。

9. 培养器皿刮片和细胞解离液 用于从培养器皿中剥离和收集细胞。

（二）动物细胞培养常用培养基

细胞培养基（cell culture medium）是人工模拟细胞在体内生长的营养环境，为细胞提供营养和促进细胞生长增殖的物质基础。培养基应能满足细胞对基本营养成分、生长因子、激素、渗透压、pH、无毒、无污染等多方面的要求。培养基种类繁多，根据不同标准可将培养基分成不同类型。按其状态可分为固体、半固体和液体培养基三类；根据成分来源分为天然培养基和合成培养基。

1. 天然培养基 天然培养基是最初进行体外细胞培养采用的培养基，主要来自动物体液或从动物组织中分离提取。天然培养基的种类很多，包括血清、组织浸出液、水解乳蛋白、胶原等。天然培养基的优点是营养成分与细胞在体内生长所需成分基本一致，培养效果好。缺点是成分复杂、来源受限且制作过程复杂、不同批次间差异大等。天然培养基现在已很少单独使用，往往与合成培养基结合使用。

（1）血清 血清是天然培养基中最重要的，也是细胞培养中最常使用的培养基。血清中含有很多维持细胞生长、增殖不可缺少的成分，如血清中的生长因子可促进细胞繁殖，附着因子能促使细胞贴壁，脂类、激素和矿物质等有营养作用。即便是成分非常齐全的合成培养基，也只有在添加血清后，细胞才能更好地生长繁殖，因此，血清仍是细胞培养必不可少的培养基。但血清成分个体间差异大，常影响实验结果，且其来源受限制。此外，血清是污染细胞的一个途径，也是分离细胞代谢产物过程中的一个障碍。

血清是由血浆去除纤维蛋白原而形成的一种成分复杂的混合物，血清组成及含量常随供血动物的性别、年龄、生理条件和营养条件不同而异。血清质量好坏是实验成败的关键。血清种类很多，可来自人和多种动物，如马、牛、羊、鸡、兔等。培养人细胞时用人血清对细胞生长十分有利，但价格昂贵，使用时还要检测是否有其他有害成分如肝炎病毒、人类免疫缺陷病毒的混入，故很少使用。因此，目前使用的主要还是来自马、牛、羊等动物的血清。其中牛血清使用最为广泛，其除含有丰富的细胞生长所需的营养成分之外，还具有因牛胎盘阻止母体免疫球蛋白进入胎牛而不会出现抗体、来源充足容易获取、制备技术成熟等优点。牛血清适合于绝大多数哺乳动物细胞，特别在要求条件高的细胞系培养和克隆化培养中，使用牛血清效果尤其好。

牛血清分为小牛血清（calf serum）、新生牛血清（new born calf serum）和胎牛血清（fetal bovine serum，FBS）三类。小牛血清取自出生10～30d的小牛；新生牛血清取自出生24h之内尚未哺乳的新生牛；胎牛因尚未与外界接触，其血清中所含的对培养细胞有害的成分（抗体、补体等）最少，故胎牛血清质量最高。

（2）组织浸出液　组织浸出液由一定量的蒸馏水作为浸出剂，将组织中可溶性成分浸出溶于水形成的溶液称为浸出液。其成分是组织除去蛋白质后的耐热水溶性部分。最早使用的组织浸出液是鸡胚浸出液。鸡胚浸出液中包括高分子量成分和低分子量成分。低分子量成分主要含多肽类生长因子，有利于细胞增殖；高分子量成分主要含蛋白质水解物和核蛋白等复合成分，可促进色素细胞和软骨细胞的分化。除鸡胚浸出液外，常用的还有牛胚浸出液。

随着合成培养基的发展，组织浸出液已逐渐被生长因子及复合成分替代，仅在某些研究中有一定的应用价值，如神经细胞和肌细胞等的培养。

（3）水解乳蛋白　水解乳蛋白是乳蛋白经蛋白酶和肽酶水解的产物，富含多种氨基酸或小肽。水解乳蛋白为一种均匀的淡黄色或灰黄色粉末，易潮解结块，但不影响使用。其水溶液呈弱酸性，不溶于醇或醚。最经常使用的是Hank's液配制成的0.5%酸性溶液，通常与合成培养基按1∶1比例混合使用。市售的不同批次的产品在氨基酸含量和营养价值上存有一定差异，使用前应先做预试。

（4）胶原　胶原富含氨基酸，是一种支持细胞体外生长的良好天然培养基。其主要作用是改善某些特殊类型细胞（如上皮细胞）的表面特性，促进细胞贴壁生长。胶原可来自大鼠尾腱、豚鼠真皮、牛真皮和牛眼的晶状体等，目前在大多数实验室中使用最广泛的是鼠尾胶原。鼠尾胶原制备较简单，通常制成0.1%～1.0%的乙酸溶液。

2. 合成培养基　合成培养基是根据细胞生存所需物质的种类和数量，通过研究组织体液成分，人工模拟合成的内含碳水化合物、氨基酸、脂类、无机盐、维生素、微量元素和细胞生长因子等的培养基。与天然培养基相比，合成培养基有可针对不同类型的细胞，根据特殊情况对培养基进行修整等优点，也有配制烦琐、成本较高、培养物生长缓慢等缺点。

（1）基础培养基　基础培养基是物质组成最简单的一种培养基。常用的基础培养基如下。

1）最低必需培养基（minimum essential medium，MEM）。其成分简单，仅含有12种必需氨基酸、谷氨酰胺和8种维生素。MEM是所有细胞培养基中最常用的一种，可用于多种悬浮和贴壁生长的哺乳动物细胞，包括HeLa细胞、BHK-21细胞、293细胞、HEP-2细胞、HT-1080细胞、MCF-7细胞、成纤维细胞和原代大鼠星形胶质细胞。

2）Dulbecco's Modified Eagle Medium（DMEM）。可用于许多哺乳动物的细胞培养，是一种应用十分广泛的培养基，其氨基酸浓度和维生素量大约是MEM的两倍，还有硝酸铁、丙酮酸钠和一些补充氨基酸。其中，DMEM-高糖（标准型）更适合高密度悬浮细胞培养，也可用于附着性较差，但又不希望它脱离原来生长点的克隆培养，以及杂交瘤中骨髓瘤细胞和DNA转染的转化细胞的培养。DMEM-低糖（标准型）适于依赖性贴壁细胞培养，特别适用于生长速度快、附着性较差的肿瘤细胞培养。

3）RPMI-1640 培养基。培养基被广泛应用于哺乳动物、特殊造血细胞、正常或恶性增生的白细胞及杂交瘤细胞的培养，包括 HeLa 细胞、Jurkat 细胞、MCF-7 细胞、PC12 细胞、PBMC 细胞、星形胶质细胞和癌细胞。RPMI-1640 培养基相比其他培养基之所以具有独特的效果，是因为其中含有还原剂谷胱甘肽和高浓度的维生素。RPMI-1640 培养基含有生物素、维生素 B_{12} 及 PABA，这些成分是 Eagle's MEM 和 DMEM 所不具备的。

4）McCoy's 5A 培养基。主要为肉瘤细胞的培养所设计，可支持多种（如骨髓、皮肤、肺和脾等）原代移植物的生长，除适于一般的原代细胞培养外，主要用于组织活检培养、一些淋巴细胞培养及一些难培养细胞的生长支持，如 Jensen 大鼠肉瘤成纤维细胞、人淋巴细胞、HT-29、BHL-100 等上皮细胞。

5）Iscove's Modified Dulbecco Medium（IMDM）。与 DMEM 相比，IMDM 含有硒、额外的氨基酸和维生素、丙酮酸钠和 Hepes，并用硝酸钾取代了硝酸铁，营养非常丰富，因此可以用于高密度细胞的快速增殖培养。IMDM 主要用于培养红细胞和巨噬细胞前体。IMDM 还能够促进小鼠 B 淋巴细胞、LPS 刺激的 B 细胞、骨髓造血细胞、T 细胞和淋巴瘤细胞的生长。

6）M-199 培养基。1950 年，Morgan 成功研制出具有确定化学成分的细胞培养基，即 M-199 培养基。此培养基必须辅以血清才能支持长期培养。该培养基现已被广泛用于病毒学、疫苗生产、原代组织外植体培养及小鼠胰腺上皮细胞和大鼠晶状体组织的体外培养，并能培养转染的细胞。

7）Leibovitz 培养基（L-15）。适用于快速增殖瘤细胞，用于在 CO_2 缺乏的情况下培养肿瘤细胞株。此培养基采用磷酸盐缓冲体系，氨基酸组成进一步改良，并由半乳糖替代了葡萄糖。

8）Ham F-10 和 Ham F-12 培养基。Ham F-10 培养基可支持人二倍体细胞、白细胞及大鼠、兔和鸡组织的原代细胞培养。Ham F-12 培养基可以在加入很少血清的情况下应用，特别适合单细胞培养和克隆化培养，是无血清培养中常用的基础培养基。

9）DMEM/F-12 培养基。适于克隆化培养，它是一种营养丰富且成分复杂的培养基，是由 Ham F-12 和 DMEM 以 1∶1 结合，故称为 DMEM/F-12 培养基。作为开发无血清配方的基础，利用 F-12 含有较丰富的成分和 DMEM 含有较高浓度的营养成分。该培养基适用于血清含量较低条件下哺乳动物细胞的培养。为了增强该培养基的缓冲能力，可在 DMEM/F-12（1∶1）中加入 15mmol/L Hepes 缓冲液。

（2）*无血清培养基*　无血清培养基（serum-free medium，SFM）是指不含有动物血清或其他生物浸出液，但仍可以维持细胞在体外较长时间生长、繁殖的一种合成培养基。一般是在合成培养基的基础上加入成分完全明确的或部分明确的血清替代成分，以达到既能满足动物细胞培养的要求，又能有效克服使用血清所带来的问题的目的。

1）无血清培养基的优点。除上述所提到的能减少或避免使用血清带来的不利因素外，还具有以下几个优点：①避免了批次间的差异，提高了细胞培养和实验结果的可重复性；②避免了血清的血清源性污染对细胞的毒性作用；③避免了血清组分对实验研究的影响；④成分明确、培养条件易于控制，有利于研究细胞的生理调节机制，可根据不同细胞株设计出适合其高密度生长或高水平目的产物表达的培养基；⑤使产品易于纯化，提高回收率。

2）无血清培养基的缺点。普适性差，一种无血清培养基仅适合某一类细胞的培养，从而造成培养基种类繁多，也给细胞培养工作增加了工作量；不利于不同来源细胞系的保存；无血清培养基中细胞生长缓慢，有限细胞系的传代次数减少；黏度小、细胞易受搅拌等机械因素的影响。

三、动物细胞常用培养方法

（一）原代培养

原代培养（primary culture）是从动物机体内取得组织器官或细胞后的首次培养，也称为初代培养。其最大特点是所培养的组织器官或细胞刚刚离体，生物学特性未发生很大变化，仍具有二倍体遗传特性，最接近和反映体内生长特性，很适合作药物测试、细胞分化等实验研究。原代培养也是建立各种细胞系的起始步骤，是从事组织培养工作人员需要熟悉和掌握的最基本技术。原代培养的组织一般由多种细胞成分混合组成，即使培养的是较纯的单一类型的细胞（如上皮细胞或成纤维细胞）也存在异质性，在分析细胞生物学特性时仍有一定困难。如要开展较为严格的对比性实验研究，还需对细胞进行短期传代后进行。原代培养方法很多，但基本过程都包括取材、组织细胞的分离、培养等步骤，在所有的操作过程中，都必须保持培养物及生长环境的无菌。

1. 取材　取材是原代培养的最初环节，取材的部位是否准确、组织是否保持活性、材料处理是否恰当，直接决定实验的成败。不同动物、不同组织的取材方法也不同，下面以几种常见组织的取材为例，介绍其基本方法。

（1）鸡胚组织　选取受精鲜鸡蛋，擦掉表面脏物，置孵化箱或培养箱（湿度可控）中37℃孵育，每天翻动鸡蛋一次。一般采用9～12d的鸡胚（图10-3），在无菌条件下，将鸡蛋以气室（大头）向上放在一个小烧杯中，碘酒、乙醇消毒。用剪刀环形剪除气室端蛋壳，切开蛋膜，暴露出鸡胚，用消毒过的玻璃棒伸入蛋中轻轻挑起鸡胚，放入无菌培养皿中，根据需要选择取材。

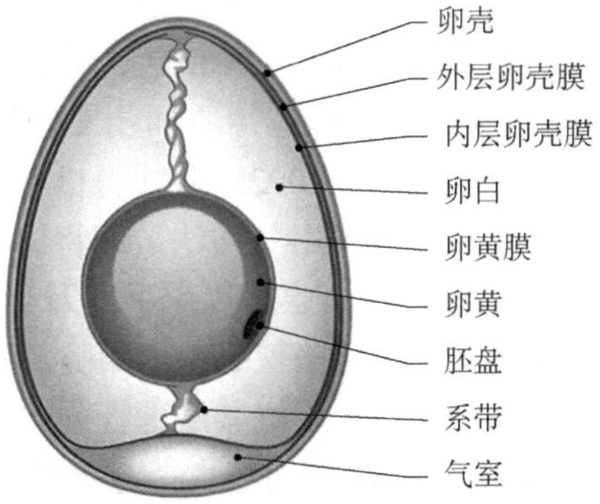

彩图

图10-3　鸡胚组织示意图

（2）鼠胚组织　采用引颈法处死孕鼠，然后将整个孕鼠浸入盛有75%乙醇的烧杯中2～3s，注意时间不能太长以免乙醇从口和其他孔道进入体内而影响组织活力。取出后放在消毒过的解剖台上，用消毒过的绳子或大头针将其固定，然后用眼科剪和止血钳剪开皮肤解剖取材。也可在乙醇消毒后，在动物躯干中部环形剪开皮肤，用止血钳分别夹住两侧皮肤拉向头尾把动物反包，暴露躯干，然后再固定解剖取材，取出的鼠胚置于无菌器皿中备用。

（3）皮肤和黏膜　皮肤和黏膜是上皮细胞培养的重要组织来源，人的皮肤或黏膜主要取自手术切除的部分组织。一般切取 1～2cm^2 皮肤即可满足培养要求。皮肤或黏膜培养一般是以获取上皮细胞为目的，取材不要太厚并要尽可能去除所携带的皮下或黏膜下组织。如欲培养成纤维细胞则反之。皮肤或黏膜的表面细菌、霉菌较多，取材时要严格消毒，必要时可用较高浓度的抗生素溶液漂洗消毒。

（4）血细胞　体外培养的血液白细胞可用于染色体分析、淋巴细胞体外激活及药物筛选等，取材时多采用静脉取血。微量培养时也可以从指尖或耳垂取血，消毒和取血都方便，刺口恢复快，不易感染。大量取血时常用肝素抗凝剂防止凝血，抗凝剂的量以产生抗凝效果的最小量为宜，量大时容易导致溶血。可使用一次性采血针和采血管进行抽血，抽血时要严格按无菌操作，杜绝混用，防止交叉感染事故的发生。

（5）内脏和实体瘤　内脏和实体瘤取材时，一定要明确和熟悉自己所取组织的类型和部位，去除不需要的部分。取实体瘤组织时要尽可能取外层的新鲜组织，避开瘤体中央的坏死或变性组织。但有些复发性、浸润性较强的实体瘤较难取到较为纯净的瘤体组织，其肿瘤组织与结缔组织混杂在一起，培养后会有很多纤维细胞生长，给以后的培养工作增加困难。对带菌瘤块，尤其是开放器官的肿瘤组织（如食管癌、胃癌、肠癌、子宫颈癌和皮肤癌等），在进行培养前需用含 500～1000 U/mL 青霉素、链霉素的 PBS 液重复洗涤 5～10min。

2. 组织细胞的分离　动物的各种组织均由结合相当紧密的多种细胞和纤维成分组成。一般体积大于 1mm^3 的组织块置于培养瓶中后，只有处于周边的少量细胞可以生存和增殖，大部分中间的细胞因营养穿透有限而代谢不良，且受周围细胞及组织的束缚而难以移出。为获取大量生长良好的细胞，必须把组织细胞分散开，使细胞解离出来。目前分散组织的方法主要为机械法和消化法两类，可根据组织种类和培养要求，采用适宜的方法。

（1）机械法　机械法包括离心、切割、机械分散等方法。

1）离心。适用于血液、羊水、腹水和胸水等细胞悬液的细胞分离。用 500～1000r/min 速度离心 5～10min 即可。如悬液量大可适当延长离心时间，但离心速度不能过大，时间不能过长，否则易压挤细胞使其受损或死亡。在进行大量白细胞分离时，可采用密度梯度离心法等特殊分离技术。密度梯度离心法是根据细胞的相对密度不同而将细胞分开的，由于不同动物血细胞的相对密度不同，应根据动物的不同而选用不同相对密度的分层液，如小鼠白细胞相对密度为 1.08 左右，人的红细胞相对密度为 1.092、白细胞相对密度为 1.07。

2）切割。在进行组织块移植培养时可采用剪切法，即将组织剪切成 1mm^3 左右的小方块然后分离培养。为避免剪刀对组织挤压损伤，也可以用手术刀交替切割组织。

3）机械分散。对纤维成分含量很少的某些软组织（如脑、胚胎、胸腺、脾）和间质成分少的肿瘤（如胶质瘤、骨巨细胞瘤等），可采用机械法进行分散。常采用两种方法：①将组织放入注射器内通过针头压挤，该方法对组织损伤较大；②把组织置于尼龙筛中用钝物轻磨，再用培养基冲洗滤过细胞，这种方法简单实用。

（2）消化法　消化法是利用生物化学的手段或其他化学制剂把已剪切成较小体积的组织做进一步分散的方法。用此法获得的细胞制成悬液可直接进行培养。消化作用可使组织松散、细胞分开，细胞容易生长，成活率高。各种消化试剂的作用机制各不相同，实验中可根据组织的不同，选择不同的消化方法。

1）胰蛋白酶消化法。胰蛋白酶（trypsin）适用于消化细胞间质较少的软组织（如胚胎、上皮、羊膜、肝、肾等软组织）及传代细胞，但对于纤维性组织或较硬的癌组织消化则效果较差。胰蛋白酶的消化效果主要与 pH、温度、胰蛋白酶的浓度、组织块的大小和硬度有关。

胰蛋白酶浓度一般为0.1%～0.5%，常用0.25%。pH 8～9是胰蛋白酶活力的适宜范围，但随碱性的增加其活力也随之降低。消化分离细胞时pH多选用7.6～8.0，否则对细胞有损伤。一般认为胰蛋白酶在56℃时活性最强，但由于对细胞有损害而不能被采用，常使用的温度为37℃，通常在37℃进行消化比室温作用快。消化时间要根据不同情况而定，温度低、组织块大、胰蛋白酶浓度低者，消化时间长，反之则相应减少时间。0.25%胰蛋白酶浓度，在37℃下消化5mm^{3}大小的胚胎类软组织需要20～30min。酶的浓度过大或消化时间太长，细胞可被消化掉；但消化不充分也达不到分散细胞的目的。一般新鲜配制的胰蛋白酶消化力很强。在使用胰蛋白酶时，可改变不同参数以确定出最佳消化效果。有些组织和细胞对胰蛋白酶的耐受性差，因而要采用分次消化并及时把已消化下来的细胞与组织分开放入含有血清的培养基中，更换消化液后再继续消化。Ca^{2+}和Mg^{2+}对胰蛋白酶的活性有一定的抑制作用，故需用不含这些离子的平衡盐溶液（balanced salt solution，BSS）配制。在消化传代细胞后，可直接加含血清培养基使其灭活，而不必再用Hank's液清洗。

2）胶原酶消化法。胶原酶（collagenase）主要水解结缔组织中的胶原蛋白成分。当拟消化的组织较硬，内含较多结缔组织或胶原成分时，用胰蛋白酶消化法效果较差，可采用胶原酶消化法。胶原酶仅对细胞间质有消化作用而对上皮细胞影响不大。因此适于消化分离纤维性组织、上皮及癌组织，可使上皮细胞与胶原成分分离而不受损害。钙、镁离子和血清成分不会影响胶原酶的消化作用，因而可用BSS或含血清的培养基配制。常用剂量为最终浓度200 U/mL或0.1～0.3mg/mL。胶原酶的优点是消化缓和、无须机械振荡，缺点是价格较高。

胰蛋白酶和胶原酶消化时间与浓度上的差异，依消化温度而异。另外，这两种酶也可混合应用，浓度为：胰蛋白酶0.1%+胶原酶0.25mg/mL。胰蛋白酶和胶原酶消化法的主要区别见表10-1。

表10-1　胰蛋白酶和胶原酶消化法的差异

项目	胰蛋白酶	胶原酶
消化特性	适用于消化软组织	适用于消化纤维多的组织
用量	0.1%～0.5%	0.1～0.3mg/mL（200U/mL）
消化时间	0.5～2h（小块）	1～12h
pH	8～9	6.5～7.0
作用强度	强烈	缓和
细胞影响	时间过长有影响	无大影响
血清抑活	有	无
Ca^{2+}和Mg^{2+}	有影响	无影响

胶原酶与胰蛋白酶是最常见的两种消化酶，除此之外还有链霉蛋白酶、黏蛋白酶、透明质酸酶、蜗牛酶、溶菌酶、木瓜蛋白酶、胃蛋白酶、中性蛋白酶及弹性蛋白酶等其他消化酶。到底使用哪一种酶或组合，要根据拟解离组织的细胞外间质的具体构成成分而定。在实际操作中，常常会因组织的不同而联合使用几种消化酶。但更多情况下，人们更乐意将消化法与机械法结合使用以分离细胞。

3）螯合剂消化法。细胞培养经常使用的螯合剂包括二乙胺四乙酸二钠（EDTA-2Na）、柠檬酸钠等，常用不含Ca^{2+}和Mg^{2+}的BSS配成0.02%的工作液。螯合剂的主要作用是通过结合

（螯合）细胞间质中的二价阳离子从而破坏细胞连接。螯合剂溶液消化细胞，通常与胰蛋白酶按不同比例混合使用，效果较好。以 EDTA-2Na 为例，常用混合比例为 1（EDTA-2Na）∶1（胰蛋白酶）或 2∶1。EDTA-2Na 工作液的浓度为 0.02%，用不含 Ca^{2+}、Mg^{2+}的 BSS 配制。多用 1∶1 的 EDTA-2Na（0.02%）和胰蛋白酶（0.025%）混合液。

3. 培养

（1）*组织块培养法* 组织块培养法是原代细胞培养常用的基本方法之一，适用于各种组织的原代培养，特别是难以消化的组织。其技术要点是将组织块剪成小块，去除不健康和坏死的部分，然后放到含有适量培养基的培养器瓶（皿）中，置于细胞培养箱中进行培养。该方法适合组织比较少的情况时的培养。大多数细胞在 3d 以前就可以看到细胞的迁移，对于迁移快的细胞，会在组织块周围形成“生长晕”；迁移性不强的细胞，如神经细胞，可能在 3d 只有很少细胞会迁移。

（2）*单层细胞培养法* 单层细胞培养法是将原代细胞接种在培养皿中，并通过不同的细胞培养基类型和配方维持其生存和增殖。在使用单层细胞培养的同时，还需要进行细胞的传代培养，以保证细胞正常生长发育。

（3）*悬浮细胞培养法* 悬浮细胞培养法是指将原代细胞放置于液体培养基中进行培养。对悬浮生长的细胞如白细胞、骨髓细胞和胸水、腹水等癌细胞，可直接接种进行原代培养。这种培养方式需要依赖不同的培养基配方和培养器具，以维持细胞的生存和增殖。

（二）传代培养

体外培养的细胞随着培养时间的延长，细胞数量会不断增加，当增长到一定程度后，由于发生接触性抑制或培养空间及营养物质的消耗，其生长会逐渐减慢，甚至停止及死亡。细胞由原培养瓶（皿）内分离稀释后传到新的培养瓶（皿）的过程称为传代培养（subculture）或者再培养。原代培养的首次传代很重要，是建立细胞系关键的时期。在体外传代的细胞，生长一代包括 5 个过程，即延滞期、对数生长期、直线生长期、衰退期和静止期。为了保持细胞继续增殖，一般选择细胞对数生长期时进行传代。当培养的细胞明显增殖、悬浮细胞数量增加到一定程度或贴壁细胞覆盖大部分培养皿时，取出一定量的细胞悬液，按一定比例接种于新的培养瓶（皿），加入培养基进行培养。由于不同细胞团有不同的生长增殖速度，传代换液时间要视不同的细胞而定。传代培养分原代培养后第一次传代和常规传代两种方法。

1. 第一次传代 当原代培养的细胞生长到一定阶段时，可以进行第一次传代。从原代培养到第一次传代的时间并没有确定的规律，通常取决于原代培养方法（分离活细胞的数量和细胞损伤程度），培养物的细胞活性（细胞离体时间、体内增殖速度），细胞类型和特点（肿瘤细胞比正常细胞易于生长），接种的细胞密度（浓度太低，细胞不易增殖）和培养条件（培养基、血清、温度、湿度、CO_2 等）。一般来说，原代培养的贴壁细胞应达到培养瓶（皿）80%的表面面积。

第一次传代能否成功，不仅取决于细胞形成单层的面积，而且与细胞活性密切相关。如果细胞边缘清晰、结构清楚、折光度强，表明细胞增殖能力好，可以进行传代。

2. 常规传代 贴壁细胞和悬浮细胞的传代方法不同，悬浮细胞传代比较简单，贴壁细胞需经酶消化制成细胞悬液后才能传代。

（1）*贴壁细胞传代* 贴壁细胞一般用胰蛋白酶和 EDTA 混合液进行消化。首先吸去培养瓶中的原有培养基，加入消化液，置 37℃温箱或 25℃以上环境进行消化。当发现细胞质回缩、细胞间隙增大后，可立即吸除或倒掉消化液，向瓶内注入 Hank's 液数毫升，把残余消化液冲掉，然后再加培养基，终止消化。如仅用胰蛋白酶液单独消化时可直接加入含血清的培养基终止消化。将消化后的细胞稀释成一定浓度后再进行培养。贴壁细胞传代时应注意下述问题。

1）选择适当时机进行传代。单层贴壁生长的细胞一般是接近汇合或100%汇合后进行传代。然而，有的细胞呈克隆样或成堆生长而无法汇合，应根据经验在细胞密度最高时传代。有些细胞具接触抑制，应在细胞汇合前进行传代，如 3T3-Swiss albino。

2）不同细胞的传代要区别对待。各种细胞对消化的反应不同，有的敏感，有的迟钝。因此应根据所用细胞特点制定适宜的消化措施。原代培养时细胞多为混杂生长，传代不同的细胞有不同的消化时间，并可根据不同细胞对胰蛋白酶的不同耐受时间而分离和纯化所需要的细胞。

3）消化液浓度要适宜，过高时消化作用强烈，消化速度快，所需消化时间短。掌握不好消化时间，细胞膜易受损伤。

4）第一次传代的细胞接种数量可适当多一些，以使细胞能尽快适应新环境而利于细胞生存和增殖。随消化分离而脱落的组织块也可一并转入新的培养瓶（皿）。

5）部分贴壁生长细胞不经消化处理直接吹打也可使细胞从壁上脱落下来而进行传代。但这种方法仅限于部分贴壁不牢的细胞（如 HeLa 细胞等）。

6）传代后培养细胞不易贴壁，主要原因可能是胰蛋白酶消化过度。胰蛋白酶浓度过高、时间过长都会造成消化过度，引起细胞严重损伤。培养瓶（皿）洁净度不够、培养基保存时间过长或反复打开导致 pH 过高等也会使细胞不易贴壁。

（2）悬浮细胞传代　因悬浮生长细胞不贴壁，传代时不必采用消化法，可直接传代或离心收集细胞后传代。直接传代，即让悬浮细胞慢慢沉淀在培养瓶壁后，吸掉 1/2～2/3 上清，然后用吸管轻轻吹打，形成细胞悬液后，再接种传代。离心方法传代，即将培养基转移到离心管内，800～1000r/min 离心 10min，收集细胞，去除上清，加入新的培养基。用吸管吹打使其形成悬浮细胞，原瓶传 4 瓶，接种到新的培养瓶进行培养。悬浮细胞应在对数生长期进行传代。

（三）大规模培养

动物细胞大规模培养（large-scale culture）是指在人工条件下（设定 pH、温度、溶氧等）高密度大量培养细胞。目前可大规模培养的动物细胞有鸡胚、猪肾、猴肾、地鼠肾等多种原代细胞及人二倍体细胞、中华仓鼠卵巢（CHO）细胞、仓鼠肾细胞（BHK-21）、非洲绿猴肾传代细胞（vero，是贴壁依赖的成纤维细胞）等，并已成功生产了包括狂犬病疫苗、口蹄疫疫苗、甲型肝炎疫苗、乙型肝炎疫苗、红细胞生成素、单克隆抗体等产品。

1. 动物细胞大规模培养法　根据细胞培养的生长状态，细胞大规模培养法可以分为固定化培养法与悬浮培养法。

（1）固定化培养法　细胞固定化培养（immobilized culture）法是将细胞限制或固定于特定空间位置进行培养的技术。几乎所有动物细胞都可以采用固定化培养法。固定化培养法的优点：细胞损伤程度低、培养细胞寿命长；细胞紧密黏附于固相表面，可直接倾去旧培养基，清洗后直接加入新培养基；容易采用灌注培养，从而达到提高细胞密度的目的；因细胞固定表面，不需过滤系统；当细胞贴壁于生长基质时，很多细胞将更有效地表达一种产品；

同一设备可采用不同的培养基/细胞的比例。细胞可维持在较小体积培养基中生长，以获得较大的生长密度。

1）细胞固定化方法：动物细胞固定化有吸附、包埋、约束和聚集等作用条件温和的物理或化学固定方式。

i. 吸附法是动物细胞固定化最早研究使用的方法，即在适当的条件下将细胞吸附在载体（如陶瓷颗粒、玻璃珠及硅胶颗粒）表面，或附着于中空纤维膜及培养容器表面进行生长的方式。但由于载体负载能力不强，有时细胞会从表面脱落，不能达到保护细胞的目的，同时细胞的扩增受到限制。

ii. 包埋法是将细胞包埋在多孔载体内部制成固定化细胞的方法。常用的多孔载体有胶原、纤维蛋白质、海藻酸钠和琼脂糖等蛋白质或碳氢化合物。在一定浓度的氯化钙存在时，海藻酸钠与细胞混合后能形成凝聚的小球，即不溶的海藻酸钙，细胞即包埋在小球内，可用于包埋血细胞。收获细胞和产物，可用枸橼酸钠或离心破碎。琼脂糖可借助于液状石蜡的作用形成小球体（80～200μm），因而可用于动物细胞的固定化。

iii. 约束法是将动物细胞约束在特定生长空间的固定化方法，主要包括微囊包裹和中空纤维管壁阻隔两种方式。微囊包裹也称微囊法，是用一层亲水性的半透膜将细胞包裹在球形微囊中生长的方式。由于微囊包膜具有半透膜的性质，细胞不能从微囊内逸出，但小分子物质、培养基等营养成分可以自由地通过半透膜。微囊内细胞所处的液相环境与细胞悬浮培养的液体环境基本相同，细胞能够存活、生长和增殖。中空纤维管壁阻隔是将细胞注入充填了中空纤维管束培养容器的管束外空间中，利用中空纤维管壁的物理阻隔使细胞限制在培养容器的中空纤维管束外空间中生长的方式。微囊包裹和中空纤维管壁阻隔均能有效地保护细胞免受机械剪切力的损伤，支持培养细胞达到很高的细胞密度，但其培养规模很难放大。

iv. 聚集法是利用贴壁依赖性生长的动物细胞在悬浮状态下具有的自发相互聚集、形成细胞团趋势的特点，对悬浮培养体系中细胞聚集成团加以诱导和控制，使细胞得以固定。此法的显著优点是经济、高效，但不同细胞的细胞团形成及细胞团粒径分布控制的条件有所不同，细胞团的粒径超出一定范围，可能出现中心性坏死和（或）凋亡区域。

2）固定化培养的方法。根据选用材料、固定化方式的不同，细胞固定化培养的方法又大致分为以下 6 类：中空纤维培养、流化床培养、微囊化培养、细胞团培养、微载体培养及大载体培养等。

i. 中空纤维培养。中空纤维培养器属于填充床式反应器，反应器内由数千根中空纤维所组成。这些中空纤维是由半透膜构成的一种微管，纤维内部是空的，纤维之间有空隙，所以在圆筒内就形成了两个空间，纤维的管内成为“内室”，纤维之间的间隙成为“外室”，接种的细胞就贴附在“外室”的管壁上，并吸取从“内室”渗透出来的养分，迅速生长繁殖。血清和细胞分泌产物（如单克隆抗体）的分子量大而无法穿透到“内室”去，只能留在“外室”并且不断被浓缩（图 10-4）。当需要收集这些产物时，只要把管与管之间的“外室”总出口打开，产物就能流出来。细胞生长繁殖过程中的代谢废物，因为都属小分子物质，可以从管壁渗进“内室”，最后从“内室”总出口排出，不会对“外室”细胞产生毒害作用。因此，细胞一般在接种 1～3 周后，就可以完全充满管壁之间的空隙。细胞停止增殖后，仍可以维持其高水平代谢和分泌功能，长达几个星期甚至几个月。

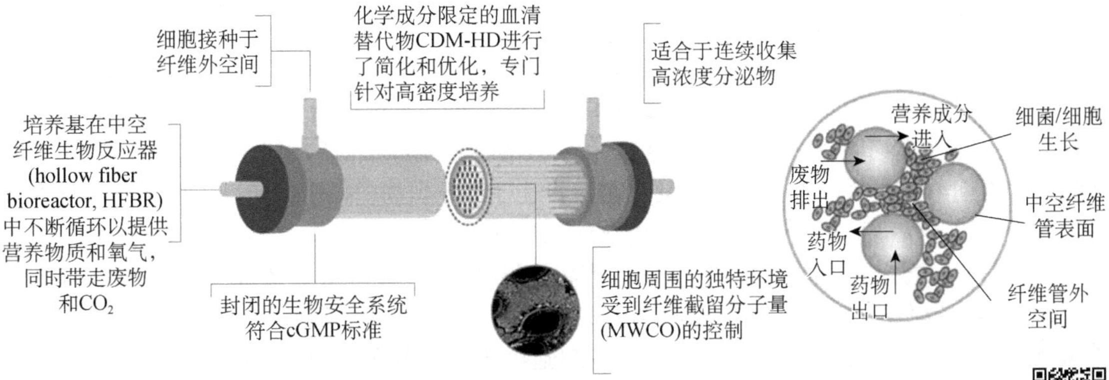

图 10-4 FiberCell Systems 公司 3D 中空纤维细胞培养系统工作原理图
（引自 http://www.xpbiomed.com/productinfo/1396134.html?templateId=1133605）
CDM. 化学成分限定的培养基；HD. 高密度培养

彩图

ii. 流化床培养：流化床培养器可使支持细胞生长的微粒呈流态化，微粒的大小约为 500μm，而且具有多孔性。将细胞接种于培养器中，垂直向上的循环流动使培养基成为流化床，不断地供给细胞营养成分和氧。这种培养方式培养基虽处于流动状态，但对细胞不会造成剪切机械损伤，具有培养细胞密度高，可以长期、连续培养等优点。类似中空纤维培养，流化床培养的缺点也同样非常明显，受限于细胞固定化介质的种类及数量，细胞培养规模无法成比例放大；由于后期清洁及再生的成本等问题，这两种培养法逐步被其他固定化培养方法取代。

iii. 微囊化培养：微囊化培养是在无菌条件下将拟培养的细胞、生物活性物质及生长介质共同包裹在薄的半透膜中形成微囊，再将微囊放入悬浮培养系统内进行培养的一种动物细胞固定化培养技术。微囊内的活细胞由于有半透性微囊外膜，可以防止污染和物理损伤。营养物质和氧分子可通过膜孔进入囊内，细胞代谢的小分子产物可排出囊外，分泌的大分子产物如 IgG，不能透过膜孔，积聚在囊内。该方法更适用于特定组织细胞的大规模培养，但由于制备过程繁复、放大困难，应用受限。

iv. 细胞团培养：细胞团培养是利用大部分动物细胞在体外悬浮培养体系中具有相互吸附、聚集成团的培养特性，使培养细胞以细胞团的形式均匀地悬浮培养于生物反应器中的一种动物细胞固定化培养技术。细胞团培养兼具贴壁培养与悬浮培养的优点，可应用搅拌通气反应器进行放大，但是由于不同细胞团型和粒径分布的差异，很难形成较为固定的工艺过程。

v. 微载体培养：微载体培养是将微载体添加到培养基中作为载体，使细胞在微载体表面附着生长，同时加以搅拌使细胞始终保持悬浮状态。微载体培养充分结合了贴壁培养和悬浮培养各自的优势，使得贴壁细胞也能在悬浮状态下实现扩大培养。动物细胞贴附在微载体表面生长与细胞表面及微载体表面的化学–物理性质有关，微载体表面带有正电荷，而细胞表面带有负电荷，这种静电吸引作用使细胞易于在微载体表面贴附，一些细胞分泌纤维粘连蛋白和球蛋白（两者都是糖蛋白），可起到细胞与载体表面的架桥作用，而溶液中的钙、镁离子等二价离子可作为上述糖蛋白结合的媒介。微载体培养模式通过增加培养罐体积即可达到扩大培养规模的目的，而且培养基的利用率高，细胞较容易收获，所占空间小，减少厂房及设备投资，节约动力消耗及人力，又便于对反应系统进行检测与控制。由于以上优点，微载体培养逐渐取代其他固定化培养成为贴壁细胞培养的首选方法，是目前最为成熟的商品化贴壁细胞大规模培养方法。

vi. 大载体培养：大载体培养是一种新型的大规模培养细胞方法。大载体由海藻酸钠构成，海藻酸钠含有重复排列的葡萄糖醛酸和甘露糖醛酸，在钙溶液中形成适宜于附着的网络状凝胶珠。在收集细胞时，可用 Na-EDTA 和枸橼酸钠使细胞从凝胶中分离出来。该培养系统连续生产周期约三个月以上，可防止细胞在培养过程中受到物理损伤；活性蛋白不能从囊中自由出入半透膜，从而提高细胞密度和产物含量，并方便分离纯化处理。但是微囊制作复杂，成功率并不高；微囊内死亡的细胞会污染正常产物；收集产物必须破壁，不能实现生产连续化。

（2）*悬浮培养法*　悬浮培养法（suspension culture）是指细胞在培养基中呈悬浮状态生长繁殖的培养方法，主要用于非贴壁依赖型细胞培养，如杂交瘤细胞等；适用于血液细胞、淋巴组织细胞及悬浮适应的肿瘤细胞、宿主细胞。但此法不适用于少数转化细胞和人二倍体细胞（WI-38、MRC-5），这些细胞在悬浮条件下不能生存。一些原本贴壁生长但具有悬浮培养潜能的细胞在体外经诱导和选择后，也可以应用此种方法进行培养，如由 L929 细胞诱导出的 LS 细胞系，由 HeLa 细胞诱导出的 HeLa-S3 细胞等。

此种培养方法明显的优点是：培养的体积大、成本低，可连续收集部分细胞进行传代扩大培养；传代时无须消化分散，细胞可免遭酶类、EDTA 及机械损害；细胞处于均匀一致的培养基中，因此可以获得稳定状态，并且容易放大。细胞回收率高，并可连续测定细胞浓度，还有可能直接规模化放大。

为了确保细胞在培养过程中呈单细胞均匀悬浮状态，在培养系统中需采用通气搅拌或空气提升式（常简称气升式）生物反应器。

1）通气搅拌生物反应器。该装置中的搅拌器具有笼式的通气腔和消泡腔。气液交换在通气腔内进行，在通气过程中所产生的气泡经管道进入液面上部的消泡腔内，气泡碰到钢丝网破裂分为气体和液体两部分，从而达到了深部通气和避免产生气泡的目的。

2）气升式生物反应器。是依据气泡柱的原理设计的，气体混合物从底部的喷射管进入反应器，产生的气泡进入中央引流管，此时管内培养基的流体密度将小于外周的培养基，推动着中央管中的培养基上升，从中央管流出的培养基向下循环到容器的外侧，从而形成一个循环，这样产生混匀作用（气泡代替机械搅拌细胞），与此同时进行供氧。

2. 大规模细胞培养的工艺类型　依据细胞培养的操作方式，可以将大规模细胞培养的工艺类型分为以下4种：分批式培养、流加式培养、半连续式培养及连续式（或灌注）培养。

（1）*分批式培养*　分批式培养是指将细胞和培养物一次性加入生物反应器内，细胞生长和产物生成同时进行，经过一段时间培养后终止培养，将整个反应体系取出。在整个培养过程中不向培养系统中补充营养物质，而只向培养基中通入氧气，控制培养系统的 pH、温度和通气量。因此，培养周期短且无额外操作，能够有效降低污染风险。但是，细胞生长的环境随着营养物质的消耗和产物、副产物的积累时刻都在发生变化，不能使细胞始终处于最优的生长条件下。因此，分批式培养在应用过程中受到一定的限制。

（2）*流加式培养*　流加式培养是指先将一定量的培养基装入反应器中，在适宜的条件下接种细胞进行培养，使细胞不断生长，产物不断生成，在此过程中随着营养物质的不断消耗而不断地向系统中补充新的营养成分，使细胞进一步生长、代谢，直到整个培养结束后取出产物。这种培养方式可以避免细胞代谢产物累积及营养物质缺乏对细胞生长的抑制作用。流加式培养是当前动物细胞大规模培养的主流工艺，通过对流加富集培养基的优化及培养工艺的研究，中国仓鼠卵巢细胞（Chinese hamster ovary cell，CHO cell）细胞在流加培养条件下能够达到 3～5g/L 的产品表达量。此外，高通量的多种富集培养基的实验设计（design of experiment，DOE）设计成为流加培养工艺开发过程中缩短工艺研发时间的有效方案。

（3）半连续式培养　半连续式培养也称反复分批式培养，是指在分批式培养的基础上，将分批培养的培养基部分取出，并重新补充加入等量的新鲜培养基，从而使反应器内培养基的总体积保持不变的培养方式。它与流加式培养的区别是，流加式培养的总体积是不断增加的，而半连续式培养的总体积则保持不变。

（4）连续式培养　连续式培养是指将细胞和培养基一起加入生物反应器后，采用灌流培养法，连续排出消耗过的培养基。与此同时连续地加入新鲜的培养基，使细胞在一个恒定、优化的环境下生长和生成产物，但一般不输出细胞，细胞在数量上有波动。如果同时取出与培养基等量的细胞悬液则称为连续－流动式培养，它是真正意义上的培养环境保持稳定，营养物质、代谢产物和细胞数量不存在波动。这种方法适用于悬浮细胞和微载体培养细胞。

在上述 4 种工艺中，以连续式培养为最佳类型，因为系统优化的环境符合细胞的生理和代谢规律，有利于细胞的生长、增殖和生成产物，应用灌流培养模式，通过调节灌流速率，培养过程中的产物浓度可以不断增加，达到了增产的目的。但该工艺也有一些缺点，如培养基的消耗量大、操作过程复杂、增加了污染机会等。

四、细胞系的建立和细胞株筛选

来自原代培养的细胞往往含有多种类型，在传代过程中通过逐步纯化才会获得较为均一的细胞群体。细胞系是由原代培养经初步纯化获得的以一种细胞为主的、能在体外长期生存的不均一的细胞群体。细胞系经过进一步的克隆化，便得到由单一细胞组成的细胞株。细胞系和细胞株组成比较均一，生物性状比较清楚，能传代培养，被广泛应用于生命科学研究和生物医药的生产。

（一）细胞系和细胞株的概念

1. 细胞系　原代培养物开始第一次传代培养后的细胞，即称为细胞系（cell line）。如细胞系的生存期有限，则称为有限细胞系（finite cell line）；已获无限繁殖能力能持续生存的细胞系，称连续细胞系或无限细胞系（infinite cell line）。无限细胞系大多已发生异倍化，具异倍体核型，有的可能已成为恶性细胞，因此本质上已是发生转化的细胞系。无限细胞系有的只有永生性（或不死性），但仍保留接触抑制和无异体接种致癌性；有的不仅有永生性，异体接种也有致瘤性，说明已恶性化。由某一细胞系分离出来的、在性状上与原细胞系不同的细胞系，称该细胞系的支系（subline）。

2. 细胞株　一个经过生物学鉴定的细胞系用单细胞分离培养或通过筛选的方法，由单细胞增殖形成的细胞群，称细胞株（cell strain）。再由原细胞株进一步分离培养出与原株性状不同的细胞群，也可称为亚株（substrain）。

（二）细胞系和细胞株的要求

1. 组织来源　应说明细胞供体所属物种，来自人体、除人类外的动物或其他；供体的年龄、性别、取材的器官或组织；如系肿瘤组织，应说明临床病理诊断、组织来源及病例号等。

2. 细胞生物学检测 应了解细胞一般和特殊的生物学性状，如细胞的一般形态、特异结构、细胞生长曲线和分裂指数、倍增时间、接种率；细胞特异性，如为腺细胞，有否特殊产物包括分泌蛋白或激素等；如为肿瘤细胞，应力求证明细胞确系来源于原肿瘤组织而非其他，并仍保持肿瘤特性，为此需做软琼脂培养、异体动物接种致瘤性和对正常组织浸润力等实验。

3. 培养条件和方法 各种细胞都有自己比较适应的生存环境，因此应指明使用的培养基、血清种类、用量及细胞生存的适宜 pH 和温度等。

（三）细胞系和细胞株的筛选过程

1. 鉴定指标

（1）纯度 分析以何种细胞为主，所占比例有多少，混杂有哪些其他细胞。

（2）细胞学特征 观察细胞的形态、结构、染色体组型、生长曲线、分裂指数、倍增时间等是否与来源细胞一致。

（3）稳定性 观察细胞学特征在传代过程中是否发生变化。

（4）污染情况 检查是否有微生物和其他细胞系的污染。

2. 鉴定方法

（1）细胞形态学观察 包括光镜和电镜观察其形态特征、细胞染色检查等。

（2）抗原标记 特异抗原标记物是细胞鉴定的重要依据。

（3）细胞生长实验 包括平板克隆形成等。

（4）细胞来源种属的鉴定 利用同工酶法、染色体分析及 PCR 法等确认细胞的种属来源，并排除在细胞培养过程中可能出现的污染。

（5）细胞的身份认证 利用限制性片段长度多态性（RFLP）、可变数目串联重复序列（VNTR）和短串联重复序列（STR）等 DNA 分型技术对细胞身份进行认证，排除细胞种内交叉污染。

3. 档案资料及其管理和使用 一个细胞系或细胞株建立后不仅能用于本实验室的研究，还可以提供给其他实验室使用，这就要求必须建立完整的档案资料。细胞库对收藏的细胞系和细胞株的背景资料有具体的要求，主要包括细胞系或细胞株的组织来源、细胞学性状、培养条件和方法等。

美国菌种保藏中心（American type culture collection，ATCC）是目前世界上最大的生物资源中心。ATCC 冻存有 3200 多种已经过鉴定的细胞系，其中包括来自正常人及各种疾病患者的皮肤成纤维细胞系和来自不同物种的近 75 个杂交瘤细胞株。ATCC 接纳来自世界各国已经鉴定的细胞予以储存，同时也向世界各国的研究者或实验室免费提供研究用细胞（做营利性研究时收费）。ATCC 接纳入库细胞时，必须符合其入库标准。

ATCC 入库细胞要求检测项目如下。

（1）培养简历 组织来源日期、物种、组织起源、性别、年龄、供体正常或异常健康状态、细胞已传代数等。

（2）冻存液 培养基和冻存液名称。

（3）细胞活力 溶解前后细胞接种存活率和生长特性。

（4）培养基 培养基种类和名称（一般要求不含抗生素）、血清来源和含量。

（5）细胞形态 如为上皮或成纤维细胞等，溶解后的细胞生长特性。

（6）核型　二倍体或多倍体，标记染色体的有无。

（7）无污染检测　包括细菌、真菌、支原体、原虫和病毒等。

（8）物种检测　检测同工酶，主要为 G6PD 和 LDH，以证明细胞有无交叉污染及反转录酶检测。

（9）免疫检测　1～2 种血清学检测。

（10）细胞建立者　建立者姓名、检测者姓名。

中国科学院细胞库是我国范围内细胞种类最全、供应量最大的资源中心之一，已有 400 多种细胞可对外提供资源共享服务，并完成了所有细胞资源的规范化和数字化整理。

第二节　动物细胞培养与生物制药

目前，细胞培养的技术已经非常成熟，在现代生物制药工业中，动物细胞培养技术已经成为不可或缺的一部分。动物细胞培养技术被用于生产疫苗、单克隆抗体、激素、生长因子、免疫调节剂、酶、多肽等功能性蛋白质，以及皮肤、血管、心脏、大脑、肝、肾、肠等组织器官。动物细胞培养生产药物产品已是生物制药领域的一个很重要的方面，具有重大的经济效益和社会效益。

一、动物细胞培养与生物制剂制备

随着生物技术的不断发展，动物细胞培养技术已经广泛应用于生物制药领域。动物细胞培养与传统的细菌、真菌等微生物发酵技术相比，具有以下优势。①产物的纯度高，由于动物细胞培养是从单一细胞开端，经过一系列严格的纯化、分离、提纯等步骤，故可以获得高度纯化的产物。②产物的结构和活性与天然相同，动物细胞培养能够精确地模拟生物体内的生化环境，因此所得到的产物与天然相同。③产量大，动物细胞培养中细胞增殖快，易于培养，可以大量生产高质量的药物。

（一）动物细胞培养与单克隆抗体制备

单克隆抗体是由单一 B 淋巴细胞克隆产生的高度均一、仅针对某一特定抗原表位的抗体。单克隆抗体在体外诊断、体内造影、人和家畜的疾病治疗及工业上的应用日益广泛。应用大规模细胞培养系统生产各种不同的单克隆抗体是经济可靠的方法。如英国 Celltech 公司采用 10100 和 10001 自动气升式培养系统，培养各种生产单克隆抗体的小鼠、大鼠和人的细胞株，生产各种单克隆抗体的产品。到目前为止，已成功地在 1000L 培养系统中，采用无血清培养基生产优质的单克隆抗体。其他一些国家先后制备成测定血和尿中的各种激素、特殊蛋白质、血型、各种药物、诊断细菌性或病毒性病原等的单克隆抗体诊断试剂盒。

据统计，截至 2023 年 3 月 1 日，国家药品监督管理局已经批准了 74 个抗体药物在国内上市。

（二）动物细胞培养与疫苗制备

疫苗是用于人工主动免疫的、含有抗原性物质的生物制剂，是免疫预防最常用的生物制剂。在疫苗产业早期，往往利用动物来生产疫苗，如用家兔人工感染狂犬病毒生产狂犬疫苗，用奶牛来生产天花疫苗，用鸡胚培养流感病毒，用某些细菌接种到动物身上来生产抵抗该种细菌的疫苗。但这些生产方法不仅难以满足疫苗市场的需求，还需要使用大量的实验动物。随着细胞培养技术和基因工程技术的完善，现在使用大规模动物细胞培养技术生产疫苗可以大大降低实验动物的用量，而且可以保证疫苗质量。因为所用的细胞性质均一，经过严格的安全检验，克服了动物个体间差异造成的疫苗质量不稳定的问题，并且大大降低了来自动物的病原体传染使用者的可能性。基因重组技术和杂交瘤技术大大促进了动物细胞技术的进步及其在工业领域的应用，使动物细胞大规模培养技术在疫苗生产中越来越重要。

（三）动物细胞培养与细胞因子制备

细胞因子是由各种细胞（免疫及非免疫细胞）分泌产生的在细胞间发挥相互作用的一类可溶性多肽/蛋白质。细胞因子最初从人血清及动物组织中提取，但获取量十分有限，随着基因工程技术的兴起，人们逐渐利用基因工程改造的大肠埃希菌表达提取，但表达的包涵体复性存在诸多技术瓶颈，继而应用哺乳动物细胞表达系统提供具有功能的细胞因子。自此，多种形式的工程化细胞因子技术得到长足的发展。

细胞因子工程化是以结构生物学和细胞工程为基础，利用现代生物工程技术对天然或重组细胞因子进行结构修饰及改造，以提高细胞因子的治疗效力或增加细胞因子类药物的产量。工程化的细胞因子已广泛应用于多种疾病的治疗。例如，通过抑制 IL-17 治疗银屑病，通过 IL-6 和 IL-1 拮抗剂治疗 COVID-19，通过阻断肿瘤坏死因子治疗克罗恩病等。

二、动物细胞培养与药物筛选

动物细胞培养可以用于药物筛选和评估中。药物筛选中，细胞培养可用于检测候选化合物与细胞生命周期的相互作用、结构活性相关性及抗细胞毒性等因素。与整体动物和组织器官水平的筛选模型相比较，细胞水平的药物筛选模型具有材料用量少、药物作用机制比较明确、可实现大规模筛选等特点，已经成为目前药物筛选的主要方法。细胞水平药物筛选模型的应用为自动化操作奠定了基础，使药物筛选由传统的手工筛选形式转变为由计算机控制的自动化大规模筛选的新技术体系，形成了高通量药物筛选。采用细胞水平筛选模型进行药物筛选，在两个方面表现出极大的优势：一是大样本量的筛选，由于药物筛选是对未知的探索和发现过程，只有扩大筛选对象和范围，才有可能发现真正高水平的药物；二是实现了一药多筛，由于这类筛选模型消耗样品很少（微克级），可以使珍贵的样品在多个模型上进行筛选，扩大发现新药的范围。这种筛选方法符合药物筛选和药物发现的基本规律。

细胞水平的筛选模型是观察被筛样品对细胞的作用，但不能反映药物作用的具体途径和靶点，只能够反映出药物对细胞生长等过程的综合作用。用于筛选的细胞模型包括各种正常细胞、病理细胞（如肿瘤细胞和经过不同手段模拟的病理细胞）。药物对细胞的作用可以有多种表现，但是由于检测方法和检测手段的限制，可供药物筛选的检测指标还很有限，在细胞模型的建立方面，扩大检测范围是应用细胞模型的重要研究内容。由于多种细胞筛选模型的监测指标都是细胞的生殖状态，因此，在药物筛选方面应用最广泛的细胞模型是观察化合物样品的细胞毒性。而肿瘤细胞模型是筛选抗肿瘤药物的重要手段。

小 结

细胞培养是动物细胞工程的重要技术基础。体外培养动物细胞必须在一定的培养条件下进行，其是一个严格的无菌操作过程。动物细胞培养可分为原代培养、传代培养和大规模培养。原代培养是从动物机体内取得组织器官或细胞后的首次培养，也称为初代培养。细胞由原培养瓶（皿）内分离稀释后传到新的培养瓶（皿）的过程称为传代培养或者再培养。动物细胞大规模培养是指在人工条件下（设定 pH、温度、溶氧等）高密度大量培养细胞。根据细胞培养的生长状态，细胞大规模培养法可以分为固定化培养法与悬浮培养法。在动物细胞大规模培养法中，几乎所有动物细胞都可以采用固定化培养法，较常用的几种如微囊化培养、微载体培养和大载体培养等。随着大规模培养技术的逐渐成熟和转基因技术的发展与应用，动物细胞大规模培养技术已越来越多地被用于制备单克隆抗体、疫苗和细胞因子等生物制剂。动物细胞培养也被用于药物筛选，尤其是小分子抗肿瘤药物的筛选。

复习思考题

1. 体外培养的细胞需要哪些营养成分？
2. 原代细胞培养取材时应注意什么问题？有哪些取材方法？
3. 原代细胞培养有哪些方法？各自的适应范围是什么？
4. 贴壁细胞传代时采用何种方法？其技术关键是什么？
5. 什么是细胞系、细胞株？如何建立细胞系？
6. 大规模细胞培养主要有哪些工艺类型？各有哪些优缺点？

第四篇 生物反应器与细胞疗法

第十一章　转基因生物反应器

生物反应器（bioreactor）指通过生物体本身的生理机能、生物化学反应或者本身的新陈代谢来获取目的物质的装置、细胞、组织和器官等，经历了从微生物基因工程到细胞基因工程再到动植物基因工程的三个发展阶段。生物反应器在不同研究领域内的特点各不相同，生产蛋白质的能力也有所差别，在生产过程中发挥着不同的作用。

目前，转基因生物反应器在合成药物、酶工程、生物能源产业等领域都有广泛应用，为生物工程领域带来了革命性的进展。然而，该技术也面临着一些挑战，比如如何提高表达效率和产量，如何在推广应用时充分考虑安全问题，如何做好风险评估和管理等。本章主要介绍了转基因植物生物反应器和转基因动物生物反应器。

第一节　转基因植物生物反应器

一、转基因植物生物反应器的概述

（一）转基因植物生物反应器的定义

转基因植物生物反应器是一种通过将外源基因导入植物体内，使植物能够表达出特定功能的蛋白质或其他有用物质的设备或系统。这种技术可以应用于生产多种药用蛋白，如抗体（Holland et al.，2010）、血液替代品和疫苗（刘蓉蓉，2017），也可以通过大规模种植生产具有高经济附加值的高新生物技术产品，如工农业用酶、特殊碳水化合物（如改性淀粉、环糊精或糖醇）、生物可降解塑料、脂类（如特殊的饱和或不饱和脂肪酸）及其他一些次生代谢产物等生物制剂。

转基因植物生物反应器的发展历程可以追溯到 20 世纪 80 年代，至今已有 40 多年的历史。以下是这个过程中的几个重要阶段（邹奇等，2023）。

起始阶段：1983 年，Bevan M. V. 等首次将外源抗性基因成功导入植物细胞中作为标记，筛选阳性转化细胞。该基因在植物细胞中的表达证明了植物细胞表达外源基因和蛋白质的可行性，利用植物细胞表达重组蛋白质由此开始。

初步发展阶段：1986 年，Barta A. 等在烟草和向日葵细胞中成功表达出农杆菌胭脂氨酸合成酶和人生长激素的融合蛋白；1989 年，Hiatt A. 等在烟草细胞中成功表达出活性完好的抗体，且通过杂交方式完成了重链和轻链的组装，证明了功能性糖蛋白也能在植物细胞中正确表达和组装。

快速发展阶段：1992 年，Mason H. 等在烟草细胞中表达出了乙肝表面抗原，1995 年，Thanavala Y. 等证实了烟草表达的乙肝抗原具有与天然抗原相同的免疫原性；1997 年，以商业化生产为目的的重组亲和素在玉米中得到高效表达，并且投入生产，植物生物反应器产品开始进入产业化。

成熟阶段：经过 20 多年的发展，植物生物反应器技术突飞猛进，目前国际上用于生物反应器的植物种类已达 20 多种，至少有 120 多种药物蛋白或多肽在植物中成功表达，15 种植物源疫苗进入临床试验，6 种植物源抗体进入临床和市场，8 种药用蛋白进入临床试验。

（二）转基因植物生物反应器的特点

与其他生物反应器相比，植物细胞具有全能性，能够再生植株且易于成活，用作生物反应器不存在有关转基因动物伦理道德的问题，而且具有以下几个显著的特点。

1）多功能性：转基因植物生物反应器可以用于生产多种药用蛋白和其他有用物质，如抗体、血液替代品和疫苗等。

2）安全性：由于植物生物反应器使用的原料是植物，因此相对于微生物生物反应器，其安全性更高，更符合人体免疫系统的接受度。

3）环保性：转基因植物生物反应器产生的废弃物较少，且大部分都可以被自然界分解吸收，对环境影响较小。

4）经济性：转基因植物生物反应器可以大规模种植，从而实现大规模生产，生产成本较低。

5）灵活性：转基因植物生物反应器可以根据需要选择不同的植物和基因，以满足不同产品的需求。

6）可控性：通过控制植物的生长条件和基因表达情况，可以精确地调控产品的产量和质量。

7）可持续性：转基因植物生物反应器可以持续不断地提供产品，具有良好的可持续发展性。

（三）转基因植物生物反应器的类型

常见的转基因植物生物反应器有种子生物反应器、胚乳生物反应器、油体生物反应器、叶绿体生物反应器、淀粉体生物反应器、发状根生物反应器和悬浮细胞生物反应器。

1. 种子生物反应器　种子生物反应器是一种利用种子作为生物反应器来表达和生产各种医用、工业用的蛋白质的技术，具有生产成本低、容易储藏和加工、安全可靠等优点，可用于生产多种蛋白质，包括人血清白蛋白、胰岛素样生长因子（IGF）、成纤维细胞生长因子（FGF）、人溶菌酶、抗胰蛋白酶等。这些蛋白质可以通过种子生物反应器在种子成熟过程中不断地积累，从而获得较高表达。

2. 胚乳生物反应器　胚乳生物反应器是以种子胚乳细胞作为“蛋白质生产车间”，将重组蛋白基因导入植物基因组中，获得基因工程植株，再通过种子胚乳特异性启动子介导重组蛋白在胚乳细胞中的合成、贮存与积累，从而获得大量的重组蛋白。胚乳生物反应器的一个典型例子就是利用转基因水稻胚乳来生产医用重组蛋白或多肽（Zhu et al.，2022）。目前，以水稻胚乳作为反应器生产的医用重组蛋白包括：①抗原和疫苗，如重组猪蛔虫疫苗OsrAS16和霍乱疫苗MucoRice-CTB；②抗体，如人类免疫缺陷病毒抗体2G12和轮状病毒抗体MucoRice-ARP1；③药用蛋白和多肽，如人血清白蛋白OsrHSA和人α_1抗胰蛋白酶OsrAAT。

尽管胚乳生物反应器具有诸多优点，但在实际应用中也面临一些挑战。例如，①法规限制，转基因植物的田间试验和商业生产可能会受到严格的法规限制；②蛋白质糖基化差异，植物与动物之间在蛋白质糖基化方面存在差异，这可能影响产品的质量和安全性；③产品提取难度，从植物材料中提取和纯化目标产物的过程可能比较复杂和耗时（Zhu et al.，2017，2018）。随着合成生物学和基因编辑技术的发展，预计胚乳生物反应器将在未来的分子农业中扮演更加重要的角色。

3. 油体生物反应器 油体生物反应器是一种利用植物油体作为载体的生物反应器，它可以在植物体内表达特定的蛋白质或疫苗（李涛等，2020；党瑗等，2022）。该反应器因其具有安全、经济和稳定的优点，已成为现阶段研究的热点。

4. 叶绿体生物反应器 叶绿体生物反应器是一种利用植物叶绿体进行生物转化的生物反应器。叶绿体中含有大量的基因，这些基因负责编码参与光合作用和其他生物学过程的蛋白质。通过叶绿体基因工程，科学家可以将外源基因导入叶绿体基因组，使得叶绿体能够合成特定的蛋白质或产品，从而实现生物反应器的功能（Wu et al.，2024）。它具有一些显著的优势，如外源基因定点整合、无位置效应、蛋白质表达水平高、环境风险小、不产生不必要的蛋白质糖基化等特点。这些优势使得叶绿体生物反应器在生物制药、疫苗开发等领域具有巨大的应用潜力。

最近，中国科学院分子植物科学卓越创新中心的研究团队在叶绿体生物反应器的研究领域取得了重大突破，成功解析了叶绿体基因转录机器的结构，对于提高叶绿体生物反应器的效率具有重要意义。这项研究不仅有助于理解叶绿体基因表达的调控方式，还可能促进重组疫苗、重组蛋白药物（林优红等，2018）和天然产物的生产，同时也为提高光合作用系统的基因表达水平提供了新的思路。

5. 淀粉体生物反应器 淀粉体生物反应器是一种特殊的生物反应器，它利用特定的微生物或酶系将淀粉类物质转化为其他有价值的化学品或能源。这类反应器通常涉及复杂的生物化学过程，包括淀粉的水解、糖化、发酵等一系列生化反应。淀粉体生物反应器的应用范围十分广泛，涵盖了工业生产、环境保护和能源开发等多个领域。

以淀粉合成为例，科学家已经开发出一种人工合成淀粉的生物反应器，其工作原理是将二氧化碳通过一系列生化反应转化为淀粉。这一过程不仅展示了淀粉体生物反应器的巨大潜能，也为未来的粮食安全和可持续发展提供了新的思路和技术途径（Cai et al.，2021）。

6. 发状根生物反应器 发状根生物反应器是一种利用植物发状根进行生物合成和转化的生物反应器。发状根，也称作毛根，是由植物细胞经发状根农杆菌介导的转化而生长的特殊根系，具有快速生长、分支多、特定次级代谢产物含量高等特点（杨加伟等，2016）。发状根生物反应器已在多个领域得到应用：①医药领域，发状根已被用来生产多种药物，如紫草素、青蒿素等；②食品添加剂领域，发状根提取物可用作香料、色素等；③农业领域，发状根技术被用来生产植物源农药，以应对病虫害问题。不过，其应用仍面临一些技术和生产上的挑战，如干细胞的不确定性、代谢网络调控的复杂性等。

7. 悬浮细胞生物反应器 悬浮细胞生物反应器将植物整株表达和微生物发酵的优点结

合在一起。脱分化的愈伤组织可以在含有营养物质的液体培养基中繁殖，进而可以产生稳定的悬浮细胞系。与整株表达系统相比，悬浮细胞生长迅速，不仅可以提高重组蛋白生产的连续性，简化重组蛋白的分离纯化过程，还可以避免悬浮细胞受到生物或非生物的胁迫。目前，植物悬浮细胞生物反应器已经表达了多种药用蛋白，并且可以制备悬浮细胞的植物种类范围也在不断扩大。烟草、苜蓿、番茄、大豆、水稻和红花等植物均可培养出悬浮细胞作为生物反应器。

二、转基因植物生物反应器的构建方法

构建转基因植物生物反应器的方法通常有两种，分别为农杆菌转化法和病毒载体法（图11-1）。

彩图

图 11-1　常用的转基因植物生物反应器的构建方法（许惠滨和王福祥，2021）

（一）农杆菌转化法

农杆菌是一种在土壤中生活的微生物，能在自然条件下感染双子叶植物和裸子植物。构建转基因植物生物反应器时常用根癌农杆菌。根癌农杆菌含有致瘤质粒（tumor-inducing plasmid，Ti plasmid），其上有一段转移 DNA（transfer DNA，T-DNA）。当植物体受到损伤时，伤口处的细胞会分泌大量的酚类化合物，吸引农杆菌移向这些细胞，这时农杆菌中的 Ti 质粒上的 T-DNA 可转移至伤口处的细胞中，整合到染色体 DNA 上，并且可以通过减数分裂稳定地遗传给后代，这一特性成为农杆菌转化法的理论基础。根据农杆菌的这种特点，研究人员将目的基因插入到经过改造的 T-DNA 区，借助农杆菌的感染实现外源基因向植物细胞的转移与整合，然后通过细胞和组织培养技术，再生出转基因植株，使目的基因的遗传特性得以稳定维持和表达。农杆菌转化法一般可分为 7 个步骤（图 11-2）。

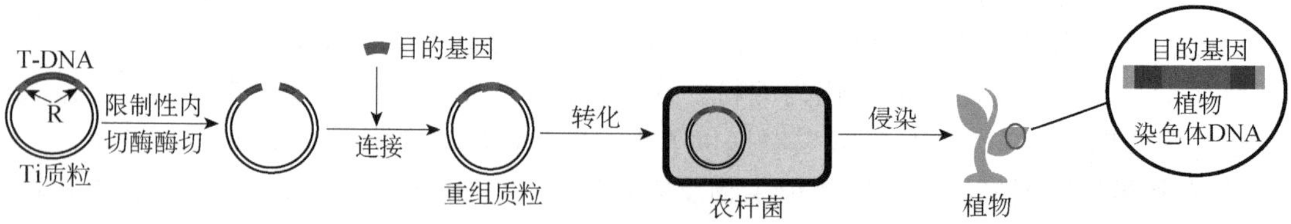

图 11-2　农杆菌转化法

（1）获取目的基因　通过化学合成、PCR 扩增或者从天然资源中提取等方式获得目的基因。

（2）基因表达载体的构建　先通过双酶切反应，酶切 Ti 质粒载体和目的基因，再通过酶联反应将酶切后的质粒与目的基因相连，形成重组表达载体。

目前，常用的 Ti 质粒是在天然 Ti 质粒（图 11-3A）基础上人工改造的 Ti 质粒（图 11-3B）。这主要是由于天然 Ti 质粒具有以下几个缺陷。

1）质粒过于庞大（200～800kb），不适宜操作。

2）只能在农杆菌中繁殖扩增。

3）T-DNA 区域中含有生长素基因和细胞分裂素基因，会打破植物细胞内的激素平衡，影响转化植物细胞的再生。

4）T-DNA 区域内没有标记基因。

因此，为满足适于基因工程操作的需求，对 Ti 质粒进行了如下改造。

1）删除了生长素基因、细胞分裂素基因和冠瘿碱合成基因，将 Ti 质粒变小，满足基因工程的操作需求。

2）插入大肠杆菌的复制原点，使 Ti 质粒在农杆菌和大肠杆菌中均能繁殖扩增。

3）增加标记基因，有助于筛选完成 T-DNA 转移和整合的植物受体细胞。

4）增加多克隆位点，便于目的基因克隆。

（3）农杆菌的准备　将含有目的基因的重组表达载体导入根癌农杆菌。转化通常采用电转化法。

（4）植物细胞的转化　将含有重组表达载体的农杆菌，接种到植物叶片或茎尖的伤口处，使农杆菌的 T-DNA 携带目标基因进入植物细胞。通过 vir 区的表达蛋白（virA、virB、virC 等）与重组质粒 T-DNA 区的反式作用激活 T-DNA 的转移，从而将目的片段整合到植物细胞基因组中。愈伤组织的形成，使得新生细胞均含有目的基因。

（5）目的基因的检测和鉴定　通过 DNA 分子杂交、RNA 分子杂交、抗原–抗体杂交、个体生物学水平鉴定等方式，检测和鉴定植物细胞是否成功整合并表达目标基因。

（6）植物再生和筛选　将经过转化的植物细胞进行培养，使其再生为完整的植株。然后通过筛选和检测，选择那些成功整合并表达目标基因的植株。

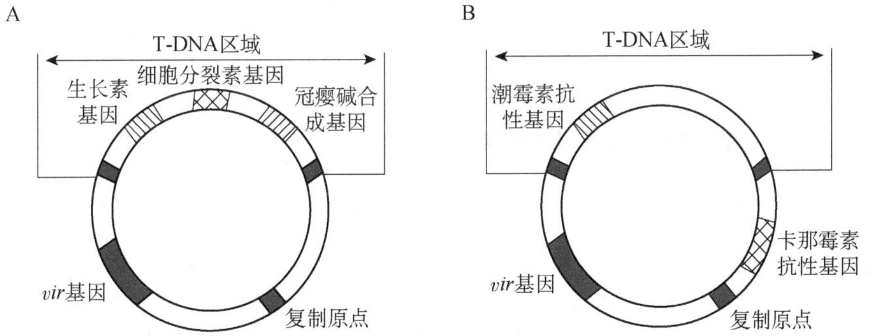

图 11-3　Ti 质粒（张伟健，2022）

A. 天然 Ti 质粒；B. 人工改造的 Ti 质粒

（7）产物的鉴定和提取　对转基因植物进行产物的鉴定和提取，通常涉及对目标蛋白的表达量、活性等进行测定，以及对目标蛋白进行提取和纯化等步骤。

农杆菌 Ti 质粒转化系统与其他基因转化体系相比，具有许多突出的优点。

1）该转化体系利用天然的转化载体系统，成功率高，效果好。

2）农杆菌 Ti 质粒转化系统的机制研究得最清楚，方法最成熟，应用也最广泛。

3）农杆菌 Ti 质粒转化系统转化的外源基因以单拷贝为多数，遗传稳定性好，并且多数符合孟德尔遗传定律，因此转基因植株能较好地为育种提供中间选育材料。

4）农杆菌 Ti 质粒转化系统操作比较容易，需要的仪器设备简单，易于推广。

目前，农杆菌转化法是将目的基因导入植物细胞采用最多的方法。

（二）病毒载体法

病毒载体法是构建转基因植物生物反应器常用的一种方法，它利用植物病毒作为载体，将外源基因导入植物体内，并在植物体内表达。该方法的原理是利用植物病毒的侵染机制，将外源基因插入病毒基因组中，然后通过病毒感染植物细胞，使外源基因在植物细胞内表达。病毒载体法一般可分为以下 4 个步骤。

1）选择合适的病毒载体。根据需要表达外源蛋白的特性和植物种类，选择合适的病毒载体。常见的植物病毒载体包括花椰菜花叶病毒（CaMV）、马铃薯 X 病毒（PVX）、烟草脆裂病毒（TRV）等。

2）构建重组病毒载体。将外源基因克隆到病毒载体的适当位置，形成重组病毒载体。这一步通常涉及如 PCR 扩增、连接酶连接等分子克隆技术。

3）病毒载体的传播。将重组病毒载体通过农杆菌介导的方式引入植物细胞，或者直接通过机械接种等方式将病毒载体传播给植物。

4）筛选和鉴定。通过抗性标记或其他方法筛选成功转入外源基因的植物细胞，并通过分子检测方法验证外源基因的正确表达。

为了确保安全性，研究人员会采取一系列措施，比如使用减毒的病毒载体，或者在病毒基因组中加入自杀基因，防止病毒在宿主植物中过度增殖或传播到其他植物。

这种方法具有效率高、灵活性高和成本低的优点，可以在短时间内获得大量的外源蛋白，而且可以根据需要调整表达量（邹奇等，2023）。然而，这种方法也面临一些挑战，比如病毒载体的稳定性问题、外源基因表达的安全性问题及病毒载体在不同植物间的适用性问题。

综上所述，病毒载体法是一种有效的转基因植物生物反应器构建方法，但在实际应用中需要注意安全和效率的平衡。随着技术的不断进步，未来有望进一步提高病毒载体法的应用范围和安全性。

三、转基因植物生物反应器的应用

21 世纪初，我国加大了植物生物反应器的研究力度和资金投入，包括凝血因子Ⅸ、鲑鱼降钙素、人血清白蛋白、胸腺素、生长因子、植酸酶、A 组轮状病毒 VP6 疫苗、肿瘤靶向单链抗体、胰岛素和口服疫苗等，开展了较深入研究和有益性探索，并取得了长足的发展。

在转基因植物生物反应器中，常用的宿主植物有烟草、苜蓿、谷物的种子和马铃薯块茎等（邹奇等，2023）。烟草的生长周期短，生物量大，而且容易转化。烟草既不是动物饲料，也不是人类食品，因此降低了将转基因材料或重组蛋白扩散到人畜食物链的风险（蒋铭轩等，2023）。苜蓿叶片能够正确表达糖蛋白。谷物的种子表达外源蛋白则比较稳定，目的蛋白在种子中于室温保存三年还具有较高的活性。马铃薯块茎是一个常用的表达疫苗的生产体系。

（一）生产药用蛋白

利用植物悬浮细胞培养或整株植物为工厂大量生产具有重要功能的蛋白质，如人或除人类的动物用疫苗、抗体、重要的氨基酸和昂贵的蛋白质药物等。

1. 疫苗 目前，可用转基因植物生物反应器生产乙肝疫苗、流感疫苗、口蹄疫疫苗等。例如，利用苜蓿生产口蹄疫疫苗；利用转入了病原的抗原决定簇基因的工程植物生产多种人类和动物疾病的疫苗（刘蓉蓉，2017）。此法不仅可以降低生产成本，还能提高疫苗的安全性和有效性。

2. 抗体　近些年已经在马铃薯中成功表达了人血清白蛋白和肿瘤坏死因子。

3. 昂贵的蛋白质药物　可用转基因植物生物反应器生产昂贵的蛋白质药物（陈金梅等，2015），如葡糖脑苷脂酶和粒细胞-巨噬细胞集落刺激因子等，以降低生产成本。

（二）其他应用

转基因植物生物反应器作为一种有效的生物技术工具，已经广泛应用于多个领域，除了生产药用蛋白，还有以下应用。

1. 生产生物农药　转基因植物生物反应器还可以用于生产生物农药，即通过在植物中表达特定的杀虫基因，可以有效控制害虫的数量，从而减少化学农药的使用，保护环境。

2. 改造复合性状的转基因植物　可以利用转基因植物生物反应器改造植物性状，赋予其抗逆性，如抗虫、抗除草剂和耐干旱性；也可改善其营养性状，如高 Ω-3 油用大豆或增强型维生素 A 原的金米。

3. 生产高经济附加值的高新生物技术产品　利用转基因植物生物反应器生产具有高经济附加值的高新生物技术产品，如工农业用酶、特殊碳水化合物（如改性淀粉、环糊精或糖醇）、生物可降解塑料、脂类（如特殊的饱和或不饱和脂肪酸）及其他一些次生代谢产物等生物制剂。

四、转基因植物生物反应器的未来发展方向与前景

尽管转基因植物生物反应器存在一定的不足，如外源蛋白表达量低、下游分离纯化、加工成本高等，但以植物作为生产工厂是一种经济且极具诱惑力的方式。对影响基因表达水平因素的研究如果有突破性进展，可有望通过植物生产系统得到高收率的药用产品。对转基因植物作为生物反应器的深入研究和开发，必将在传统的工业、农业、制药业及其他产业引起重大变革。

此外，转基因植物生物反应器在有害生物控制领域的应用前景广阔，可以有效降低化学农药的使用量，保护生态环境。转基因生物反应器在医药、化工、能源等领域的发展壮大，将为推动社会进步和创新发展提供重要的指导意义。

政策法规对转基因植物生物反应器的发展也有重要影响。在推广应用转基因生物反应器时，需要遵守相关的法律法规，以确保其在符合伦理和法律要求的前提下进行。

综上所述，转基因植物生物反应器的未来发展前景看好，有望在多个领域取得更大的突破和应用。

第二节　转基因动物生物反应器

一、转基因动物生物反应器的概述

转基因动物研究篇章的开启可追溯到 1980 年，Gordon 等首次成功整合了拥有外源基因

的转基因小鼠。1982 年后，因 Palmiter 等（1982）成功研究出了能表达大鼠生长激素基因的超级小鼠，在全世界范围内掀起了转基因动物研究的热潮。与此同时，动物生物反应器成了科学界研究的重点内容之一。

（一）转基因动物生物反应器的定义

转基因动物生物反应器是利用转基因动物的血液或体液来获取目标产品的生物体系。其中，转基因动物是指利用基因工程手段，将靶基因导入生殖细胞、胚胎干细胞及早期胚胎，再植入受体细胞基因组，经多种方式获得含有靶基因的个体。

其基本操作是将具有生物活性的蛋白质导入动物的受精卵或早期胚胎中，从而获得转基因动物，实现对外源基因的高效表达。

（二）转基因动物生物反应器的特点

大部分哺乳动物蛋白质翻译后修饰（如糖基化、乙酰化、磷酸化等过程）是保持生物学活性、稳定性、抗原性的前提。转基因动物生物反应器表达产物能充分修饰且具有稳定的生物活性，可以较好地解决转基因微生物表达系统和转基因植物表达系统由于系统合成的复杂，真核蛋白存在折叠方式不正确和缺乏翻译后加工修饰等问题。总体来说转基因动物生物反应器具有如下优点。

1）生物学活性和功能与天然蛋白质完全相同，经转基因动物体内充分修饰加工后，具有稳定的生物活性。

2）生产出的蛋白质对动物的生理影响较小，没有免疫原性。

3）表达产量高，表达产物的提纯相对容易，避免了化学试剂和生物毒素等的污染。

4）作为生物反应器的转基因动物可通过快速扩繁，实现大规模药物生产，生产成本相对较低。

二、转基因动物生物反应器的分类

转基因动物的出现为通过基因工程技术获得高效、廉价、高效的产品提供了一种重要的途径。转基因动物生物反应器主要可分为乳腺生物反应器、血液生物反应器、膀胱生物反应器、家禽输卵管生物反应器等。

（一）乳腺生物反应器

动物乳腺生物反应器，或称动物个体乳腺表达系统，是利用高等哺乳动物的乳腺表达重组蛋白，尤其适用于制备高等动物体内的具有复杂结构和功能的蛋白质。哺乳动物乳腺作为一种天然的蛋白质合成器官，其独特的渗透性能够阻止外源基因的表达，从而减少转基因产品对动物的危害。

在众多生物反应器中，乳腺生物反应器是应用最广泛也是最成功的动物生物反应器。其优势在于以下几方面（Thiel，2004；Laible et al.，2007）。

1）由乳腺组织所产生的目标产物仅局限于乳房，不能进入体液，对转基因小鼠的正常生理功能无明显影响。

2）乳汁中的蛋白质组成以干酪素、乳清蛋白和乳球蛋白为主，采用传统的方法可以很容易地获得目标产品。

3）通过乳腺对目标产物的一系列翻译后处理，产物与天然产物的生理活性类似。

4）生产成本优于其他生物反应器，通常建立乳腺生物反应器的生产成本约为建立动物细胞培养系统的1/10。

在早期研究中，动物乳腺生物反应器大多采用目标基因及乳蛋白基因上下游有限的调控序列构建表达载体。然而，由于该种方法克隆出的载体容量较小，故无法达到商业开发的要求。随着其不断发展，乳蛋白基因特异启动子也被不断应用于动物生物反应器的生产。此外，乳铁蛋白基因、溶菌酶基因等也被应用于外源基因表达。

目前，乳腺生物反应器的制备方法有两种，一种是随机整合，另一种是定点整合，这两种方式都比较适合对转基因动物进行遗传背景及表达规律的研究。周琪等（2009）在国际上率先将iPSC注入四倍体，成功地培育出了“小小”，证实了iPSC株的发育潜力，为猪、羊、牛等大型动物的定点转基因研究打下了良好的基础。

转基因动物乳腺生物反应器表达的产品由最初的抗凝血酶Ⅲ（AT-Ⅲ）、人α-1抗胰蛋白酶（hAAT）、蛋白C（PC）、纤维蛋白原（fibrinogen）、人血清白蛋白（hSA）、凝血因子Ⅷ（hFⅧ）和Ⅸ（hFⅨ）等，扩展到市场潜力巨大、其他系统难以生产而在乳腺中表达有明显优势的组织型纤溶酶原激活剂（tPA）、人乳铁蛋白（human lactoferrin）、葡萄糖苷酶（glucosidase）、抗体、超氧化物歧化酶（SOD）、溶菌酶、蜘蛛牵丝蛋白和白介素Ⅱ等。

（二）血液生物反应器

血液生物反应器的研究最早源于1991年，利用转基因兔子血清表达人α-1抗胰蛋白酶（Massoud et al.，1991）。血液生物反应器指外源基因在血液中表达的转基因动物。血液生物反应器可以通过裂解细胞，将外源基因的编码产物与血浆中的蛋白质进行分离。

近年来，关于动物血液生物反应器的研究取得了很大的进展。由于一些有活性的蛋白质或多肽（如激素）、细胞分裂素等进入动物血液循环系统影响动物的健康，因此血液生物反应器比较适合生产血红蛋白、血清蛋白、抗体和干扰素等。通过血液生物反应器得到的蛋白质因子都是在转基因动物中本身存在的，因此有利于持续收集血液中的蛋白质因子，同时对转基因动物健康影响不大。大型家畜的血液容量较大，往往更有利于生产。在血液中表达外源蛋白因子可能存在分离纯化困难的问题，可通过敲除内源基因等方式，排除高同源性内源蛋白的干扰，将外源基因在转基因动物中遗传并扩大，将有利于向产业化发展。

（三）其他生物反应器

除常见的乳腺生物反应器和血液生物反应器外，研究较多的还有膀胱生物反应器、唾液腺生物反应器、家禽输卵管生物反应器等。

1. 膀胱生物反应器 膀胱生物反应器的原理是根据膀胱乳头顶端表面可表达一组称为尿血小板溶素的膜蛋白，将目的基因插入其基因组内，从而指导目的基因表达产物分泌在尿中。与乳腺生物反应器比较，动物产尿比泌乳早得多，且重组蛋白能以更合适的方式成熟。与血液生物反应器比较，外源蛋白对动物体健康产生的影响更小，但从膀胱上皮细胞分泌的蛋白质通常产量较低。有报道利用小鼠膀胱表达人生长因子，结果显示该基因在膀胱中的表达具有很强的专一性，证明了膀胱作为生物反应器生产外源蛋白具有可行性（Kerr et al.，1998）。

2. 唾液腺生物反应器 唾液腺生物反应器是外源基因在唾液腺中特异表达的转基因动物，通过收集转基因动物唾液获得目的蛋白。唾液腺可以特异性表达某些重要的外源蛋白因子及酶类，如神经生长因子、植酸酶等，不受性别及生长发育周期的限制，易于收集纯化等。

3. 家禽输卵管生物反应器 家禽突出的生产性能和广泛的市场需求，使得家禽输卵管生物反应器成为各国研究和投资的重点。家禽输卵管反应器的优势在于家禽产蛋量高，具有外壳保护，便于储存，而且成分清晰，主要是蛋清和蛋黄。

4. 精囊腺生物反应器 精液在某些雄性动物中（如猪）是一种较大量的体液，且易于收集，对转基因动物危害较小，在蛋白质加工、稳定性和纯化上具有巨大潜能，被认为是表达重组蛋白的有效途径。

5. 家蚕生物反应器 家蚕生长周期短，经驯养、选育难以逃逸到自然界，其在丝蛋白合成、分泌方面具有非常强的能力，合成的蛋白质可随蚕丝蛋白一起分泌到体外。转基因家蚕生物反应器是在家蚕丝腺中表达外源基因，在蚕茧中收集目的蛋白。该方法能高效整合外源基因，并在家蚕体内稳定高水平表达。Wang 等（2015）成功制备了能在蚕茧中高水平表达重组酸性成纤维细胞生长因子的转基因蚕，且证明了其产物的生物活性。由此可见，利用该生物反应器也是生产药用蛋白的有效途径。

三、转基因动物生物反应器的应用

自 20 世纪 80 年代动物生物反应器兴起以来，研究者开展了利用动物生物反应器生产保健功能、药用功能和特殊功能蛋白质的研究（表 11-1）。其产品主要有人乳铁蛋白（human lactoferrin）、重组人抗凝血酶（recombinant human antithrombin）、人 α-1 抗胰蛋白酶（α1-antitrypsin，hAAT）、促红细胞生成素（erythropoietin，EPO）和蛛丝蛋白（spider silk protein）等。

1. 人乳铁蛋白 其主要功效为抗菌、抗病毒、提高免疫力、提高机体对铁的吸收、抑制肿瘤生长、抑制癌细胞增殖、抑制自由基生成等。有望利用动物生物反应器生产开发“人乳化”牛奶。

2. 重组人抗凝血酶 人类血液中一种重要的抗凝血因子，因其分子结构的复杂性，难以在微生物发酵体系中得到有效表达，或使其失去活力。采用动物生物反应器制备可有效解决其酶活性降低、临床需求量巨大的难题，是当前研发的热点。

3. 人 α-1 抗胰蛋白酶 人 α-1 抗胰蛋白酶为呼吸系统的非特异性可溶因子，对多种酶有明显的抑制作用，对囊性纤维化、慢性阻塞性肺疾病（COPD）和急性呼吸系统疾病有较好的疗效。

4. 促红细胞生成素 对红细胞的生成有增强作用，多利用转基因山羊、猪、鸡生产。

5. 蛛丝蛋白 通过将拟蛛丝蛋白基因导入山羊乳腺而从羊奶中获得。该蛋白质抗张强度大且弹性高，被称为“生物钢”，在医疗和军工行业具有很大的应用前景。

此外，用转基因动物生物反应器制备病毒疫苗，具有成本低廉、生产效率高、生产规模大等优点，在整个疫苗生产链中起到重要作用（Lesellier and Liu，2020）。

表 11-1 动物生物反应器的生产应用（王尚君和陈鸿飞，2022）

产品类别	公司等机构	产品	主要应用方面
药用蛋白	GTC	蛋白酶原激活因子	肺栓塞、心肌梗死

续表

产品类别	公司等机构	产品	主要应用方面
药用蛋白	GTC	蛋白酶抑制因子	呼吸窘迫综合征
		抗凝血酶Ⅲ	动脉移植等
		可溶性受体 CD4	艾滋病
		干扰素	抗病毒、抗肿瘤
		胰岛素	糖尿病
		凝血因子Ⅶ a	血友病
		凝血因子Ⅸ	血友病
		凝血因子Ⅷ	血友病
	PPL	抗胰蛋白酶	肺气肿
		血纤维蛋白	外科创伤
		蛋白 C	深静脉血栓
	Pharming	人血清白蛋白	烧伤、血量扩积等
	中国农业大学	人岩藻糖基转移酶	胃溃疡、胃癌等
	Roslin 研究所	人体干扰素	抗病毒、肿瘤及免疫调节
	Pharm Athene	丁酰胆碱酯酶	解除神经损伤
营养蛋白	Pharming	葡萄糖苷酶	糖原贮积病
		酯酶抑制因子	心肌梗死等
		胶原蛋白	类风湿关节炎等
		乳铁蛋白	抗胃肠道感染等
		溶菌酶	抗胃肠道感染等
	Genentech	红细胞生成素	肿瘤化疗等
		组织纤溶酶原激活剂	血栓
	GTC	人催乳素	提高免疫力等
	Wyeth-Ayerst	乳清蛋白	苯丙酮尿症
	GelaGen	乳清过氧化酶	提高免疫力等
抗体	Wyeth-Ayerst	人免疫球蛋白	提高免疫力等
	GelaGen	人分泌性抗体	尿道感染、蛀牙等
	GTC	抗癌抗体	结肠癌等
		路易斯单抗	乳腺癌等
		CD137 抗体	肿瘤等
	GTC 与 LFB	CD20 抗体	肿瘤、自身免疫病
	Roslin 研究所	miR24 抗体	皮肤癌
	Pharm Athene	抗炭疽单克隆抗体	炭疽病
疫苗	Pharm Athene	炭疽抗原疫苗	炭疽病
	Genentech	乙肝疫苗	预防乙肝
特殊用途	Nexia	蛛丝蛋白	医学、军用

四、转基因动物生物反应器的未来发展方向与前景

在过去的数十年里，遗传工程制药工业非常繁荣。根据已经投放市场的基因工程反应器产品的销售情况来看，随着市场需求的增长，销量有望继续增长。尽管在转基因生物反应器研究方面已取得很大进展，但仍存在很多问题亟待解决。

首先，对于转基因动物生物反应器而言，理论和技术尚有不完善之处：一是非定点整合技术存在目的基因整合位点的不确定性，不能完全保证在预期位点，有可能出现片段缺失、调节失控、遗传不稳定等问题，而新型定点打靶基因编辑技术，如锌指核酸酶技术、类转录激活因子效应物核酸酶技术、CRISPR 技术也存在打靶效率较低、脱靶的问题；二是生产转基因动物的效率低，尤其是大型哺乳动物，限制了其生产，而要获取更多的转基因动物，则需要花费更多的时间和金钱；三是安全问题，外源基因的嵌入会导致转基因逃逸，进而污染野生型基因；四是生物反应器中的产品采集和提纯技术有待提高，如何在保证采集和提纯足够数量目标产物的前提下，对转基因动物不产生较大影响是需要进一步研究的。

科学的进步和日益扩张的市场，都是保证药品开发与使用的可持续发展动力。随着社会对高品质生物制品的需求日增，创新型药物的研制必将更好地解决人类疾病、增进人类健康、持续提升人民生活水平和幸福感。尽管目前该领域还存在很多难点，但是随着相关的理论与方法的不断改进，生物反应器必将对人类健康、生物改良等领域产生深远的影响。

小　结

转基因植物生物反应器是一种通过将外源基因导入植物体内，使植物能够表达出特定功能的蛋白质或其他有用物质的设备或系统，具有多功能性、安全性、环保性、经济性、灵活性、可控性和可持续性的特点。可利用农杆菌转化法或病毒载体法将外源基因导入植物体内，以生产药用蛋白、生物农药和高经济附加值的高新生物技术产品等。转基因动物生物反应器是利用转基因动物的血液或体液来获取目标产品的生物体系，具备产品生物学活性好、产量大、易提纯和成本低的优点，弥补了其他各类基因表达系统的缺陷。常用的转基因动物生物反应器包括乳腺生物反应器、血液生物反应器、膀胱生物反应器、家禽输卵管生物反应器等，可用来生产人乳铁蛋白、重组人抗凝血酶、人 α-1 抗胰蛋白酶、促红细胞生成素、蛛丝蛋白等。虽然转基因生物反应器在合成药物、酶工程、生物能源产业等领域都有广泛应用，为生物工程领域带来了革命性的进展，但是该技术也面临着一些挑战。

复习思考题

1. 什么是转基因植物生物反应器？什么是转基因动物生物反应器？它们分别具有哪些特点？
2. 构建转基因植物生物反应器的方法有哪些？
3. 举例说明转基因动物生物反应器的类型。

第十二章　干细胞与组织工程

1896 年，Wilson E. B. 在题为“Nematode parasitic in the testis of certain salamanders”的文章中深入研究了蠕虫在寄主中的发育过程。他的观察揭示了寄生虫母细胞内的一种特殊细胞类型，这些细胞具有产生成熟生殖细胞的能力，从而引入了“干细胞”这一概念。这一发现为后续研究生物发育和探索干细胞提供了重要线索和基础。随着科学的不断进步和实验方法的不断更新，人们对干细胞的认识逐渐加深。干细胞存在于人体或动物个体的各种组织中，在个体发育、组织器官的结构和功能动态平衡的维持，以及损伤后的再生修复等生命过程中起着至关重要的作用。干细胞的研究也逐渐揭示了其在肿瘤、衰老和再生等重大医学问题中的重要意义，而干细胞治疗也成为治疗某些难治性疾病的最具潜力的新型方法。

20 世纪 80 年代，随着细胞生物学和分子生物学等基础学科的迅猛发展，学者正式提出了一个新概念“组织工程”。这一概念随后迅速渗入现代医学的基础研究与临床应用中，推动了对组织维持和再生的深入研究。组织工程的核心内涵是将细胞、合成材料及处理过的天然材料和组织、细胞因子和基因治疗广泛地应用于体内的组织再生或体外的组织构建。其研究目标是在体内正常的生理环境和生物力学条件下，让这些细胞最终发育成成熟的组织，实现修复缺损、替代组织甚至器官的功能。在组织工程的研究过程中，对细胞在体外三维支架中生长相关独特环境的研究将展示出各种细胞的表型和细胞的生物学特性，这是干细胞研究中容易被忽略的问题。因此，组织工程可能为细胞生物学和分子生物学提供重要的理论基础，并通过体外构建组织或体内促进组织再生来达到改善人类健康的目的。综合而言，组织工程不仅有助于提高生存质量和延长寿命，而且涉及生命科学的重大问题，因此被视为“再生医学的新时代”。

第一节　干　细　胞

高等多细胞生物体内的干细胞具有自我更新（self-renewal）和多向分化（multidirectional differentiation）潜能，个体发育的各个阶段都有干细胞的存在。从受精卵到内细胞团多能性干细胞到专能性的成体细胞再到成体内单能干细胞，是机体发育、成年动物组织和器官稳态的维持、损伤修复及再生的基础。

一、干细胞概述

干细胞研究是当前生命科学研究的热点之一，引领科学界对生命奥秘的探索。作为一种具有特殊能力的细胞，干细胞的研究牵涉生命的起源与进化、个体发育与功能维持等核心科学问题。科学家通过研究干细胞，期望揭示生命的基本规律，解开人类起源的谜题，探索生物多样性的奥秘。同时，干细胞研究也直接关联人类的疾病、衰老、再生和修复等方面，为治疗多种严重的慢性或退行性疾病带来新的希望。20 世纪末以来，干细胞的研究取得了突破性进展，引起了生命科学界的广泛关注。干细胞研究在科学界有重要地位，1999 年和 2000 年，干细胞研究都荣登 *Science* 杂志评选的世界十大科技成果榜首。干细胞研究是当前最具活力、最有影响力和最有应用前景的生命科学领域之一。它不仅加深了人类对细胞生长、分化、生物发育机制等基本规律的深入理解，而且对于生命科学的进步和人类健康的改善都具有重大意义。

（一）干细胞研究的发展

1908 年，一位俄国的组织学家叫 Alexander A. Maximow 提出了一个问题：我认为人体的细胞都来源于同一个细胞——祖细胞，并在一次会议上提出了“干细胞”这一术语。1917 年，Pappenhein 等对动物的骨髓组织进行采集、分离和移植，之后对受体动物观察分析，推测出骨髓组织中存在尚未分化的干细胞，并首次提出了“成体干细胞”的概念，这为干细胞研究奠定了重要的基础。1958 年，Stevens 将小鼠的早期胚胎移植到同品系小鼠的精巢或肾被膜下，形成畸胎瘤干细胞（teratocarcinoma stem cell）或胚胎癌性细胞（embryonal carcinoma cell，EC 细胞）。证实早期胚胎细胞具备多向分化潜能，为干细胞生物学领域的发展提供了重要的启示。1961 年，Till 和 McCulloch 在培养骨髓细胞悬液时，发现骨髓中的“造血干细胞”能够产生多种不同类型的血细胞。这项研究对于了解血液疾病的发展和治疗具有重要意义，也为后续的造血干细胞移植奠定了基础。

1981 年，Evans 和 Kaufman 首次在延缓着床的小鼠胚胎中成功获得胚胎干细胞（embryonic stem cell，ESC）系，开创了胚胎干细胞生物学研究的蓬勃发展。此后，Martin 和 Axelrod 改进了 ESC 的体外培养方法，使其在生长、传代过程中，维持着未分化状态及多向分化潜能。1998 年，Thomson 和 Gearhart 等分别从人类的内细胞团和原始生殖细胞中成功建立了人类的胚胎干细胞系和胚胎生殖细胞（embryonic germ cell，EGC）系。随后，许多学者诱导胚胎干细胞生成了神经细胞、造血细胞、肌肉细胞、胰岛细胞等。ESC/EGC 的成功建立为哺乳动物的遗传分析和发育过程及细胞分化的研究提供理想的实验模型，促使干细胞工程技术有了飞速的发展，引起了世界范围内对干细胞研究的热潮。此外，一系列研究还发现，源自人类的哺乳动物成体干细胞具有“可塑性”（plasticity），在一定条件下可以跨系甚至是跨胚层分化，从而横向分化（transdifferentiation）为多种细胞类型。

2006～2007 年，Shinya Yamanaka 和 Thomson 等将小鼠和人类的某些体细胞诱导重编程（reprogramming），形成类胚胎干细胞的多能干细胞，称为诱导多能干细胞（induced pluripotent stem cell，iPSC），这一新技术很好地绕开了胚胎干细胞研究中面临的伦理、宗教、法律和异体免疫排斥等诸多障碍，成体干细胞可塑性的发现及 iPSC 研究的突破性进展，为干细胞的临床应用开辟了更为广阔的空间。Capecchi、Evans 和 Smithies 因为在胚胎干细胞 DNA 重组和基因敲除领域中做出杰出贡献，获得 2007 年诺贝尔生理学或医学奖。Gurdon 和 Shinya Yamanaka

由于对干细胞转分化研究的突出贡献获得了 2009 年 Albert Lasker 基础医学研究奖；又因他们在细胞核重新编程研究领域的杰出成就而获得 2012 年诺贝尔生理学或医学奖。总之，干细胞研究已经获得了大量令人瞩目的杰出成就，在生命科学的基础研究和生物医药领域展示出了极为光明的应用前景。

（二）干细胞的定义和分类

一般认为，干细胞是来自胚胎、胎儿或成体内，具有无限自我更新和增殖能力及不同程度分化潜能的一类细胞，在一定的条件下能够产生表现型和基因型与自己完全相同的子细胞，也能产生组成机体组织、器官的已特化细胞，还能分化为祖细胞（progenitor cell）。

1. 干细胞的定义　干细胞存在于人体或动物个体整个发展过程的各种组织中，具有自我更新和多向分化的潜能，是个体发育、组织器官的结构和功能动态平衡的维持，以及其损伤后的再生修复等生命现象发生的重要基础。

2. 干细胞的分类　干细胞可以根据发育阶段和发生学来源不同分为胚胎干细胞（ESC）、成体干细胞（somatic stem cell 或 adult stem cell，ASC）、生殖干细胞和诱导性多潜能干细胞等；也可以根据分化潜能不同分为全能干细胞、亚全能干细胞、多能干细胞和单能干细胞。

根据发育阶段和发生学来源不同分类。

（1）胚胎干细胞　ESC 通常指由哺乳动物早期胚胎分离克隆出的未分化细胞，能在体外长期培养和增殖，具有稳定的二倍体核型（diploid karyotype），在适合的条件下可以分化为机体的各种组织细胞，并可形成嵌合体。ESC 一般从着床的前囊胚内细胞团（inner cell mass，ICM）或早期胚胎原始生殖细胞（primordial germ cell，PGC）分离，还可利用体细胞核转移（somatic cell nuclear transfer，SCNT）技术获得。

（2）成体干细胞　ASC 也可称组织干细胞（tissue stem cell，TSC），是指在已分化组织中的未分化细胞，这类细胞能够自我更新、特化成相应组织的细胞。其主要作用是维持机体功能的稳定，替代分化组织中的衰老和死亡细胞等。目前已经在多种成体组织中发现了成体干细胞，如造血干细胞、间充质干细胞、神经干细胞、肝干细胞、肌卫星细胞、皮肤干细胞、肠上皮干细胞、视网膜干细胞、胰腺干细胞等。

（3）生殖干细胞　生殖干细胞作为一种独特的细胞类型，从原始生殖细胞中建立。在男性中，它们分化为精原干细胞，从青春期开始通过减数分裂产生精子，而在女性中，可在卵巢中保持干细胞状态并启动减数分裂产生卵母细胞。生殖干细胞的异常发育通常会导致人类的严重疾病，包括不孕和癌症。

（4）诱导性多潜能干细胞　诱导性多潜能干细胞由已分化的体细胞诱导而来，功能与胚胎干细胞相似，具有高度自我更新能力和多向分化潜能。目前，已从小鼠、人、猴、大鼠和猪等的多种体细胞诱导出诱导性多潜能干细胞。

根据分化潜能不同分类。

（1）全能干细胞（totipotent stem cell）　全能干细胞是可以发育成一个完整个体的干细胞。一般认为，哺乳动物的受精卵和 8-细胞期以前的卵裂球（blastomere）是全能干细胞，具有发育成完整个体的分化潜能。

（2）亚全能干细胞（subpluripotent stem cell）　亚全能干细胞为不能发育成完整个体，但可形成内、中、外三个胚层的所有细胞类型的干细胞或多能干细胞、万能干细胞、三胚层多能干细胞等。源自囊胚内细胞团和原始生殖细胞的胚胎干细胞、核移植胚胎干细胞

（embryonic stem cell via nuclear transfer）及诱导多能干细胞（iPSC）均属于此类。

（3）多能干细胞（multipotential stem cell） 多能干细胞的分化潜能较前两者要差，只能分化出部分类型的细胞。例如，造血干细胞能分化出各种血细胞；神经干细胞可以分化成各类神经细胞；间充质干细胞可以分化为多种中胚层组织的细胞（如骨细胞、软骨细胞、肌肉细胞、肝细胞、心肌细胞和脂肪细胞等）及其他胚层的细胞（如神经元等）。

（4）单能干细胞（unipotent stem cell） 单能干细胞也称专能干细胞、偏能干细胞或定向干细胞（committed stem cell）。这类干细胞只能向一种类型或密切相关的两种类型的细胞分化。在许多已分化的组织中，成体干细胞是典型的单能干细胞，如上皮组织基底层的干细胞、肌肉中的成肌细胞（卫星细胞）等。这种组织一般处于一种稳定的自我更新状态，但如果这种组织受到伤害并需要多种类型细胞来修复时，则需激活多能干细胞来修复受伤的组织。

可以预期，随着干细胞研究的进一步拓展和深入，还将有新的干细胞被发现，干细胞这一生物学名词也将被赋予新的、更多的内涵。

（三）干细胞的生物学特点

干细胞是同时具有自我更新、多向分化及增殖能力的非特化细胞。一般干细胞的发育阶段越早，这三种能力也越强。对哺乳动物来说，生理状态下最原始的干细胞是受精卵，其后是胚胎干细胞、胎儿干细胞、成体干细胞等。在个体发育的不同阶段及成体的不同组织中均存在着干细胞。

干细胞的自我更新是指干细胞分裂后子代干细胞能保持与自己相同的基因型与表现型，维持未分化状态并具有相同的分化潜能。自我更新同时受到细胞生长环境和内源性调节因子的控制。目前评价组织干细胞自我更新能力的方法是通过体内实验观察组织干细胞的增殖状况，如用长期重建实验（assay of long-term repopulating，LTRA）来观察造血干细胞（hematopoietic stem cell）的自我更新能力。

干细胞的多向分化是指干细胞在分裂后转变为形态、功能和化学组成上与其自身不同的子代细胞。研究表明，在分化过程中，干细胞的潜在分化能力逐渐减弱，逐渐转变为功能性细胞。已经确定了一些内源性和外源性的信号分子，如转录因子、生长因子、膜蛋白及细胞外环境等，它们共同调控、相互协调，诱导基因按照一定的时间和空间顺序表达，最终调控干细胞的分化过程。此外，诱导多能干细胞（iPSC）证明了细胞的分化是可逆的。

干细胞的增殖是指通过细胞有丝分裂实现细胞数量的扩增。干细胞的自我更新和分化都是以细胞增殖为基础的。干细胞有两种分裂方式，一种是对称分裂，形成两个相同的干细胞；另一种是不对称分裂，其中一个保持亲代的特征，仍作为干细胞保留下来，另一个子细胞不可逆地走向分化的终端，成为功能专一的分化细胞。

1. 胚胎干细胞 ESC能够在特定条件下连续增殖而仍然保持良好的未分化状态，还可以在体外大量扩增、冻存和复苏而不丧失其原有的特性。

（1）形态学特征 ESC的形态结构与早期胚胎细胞相似，细胞体积小、核大、核质比例高，核仁明显。体外培养时，呈集落状生长。形成的克隆细胞彼此界限不清，形态多样。不同种的ESC形态学特征有所不同。

（2）高分化潜能 ESC具有在一定条件下向三个胚层细胞分化的能力，在理论上可以诱导分化成机体中各种类型的细胞。

1）畸胎瘤：将ESC注入同源动物或免疫缺陷动物的皮下，可形成由三个胚层细胞构成的畸胎瘤。

2）类胚体：将 ESC 置于无饲养层和无分化抑制因子的条件下培养时，能发生自发分化，产生具有三个胚层的类胚体（embryoid body，EB）。在去除分化抑制物后，通过控制 ESC 的生长环境或操纵特定基因表达，促使 ESC 分化为某种特定细胞。

3）嵌合体：将 ESC 与受体胚胎结合在一起，再移植到假孕母体子宫中进一步发育，可得到嵌合体（chimera）动物，ESC 可参与嵌合体各个组织器官的发育。

（3）亚全能性相关标志物　ESC 可以特异性地表达多种分子，多种相关标志物可用于鉴定 ESC，常用的几种如下。

1）碱性磷酸酶（alkaline phosphatase，ALP）：未分化的 ESC 碱性磷酸酶呈强阳性，而在已分化的细胞中该酶活性明显降低。故通过检测碱性磷酸酶活性，观察克隆形态，便可知 ESC 是否分化。

2）转录因子（transcription factor，TF）：Oct-4 在早期胚胎发育中起重要作用，目前被广泛用于鉴定 ESC 是否处于未分化状态。细胞分化后，Oct-4 表达迅速下降。

3）端粒酶（telomerase）：端粒酶与细胞的永生化高度相关。ESC 表现出高水平端粒 酶活性，且端粒酶活性不会随着细胞传代而降低，ESC 端粒酶活性维持高表达。

4）阶段特异性胚胎细胞表面抗原（stage-specific embryonic surface antigen，SSEA）：阶段特异性胚胎细胞表面抗原是一种糖蛋白，它常表达于胚胎发育早期，在未分化的多能干细胞中 SSEA 常为阳性，故为 ESC 的标志分子之一。

在鼠和人的 ESC 之间它的表达存在种属差异性，如小鼠 ESC 表达 SSEA-1，但不表达 SSEA-3 和 SSEA-4。而从内细胞团（ICM）分离得到的人 ESC 仅表达 SSEA-3 和 SSEA-4。从原始生殖细胞（PGC）分离的 EGC 的 SSEA-1、SSEA-3 和 SSEA-4 均呈阳性反应。

2. 成体干细胞　成体干细胞除具备自我更新能力、多能或单能分化能力（但不具备分化的全能性）和增殖能力外，还因干细胞种类不同而具备不同的细胞形态和生长特性、表面标志物、体内外定向分化等生物学特点。

成体干细胞不仅对其所在的组织器官有重建和修复功能，在特殊的外界条件诱导下，一种组织的成体干细胞能超越该特定组织，分化成其他组织的功能性细胞，甚至具有跨越胚层分化为其他类型细胞的多潜能性，如骨髓干细胞可以被诱导分化为外、中、内三个胚层的多种不同类型的细胞。除骨髓干细胞外，神经干细胞、肌肉干细胞等多种成体干细胞也都具有分化的可塑性。成体干细胞的这种可塑性为其广泛应用提供了基础，使得它有可能像胚胎干细胞一样，将在修复、替代受损的细胞、组织甚至器官等方面发挥重要作用。

但成体干细胞的可塑性在体内是否普遍存在目前还不能确定；可塑性会发挥到哪种程度及如何来利用它，现仍在探讨中。尤其是成体干细胞可塑性的机制，目前尚不清楚，而且近年来一些学者还对成体干细胞的可塑性研究提出了质疑。主要的几种观点如下。

（1）可塑性与细胞异质性　为了证明某种成体干细胞的可塑性，首先需要排除多种干细胞同时存在所导致的多向分化的可能性。而目前有关成体干细胞可塑性的研究多是采用未经严格纯化的干细胞群进行的，单个的成体干细胞或基因型相同的成体干细胞群体是否也具有分化为别种细胞的能力，迄今尚不清楚。

成体组织中可能含有一种以上的干细胞，如骨髓中至少含有造血干细胞（hematopoietic stem cell，HSC）及间充质干细胞（mesenchymal stem cell，MSC）两种类型的干细胞；在不同组织中，也可能存在相同的干细胞，如 HSC 不仅存在于骨髓，同时也在血液中循环，并且在肌肉等组织中也发现有HSC的存在；还有人认为，极少数胚胎干细胞可能在成体组织中余存，这样就无法确认究竟是某成体干细胞改变了自己的分化方向，还是该组织中原本就存在着可以沿这一方向分化的干细胞。

（2）可塑性与细胞融合　有实验显示，干细胞的可塑性可能与细胞融合有关。例如，在体外培养体系中，ESC可以与神经干细胞（neural stem cell，NSC）融合，融合细胞拥有两类细胞的表面标记，它们在维持表达来自NSC的某些基因的同时，还具有类似胚胎干细胞的多潜能性，能在体外形成类胚体，注射到囊胚后也能参与形成某些组织，并有致瘤性。但有研究者认为，在严格的培养条件下，细胞融合出现的概率很低，因此用细胞融合现象来解释干细胞可塑性现象有些勉强，且细胞融合也不能解释所有细胞的跨系转变。

（3）可塑性与脱分化　干细胞的可塑性也可能是因为发生了细胞的脱分化（dedifferentiation）。组织特异的完全分化细胞或定向干细胞可能通过脱分化产生一种更原始更多能的细胞，然后经过新的途径再分化（redifferentiation）为其他细胞，如两栖类动物肢体再生现象。但成体哺乳动物细胞的脱分化理论还没有得到普遍认同。

（4）可塑性与横向分化　横向分化是成体干细胞跨系分化的一种机制。骨髓干细胞和外周血干细胞向非造血组织分化及神经干细胞向血细胞分化的现象，表明横向分化是造血干细胞和神经干细胞可塑性的有力证据。研究人员认为，通过激活静止的分化程序，细胞的组织特异性发生改变，从而直接导致了这种跨系转变。也有学者认为，成体干细胞横向分化与微环境的关系密切，造血系统微环境是影响造血干细胞分化的重要因素。还有观点认为，干细胞可塑性现象可能是机体损伤修复的生理特性。成体干细胞不仅可归巢到相应的组织中，也可进入血液循环，一旦机体受到损伤或需要时，即形成适当的微环境，成体干细胞就能改变其固有的增殖方式，分化成其他种类的组织细胞。但横向分化理论目前尚缺乏充分的直接证据。

很多学者认为，成体干细胞的可塑性是基因表达和微环境共同作用的结果。微环境中的各种细胞因子，细胞间、细胞与基质间的相互作用及细胞特性决定了成体干细胞某些基因的开启和关闭，从而导致它分化成不同的细胞，但其具体机制还需要进一步科学地、严谨地研究。

二、干细胞与医学

随着对干细胞的研究不断深入，人们分析许多重大疾病或者特殊生命现象的发生都可以从干细胞角度重新认识，临床上的许多疾病可以从干细胞的角度进行防治和研究。以下几个方面阐述了干细胞在医学中的作用。

1. 干细胞与器官和个体衰老　几乎所有的组织器官中都有干细胞的存在，它们的基本功能是维持组织器官结构和功能的稳定性和平衡性，避免细胞过度生长或者萎缩的发生。随着年龄的增加，组织干细胞发生显著改变。

2. 干细胞在再生医学中的应用　干细胞具有多向分化的能力，可以转变为各种类型的细胞，因此在再生医学领域具有广泛的应用前景。胚胎干细胞能够分化为组成个体的所有成熟细胞类型，即所有特殊分化的细胞类型和组织器官，包括心脏、肺、肝、皮肤及其他组织，可以用于某些疾病的细胞替代治疗和组织器官损伤的修复。人类胚胎干细胞系的成功建立，有望在体外获得大量的胚胎干细胞，提供用于移植的细胞来源，或者利用组织工程技术制作人造组织和器官，用于器官移植治疗。但胚胎干细胞的研究，首先要解决可能引发的伦理道德问题。

3. 干细胞治疗疾病的潜力　干细胞治疗是一种新型的治疗方法，对干细胞分化发育调控机制研究的深入，将进一步阐明胚胎发育和干细胞定向分化的关键环节，有助于阐明细胞分化和发育异常所造成的遗传性疾病病因。同时，基于干细胞强大的增殖能力和多向分化潜能，组织干细胞为治疗某些疾病，如心血管疾病、自身免疫性疾病、糖尿病、骨质疏松、恶性肿瘤、阿尔茨海默病、帕金森病、严重烧伤、脊髓损伤等疾病提供了新的手段。

4. 干细胞在药物研发中的应用　干细胞还可以用于药物研发和筛选。新药安全性实验可以在多能干细胞模型上进行，使药物开发的流程更加完整和规范，只有那些在细胞实验中被证明是安全有效的药物，才能进行进一步的动物和人体实验。除评价药物的安全性和疗效以外，干细胞的研究成果有望用于阐明疾病和环境因素的复杂关系，并为药物的潜在作用机制如对胚胎发育的影响提供新的评价模型。

第二节　组 织 工 程

1987 年，美国国家科学基金会正式确定了“组织工程”这一名称，并首次将组织工程以一门新学科的形式确立。随后的十多年间，其研究范围不断扩大，为最终实现无损伤修复组织缺损和真正意义上的结构、形态与功能重建开辟了新途径。组织工程技术作为生命科学领域中的又一里程碑，改变了外科领域中传统的组织、器官缺损和功能障碍治疗方法和模式。然而，迄今为止还没有任何真正意义的组织工程技术或其他的方法能够成功地再生出一个自身没有再生能力的组织。

组织工程研究的核心是种子细胞、生物材料及组织工程化组织构建，组织工程研究的方向也集中于这三个方面。组织工程学的三大要素：种子细胞、生物材料和组织工程化组织。种子细胞是组织工程的基础，它们可以来自患者自身或外源性来源，如干细胞或成体细胞。生物材料是用于支撑和引导种子细胞生长和分化的材料，通常是生物相容性的聚合物、生物降解材料或天然基质。而组织工程化组织则是种子细胞和生物材料组合构建而成的具有特定结构和功能的人工组织。此外，本小节还将介绍组织工程化组织和器官构建的基本原则、原理、特征，以及一些常见的组织工程化产品，如人工皮肤、软骨修复材料等。

一、组织工程概述

因疾病、创伤、遗传等因素所造成的组织、器官丧失或功能障碍是人类健康所面临的主要危害之一，也是人类发生疾病或死亡的最直接原因。现代医学主要通过组织移植与生物材料替代等治疗手段，恢复组织结构完整性，重建组织功能。这些治疗手段虽然取得了一定的成功，但仍然存在一系列挑战。在组织移植的治疗方法中，自体组织移植如皮瓣移植、骨移植等应用最为普遍，但存在着牺牲自体正常组织、造成机体新的创伤等缺点，是一种以创伤治疗创伤的传统治疗模式。同种异体组织或器官移植，组织或器官来源有限，患者需长期甚至终身应用免疫抑制剂。异种组织或器官移植虽然解决了器官来源问题，但患者仍需终身应用免疫抑制剂，而且存在物种之间致病源传播的风险。生物材料组织替代品虽可在结构上替代损伤组织的完整性，但这种结构性替代是以完全或大部分牺牲被替代组织功能为代价，而且存在继发感染、异物反应、植入后因材料老化而引起的断裂与移位等诸多问题。

体内和体外构建组织相关的物理和生物问题繁多，同时治疗失败的风险性较高，这些严重阻碍了组织工程研究的进展。因此，解决这些问题的关键在于如何在完美修复组织结构的同时重建其功能，从而形成具有生命力的健康活体组织。这样的组织需要在体内与机体正常组织进行良好整合，并能对各种生物学刺激做出响应，以最终实现永久性修复。这一挑战性目标成为促进现代组织工程技术发展的最直接动力。

二、组织工程研究的发展

20 世纪 80 年代初，随着细胞体外培养技术的逐步完善，人们曾试图通过单纯细胞移植修复组织或器官缺损，但临床观察表明，这种方法并不能形成理想的组织与器官。同时，医用生物材料的研究与应用也显示，即使是再完美的材料也不能复制组织细胞的复杂功能，无法实现理想的组织再生修复效果。在这种背景下，组织工程学的研究应运而生，通过联合应用细胞培养技术与生物活性可降解材料，成功地构建了多种新的组织。

20 世纪 80 年代末至 90 年代中期，进行了组织工程化组织构建的初步探索，证明了应用组织工程技术能够形成具有一定结构与形态的组织。例如，Yanas 等进行了一系列研究，使用胶原或胶原与蛋白聚糖的混合物构造人工皮肤替代物，并提出了细胞与生物材料结合进行组织再造的设想。Wolter 观察到植入体内的聚甲基丙烯酸甲酯（polymethyl methacrylate，PMMA）表面形成了内皮样结构。同时，Langer 等将软骨细胞种植于可降解生物材料聚羟基乙酸（polyglycolic acid，PGA）中以形成软骨组织，以及将肝细胞接种于中空纤维以替代部分肝组织，这些都是组织工程研究的最初尝试。

20 世纪 90 年代中期至末期，国内的组织工程学研究正式起步，得到了国家自然科学基金委员会、国家教育委员会、卫生部及国家“863”重大基础研究基金的资助。1997 年，国家自然科学基金委员会正式启动了组织工程课题。1998 年，国家“973”重点基础研究计划也正式启动了“组织工程的基本科学问题”研究课题，将其列为高新技术领域的重点发展项目。学者在裸鼠体内构建了骨、软骨、肌腱等组织，其中成功地构建了具有皮肤覆盖的人耳郭形态软骨，展示了组织工程研究的广阔前景。但是，裸鼠体内的研究不能全面反映组织工程中的相互作用，因此，为了向临床应用过渡，必须先在具有完全免疫功能的哺乳动物体内进行研究。这标志着组织工程学进入了发展的新阶段，几乎涵盖了所有组织器官工程构建的尝试，为临床应用提供了实际参数和理论基础。

之后即组织工程的临床应用与初步产业化阶段。越来越多的科学家专职从事组织工程的研究，组织工程的高科技企业也逐年增多。组织工程概念的提出及组织工程学的最终确立，顺应了生物医学发展多学科交融、渗透的发展潮流，吸收了生物学、现代医学、材料与工程学等多学科的最新研究成果，改变了传统医学组织器官创伤修复模式，将现代医学推向了制造组织与器官的新时代。

三、组织工程基本要素

组织工程技术的基本原理是将正常种子细胞吸附于生物相容性良好的生物材料上形成复合物。这些细胞-生物材料复合物可以通过植入体内特定部位，或在体外保持特定生理活性的细胞外基质环境中构建组织结构，发挥特定的生物学功能。组织工程的核心是建立由细胞和生物材料构成的三维空间复合体。组织工程的科学目标是在细胞和分子水平上构建具有生命力的生物体，通过组织工程化的组织构建进行治疗，以促进组织再生、修复创伤及重建功能。因此，组织工程化的组织构建是组织工程研究与应用的关键，也是组织工程学具有重大应用价值的意义所在。

（一）种子细胞

为支架材料提供生命源泉及再造组织与器官所用的各类细胞统称为种子细胞。构建不同组织的需要不同，种子细胞也不同。组织工程种子细胞的主要来源有自体细胞、同种异体细胞和异种细胞。

1. 自体细胞　自体细胞可来自自体组织，经过细胞分离、培养、扩增、鉴定，并与人工细胞外基质联合培养一段时间后，培养出可植入患者体内的功能细胞；也可由自体骨髓分离培养间充质干细胞，再定向诱导分化为所需要的功能细胞，或直接将骨髓间充质干细胞用于构建组织工程产品。

（1）组织特异干细胞　包括骨髓基质干细胞等具有多向分化潜能的多能干细胞及皮肤、肌肉前体细胞等具有定向分化潜能的专能干细胞。此类细胞经过体外分离纯化、诱导分化与基因修饰等技术，定向分化为其他组织类型的细胞，同时保持了干细胞可大量扩增、特异性基质合成与不易老化的特征。组织干细胞的应用扩大了组织工程种子的细胞来源，对种子细胞的研究将是极大的推动。

（2）成体干细胞　在特殊的外界条件诱导下，一种组织的成体干细胞能超越该特定组织，分化成其他组织的功能性细胞，甚至具有跨越胚层分化为其他类型细胞的多潜能性。骨髓组织中存在间充质干细胞（mesenchymal stem cell，MSC），在一定条件下，可向成骨细胞、软骨细胞、成肌细胞、脂肪细胞、成纤维细胞等分化，而且在其他组织如皮肤、肝、神经处等也存在干细胞，这些干细胞还存在相互转化现象。

（3）胚胎干细胞　胚胎干细胞在适当条件下可以在体外培养增殖，且具备进一步形成全身各种组织器官的能力，在未来的组织工程种子细胞研究中占有重要地位。由于人 ESC 培养条件要求特殊，虽然可以用多种诱导物质使其定向诱导分化，但要成为组织工程种子细胞还有很多科学问题尚待研究解决。1999 年，Lanza 提出了治疗性克隆的新概念。采用成熟组织细胞核置换卵细胞核，在体外培养至胚泡期，然后分离 ESC，再进行定向诱导分化为特定的功能细胞用于治疗，这一研究已在小鼠和羊的实验中获得成功。在人的治疗性克隆研究方面也已取得十分突出的进展，如果获得成功，将会为组织工程构建提供无抗原性、分裂增殖能力强、功能活跃的新种子细胞。

优点：①作为个体化治疗，无抗原性；②可以通过穿刺方法获得少量组织，不增加患者创伤；③没有医学伦理学障碍；④临床应用效果好。

缺点：①不适用于急症手术时的组织缺损修复及恶性肿瘤切除术后修复；②老年人自体细胞的增殖能力较差，形成新组织的能力相对较弱；③成本费用较高。

2. 同种异体细胞　同种异体细胞可从胚胎、新生儿和成年人人体的组织中获得。在过去的研究与临床应用中，已证明胚胎来源的多种生物制品及细胞具有很好的治疗作用。与成年人个体相比较，在构建组织工程产品中，胚胎来源的同种异体细胞优于成体细胞，但仍需进一步研究其抗原性及进一步探究降低抗原性的措施，如应用免疫隔离技术等。

人胚胎组织细胞：从人早期胚胎（妊娠 12 周内）组织获取功能细胞构建组织工程产品有

其特殊的意义。由于早期胚胎免疫功能发育尚不完善，同种异体移植时的免疫排斥反应很轻微，容易获得分裂增殖能力强、可连续传代的种子细胞。

优点：来源广泛，获得容易，可预先库存备用；免疫原性很低，细胞的生命期长，分裂能力强；如果将同种异体细胞经过基因改造，建立无瘤倾向的标准细胞系，则能进行产业化生产。

缺点：从胚胎获取细胞涉及社会伦理学问题，不同社会制度、文化背景和对伦理学的认识、理解不同，在不同国家有各自的相关政策法规，影响了胚胎的临床应用；胚胎组织细胞在传代过程中，仍然会因端粒丢失而出现复制衰老现象。

3. 异种细胞 近年来，从动物身上获取组织和器官已成为研究的热点之一，主要以猪为研究对象。然而，由于异种移植存在超急排斥反应和急性、慢性排斥反应，因此除克服超级排斥反应外，还需要长期使用免疫抑制剂以应对慢性排斥反应。此外，还需要克服人兽共患病的问题。因此，在组织工程研究中，采用异种细胞的应用前景不如实质器官移植。然而，一旦解决了这些问题，其应用于组织工程的前景也是十分乐观的。

（二）支架材料

组织工程生物材料支架是种子细胞发挥生物学功能的主要场所，为细胞的停泊、生长、繁殖、新陈代谢、形成新组织提供有效支持。支架材料作为初始的支架与组织器官形成的模板，可以控制工程化的组织或器官在宏观上的生长形状。为了选择合适的组织工程生物支架材料，需要考虑材料的一般特性，如可降解性、生物相容性、孔径与孔隙率等。此外，还应详细了解该材料与所接种细胞的相容性、细胞黏附率、材料的体外降解性等多方面特性。用于组织工程种子细胞载体的生物材料以可降解材料为最佳，主要分为 4 类：包括可降解高分子材料、无机材料（主要是陶瓷材料）、生物衍生材料及复合材料等。

1. 可降解高分子材料 国内外研究较多的支架材料包括聚羟基乙酸（polyglycolic acid，PGA）、聚乳酸（polylactic acid，PLA）和聚羟基乙酸与聚乳酸的共聚物（polylactic/ glycolic acid polymer，PLGA）等。最早且研究最多的软骨修复材料也是 PLA、PGA 和 PLGA 等共聚物。Cima 等首次将软骨细胞种植到可降解高聚物网眼材料上，结果显示，经过 9 个月，所形成的软骨与人胎儿软骨相似度达 90%。这些材料具有可标准化生产、可降解、细胞相容性好等优点，但酸性降解产物可能对细胞活性产生不利影响。因此，其亲水性、细胞相容性和力学强度等方面仍有待改进。采用多种改性技术有可能满足组织工程对支架材料的要求。

2. 无机材料 组织工程中的无机生物材料主要是生物陶瓷。生物陶瓷由在生理环境中存在的离子（K、Ca、P、Mg、Na）或对人体组织毒性极小的离子（Al、Ti）所构成。根据在生理环境中的化学活性，生物陶瓷可分为：表面活性生物陶瓷、磷酸钙生物陶瓷及生物活性陶瓷（复合生物陶瓷）等。不同种类的生物陶瓷的物理、化学和生物学性能差别很大，在医学领域中有着不同的用途。

1）表面活性生物陶瓷：表面活性生物陶瓷包括生物玻璃和生物玻璃陶瓷，通过表面化学反应，其表面形成一层羟基磷灰石，通过这层羟基磷灰石实现材料和组织间的键合。

2）磷酸钙生物陶瓷：又称为可降解吸收性生物陶瓷，其表面或本体是羟基磷灰石等磷酸钙盐，羟基磷灰石是构成骨和牙等机体硬组织的主要无机物质，具有良好的生物相容性，并且可以传导骨生长，在生长因子的存在下还可以诱导成骨，是骨组织工程理想的支架材料。

3）生物活性陶瓷：生物活性陶瓷能够在生理环境表面发生选择性化学反应，与骨或软组织形成牢固的化学键合。

3. 生物衍生材料　将生物组织经过处理后获得的材料为生物衍生材料。它来源于动植物或人体，具有良好的生物相容性，几乎都可以降解，且降解产物无毒，使用安全。例如，网架皮可构建出组织工程皮肤，纤维蛋白凝胶可构建组织工程软骨等，脱细胞、去抗原处理的生物衍生骨支架构建的组织工程骨已用于临床。

1）胶原：胶原对各种细胞的功能性表达起着重要作用，还具有表面活性剂的特性，能够穿透游离脂类的界面。此外，胶原的生物相容性、生物可降解性非常优越，已被广泛应用于医学领域，如药物输送体系的载体、皮肤烧伤的敷料、细胞培养的基底材料。

2）透明质酸（hyaluronic acid，HA）是结缔组织中的一个成分，它可以作为填充剂、结构稳定剂、细胞涂层和保护细胞的多糖。它作为黏性的支撑物，被广泛地用于眼科手术、腹部手术和妇科手术的防粘连、人工器官和药物输送等。

3）海藻盐：藻酸盐制成的伤口敷料、止血剂和药签等已广泛用于人体治疗，具有良好的生物相容性，可用于埋植器件或组织工程。

4. 复合材料　通过不同材料间的复合可以使各种材料的性能得到相互补充，从而克服单一材料所固有的一些缺陷。例如，虽然生物陶瓷材料具有良好的生物相容性、可降解性及骨传导甚至骨诱导作用，但是由于材料脆性、刚性太强，难于加工成特殊形状，术中难于钻孔固定。此外，不同来源的生物陶瓷在化学组成和结构上有所不同，因而其生物活性也不能一致，材料的质量重复性就难以得到保证；它的高孔隙率虽然有利于细胞的增殖，但是孔隙率过高，反而导致了生物陶瓷抗压强度的下降。天然高分子材料虽然具有特异性的分子识别功能且生物相容性好等优点，但却存在着力学强度较差、性能不稳定、降解行为不可控制等缺点。而合成降解材料具有强度高、来源充足、易于加工等优点，但通常又具有缺少内在的生物活性、亲水性差、缺乏细胞识别位点等缺陷，以及降解产物可能引起植入部位微环境发生变化，从而影响细胞生长和组织修复，并且有可能导致周围组织的免疫反应等缺点，因而这些材料在单独使用时无论在使用效果或应用范围上都受到一定的限制。利用复合材料则可以弥补单一材料所存在的一些缺点，因此是开发新型组织工程用材料的一个有效途径。

（三）组织构建及构建环境优化

根据种子细胞接种途径与组织形成环境的不同，组织工程化组织构建主要有三种方式：①体内构建，指种子细胞与生物材料复合后，组织尚未完全“成熟”时就植入体内，组织形成与生物材料降解在体内完成；②体外构建，即在体外模拟体内环境，应用生物反应器形成组织与器官；③原位组织构建，单纯植入生物材料支架于体内组织缺损部位，依靠周围组织细胞迁移并黏附于生物材料支架形成并再生组织，这种方式并非经典的组织工程概念。

此外，通过模拟体内环境可在体外进行组织构建，它的发明与应用在组织工程化组织体外构建中起到了关键作用。组织内环境不仅包括了各种不同的细胞因子、组织特异性细胞外基质及邻近细胞间的相互作用，同时还包含了因组织所处生理部位不同而经受的各种物理学刺激（如力、光线、渗透压等）。总体上讲，体内组织特异性微环境不但决定了组织局部干细胞的分化命运，同时也维持了成熟细胞的分化状态。生物力学也是内环境的重要组成部分，直接影响着组织的形成。组织内环境对组织形成作用机制的阐明，将有助于优化组织构建条件，通过进一步在体外模拟体内微环境，观察组织工程化组织在体外的形成和成熟过程，丰富和完善体外组织构建技术。

1. 细胞因子 近年来的研究发现，细胞因子对细胞的生长、增殖及组织工程化组织的构建均有重要作用。这些生长因子可通过传输信号来调节细胞活动。

（1）骨形成蛋白（bone morphogenetic protein，BMP） 具有骨诱导作用，可直接指导软骨和骨的形成。目前 BMP 家族至少有 16 个成员，它们可以刺激、促进和维持软骨及骨形成。例如，BMP-2、BMP-3、BMP-4、BMP-5、BMP-6、BMP-7 具有骨诱导潜能，在兔和大鼠等多种动物模型中，用载体把它们运输到骨缺损部位，这些重组 BMP 可以有效地促进适宜骨缺损的愈合。

（2）表皮生长因子（epidermal growth factor，EGF） 为 53 个氨基酸组成的促进有丝分裂的多肽，具有促进伤口愈合的功能。EGF 在体外可以刺激角化细胞分裂，在体内则促进上皮的再生。EGF 激活的受体在体内和体外均可诱导一些特异性蛋白质合成增加，从而促进角膜上皮、角朊细胞及内皮的增生和分化。EGF 是天然的有丝分裂原，目前正在研究其重组形式以用于治疗。

（3）成纤维细胞生长因子（fibroblast growth factor，FGF） FGF 家族能调节包括成纤维细胞、软骨细胞、内皮细胞、平滑肌细胞和星形胶质细胞在内的多种细胞的功能。

（4）转化生长因子-β（transforming growth factor-β，TGF-β） 是一种分泌型的多功能蛋白质，可以调节细胞增殖、分化、细胞外基质代谢。TGF-β 在不同的组织发挥不同的作用，可刺激间质细胞生长，但抑制外胚层细胞。研究表明，这种生长因子具有广泛的临床应用前景，包括促进软组织和硬组织的愈合，控制与纤维化相关的慢性炎症疾病，抑制自体免疫疾病等。

2. 生物力学 体内组织均在特定的生物力学环境下生长、发育、再生和重塑。细胞在体外培养条件下，失去了体内的力学环境，其形态、功能均会受到影响。在体外构建组织工程产品应尽可能模拟体内应力环境，才能使构建的组织植入体内后，很快适应体内的力学环境，参与组织的修复过程。尽管近几年已出现了一些应力场细胞培养装置，但尚未达到临床应用的要求。对于什么样的应力、多大量的应力、应力作用的持续时间和方式、应力作用下细胞的改变等均尚待深入研究。

四、组织工程产品

组织工程产品是由活的细胞与可降解生物材料制作的人工细胞外基质复合构建而成，经体外培养成为有生命的组织，然后植入体内，修复组织缺损，替代组织、器官的功能。在十多年的研究过程中，组织工程皮肤已形成产品在市场上销售，组织工程骨、组织工程软骨也已进入临床前研究阶段，预计在今后的几年内，将会有更多的组织工程产品进入市场，因此研究组织工程化组织的临床应用技术已成为现在组织工程研究、应用的重要课题。

（一）组织工程皮肤

组织工程皮肤是 FDA 批准最早用于临床的产品。第一代产品为单层上皮细胞移植皮肤，虽然愈合较快，但瘢痕较多，且易发生瘢痕挛缩。第二代产品则研制成功了真皮层，成为具有双层结构的新一代产品，其临床效果也得到了明显改善。

1. 组织工程表皮构建 Rheinwald 和 Green 于 1975 年建立了表皮角朊细胞培养技术，从人体获取少量皮肤即可培养扩增到足够量的表皮细胞，并互相融合成薄层皮片。此种技术已用于临床，并已商品化。

2. 组织工程真皮构建　表皮移植临床效果较差，后来发展了将成纤维细胞接种在胶原凝胶中形成真皮的技术，临床应用效果较表皮移植的好。Prunieras 研制了人脱细胞真皮，在其表面接种角朊细胞进一步提高了临床效果。Yannas 用胶原和硫酸软骨素混合制成真皮层。还有用 PLA、PGA 等高分子材料构建组织工程皮肤真皮层的研究，临床应用发现各有优缺点。

3. 表皮-真皮复合构建　在研究中发现，角朊细胞和成纤维细胞的相互作用，可促进创面愈合，减少瘢痕形成，因此研制了表皮-真皮复合组织工程皮肤，并于 1997 年将其产品推向市场。

（二）组织工程骨

根据组织工程原理构建的组织工程骨，包含了成骨细胞、生长因子和可降解吸收的生物材料，模拟了自体骨再生的过程，符合骨再生的生物学原理。与其他骨移植（自体骨、异体骨和异种骨移植）相比有以下优点：①需要的供体组织少（细胞可在体外培养、增殖），供给来源不受限制，供体损伤小；②无抗原性或抗原性甚微；③可根据修复缺损的需要将植入物制成精确的三维形状；④可利用仿生设计技术，设计出与天然骨相似的组织工程化人工骨，为大段或较大范围骨缺损的修复提供新的途径；⑤组织工程化人工骨具有生命力，是一种活骨移植，可缩短骨缺损的修复时间并使骨缺损的修复质量提高。因此，采用骨组织工程技术修复骨缺损成为理想的骨修复方法。

1. 单纯构建　仅将一定密度的成骨功能细胞接种在三维支架材料上，在体外培养一段时间后植入体内，修复骨缺损。这样形成的组织工程骨只有细胞和支架，已在修复动物多种骨缺损的实验中获得成功。

2. 复合构建　Isogai 将可降解高分子材料预制成人指骨形状，分别接种成骨细胞和软骨细胞，植入裸鼠体内，20 周后形成了含有软骨及软骨下骨的指骨和关节。Casabona 将 MSC 细胞与 HA 在体外联合培养后，植入在裸鼠预先制备的带血管蒂背阔肌肌皮瓣中，8 周后有丰富新骨形成，新骨血循环丰富。组织工程骨的复合构建方式为临床修复带关节端的骨缺损、应用显微外科技术形成组织工程骨提供了新思路、新方法。

3. 血管化构建　小块组织工程骨植入体内后，早期依靠组织液可获得营养，大块或管状组织工程骨仅靠组织液渗透营养是不完全的，因此研究组织工程骨血管化构建技术具有十分重要的意义。已有文献报道，采用在管状组织工程骨中植入血管束、带血管蒂筋膜包裹组织工程骨。在体外培养中，应用成骨细胞与血管内皮细胞复合培养，或加入血管内皮细胞生长因子等，均可使组织工程建立良好的血液循环，但采用促血管化方法不同，其血管化程度有一定差别。

（三）组织工程软骨

组织工程软骨是国内外研究最早、最深入的组织之一，包括支架软骨如耳壳软骨、肋软骨、气管软骨和负重软骨（关节软骨、半月软骨）等，然而至今临床应用病例极少。其主要原因为：①软骨细胞数量少，传代次数有限，难以获得大量细胞；②关节软骨需承受较大的压力，现有的支架材料及软骨再生的速度，尚不能满足生物力学强度的要求；③软骨细胞的来源有限。随着研究的深入和新支架材料的研制，组织工程软骨有可能在短时间内进入临床应用。

1. 软骨细胞与支架材料复合构建 曹谊林等首先将软骨细胞与可降解支架材料复合培养，在体外形成了具有人耳形状的耳软骨组织。不少研究者发现，将软骨细胞与支架材料经体外短时间培养后植入体内皮下，在体内条件下，形成的软骨细胞具有更好的形态和功能。

2. 双层支架构建 用双层Ⅰ型胶原作支架材料，表层材料为多孔结构，接种细胞后有利于软骨细胞锚着、分裂繁殖及进行新陈代谢，底层较致密，可阻止深部的纤维结缔组织长入，又允许内源性生长因子的渗透。在材料上接种细胞后，植入修复面关节软骨缺损，6周后即形成了表面光滑的关节软骨，组织学显示出接近正常的组织结构。

（四）组织工程肌腱

组织工程肌腱、韧带的研究已有十多年历史，但至今临床应用的报道很少，其原因可能与以下因素有关：①肌腱的力学强度要求高，现有的人工合成材料在降解过程中，力学强度发生衰减，不能承受较大的拉应力；②肌腱要求一定的滑动幅度，尤其是手指肌腱对滑动距离要求高，若与周围组织粘连，将影响功能发挥；③肌腱、韧带的解剖部位表浅，一旦体内植入发生组织反应，容易继发感染，临床应用的风险比较大；④肌腱细胞的获得较为困难。因此组织工程肌腱的研究及临床应用均有较大难度，影响了临床应用。

1. 肌腱细胞与支架材料复合构建 将肌腱细胞接种在可降解支架材料上，经体外培养7～10d后，植入动物体内，在体内营养环境及力学因素作用下，完成腱化过程，这已证明是一种有效的构建方法。目前还需要进一步研究的是形成肌腱的最佳条件，如接种细胞的数量、支架材料的组合及结构、体外培养的时间等。

2. 应力场三维培养 组织修复与拉应力的关系在临床工作中已是十分明确的，在组织工程肌腱构建中，体外模拟体内肌腱的拉应力，对形成组织工程肌腱是有利的。秦廷武在拉应力条件下进行组织工程构建，发现肌腱细胞沿拉应力方向延展，增殖能力增强，羟脯氨酸含量增加。但最合适的拉应力条件还需进一步研究。

（五）组织工程血管

随着对生物材料特性认识的不断深化，人类从过去偏向使用不能降解的惰性材料，到现在更注重使用具有一定生物活性、可降解、强度和可操作性强的生物材料，发生了很大改变，且伴随着细胞生物学技术的发展，开始利用种子细胞种植在生物三维骨架，完成"新生一条血管"，即组织工程血管。组织工程血管的研究主要有三方面：种子细胞、三维支架材料、工程血管成熟培养。

1. 种子细胞 主要是利用宿主血管来源的内皮细胞、平滑肌细胞和成纤维细胞。平滑肌细胞和成纤维细胞无论获取、培养均相对容易，并无很大学术争论。但对于最具有活性的内皮细胞来源各有不同，有报道可以通过皮下脂肪或网膜组织获得毛细血管内皮细胞，甚至有人认为来自腹腔的间皮细胞也可用作种子细胞。

2. 三维支架材料 包括胶原（明胶）、甲壳素、透明质酸盐等细胞外基质的天然生物材料和聚乳酸（PLA）、聚羟基乙酸（PGA）、聚羟基丁醇（PHB）等人工合成材料。天然生物材料是正常情况下细胞外基质的成分，有利于细胞的黏附、爬行和生长，但组织强度低，力学性能差，降解过程不易控制；而人工合成材料则强度较好、加工容易、降解时间可调，但相对不利于细胞的黏附和生长，现在多利用复合材料作为支架，综合了二者的优点。

3. 工程血管成熟培养 由于血管组织在体内发育、发展过程中有其特殊性，即全部的过程是在血流的不断刺激下完成的。因此，组织工程化血管的成熟也必须在仿生的物理刺激下完成，相关的报道已很多，结果表明，经过波动刺激（60～120 次/min）的工程化血管不论其抗张强度，还是胶原蛋白、弹力蛋白含量均更接近正常血管。

（六）其他组织工程产品

1. 组织工程心肌 Zimmermann 等于 2004 年提出构建心肌组织的标准，该标准指出构建的心肌组织应具备正常心肌形态学特征和功能，并且在移植后仍能存活，移植后能够与宿主心肌组织实现生物力、电传导和功能的整合，从而使受损心肌收缩和舒张功能增强。这样，心肌构建物就应该具备以下特性：①有收缩性；②有电生理的稳定性；③机械活动有力且有弹性；④血管化或者至少在移植后很快血管化；⑤无免疫原性。但是这种理想的构建物目前还不存在。近些年来在心肌构建研究方面的发展已经满足了这个标准中的一条或者几条。

2. 组织工程周围神经 组织工程化的有活力的神经替代物称为“人工神经”。一般来说，“人工神经”是由支架材料和细胞外基质、种子细胞、诱导和促进生长的因子等几个部分组成的有机统一体。近年来，尽管对“人工神经”支架和细胞外基质材料、种子细胞和促神经生长物质的研究已经取得了一定进展，但仍需对现有支架材料作进一步改进，或选用新的支架材料，研制出真正具有神经内膜样结构、能充分黏附施万细胞和促进轴突再生的神经支架；施万细胞的分离增殖、功能增强或干细胞的定向分化等也有待进一步研究，还需开发一些廉价有效的、能诱导和促进神经生长的物质。因此，探索使用“人工神经”的道路还很漫长。

3. 组织工程角膜 近几年来，随着以干细胞为核心的组织工程学研究的进展，组织工程角膜显示出越来越光明的开发和应用前景。例如，分离、纯化同种异体角膜缘干细胞，诱导胚胎干细胞和骨髓间充质干细胞通过多种方式在体外分化为角膜上皮样细胞和角膜缘干细胞样细胞，人工合成生物工程支架材料的构建等。上述技术的发展为组织工程化生物角膜的构建提供了可能。1999 年，Griffith 等利用转基因技术建立“永生化”细胞系并利用胶原合成基质载体在实验室成功重组了人类角膜类似物，包括角膜上皮、基质和内皮三层组织，而且其组织形态、生化特征和电生理特性与人类自然角膜相似。该项研究发表于 *Science* 杂志，并被誉为人类角膜生物组织工程和组织移植中的最大突破和里程碑。

五、组织工程展望

（一）组织工程、再生医学和基因治疗所用材料的未来

组织工程和再生医学有希望用于解决大量紧迫的临床问题，这是目前永久替代材料无法完全解决的。例如，针对特定的临床情况选择生物材料——细胞和可溶性调节因子的最佳组合。骨骼肌肉系统中结缔组织的显微结构反映了力学环境，对此，体内再生组织比预先体外完全构建后再置入更有利；作为促进再生的多孔支架材料则需要具备特定的微孔特征、化学组成和力学性质。在有些情况下，内源性祖细胞来源有限，就可能需要置入前在材料内种植外源性细胞，或者利用材料作为生长因子或分化因子的载体。生物材料释放的生长因子作用短暂，这使得组织工程和基因治疗结合起来，如果复合到材料上的基因可以在体内长时间释放，就能在基因水平调控缺损部位的细胞产生需要的生长因子。这些努力十分重要，因为有一点已是共识，那就是开发用于组织工程、再生医学和基因治疗的生物材料所面临的挑战，大大超过了曾经在细胞生物学领域研究细胞体外增殖（保留类型特点）和曾经在基因工程领

域研究生长因子基因克隆所面临的挑战。

（二）力学负荷对细胞功能的影响

机械力载对细胞功能有影响这点已被认识很久了。例如，众所周知，在关节软骨、琼脂和藻酸盐凝胶中的软骨细胞，能对动态的力学刺激产生反应，能增加胶原和蛋白多糖的合成。然而，最近才发现组织工程研究中接种于多孔支架材料的系列传代细胞是如何对力学负荷产生反应的。未来的研究需要更好地确定怎样在体外应用力学负荷为组织工程和再生医学制备带有接种细胞的支架材料。

（三）组织工程的未来

已经有一些工程技术使组织工程学得到了发展，而新出现的技术将会使这门学科继续发展并逐渐成熟。其中包括干细胞的分离扩增及确认细胞特异分化所需的信号；其他相关技术就是体内和体外的细胞基因改造。同时也很可能开发出新的具备所需化学结构的支架材料，作为可溶性调节因子能更好地调控细胞功能。最后，还有可能会引入新方法在体外控制细胞的力学环境，以更好地调节其生物学行为。总之，应用这些方法能够更好地在体外合成天然材料，同时对制备便于体内组织再生的植入物很有价值。单层培养细胞增殖和其后在组织工程三维支架中的生长为继续观察某一特定细胞行为提供独特的机会。因此，组织工程科学提供的新理论，使得对许多细胞种类的表型有更深的认识，也对组织工程的不断进步产生重要的作用。

小　结

个体的正常发育及功能的维持需要干细胞在空间上和时间上有序增殖和分化。人们对干细胞的认识正在不断地补充和修正。近年来，干细胞分离培养技术的快速发展及对其分化特性的认识和其科学意义与实用价值的显示，使得干细胞研究领域成为医学科学甚至是整个生命科学关注的热点。

干细胞是指具有无限增殖能力并能分化产生一种或者一种以上特化细胞的原始细胞。在个体整个生长发育过程中的各种组织器官中几乎都有干细胞的存在。不同种类的干细胞分化潜能，以及发挥的生物学作用可有很大的差别。这些不同种类的干细胞，它们总是与其所在组织器官的结构与功能相适应。现在已经知道，干细胞具有一般细胞的基本生命现象，如分裂、分化、迁移、衰老及死亡等，而且也同样地遵循一般细胞调控的基本原理。但是，干细胞也有不同于一般细胞的生物学特性，如在增殖分裂方面的缓慢性和自稳性，以及在分化方面的多潜能性和可塑性等。存在于不同的组织器官、不同的发育阶段及不同的生理与病理状态下的干细胞的基本生物学特性和功能行为也是不同的，而且也相应地存在着不同的调控机制。正是由于这种生物学基础的存在，干细胞才具备了调控个体生长发育和维持功能的基本能力。目前，干细胞的研究有两个方面被人们关注，一是干细胞基础生物学的研究，二是干细胞在生物医学领域（如组织修复等再生医学问题）中的应用，它们的关键问题是分子水平干细胞功能行为的控制机制。

组织工程是现代生物技术的主要技术之一，它是通过细胞融合、核移植、基因转移及细胞培养和细胞筛选，按预定设计，产生新细胞的技术。细胞工程有效地应用于单克隆抗体的制备、生产药用蛋白、细胞治疗和组织过程。

组织工程的研究目标是将现有的知识用于制造产品组织。与此同时，在组织工程的研究过程中，也能为新知识的发现提供机会，这就是科学发展的过程。很明显，在组织工程研究过程当中，对细胞在体外三维支架中生长相关的独特环境的研究，将展示出各种细胞的表型和细胞的生物学特性，这是研究中容易被忽略的问题。在这方面，组织工程可能为细胞生物学和分子生物学提供重要的理论基础，并借此通过体外构建组织或体内促进组织再生来达到改善人类健康的目的。

复习思考题

1. 什么是干细胞？干细胞的种类有哪些？
2. 干细胞可以应用于哪些方面？
3. 什么是组织工程？组织工程有哪些要素？
4. 组织工程有哪些产品？

主要参考文献

艾怡瑞，刘思奇，李世峰，等. 2023. 动物克隆及其相关重编程机制研究. 中国细胞生物学学报，45（3）：543-549.

安德科，谢荣清. 2015. 牛胚胎分割技术的研究进展. 草业与畜牧，（2）：5-7，54.

安利国，杨桂文. 2016. 细胞工程. 3 版. 北京：科学出版社.

柏艾梅，林海燕，黄英娟，等. 2018. 芸薹属蔬菜再生体系研究进展. 中国细胞生物学学报，40（6）：1049-1056.

蔡佩娜，傅楸. 2017. 植物组织培养中的染菌及预防. 福建农业科技，（9）：49-50.

曹林谊. 2008. 组织工程学. 北京：科学出版社.

陈海强，刘会云，王轲，等. 2020. 植物单倍体诱导技术发展与创新. 遗传，42（5）：466-482.

陈金梅，姜路壹，洪治. 2015. 植物生物反应器制药的现状及展望. 生物技术通报，31（10）：1-7.

陈誉华，陈志南. 2019. 细胞生物学. 北京：人民卫生出版社.

陈月华，朱艳，张翔，等. 2016. 植物细胞悬浮培养中次生代谢产物积累的研究进展. 中国野生植物资源，35（3）：41-47.

党瑗，李维，苗向，等. 2022. 山杏油体蛋白基因 *PsOLE4* 克隆及其调控油脂累积功能分析. 生物技术通报，38（11）：151-161.

丁丽艳，何宝国，宋斌，等. 2016. 哺乳动物胚胎切割技术研究及应用进展. 现代畜牧科技，（10）：11-12.

丁世萍，严菊强，季道潘. 1998. 糖类在植物组织培养中的效应. 植物学通报，15（6）：42-46.

豆晓丽，樊天喜. 2013. 牛胚胎移植技术操作流程及应用前景. 中国牛业科学，39（1）：86-88.

杜易静，刘文林，乔月莲，等. 2024.‘阳光玫瑰’葡萄试管苗热处理结合茎尖和腋芽培养脱毒技术研究. 园艺学报，51（4）：893-902.

付莉莉，杨细燕，张献龙，等. 2009. 棉花原生质体“供-受体”双失活融合产生种间杂种植株及其鉴定. 科学通报，54（15）：2219-2227.

高梦月，华子春. 2023. 细胞凋亡检测技术：进展及应用. 药学学报，58（8）：2059-2069.

龚志海，朱利永，任小冬，等. 2023. 华南虎染色体核型分析及带型模式建立研究. 野生动物学报，44（2）：438-444.

巩振辉，申书兴. 2007. 植物组织培养. 北京：化学工业出版社.

郭鹏，苏锐. 2009. 胚胎移植技术及在畜牧业中的应用前景. 农业技术与装备，（23）：21-23.

郭勇，崔堂兵，谢秀祯. 2004. 植物细胞培养技术与应用. 北京：化学工业出版社.

何水林. 2002. 植保素代谢与植物防御反应. 广州：广东科技出版社.

胡尚连，王丹. 2005. 植物生物技术. 成都：西南交通大学出版社.
胡尚连，尹静. 2018. 植物细胞工程. 北京：科学出版社.
胡沈荣，蓝贤勇，陈宏，等. 2012. 影响细胞体外培养的因素及无菌环境防控策略. 实验技术与管理，29（11）：54-57，67.
姜丽丽，孟佳美，杨丹婷，等. 2018. LED 光源不同光质对马铃薯试管苗生长的影响. 中国马铃薯，32（5）：266-271.
蒋铭轩，李康，罗亮，等. 2023. 植物表达外源蛋白研究进展及展望. 生物技术通报，39（11）：110-122.
赖红英，赵秀萍，林婉玉，等. 2015. 二甲戊乐灵诱导金线莲多倍体. 分子植物育种，13（10）：2355-2361.
李春楠，傅巧娟，沈国正，等. 2020. 流式细胞术在兰科植物中的应用. 核农学报，34（5）：973-981.
李恩惠. 2017. 短童期资源山金柑与早实枳、早花柠檬体细胞杂交及再生植株的分子鉴定. 武汉：华中农业大学硕士学位论文.
李桂英，韩粉霞. 2003. 植物不对称体细胞杂交的研究进展. 核农学报，17（6）：442-446.
李婧瑶，刘龙飚，丁兵，等. 2023. 植物原生质体分离及培养研究进展. 分子植物育种，21（2）：620-632.
李韶山，潘瑞炽. 1993. 植物的蓝光效应. 植物生理学通讯，29（4）：248-252.
李胜，李唯. 2008. 植物组织培养原理与技术. 北京：化学工业出版社.
李胜，杨德龙. 2021. 植物组织培养. 2 版. 北京：中国林业出版社.
李涛，赵伟，杨冰洁，等. 2020. 一株耐盐真眼点藻（*Eustigmatos* sp. ）的户外培养及油脂提取工艺研究. 生物技术通报，36（7）：130-138.
李玉珠，师尚礼. 2015. 紫花苜蓿与百脉根原生质体培养及不对称体细胞杂交. 核农学报，19（1）：40-48.
李志才，齐文娟，孙志强. 2023. 奶山羊超数排卵与胚胎移植实用方法. 中国乳业，（10）：39-47.
梁丹，丁丹，王火旭. 2009. 甘蓝与大白菜的原生质体融合. 安徽农业科学，37（8）：3448-3449.
梁明勤，陈世昌. 2013. 植物组织培养技术. 北京：中国农业大学出版社.
林优红，程霞英，杨东风，等. 2018. 高等植物叶绿体表达重组蛋白研究进展. 生物工程学报，34（5）：631-643.
刘丹. 2019. 柑橘优异资源胚性愈伤组织诱导及体细胞杂种创制. 武汉：华中农业大学硕士学位论文.
刘凡，曹鸣庆，李修庆. 1991. 胡萝卜人工种子在无菌条件下的贮藏及贮藏中种子活力变化. 实验生物学报，（2）：99-107.
刘继红，徐小勇，邓秀新. 2003. 原生质体再生植株变异及其在植物育种上的应用. 华中农业大学学报，22（3）：301-306.
刘建福，胡为荣. 2014. 细胞工程. 武汉：华中科技大学出版社.
刘建华. 2014. 植物干细胞及其应用概述. 生物学教学，4：6-8.
刘静，杨丽英. 2003. 植物组织培养操作规程初探. 杂粮作物，（2）：101-102.
刘庆昌，吴国良. 2006. 植物细胞组织培养. 北京：中国农业大学出版社.
刘蓉蓉. 2017. 转基因植物生产疫苗和药物的研发进展. 生物技术通报，33（9）：17-22.
刘玉琴. 2021. 组织和细胞培养技术. 4 版. 北京：人民卫生出版社.
罗建平，贾敬芬，顾月华. 1999. 沙打旺悬浮培养细胞原生质体的体细胞胚胎发生再生植株. 实验生物学报，32（4）：401-408.
吕明. 2013. 甲基-β-环化糊精对猪体外受精的影响研究. 哈尔滨：东北农业大学硕士学位论文.
马芳菲，魏红江. 2008. 哺乳动物核移植技术研究进展及应用的问题和前景. 上海畜牧兽医通讯，（4）：6-8.
马克学，李芬，席兴字. 2007. 植物干细胞调控的分子机制. 生命的化学，4：315-317.

马一鸣，周晓，田云青，等. 2021. 生物遗传资源保藏技术与生物安全材料的研究进展. 应用化学，38（5）：482-497.
梅兴国. 2003. 红豆杉细胞培养生产紫杉醇. 武汉：华中科技大学出版社.
任丽哲，任静波，单淑香. 2010. 奶牛重复超数排卵的方法. 畜牧兽医科技信息，（7）：54-55.
沈海龙. 2005. 植物组织培养. 北京：中国林业出版社.
沈珍珍，沈双双. 2024. 染色体核型分析及染色体微阵列分析技术在胎儿先天性心脏病诊断中的应用价值. 中国妇幼保健，39（5）：914-917.
苏爽，金永杰，黄瑞晶，等. 2019. 哺乳动物细胞灌流培养工艺研究进展. 中国生物工程杂志，39（3）：105-110.
孙敬三，朱至清. 2006. 植物细胞工程实验技术. 北京：化学工业出版社.
谈晓林，吴丽芳，王继华，等. 2010. 被子植物离体授粉研究进展. 云南农业大学学报（自然科学版），25（6）：884-888.
唐建军，项田夫. 1998. 植物次生代谢、离体培养条件下次生代谢物积累及其调控研究进展. 中国野生植物资源，17（4）：1-6.
田路明，齐丹，曹玉芬，等. 2018. 利用流式细胞仪鉴定梨种质资源染色体倍性. 中国果树，3：29-32.
田奇琳，赖钟雄. 2013. 植物干细胞研究进展. 园艺与种苗，8：56-62.
王常勇，吕双红. 2001. 组织工程种子细胞的研究进展. 基础与临床，21（6）：506-510.
王传政，李英，郑为雷. 2009. 二氧化碳培养箱使用要点及注意事项. 医疗装备，22（4）：28-29.
王德信. 2012. 植物干细胞研究进展. 安徽农业科学，20：10365-10367.
王蒂. 2003. 细胞工程学. 北京：中国农业出版社.
王蒂. 2004. 植物组织培养. 北京：中国农业出版社.
王蒂，陈劲枫. 2013. 植物组织培养. 2 版. 北京：中国农业出版社.
王东，李启任. 1998. 培养细胞中小檗碱的产生及其生物合成研究概况. 中草药，29（2）：128-131.
王谷岩. 2004. 细胞重建——细胞起源的缩影. 科学中国人，（6）：24-25，16.
王海波，应静文，何礼，等. 2022. rDNA 和端粒重复序列鉴定马铃薯和茄子体细胞杂种染色体丢失和融合. 作物学报，48（5）：1273-1278.
王立强，吕静，江中良，等. 2023. 家畜胚胎移植技术方案比较研究进展. 中国畜禽种业，19（1）：3-6.
王凌健，倪迪安，宛新杉，等. 1998. 水稻（*Oryza sitiva*）原生质体经钝化后诱导融合再生可育体细胞杂种. 实验生物学报，31（4）：413-421.
王娜，姜腾，王彬锡，等. 2022. 单倍体育种技术研究进展及其在苜蓿等豆科牧草中的应用. 植物学报，57（6）：756-763.
王尚君，陈鸿飞. 2022. 生物反应器在生物医药产业中的研究进展. 生物化工，8（2）：161-163.
王远山，朱旭，牛坤，等. 2015. 一次性生物反应器的研究进展. 发酵科技通讯，44（3）：56-64.
王正加. 2023. 植物细胞工程原理与技术. 北京：高等教育出版社.
卫喜明，张金友，张洪涛，等. 2011. 牛胚胎移植技术及其主要影响因素. 黑龙江动物繁殖，19（3）：29-30，32.
吴海荣. 2013. 两种日粮及补添左旋精氨酸对萨福克肉羊繁殖性能及血清生化、生殖激素的影响. 乌鲁木齐：新疆农业大学硕士学位论文.
吴瑛，吴萍. 2023. 羊的胚胎移植技术要点. 中国畜禽种业，19（8）：96-100.
武媛丽，张树珍，谭贤教，等. 2020. 超低温技术的研究进展及其在甘蔗脱毒中的应用前景. 中国农学通报，

36（6）：106-111.
肖望，黄霞，魏岳荣. 2009. 香蕉原生质体培养和体细胞杂交研究进展. 果树学报，26（3）：369-374.
肖尊安. 2005. 植物生物技术. 北京：化学工业出版社.
解凯东，彭珺，袁东亚，等. 2020. 本地早橘和椪橘为母本倍性杂交创制柑橘三倍体. 中国农业科学，23：4961-4968.
徐贵江. 2010. 新西兰兔卵母细胞体外成熟、体外受精及受精卵体外培养的研究. 扬州：扬州大学硕士学位论文.
徐世彦，武凯翔，吴延军. 2018. 樱桃组织培养及遗传转化研究进展. 果树学报，35（10）：1277-1285.
许惠滨，王福祥. 2021. 植物生物反应器表达系统研究进展. 福建农业科技，52（9）：76-81.
薛建平，张爱民，盛玮，等. 2005. 半夏人工种子贮藏技术的研究. 中国中药杂志，（23）：1820-1823.
闫东玲，赵丽娜，王贺新，等. 2019. 利用流式细胞术鉴定东北地区主要越桔属植物染色体倍性. 分子植物育种，17（4）：1257-1263.
杨东旭，刘玉梅，韩风庆，等. 2024. 体细胞杂交在蔬菜作物上的研究与前景. 中国蔬菜，（2）：19-31.
杨加伟，程小玲，龙朝康. 2016. 马铃薯块茎特异性启动子驱动的人白细胞介素-12 的遗传转化研究. 生物技术通报，32（5）：220-225.
杨静. 2023. 细胞高效保存新方法的研究与开发. 天津：天津大学博士学位论文.
杨青. 2020. 胚胎移植操作对宫腔中胚胎运动、沉积的影响研究. 上海：上海交通大学硕士学位论文.
杨淑慎. 2023. 细胞工程. 2 版. 北京：科学出版社.
杨亚杰，李昱樱，申状状，等. 2022. 草棉同源多倍体后代筛选及性状鉴定. 生物技术通报，38（5）：64-73.
杨志明. 1999. 神经、骨及软骨组织工程学研究. 中国科学基金，4：212-213.
杨志明. 2002. 组织工程. 北京：化学工业出版社.
殷红. 2013. 细胞工程. 北京：化学工业出版社.
游云，蒋超，黄璐琦. 2014. 试析植物干细胞与动物干细胞的异同. 中国中药杂志，2：343-345.
于丽杰，韦鹏霄，曾小龙. 2015. 植物组织培养教程. 武汉：华中科技大学出版社.
于钦秀，赵西彪，高子尧，等. 2008. 影响山羊超数排卵的因素. 动物医学进展，29（S1）：30-32.
于荣敏，高越，吕华冲，等. 2004. 银杏细胞定化培养及其影响因素考察. 中草药，35（7）：803-808.
于荣敏，周良彬. 2012. 植物细胞培养技术新领域——植物干细胞培养. 食品与药品，1：52-55.
余龙江. 2017. 细胞工程原理与技术. 北京：高等教育出版社.
岳成广. 2022. 比利时蓝白花牛超数排卵和胚胎移植技术的优化与应用. 阿拉尔：塔里木大学硕士学位论文.
乐赛军. 2014. 对 DNA 染成红色的释疑. 生物学教学，39（6）：80.
曾文虎，肖辉海，郝小花，等. 2012. 植物组织培养过程中的防污染技术. 生物学通报，47（12）：52-55.
张凤，朱艳，许娜，等. 2018. 霍山石斛种子萌发及原球茎发育的解剖结构观察. 植物资源与环境学报，27（3）：115-117.
张凯. 2022. 影响‘41B’葡萄体细胞胚再生体系的因素研究. 长沙：湖南农业大学.
张千悦，魏文桃，张航晓，等. 2023. 林木原生质体细胞壁再生研究进展. 分子植物育种，21（11）：3719-3732.
张兴，刘晓娟，吕巧玲，等. 2007. 毛状根生产次生代谢产物的研究进展. 化工进展，26（9）：1228-1232.
张延庆，何春雨，柳俊. 2008. 马铃薯原生质体再生植株遗传变异研究进展. 甘肃农业科技，（5）：37-40.
张莹，王雁，李振坚. 2009. 秋水仙素诱导石斛多倍体的初步研究. 核农学报，23（3）：413-417.
张远记，魏小萍. 1997. 毛花猕猴桃原生质体再生植株根尖染色体数目变异与细胞多核现象. 植物学报，39（2）：102-105.

赵小强，鹿金颖，陈瑜，等. 2020. 马铃薯原生质体培养与体细胞杂交研究进展. 江苏农业科学，48（22）：6-14.

赵中华，南文斌，梁永书，等. 2015. 植物干细胞调控研究新进展. 中国细生物学学报，7：1021-1028.

郑宝强，张莹，王雁，等. 2009. 春石斛的多倍体诱导. 园艺学报，36（9）：1381-1384.

周蝶，王慧，蔺孟卓，等. 2023. 牧草原生质体的分离培养与应用. 草学，（4）：53-59.

周维燕. 2001. 植物细胞工程原理与技术. 北京：中国农业大学出版社.

周怡，杨美，王柏林，等. 2019. 动物细胞培养生物反应器研究进展. 贵州畜兽医，（4）：27-30.

朱永生，陈葆棠，余舜武，等. 2004. 不对称体细胞杂交转移疣粒野生稻对水稻白叶枯病的抗性. 科学通报，49（14）：1395-1398.

朱至清，2003. 植物细胞工程. 北京：化学工业出版社.

邹奇，潘炜松，邱健，等. 2023. 植物生物反应器优化策略与最新应用. 中国生物工程杂志，43（1）：71-86.

Atanassov I，Atanassova S，Dragoeva A，et al. 1998. A new CMS source in Nicotiana developed via somatic cybridization between *N. tabacum* and *N. alata*. Theoretical and Applied Genetics. 97：982-985.

Bacman S R，Nissanka N，Moraes C T. 2020. Cybrid technology. Methods Cell Biol，155：415-439.

Bolton R L，Mooney A，Pettit M T，et al. 2022. Resurrecting biodiversity advanced assisted reproductive technologies and biobanking. Reprod Fertil，3（3）：R121-R146.

Cai T，Sun H，Qiao J，et al. 2021. Cell-free chemoenzymatic starch synthesis from carbon dioxide. Science，373（6562）：1523-1527.

Casser E，Israel S，Boiani M. 2019. Multiplying embryos：experimental monozygotic polyembryony in mammals and its uses. Int J Dev Biol，63（3-4-5）：143-155.

Chandra S，Kalaivani R，Kumar M，et al. 2017. Sendai virus recruits cellular villin to remodel actin cytoskeleton during fusion with hepatocytes. Mol Biol Cell，28（26）：3801-3814.

Dimova R，Riske K A，Aranda S，et al. 2007. Giant vesicles in electric fields. Soft Matter，3（7）：817-827.

George N M，Raghav S B，Prasath D. 2022. Direct *in vitro* regeneration of medicinally important Indian and exoticred-colored ginger（Zingiber oficinaleRosc）and genetic fidelity assessment using ISSR and SSR markers，In VitroCell. Dev-Pl，58（4）：551-558.

Gordon J W，Scangos G A，Plotkin D J，et al. 1980. Genetic transformation of mouse embryos by microinjection of purified DNA. Proc Natl Acad Sci USA，77（12）：7380-7384.

Gouveia C，Huyser C，Egli D，et al. 2020. Lessons learned from somatic cell nuclear transfer. Int J Mol Sci，21（7）：2314.

Greenfield E A. 2019. Electro cell fusion for hybridoma production. Cold Spring Harb Protoc，2019（10），pdb.prot 103184. DOI：10.1101.

Guan Q，Guo Y，Wei Y，et al. 2010. Regeneration of somatic hybrids of ginger via chemical protoplast fusion. Plant Cell，Tissue and Organ Culture，102：279-284.

Heidstra R，Sabatini S. 2014. Plant and animal stem cells：similar yet different. Nat Rev Mol Cell Biol，15（5）：301-312.

Helliot B，Panis B，Busogoro J P，et al. 2007. Immunogold silver staining associated with epi-fluorescence for cucumber mosaic virus localisation on semi-thin sections of banana tissues. European Journal of Histochemistry，51（2）：153-158.

Holland T，Sack M，Rademacher T，et al. 2010. Optimal nitrogen supply as a key to increased and sustained production of a monoclonal full-size antibody in BY-2 suspension culture. Biotechnology and Bioengineering，107（2）：278-289.

Huang M，Yang J，Li P，et al. 2021. Embryo-engineered nonhuman primate models：progress and gap to translational medicine. Research（Wash D C），（1）：13.

Huang T K，Mcdonald K A. Bioreactor engineering for recombinant protein production in plant cell suspension cultures. Biochemical Engineering Journal，45（3）：168-184.

Illmensee K，Kaskar K，Zavos P M. 2005. Efficient blastomere biopsy for mouse embryo splitting for future applications in human assisted reproduction. Reprod Biomed Online，11（6）：716-725.

Jang M O，Lee E K，Jin Y W. 2010. Plant stem cell line derived from cambium of herbaceious plant with storage root and method for isolation the same. US：2010233813A1. 2009-03-26.

Kang X，Wei H. 2022. Breeding polyploid *Populus*：progress and perspective. Forestry Research，1：25-34.

Kelliher T，Starr D，Su X，et al. 2019. One-step genome editing of elite crop germplasm during haploid induction. Nature Biotechnology，37（3）：287-292.

Kerr D E，Liang F，Bondioli K R，et al. 1998. The bladder as a bioreactor：urothelium production and aecretion of growth hormone into urine. Nat Biotechnol，16（1）：75-79.

Kharel P，Creech M R，Nguyen C D，et al. 2022. Effect of ex-plant type，culturemedium，and BAP concentration on *in vitro* shoot development in highbush blueberry（*Vaccinium corymbosum* L.）cultivars，In Vitro Cell. Dev-Pl，58（6）：1057-1065.

Koopman P，Gubbay J，Vivian N，et al. 1991. Male development of chromosomally female mice transgenic for Sry. Nature，351（6322）：117-121.

Krishma H，Alizadeh M，Singh D，et al. 2016. Somaclonal variations and their applications in horticultural crops improvement. Biotcch，6（1）：54.

Laible G，Brophy B，Knighton D，et al. 2007. Compositional analysis of dairy products derived from clones and clonedtransgenic cattle. Theriogenology，67（1）：166-177.

Lanza R P，Cibelli J B，West M D. 1999. Human therapeatic cloning. Nature Medicine，5：975-977.

Leva A R，Petruccelli R，Rinaldi L，et al. 2012. Somaclonal Variation in Tisue Culture：a Case Study with Olive// Recent advances in plant *in vitro* culture. Croatia：INTECH Open Access Publisher.

Li Z J，Zhang Y Y，Ding C H，et al. 2023. LHP1-mediated epigenetic buffering of subgenome diversity and defense responses confers genome plasticity and adaptability in allopolyploid wheat. Nature Communications，14（1）：7538.

Liu C，Zhong Y，Qi Y，et al. 2020. Extension of the *in vivo* haploid induction system from diploid maize to hexaploid wheat. Plant Biotechnology Journal，18（2）：316-318.

Liu C C，Wu S C，Wu S R，et al. 2017. Enhancing enterovirus A71 vaccine production yield by microcarrier profusion bio-reactor culture. Vaccine，2017：S0264410X17302451.

Loyola-Vargas V M. 2005. Plant Cell Culture Protocols. 2nd ed. New Jersey：Humana Press.

Ma M，Jiang S，Jin W，et al. 2024. The press-assisted fusion scheme significantly mitigates the quantity of HVJ-E required in mitochondrial replacement techniques. Reproduction，167（3）：e230238.

Ma Y，Gu M，Chen L，et al. 2021. Recent advances in critical nodes of embryo engineering technology. Theranostics，11（15）：7391-7424.

Massoud M，Bischoff R，Dalemans W，et al. 1991. Expression of active recombinant human α1 antitrypsin in transgenic rabbits. J Biotechnol，18（3）：193-204.

Meissner A，Jaenisch R. 2006. Mammalian nuclear transfer. Dev Dyn，235（9）：2460-2469.

Merlo B，Gugole P M，Iacono E. 2022. An update on applications of cattle mesenchymal stromal cells. Animals（Basel），12（15）：1956.

Nagata T，Yamaki T. 1973. Electron microscopy of isolated tobacco mesophyll protoplasts cultured *in vitro*. Pflanzenphysiol，70（5）：452-459.

Nesbitt M N，Donahue R P. 1972. Chromosome banding patterns in preimplantation mouse embryos. Science，177（4051）：805-806.

Neumann K H. 2009. Plant Cell and Tissue Culture：A Tool in Biotechnology. Berlin Heidelberg：Springer-Verlag.

Noli L，Ogilvie C，Khalaf Y，et al. 2017. Potential of human twin embryos generated by embryo splitting in assisted reproduction and research. Hum Reprod Update，23（2）：156-165.

Okada Y，Kim J，Maeda Y，et al. 1974. Specific movement of cell membranes fused with HVJ（Sendai virus）. Proc Natl Acad Sci USA，71（5）：2043-2047.

Palmiter R D，Chen H Y，Brinster R L. 1982. Differential regulation of metallothioneinthymidine kinase fusion genes in transgenic mice and their off Spring. Cell，29（2）：701-710.

Pasternak T，Paponov I A，Kondratenko S. 2021. Optimizing protocols for Arabidopsis shoot and root protoplast cultivation. Plants，10：375.

Pitlenger M F. 1999. Multilineage potential of adult human mesenchymal stem cells. Science，284：143-147.

Qi X，Guo S，Zhong Y，et al. 2023. Establishment of an efficient haploid identification system by engineering anthocyanin accumulation in the wheat embryo. Plant Communications，4（3）：100568.

Rahmani M S，Pijut P M，Shabanian N，et al. 2016. Protoplast isolation and genetically true-to-type plant regeneration from leaf-and callus-derived protoplasts of *Albizia julibrissin*. Plant Cell，Tissue and Organ Culture，127：475-488.

Razdan M K. 2003. Introduction to Plant Tissue Culture. 2nd ed. Oxford：Oxford & IBH Publishing Company.

Ro D K，Paradise E M，Ouellet M，et al. 2006. Production of the antimalarial drug precursor artemisinic acid in engineered yeast. Nature，440（7086）：940-943.

Rodgers K R，Chou R C. 2016. Therapeutic monoclonal antibodies and derivatives：historical perspectives and future directions. Biotechnology Advances，34：1149-1158.

Rao S R，Ravishankar G A. 2002. Plant cell cultures：chemical factories of secondary metabolites. Biotechnology Advances，20：101-153.

Sajc L，Grubisic D，Vunjak-Novakovic G. 2000. Bioreactors for plant engineering：an outlook for further research. Biochemical Engineering Journal，4：89-99.

Santos M L D，Quintilio W，Manieri T M，et al. 2018. Advances and challenges in therapeutic monoclonal antibodies drug development. Brazilian Journal of Pharmaceutical Sciences，54：e01007.

Scarpella E，Barkoulas M，Tsiantis M. 2010. Control of leaf and vein development by auxin. Cold Spring Harb Perspect Biol，2（1）：a001511.

Schalk M，Pastore L，Mirata M A，et al. 2012. Toward a biosynthetic route to sclareol and amber odorants. J Am Chem Soc，134：18900-18903.

Soltis P S，Soltis D E. 2000. The role of genetic and genomic attributes in the success of polyploids. Proceedings of the National Academy of Sciences，97（13）：7051-7057.

Strohl W R. 2018. Current progress in innovative engineered antibodies. Protein & Cell，9：86-120.

Suzuki T，Kazuki Y，Hara T，et al. 2020. Current advances in microcell-mediated chromosome transfer technology and its applications. Exp Cell Res，390（1）：111915.

Swegen A，Appeltant R，Williams S A. 2023. Cloning in action：can embryo splitting，induced pluripotency and somatic cell nuclear transfer contribute to endangered species conservation？ Biol Rev Camb Philos Soc，98（4）：1225-1249.

Tan Q，Christiansen L，Thomassen M，et al. 2013. Twins for epigenetic studies of human aging and development. Ageing Res Rev，12（1）：182-187.

Tang H，Qiu Y，Wang W，et al. 2023. Development of a haploid inducer by editing HvMTL in barley. Journal of Genetics and Genomics，50（5）：366-369.

Tassoni A，Durante L，Ferri M. 2012. Combined elicitation of methyl-jasmonate and red light on stilbene and anthocyanin biosynthesis. J Plant Physiol，169（8）：775-781.

Telford N A，Watson A J，Schultz G A. 1990. Transition from maternal to embryonic control in early mammalian development：a comparison of several species. Mol Reprod Dev，26（1）：90-100.

Thiel K A. 2004. Biomanufacturing，from bust to boom... to bubble? Nat Biotechnol，22（11）：1365-1372.

Thomoson J A，Joseph I E，Shapiro S S，et al. 1998. Embryonic stem cell lines derived from human blastocysts. Science，282（6）：1145-1147.

Wang D，Zhong Y，Feng B，et al. 2023. The RUBY reporter enables efficient haploid identification in maize and tomato. Plant Biotechnology Journal，21（8）：1707-1715.

Wang F，Wang R，Wang Y，et al. 2015. Large-scale production of bioactive recombinant human acidic fibroblast growth factor in transgenic silkworm cocoons. Scientific Reports，5：16323.

Willadsen S M. 1979. A method for culture of micromanipulated sheep embryos and its use to produce monozygotic twins. Nature，277（5694）：298-300.

Willett E L，Black W G，Casida L E，et al. 1951. Successful transplantation of a fertilized bovine ovum. Science，113（2931）：247.

Wilsher S，Rigali F，Kovacsy S，et al. 2020. Puncture of the equine embryonic capsule and its repair *in vivo* and *in vitro*. J Equine Vet Sci，93：103194.

Wu X X，Mu W H，Li F，et al. 2024. Cryo-EM structures of the plant plastid-encoded RNA polymerase. Cell，187（5）：1127-1144. e21.

Xia S，Liu M，Wang C，et al. 2020. Inhibition of SARS-CoV-2（previously 2019-nCoV）infection by a highly potent pan-coronavirus fusion inhibitor targeting its spike protein that harbors a high capacity to mediate membrane fusion. Cell Research，30（4）：343-355.

Xue Y，Hiti-Bandaralage J C A，Hu Z，et al. 2024. First report on mesophyll protoplast isolation and regeneration system for the Duboisia species. Plants，13：40.

Yang J，Shen M H. 2006. Polyethylene glycol-mediated cell fusion. Methods Mol Biol，325：59-66.

Yin S，Li S，Sun L，et al. 2024. Mutating the maternal haploid inducer gene CsDMP in cucumber produces haploids in planta. Plant Physiology，194（3）：1282-1285.

Yu Y M，Kim S Y. 2012. Plant stem derived from cambium of family solanaceae，and method for isolating and culturing same. Europe：EP2436759A2. 2012-04-04.

Yu Y M，Lee E K，Hong S M，et al. 2010. Plant stem cell line derived from quiescent center and method for isolating the same. US：2010255585A1. 2010-10-07.

Zhang Z R，Zheng Y，Niu Z B，et al. 2021. SARS-CoV-2 spike protein dictates syncytium-mediated lymphocyte elimination. Cell Death Differ，28：2765-2777.

Zhao X Y，Li W，Lv Z，et al. 2009. iPS cells produce viable mice through tetraploid complementation. Nature，461（7260）：86-90.

Zhong Y，Liu C，Qi X，et al. 2019. Mutation of ZmDMP enhances haploid induction in maize. Nature Plants，5：575-580.

Zhu Q，Tan J，Liu Y G. 2022. Molecular farming using transgenic rice endosperm. Trends in Biotechnology，40（10）：1248-1260.

Zhu Q，Yu S，Zeng D，et al. 2017. Development of "purple endosperm rice" by engineering anthocyanin biosynthesis in the endosperm with a high-efficiency transgene stacking system. Mol Plant，10：918-929.

Zhu Q，Zeng D，Yu S，et al. 2018. From golden rice to aSTARice：bioengineering astaxanthin biosynthesis in rice endosperm. Mol Plant，11：1440-1448.